中國學術思想 研究輯刊

四 編
林 慶 彰 主編

第 2 冊

《周易》「變」的思想研究

趙 中 偉 著

花木蘭文化出版社

國家圖書館出版品預行編目資料

《周易》「變」的思想研究／趙中偉 著 — 初版 — 台北縣永和
市：花木蘭文化出版社，2009〔民98〕

目 2+296 面；19×26 公分

（中國學術思想研究輯刊 四編；第 2 冊）

ISBN：978-986-6449-01-7（精裝）

1. 易經 2. 研究考訂

121.17   98001822

ISBN - 978-986-6449-01-7

9 789866 449017

中國學術思想研究輯刊
四 編 第 二 冊   ISBN：978-986-6449-01-7

《周易》「變」的思想研究

作　　者　趙中偉
主　　編　林慶彰
總 編 輯　杜潔祥
出　　版　花木蘭文化出版社
發 行 所　花木蘭文化出版社
發 行 人　高小娟
聯絡地址　台北縣永和市中正路五九五號七樓之三
　　　　　電話：02-2923-1455／傳真：02-2923-1452
網　　址　http://www.huamulan.tw 信箱 sut81518@ms59.hinet.net
印　　刷　普羅文化出版廣告事業
封面設計　劉開工作室
初　　版　2009 年 3 月
定　　價　四編 28 冊（精裝）新台幣 46,000 元

《周易》「變」的思想研究

趙中偉　著

作者簡介

趙中偉（1950- ），男，浙江省東陽縣人。輔仁大學中國文學系學士、輔仁大學中國文學研究所碩士、博士。研究專長為兩漢道家思想、《易經》及論文寫作等。著作有《《周易》「變」的思想研究》、《易經圖書大觀》、《道者，萬物之宗——兩漢道家形上思維研究》、〈夫易，開務成物，冒天下之道——《周易》之「易」的本體詮釋轉化與發展〉、〈乾元用九，乃見天則——《周易》「天」之思想的創造性詮釋〉、〈《周易》卦序詮釋意涵的轉化與發展——以今本《周易》、《帛書周易》及《戰國楚竹書周易》為例〉等。曾任記者、總編輯、講師、副教授、教授等，現任輔仁大學中國文學系教授兼系主任。

提　　要

　　本文是一本剖析《周易》的形上辯證哲學，從形上辯證思維，來分析《周易》「變」的思想。就是以「太極」作為存有者的存有，以「變」為中介，作為萬物動態和變化的過程。並經由「變」的形式，包括變化、變通及變動，以天道、地道和人道為範疇，從宏觀及整體的角度，對於萬物的化生和變化，作一全體性、統一性及基礎性的探討。

　　全文共分七章：第一章為導論，包括整體概括、《周易》作者分析以及方法論的介紹等。第二章為「變」的意義，包括「變」的本義、「變」的總法則——太極以及「變」與「易」的關係等。第三章為「變」的形式，包括「變」與「化」的關係、「變」與「通」的關係、「變」與「動」的關係以及「變」與「常」的關係等。第四章為天道的「變」，包括有「變」的原素——健、「變」的形式：天地絪縕、陰陽合德、動靜有常，以及「變」的特點：普遍性、無限性、同一性、無形性、運動性、規律性等。第五章為地道的「變」，包括有「變」的原素——順、「變」的形式：剛柔相濟、厚德載物、類族辨物，以及「變」的特點：包容性、無限性、分類性等。第六章為人道的「變」，包括有「變」的原素——善、「變」的形式：體仁存義、中正日新、天人合一，以及「變」的特點：和諧性、完美性、智慧性等。第七章為結論。

　　本文主要突顯四項意義及價值：一是《周易》辯證思維的建立，以說明萬物化生的變化過程。二是建立主體及客體的相互聯繫，以達到天地萬物渾然一體的境界。三是兼顧同一性和差異性，以使萬物變化的狀態完全呈現。四是注重道德的實踐性，以完成人性的至善。

目

次

第一章　導　論

　　《周易》一書，是我國經書之原，〔註1〕寓含豐富的哲學思想和人生道理。其中，以形上辯証思維體系的建立，使《周易》脫離卜筮占問吉凶的層次，提昇至哲理思辯的境界，致使《周易》的內涵，格外具有價值和值得重視。這也是我國文化的珍貴寶藏。

　　以《周易》書名而論，就是「變」的形上辯証最佳之詮釋。所謂「周」是指周全、周普之義；而「易」則是指變易、變化之義。即是說明易道在變易的作用之下，周全普遍，無所不備。〔註2〕

　　再以《周易》的立意宗旨來說，是推天道以明人事，由人事以証天道，即是所謂的「以通神明之德，以類萬物之情」。（〈繫辭下傳・第二章〉）這其中，對天道的研究，也就是形上辯証的本體論和宇宙論之建構，應是《周易》哲思的重點所在。

　　進一步說，《周易》的形上辯証思維，是以「變」為思維重心，上以結合太極和易，以產生變化，生生不息，源源不絕；下以推動天道、地道和人道的「變」，以建構整個世界模式。換言之，沒有「變」，《周易》的形上辯証思維體系就無法建立，對於太極的生化，萬物的生成，就無法起作用。而且，由陰陽爻所形成的八卦，以及「因而重之」的六十四卦之卦象結構，也是陰陽爻的「變」，剛柔相推，以成其變化。準此，「變」就是由體成用，用

〔註1〕《漢書・藝文志》說：「五者（易、詩、書、禮和春秋）蓋五常之道，相須而備，而易為之原。」卷三十，五冊，（臺北：弘道書局，民國63年），2：1723。

〔註2〕有言《周易》之「周」是指周朝之周。可參考孔穎達《周易正義・序》，〈論三代易名〉，（臺北：藝文印書館，民國62年），頁5～6。

以備體，由象明理，以理証道，不可或缺的重要中介因素。

　　什麼是「形上辯証思維」？關於「形上」的意義，沈清松予以定義說：「對於存有者的存有以及各主要存有者領域的本性與原理所做的全體性、統一性、基礎性的探討。」〔註3〕至於「辯証思維」，即是指在思維過程中，運用具體概念對客觀事物辯証發展過程的正確反映。其中特點，就是從對象的內在衝突之運動變化當中，以及彼此相互聯繫當中，而進行瞭解。誠如朱伯崑解釋說：「辯証思維是基於事物的動態或變化的過程而形成的思維方式，注重從反面和動態以及整體角度思考問題。」〔註4〕《周易》「變」的形上辯証思維，就是以太極作為存有的存有，以「變」為中介，作為事物的動態和變化之過程，並由「變」的形式，包括變化、變通及變動，以天道、地道和人道為範疇，從宏觀和整體的角度，對於萬物的化生和變化的情形，作一全體性、統一性和基礎性的探討。

　　析言之，就「變」的形上辯証來論，是以太極作為萬物化生和變化的總法則，是萬物的本根，推動萬物的化生和發展。然而太極的化生，必須有一個中介者，就是「變」來運作，才能使萬物永續生生。「變」的化生運作，呈現多種形式，以表現化生的順暢；並建立規範性的法則，及變動性的作用，以建構一個多元、複雜和變化，而又不止不息的宇宙世界。「變」的形式，可分為變化、變通及變動三種。就變化言，主要是表現萬物的永續生存，使天地萬物的發展亙古不息。這包含兩層意義：

　　（一）陰陽既相對又和諧的變化。陰和陽雖對立相反，彼此對待，然而是以相對為因，相合為果的相互轉化的結合。

　　（二）質和量的互換變化。「質變」就是「突變」，是根本本質的變化；「量變」就是「漸變」，是微小緩慢的變化。兩者相互交融，相互聯繫滲透，以使萬物能夠發展變化。同時，在質量互變之中，萬物的開展能夠日新又新，日進又進。

　　就變通言：就形上的化生論，為了使萬物的化生，流轉不息，無有滯礙，就必須經由變通的過程，才不致凝滯不通，陷於窘困。在《周易》一書中，變通具有三種意義：

────────────

〔註3〕　見《物理之後：形上學的發展》，第一章，（臺北：牛頓出版股份有限公司，民國80年），頁20。

〔註4〕　見〈易學中邏輯思維與辨証思維傳統〉，《中國文哲研究通訊》，第三卷，第三期，（臺北：中央研究院中國文哲研究所，民國82年），頁30。

（一）形上的意義，指萬物的暢通。

（二）人道的意義，指人與道相通。

（三）處事的意義，指變通以盡利。

就變動言，主要是探究化生的動力。沒有「動」就沒有「變」，沒有「變」就沒有「化」。〈中庸〉說：「其次致曲，曲而有誠，誠則形，形則著，著則明，明則動，動則變，變則化。」〔註5〕進言之，變動是指陰陽變化，在相互對立，質量轉換時，所產生的力量，就是這股動能，以產生萬物。但是，變化、變通和變動，是三而一，一而三的，就是太極化生萬物的形式。職是之故，「變」的形式——變化、變通及變動，是《周易》形上辯証思維的關鍵之一。

其次，「變」的化生範疇，就是整個宇宙，所謂「立天之道曰陰與陽，立地之道曰柔與剛，立人之道曰仁與義」。（〈說卦·第二章〉）以天道論，以「健」作為「變」的原素，以天地、陰陽和動靜等三個對偶範疇，作為化生的運作。然而，天地、陰陽和動靜，都是由兩個相對面所組成的對待合一體，在這個合一體之中，相待的任何一方，都不能離開另一方而單獨存在。它們互相聯繫，互相滲透，又互相排斥，互相轉化，從而推動事物運動和變化。它們之中一方對另一方的否定，都不是單純的否定，而是作為發展聯繫辯証的否定，即否定之中有肯定，肯定之中有否定。

以地道論，以「順」作為「變」的原素，以剛柔相濟、厚德載物和類族辨物，作為變化的形式。由於地道是「乃順承天」，其所顯現的作用，是將天道的功能，更為彰明其價值和作用，而達到地道原本之性「順」的美德。也就是說，地道以「順」作為「變」的原素，「順」就是「順天」。所以，其一切作為，是以天道作為其模範，並與天道相互為輔，使「變」的化生作用，更加突顯。

以人道論，以「善」作為「變」的原素，以體仁存義、中正日新，作為淨化本性的善之進德方式，而天人合一，就是藉由人性的善，使人道與天道，人的精神與自然相合為一。此三者就是人道「變」的形式。然而，人道所表現的特點，則是以和諧性，追求人性的善；以完美性，追求人性的美；以智慧性，追求人性的真。也就是追求一個真善美的人生境界。同時，這種境界是一種普遍性的實踐，一種無限性的推廣，一種永恆性的努力。

上以謹就「變」在《周易》形上辯証思維體系的重要性及具體內容，作

〔註 5〕見第二十三章，《四書集注》之《中庸章句》，（臺北：世界書局，民國60年），頁12。

一簡單敘述。

其次，有關《周易》的作者問題，在此必須作一附帶說明，以便在論証《周易》的形上思辯時，能對此一思想的發展，作一完整性的瞭解。首先懷疑《周易》作者的問題，是歐陽修，他在所著易書《易童子問》中，就提出對《十翼》質疑，〔註6〕認爲非孔子所作。歐陽氏的主要觀點爲：

（一）《十翼》之中，只有〈象傳〉及〈象傳〉爲孔子作，其他〈繫辭傳〉、〈文言〉、〈說卦〉、〈序卦傳〉及〈雜卦傳〉等，皆非孔子作。他說：「何獨〈繫辭〉焉，〈文言〉、〈說卦〉而下，皆非聖人之作。」對《十翼》開始懷疑，歐陽修是第一人。

（二）《十翼》非一人之作，亦非一時之作。他接著說：「而眾說淆亂，亦非一人之言也。昔之學易者，雜取以資其講說；而說非一家，是以或同或異，或是或非，其擇而不精，至使害經而惑世也。」「非一人之言」、「說非一家」皆足以說明《十翼》是許多人合作的成果，並非一家之言。

（三）繁衍叢脞，雜亂無章。歐陽氏說：「謂其說出於一人，則是繁衍叢脞之言也；其遂以爲聖人之作，則又大謬矣。孔子之文章，《易》、《春秋》是已；其言愈簡，其義愈深，吾不知聖之作繁衍叢脞之如此也。」孔子文章以精簡扼要爲主，《十翼》則是繁衍叢脞，雜亂無章，所以，應非孔子的作品。

（四）自相乖戾，相互矛盾。他並認爲：「自相乖戾，尚不可以爲一人之說，其可以爲聖人之作乎。」〔註7〕自相乖戾，又自相矛盾，尚不可以稱爲一家之言，何況被誣認爲聖人之書呢？

從此以後，關於《周易》的作者問題之考証，就形成紛歧、多元的不同主張。茲將各家的說法表列如下：

論者姓名	《周　　　易》	
	經文（卦爻辭）	《易傳》（《十翼》）
孔穎達	伏羲作八卦及六十四卦，周文王作〈卦辭〉，周公作〈爻辭〉。	以爲孔子所作，先儒更無異論。

〔註6〕　《十翼》包括七種十篇，即是〈繫辭上、下傳〉、〈象辭上、下傳〉、〈象辭上、下傳〉、〈文言〉、〈說卦〉、〈序卦〉、及〈雜卦〉等。

〔註7〕　見《歐陽文忠公集》，卷七十八。引見黃沛榮《易學論著選集》，（臺北：長安出版社，1991），頁46～51。

李鏡池	在西周初葉。	〈象傳〉和〈象傳〉爲秦漢間作品，〈繫辭〉和〈文言〉作於司馬遷之後，漢昭、宣帝之間，〈說卦〉、〈序卦傳〉和〈雜卦傳〉作於漢宣、元帝之間。
馮友蘭	八卦是商朝龜卜演化而來	戰國末以至秦漢之際儒家的人作品。
屈萬里	〈卦爻辭〉是周武王時所作。	〈象傳〉及〈象傳〉是戰國之世作品，〈文言〉和〈繫辭〉是先秦作品，〈序卦傳〉和〈說卦〉是戰國晚年作品，〈雜卦傳〉爲漢人作品。
黃壽祺	八卦及六十四卦，成於西周以前的頗爲遠古時代。〈卦爻辭〉則成於西周初年。	作於春秋戰國之間。
高亨	成於周初，最晚者在文、武之世。	戰國時代。
朱伯崑	西周初期。	〈象傳〉成於戰國中期以後，孟子和荀子之間；〈象傳〉和〈文言〉爲戰國後期作品；〈繫辭〉是戰國後期陸續形成的作品；〈說卦〉成於戰國後期受陰陽五行影響；〈序卦傳〉成於漢初；〈雜卦傳〉成於漢人之手。
勞思光	西周以前。	戰國及秦漢間作品。
黃慶萱	八卦及六十四卦源於殷商龜卜，卦爻辭則成於西周初葉。	〈說卦〉作於春秋之世；〈繫辭傳〉作於漢文帝十二年前；〈象傳〉、〈象傳〉、〈文言〉作於漢文、景帝之世；〈序卦〉作於漢武之世；〈雜卦〉作於漢宣帝之世。
戴璉璋	周代	〈象傳〉、〈象傳〉、〈文言〉和〈繫辭〉成於西漢以前；〈說卦〉前三章與〈繫辭〉同時，後八章則成於秦漢之際；〈序卦傳〉和〈雜卦傳〉則成於淮南王時，漢初已經流通。〔註8〕

〔註8〕 孔穎達說法，見《周易正義・序》，頁4～7。李鏡池說法，見〈周易筮辭考〉、〈易傳探源〉及〈易傳思想的歷史發展〉等，參考黃沛榮《易學論著選集》，頁 19 ～20、67～71 及 257～306。馮友蘭說法，見〈易傳的哲學思想〉、〈易經的哲學思想〉，參考《周易研究論文集》，四冊，（北京：北京師範大學出版社，1990），3：70、88。屈萬里說法，見〈周易卦爻辭成於周武王時考〉，參考黃沛榮《易學論著選集》，頁 141～164；以及《古籍導讀》，下編，（臺北：臺灣開明書店，民國 66 年），頁 134～6。黃壽祺說法，見《周易譯註》，卷首，（上海：上海古籍出版社，1989），頁 12～4。高亨說法，見於《周易古經通說》，第一篇，（臺北：洪氏出版社，民國 66 年），頁 7。及〈周易大傳通說〉，參考黃沛榮《易學

從以上的表列當中，關於《周易》的作者問題，可以歸納出三項要點：

（一）《周易》並非孔子所作。無論是卦爻辭或《十翼》，皆非孔子所作，傳統說法，認為《十翼》是孔子作，但經過現代易學家的考証，此種說法已被完全推翻。

（二）《周易》非一人之作，亦非一時之作。其中最早的作品，是產生於殷商的龜卜，相當於西元前一七五一年，而最晚的〈說卦〉、〈序卦傳〉及〈雜卦傳〉則產生在西漢元帝時，相當於西元前三三年，上下差距一千七百多年，自非一人之作，亦非一時之作。

（三）材料複雜，內容龐雜。由於《周易》的時代和作者，跨越一千七百多年，所以，其材料是複雜的，有占卜之數，有哲學思維，並有社會生活的記載和歷史現象的呈現。內容亦是龐雜的，不僅以儒家的思想為主，並雜有道家和陰陽家的色彩。

至於研究《周易》所形成的易學，則包括經、傳和學三部份，朱伯崑予以界定說：「經指《周易》即《易經》，傳指《易傳》，即漢人說的《十翼》，學指歷代易學家對《周易》經傳所作的解釋。《周易》系統的典籍，包括這三部份內容。」〔註9〕在經傳的基礎之上，歷代易學家，在「學」方面之努力是非常可觀的。以《四庫全書》著錄注易之書，共有一百五十九，一千七百四十八卷，附錄八部十二卷，又存目無書者，則又超過著錄之書一倍以上。〔註10〕因此，林慶彰在所編《經學研究論著》，蒐集自民國元年到七十六年研究《周易》的篇章，總共高達二千五百三十七篇。〔註11〕可見研究《周易》風氣之盛。

其次，對於本論文的資料取材原則、資料蒐集、研究方法及預期成果，作一說明。

以資料取材原則而論，則不拘限外在人為所區分的經、傳、學，或者卦爻辭與《十翼》的分割，而是不分經、傳、學，將《周易》當作一整體來看。即是以

論著選集》，頁 311。朱伯崑說法，見《易學哲學史》，四冊，（臺北：藍燈文化事業股份有限公司，民國 80 年），1：9～60。勞思光說法，見《新編中國哲學史》，四冊，（臺北：三民書局，民國 69 年），1：83 及 2：72。黃慶萱說法，見《周易讀本》，（臺北：三民書局，民國 77 年），頁 2～3。戴璉璋說注，見《易傳之形成及其思想》，第一章，（臺北：文津出版社，民國 78 年），頁 1～14。

〔註 9〕 見《易學研究中的若干問題》，引見同註4，頁 75。

〔註 10〕 見紀昀《四庫全書簡明目錄》，卷一，（臺北：臺灣商務印書館股份有限公司，民國 72 年），頁 6～6 到 6～23。

〔註 11〕 見《經學研究論著目錄‧凡例》，（臺北：漢學研究中心，民國 78 年）。

「變」的形上辯証思維體系作爲架構，找尋相關材料，配合其邏輯，條理其脈絡，並完整的發揮其思想，深入的闡明其論述，以建立一套完善的結構體系。

以資料蒐集而論，包括主要資料、次要資料和相關資料。以主要資料來說，《周易》的注解，可分爲取義和取象兩派。取義派是以義理作爲《周易》的研究重心；取象派則以象數作爲《周易》的研究重心。本論文以《周易》形上辯証思維爲中心，注重義理解析，自以取義派易注爲主。就重要性而言，已括王弼、孔穎達、程頤、張載、朱熹、王夫之等人。輔之以部份重要的取象派易注，如李鼎祚、邵雍、來知德、李光地等人。這些易注，在《周易》的經傳基礎上，建立了完整的思維系統：像直觀思維，指從感性出發，直接觀察自然現象和社會現象，以探討事物的性質和功能。形象思維，通過形象進行思考或表達觀念的方法。邏輯思維，以形式邏輯思維方式，思考客觀世界和主觀世界。辯証思維，以事物動態或變化的過程，所形成的思維方式。〔註12〕因此，在前人的基礎之上，再作深度的整合，相互的聯繫，及綜合的歸納分析。故主要資料的蒐羅，對於整個論文架構的建立及內容的發揮，具有非常重要的關鍵。

以次要資料來說，以近代易學家的《周易》解說爲主，包括黃壽祺、尙秉和、朱伯崑、高亨、高懷民、呂紹綱、金景芳、張其成、蕭元、張善文、黃慶萱、黃沛榮、曾春海等人，和戴師君仁、史師次耘等。這些《周易》的解說，一則以宏觀的角度，細密的思維，建立《周易》思想體系；一則以深入的探析，結合西方哲學的思維，以建構《周易》的哲學理論；另一則以分類整理的方式，將《周易》作繽密的分類。以故，次要資料的運用，對於《周易》內容的檢索以及引申，有極大的助益。

以相關資料來說，以與《周易》旁証相關的資料爲主要蒐集對象，例如群經的注疏、先秦的典籍、歷代的史料、以及中外的哲學思想著作等。雖然對《周易》的內容沒有直接相關，卻有間接的輔助功能。基於此，相關資料的補充，對於哲學思維體系的建立，問題深入的探究，和內容分析的周延等，皆有莫大的效果。

以研究方法而論，本論文運用的方法有四：

1. 字源發生法：研究字源，可以發現此字的本義，並明瞭此字的本有生命。〔註13〕也就是對每一重要關鍵字的字義，從其字源開始探究，包

〔註12〕同註3，頁23～30。
〔註13〕參考趙雅博《知識論》，第七章，（臺北：幼獅文化事業公司，民國81年），

括甲骨文、金文、說文等，以探究其思想意義的來龍去脈，使獲得其思想內容的正確意涵。

2. 系統分析法：就是將論文內容作一系統論証，以建立一完整系統理論。亦即是以論文結構體系「變」的形上辯証思維體系爲綱，以《周易》的經、傳、學爲目，予以詳實論証，條理解析，以使整篇論文有一完整的建構，而不致於駁雜零亂，沒有頭緒。

3. 歸納演繹法：即從個別和特殊的概念，歸納出一般和普遍的概念；再由一般和普遍的概念，推論出個別和特殊的判斷。亦即是從個性中把握共性，再由共性中推演出個性。以使論証能夠首尾呼應，前後連貫。進一步說，就是從《周易》本文中，找出與「變」相關的材料，再予以分類歸納，把握其共性；再由「變」所建立的思維架構，予以演繹發揮，以推論出個別和特殊的判斷。

4. 比較綜合法：就比較言，將龐雜紛紜的資料，採用同源資料、異源資料、與轉手資料與原書比較等比較方法，作一嚴整細密的比對，以找出其詳略異同所在。就綜合言，即將蒐集的資料，組成一個整體，深入分析彼此的聯繫，以及相互的關係，以達到各部份的整體認識。例如，以〈繫辭傳〉「太極」章來說，各家解釋的差異性極大，此時必須將不同的資料及解說，作一嚴整細密的比對，找出其較爲正確的解說，並深入分析其與其他單元之間的關係和聯繫，進而瞭解其全面性的發展。

以預期成果而論，本論文希望達成下列四項目標：

1. 突顯思想主軸。《周易》一書，體大思精，內容涵蓋面非常廣泛，若以整體性的研究方式，不易窺見其重點。因此，突顯思想主軸，以專題式的深入探析，將可避免這個缺失，並能扣緊其思想重心，對於《周易》內涵的剖析，能夠進一步的認知與瞭解。

2. 以形上辯証研究爲主。《周易》是先秦儒家典籍之中，惟一具有形上辯証思維的作品，而孔子所不說的「性與天道」，〔註14〕也在《周易》之中較爲精闢和完整的說明。本論文是以「變」作爲探析《周易》的

頁96。

〔註14〕 子貢說：「夫子之文章，可得而聞也。夫子之言性與天道，不可得而聞也。」見〈公冶長篇〉，《四書集注》之《論語集注》，（臺北：世界書局，民國60年），頁19。

形上辯証思維體系，一則有助於分析《周易》形上辯証哲學的深層結構，以明瞭其本體意義；另一則可藉此探明儒家天道觀的內在意蘊，以探析其形上思維。

3. 建立思想體系。由於《周易》受限於時代的拘隔，及編纂人物的複雜，以致本身的思想體系晦而不彰，隱而不顯，亟須條理爬梳，綜合歸納，整理出一套《周易》本身的思想體系，使能清楚掌握《周易》整個思想價值和意義。本論文試圖經由對於《周易》經、傳及學的闡發和論証，以整體性、宏觀性和涵蓋性，為《周易》建立思想體系。

4. 因應時代的需要。《周易》固然是五經之原，並有兩派六宗之分。〔註15〕但由於時代變遷，社會快速變化，《周易》存在的最主要價值在那裡？是我們必須面對和不能迴避的問題。基於此，本論文的研究，一則希望找出《周易》的價值所在；一則也希望配合時代性，綜理出《周易》的實用性和發展性。

總而言之，《周易》能夠從具有神秘性的卜筮之書，提昇為五經之首，主要就在於其具有形上辯証的哲學思想，也就是一套完備的儒家天道觀之哲學。這之中，「變」的化生過程和形上變化的思維體系，應是居於主要關鍵。也因此，本論文作一較為大膽嘗試，以「變」為主軸，以《周易》的經、傳和學為材料，構建一套《周易》「變」的形上辯証思維體系，藉以推論《周易》的形上辯証思想。

〔註15〕《四庫全書總目提要》言易學分為兩派六宗。一是漢學派，又稱術數派，包括象數、機祥和造化等三宗；一是宋學派，又稱義理派，包括老莊、儒理和史事等三宗。

第二章　「變」的意義

　　在《周易》形上辯証思維體系中，「變」是居於萬物化生的樞紐。但是，「變」是一個中介者，本身不能發生作用。其根源於太極的「變易」之作用，經由「變」的形式，變化、變通及變動，變動不居，無限流動，是超越時間和空間的。而其「變」的範疇則是整個宇宙，就是天道、地道和人道。據此，「變」是《周易》形上辯証思維體系的起承轉合者，即是從上「起承」於太極，經過變化、變通及變動的「轉」，再往下達成萬物化生的「合」。

　　爲了具體瞭解《周易》形上辯証思維「變」的哲學體系，謹先從「變」的本義、「變」的總法則——太極，以及由體成用，用以備體的「變易」，作一深入剖析。

　　先就「變」的本義分析：

　　「變」最早的字形，見於《說文解字》，是變更的意思，這是「變」的本義及字義。此外，「變」字尚引申作改也、易也、化也、動也、通也等義。

　　在《周易》一書，出現「變」字共有四十九處。「變」除了具有變更的本義外，並還有變易、變化、變通及變動等的引申義。《周易》之中「變」的意義，除了一般的意義之外，並具有形上辯証，萬物化生的特殊深義。也就是萬物的化生，透過「變」的總法則太極之運作，經由變易的流轉，變化、變通及變動的展開，周而復始，循環不息，呈現一個宇宙世界。進一步說，《周易》形上辯証思維體系，是以太極的「變」，經由變化、變通及變動的形式開展，以天、地、人道爲範疇，向外擴展。而太極的「變」，具體落實在六十四卦的「變」上，以卦爻變化，時位互轉，建構一個完整的宇宙世界模式。

　　因此，《周易》的「變」可以說是：「太極化生萬物的變化歷程。」以下

謹就「變」的形式、「變」的範疇及「變」的卦象等三方面，作一簡要的說明。

（一）「變」的形式。《周易》「變易」的形式有三種：其一是「變化」，是從陰陽對立之中產生。即是一種陰陽既對立，而又互相轉化，互相統一的化生萬物之形式。並包括質量互變的變化。其二是「變通」。是指萬物的流通，即是一種周而復始，無往不復的化生萬物之方式。其三是「變動」。是指化生萬物的動力，此種「動」是各種現實物內最根本的活動，一則有主動的攝取，另則有被動的接受。

（二）「變」的範疇。太極「變」的範疇，在天、地、人道之上，產生不同的變化。「昔者聖人之作易也，將以順性命之理，是以立天之道曰陰與陽，立地之道曰柔與剛，立人之道曰仁與義，兼三才而兩之」。（〈說卦・第二章〉）就天道論，天就是乾，乾就是健。因此，天道「變」的因素就在健。經由健的變化，產生天地、陰陽、動靜等對偶的對立轉化面，而展開化生的功能。就地道論，地就是坤，坤就是順。也因此，地道「變」的因素就是順。並由剛柔相推，以厚德載物，類族辨物，使萬物各得其所。就人道論，其「變」的形式就是仁義，而其來源就是善，也就是「變」的原素就是善。人道經由善的變化，仁義的開展，並輔之以剛健不怠、中正日新之德作爲進德修業，追求一個純善完美的道德生命體。

（三）「變」的卦象。即「變」的具體落實。「變」的展開是在六十四卦、三百八十四爻當中。也就是「變」的形上辯証思維體系經由卦象呈現的。從觀象玩辭，居位趨時，執中不偏，以避凶化吉。並經由人道的體仁存義、中正日新和天人合一的踐履，以下學上達，才能掌握《周易》形上辯証「變」的哲學之樞要。

總之，《周易》的形上辯証「變」的思維體系，就是「唯變所適」。一則顯現《周易》形上辯証思維的適時性與永恒性，再則表現出與時俱進，日新又新的變化性。

次就「變」的總法則——太極分析：

〈繫辭上傳・第十一章〉：「易有太極，是生兩儀，兩儀生四象，四象生八卦，八卦定吉凶，吉凶生大業。」從此可知，太極是宇宙化生的總法則，更是《周易》形上辯証思維「變」的體系之總法則。太極是體，「變」是大用，體以致用，用以備體。

太極是什麼？《周易》並沒有明言，諸家有不同的說法，包括有太一、

元氣、虛無、道、氣、理、第一因、永久之有、最高最後的東西等不一而足。太極固然有那麼多不同的名稱，並不表示太極有許多個，才有不同的意義。事實上，太極只有一個，是萬物最後最高的本根，但由於個人認定不同，有認為是精神的，有認為是物質的，有認為是概念性的。這都是在本體的意義之下，所呈現的不同特別面貌，以致有不同的名稱。這也就是理一分殊的不同表現之面貌。

太極的化生是否有先後順序？以王夫之的意見最具代表性，他主張太極與兩儀、四象、八卦、三十六象、六十四卦等，皆是一時俱生。他在《周易外傳‧第十一章》說：「易有太極，固有之也，同有之也。太極生兩儀，兩儀生四象，四象生八卦，固有之則生，同有之則俱生矣，故曰是生。是生者，立於此而生，非待推於彼而生之，則明魄同輪而源流一水也。是故乾純陽而非无陰，乾有太極也。坤純陰而非无陽，坤有太極也。〈剝〉不陽孤，〈夬〉不陰虛，〈姤〉不陰弱，〈復〉不陽寡，无所變而无太極也。卦成於八，往來於六十四，動於三百八十四，之於四千九十六，而皆有太極。策備於五十，用於四十九，揲於七八九六，變於十有八，各盡於百九十六，而皆有太極，故曰易有太極，不謂太極有易也。」

太極的屬性是什麼？具有惟一性，絕對無待，惟一獨特，是一個超越相對的絕對性。普遍性，太極是一個普遍的存有，沒有一物能缺少，無所不在，無物不在，籠罩一切而無所遺漏。無限性，太極的化生，由兩儀、四象、八卦、六十四卦以及三百八十四爻，無古無今，無終無始，跨越時空的阻隔，無限延伸。不變性，太極雖以「變」化生萬物，但其本身不因「變」而改變其本質。也就是太極跨越了萬物生死的變化，本身卻永恒亙古長存。無形性，如果太極為有形，則會被「器」所限制。惟具有無形的特性，才能無拘無束，無限延伸，並有無止盡的潛能和發展。運動性，王夫之特別強調太極是恒動的，且是「動之動」，是「動」之源。永遠處於運動之中；並由恒動之中，化生萬物，生生不窮。

總之，太極是萬物化生變化的推動箸，然其必須透過一個中介者「變」來化生。以陰陽變化，質量互變，而衍生生生不息的萬化。所以，太極是《周易》形上辯証思維「變」的體系之總法則。

三就「變」與「易」的關係分析：

《周易》形上辯証思維「變」的體系，「變」是主要的推動因素。然而，

「變」只是一個中介者，本身不能發生作用，必須結合一個發動者的運作，才能產生變化。這個發動者即是「易」，易就是太極。也就是，「變」與「易」相合，產生「變易」，才能展現形上的變化，發揮生生的功能。

「易」是什麼？是萬物本源。易為化生的本根，使萬物恒生，前後相應，接續不斷，故稱「生生之謂易」。(〈繫辭上傳・第五章〉)而易一名三義，所謂不易、簡易、變易。其中變易，即是一個由體成用，以用顯體的現象。「變易」具有何種意義？其一是產生變化。萬物能夠化生不已，最主要的是陰陽變化，陰陽變化就是靠「變易」產生變化，經由陰陽的轉化、融和，以及質量互變，以化生萬物。其二是化生萬物。變易主要指的是陰陽變化，陰陽變化是先對立，後統一的相反轉化，以產生萬物。誠如張岱年說的「變化的動因在於陰陽、剛柔之間的進退、屈伸、消長、運動，也就是一陰一陽，陰極而陽，陽極而陰，生生不息」。(《中華思想大辭典・變易》)

總之，「變易」在《周易》「變」的辯証思維體系中，成為陰陽變化的本體，發生變化，化生萬物。據此，「變易」的意義，就表現在陰陽的變化，以及由之而形成的質量互變的基礎上。也使太極的本體，經由變易的以體達用，體立用行，而能綿延萬物的生生不息。

綜合言之，《周易》形上辯証思維「變」的體系，透析一個道理，就是「變」是由體成用，以用明體的一個關鍵。其經由太極本體的發動，再由變易的運作，並以變化、變通以及變動的形式，而展現整個萬物的化生。這套完整的形上辯証思維體系，是《周易》哲學之中，一個極為重要的論點。

第一節　「變」的本義

任何一種思想的形成，都有其脈絡可尋，源流可溯。而探本追源，窮源索根，則是瞭解該思想形成的最佳途徑和不二法門。

「歷史從那裡開始，思想進程也應當從那裡開始。」﹝註1﹞就是最好的說明。因為思想的演進是隨著歷史的發展，歷史不斷前進，思想也就跟著逐漸深化和周延。所以，思想的開端，應從歷史的開端追本探源。

「變」在甲骨文和金文中，並沒有發現任何字形。《說文解字》說：「變，

﹝註1﹞恩格斯語，見《馬克斯、恩格斯選集》，第二卷，頁122。引見周金榜《哲學基本知識手冊》，(北京：語文出版社，1990)，頁179。

更也。文聲。」〔註2〕其次，在《周禮・春官・大司樂》「一變而致羽物」、《禮記・王制》「一成而不變」以及《莊子・則陽》「予來年變齊」等，其中的「變」字，都注解為「更」義。這是「變」的本義及字義。此外，「變」字尚引申作改也、〔註3〕易也〔註4〕、化也〔註5〕、動也〔註6〕、通也等義。〔註7〕

從上可知，「變」除了變更的本義之外，並具有更改、變易、變化、變動、變通等引申義。故知從歷史發展來說，「變」的意義是不斷的增加及擴大。

從直觀經驗的認知，萬物無一靜止不動，無一不發生變化，蘇軾在〈前赤壁賦〉中就比喻說：「蓋將自其變者而觀之，則天地曾不能以一瞬。」〔註8〕可見「變」是一項不可否認的事實。譬如事物的移換位置，其大小、形狀、顏色、溫度等無一不在變；海洋與五大洲，太陽系的恒星、行星及衛星也無時不在移動；甚至個人自身的知識、嗜好、身軀與生活，亦不斷發生變化。可見，「變」是宇宙間的一項基本法則。

再進一步分析，就「變」的類別而言，由現象和經驗界的觀察，萬物的「變」可分為三類：

一、「生」：即是從不存在到存在，也就是從尚未存在的轉變為存在的，亦即是從無變為有，是指事物的「新生」。例如：

　　富有之謂大業，日新之謂盛德，生生之謂易。(〈繫辭上傳・第五章〉)

生生不停，新新相續，就表示生命從無生有，由有到無的循環過程。

二、「滅」：即是從存在到不存在，就是從有到無，是指事物的「死亡」。例如：

　　突如其來如，焚如，死如，棄如。(〈離卦・九四爻〉)

所謂「焚如」和「死如」，就是指事物由生至死、從存在到不存在的發生過程。

三、「轉化」：即是從一個實有改變為另一個實有，一物完全化為他物，

〔註2〕見《說文解字注》，段玉裁作，第三篇下，(臺北：藝文印書館，民國59年)，頁125。

〔註3〕見《戰國策・齊策》「則楚之計變」、《呂氏春秋・達鬱》「恐君之不變也」等注。

〔註4〕見《小爾雅・廣詁》「變、易也」、《周禮・夏官・司爟》「四時變國火，以救時疾」等注。

〔註5〕見《廣韻》「變，化也」、以及《淮南子・墜形訓》「變宮生徵，變徵生商」等注。

〔註6〕見《禮記・檀弓上》「夫子之病革矣，不可以變」、《國語・楚語上》「故變而不勤」等注。

〔註7〕見《廣韻》「變，通也。」

〔註8〕見《古文觀止》，卷十一，(臺北：台灣中華書局，民國77年)，頁25。

是指事物的「轉變」。例如：

　　　　湯武革命，順乎天而應乎人。（〈革卦·彖〉）
湯武革命，是一種根本的變化，就是一種轉化。

　　據羅光分析，「生滅」的「變」，具有兩項原則。第一是新陳代謝。「『生』的變化，爲生一新物。新物之生，不是無中生有；無中生有，不是材質，乃是創造。萬物的生，是須先有材質，然後加以物性之理（物之本性），材質在未成爲新物體的質料以先，不能沒有物性之理，因爲『本然之氣』單獨不能存在，所存在者乃是物體，物體則是由氣（質料）和理而成的。因此一件新物的氣（質料），是前一舊物的氣（質料）。前一舊物的氣，爲能取得一新的理（本形）須先脫離原有的本形。氣和原有本形（性理）相分離，乃是物體的毀滅，於是生是由滅而來。」第二是物質常住定律。「物理界的物質，在各種變化中，物質不滅。由一物變他物，由他物再變成他象，物質則常住。」〔註9〕

　　再就「變」的「生」、「滅」及「轉化」的過程來論，「變」又可分爲兩種等級：其一是深切的「變」：是指主體深切而徹底的改變，毀滅了主體的同一性，例如死亡；其二是表面的「變」：只是主體表面的變化，並不毀滅主體的同一性，例如我在思考、走路、飲食，但卻不變成另一個人，也就是說，我無論怎麼「變」，我永遠是我。〔註10〕

　　關於深切的「變」和表面的「變」，羅光在《理論哲學》一書中，則以另外方式表達。他認爲深切的「變」，也就是「立時的變化」，此種變化「是從起點到終點，中間沒有過程，從起點馬上就到止點」。羅光特別指出，「宇宙內的立時變化，是本形的生滅。因爲物體的本形，或是有或是沒有，並不能逐漸而有，逐漸而無」。以人爲例，可以說這是人，這不是人；不能說漸漸變成人，或漸漸不是人。這就是所稱的「立時的變化」。

　　至於表面的「變」，則稱爲「繼續的變化」。是指「從起點，變化逐漸進行」。爲什麼變會採取逐漸的進行方式呢？羅光進一步分析說：「是因爲變化的主體爲物質體，物質體有質量，質量則是份子挨著份子伸張成體積。因此物質體的變化，常是逐漸接著質量而進行。」〔註11〕從以上的說明，可以看出所謂「深切的變」或「立時的變化」，就是指突變或質變，指事物根本性質

〔註 9〕見《理論哲學》，第四章，（臺北：先知出版社，民國 65 年），頁 317～8。
〔註10〕見葛慕蘭《形上學》，第六章，（臺北：先知出版社，民國 63 年），頁 102。
〔註11〕同註 9，第四章，頁 311。

的變化，即漸進過程的中斷，從一種質態向另一種質態的變化，像死亡，從起點馬上就到止點，就是質變。而「表面的變」或「繼續的變化」，則是指漸變或量變，指事物在自身的範圍內的微小、不顯著、逐漸和緩慢的變化，像走路、思考，以及物質體的物質。〔註12〕

其次，「變」作「變更」解時，則有以下的定義：「變更是可感覺的特性變到相反的特性，或中和的特性的變動。」〔註13〕這其中包括幾個特點：

一、變更是可感覺性的變動，凡不可感覺性的變動，在哲學上不稱之為變更。

二、必須有相反的特性，也就是相互矛盾的特性。例如由白到黑，由冷到熱。凡是沒有相反的特性之特性，不能有變更。例如，光雖然有黑暗為相對，但是黑暗是有光，乃是消極無物，並不是相反和相互矛盾，所以光由光明到黑暗，不能稱為變更。在《周易》中，有相反互動的變更，例子極多。主要是《周易》以辯証思維，建立其形上體系。所謂「辯証思維」，是由兩個對立面組成的相對統一體，在這個統一體中，相對的任何一方，都不能離開另一方而單獨存在。它們互相聯繫，互相滲透，又互相排斥，互相對立，從而推動事物的運動和變化。它們之中一方對另一方的否定，都不是單純的否定，而是作為發展聯繫辯証的否定，即否定之中有肯定，肯定之中有否定。〔註14〕

> 天尊地卑，乾坤定矣。卑高以陳，貴賤位矣。動靜有常，剛柔斷矣。
> （〈繫辭上傳・第一章〉）

> 闔戶謂之坤，闢戶謂之乾，一闔一闢謂之變，往來不窮謂之通。（〈繫辭上傳・第十一章〉）

> 日往則月來，月往則日來，日月相推而明生焉；寒往則暑來，暑往則寒來，寒暑相推而歲成焉；往者屈也，來者信也，屈信相感而利生焉。
> 尺蠖之屈，以求信也；龍蛇之蟄，以存身也。（〈繫辭下傳・第五章〉）

其中乾坤、卑高、貴賤、動靜、剛柔、闔闢、往來、日月、寒暑、以及屈信（信、伸也）等，皆是指相反對立的變更。

三、必須具有中和的特性。中和的特性，是指相反的兩特性，中間有伸

〔註12〕見馮契《哲學大辭典》，「質變」及「量變」條，（上海：上海辭書出版社，1992），頁1033及1556。

〔註13〕同註9，第四章，頁319。

〔註14〕同註12，「辯証思維」條，頁1766。

縮的空間，不是完全對立，毫無妥協餘地。在《周易》的對立辯証之中，並不是完全對立，一分為二；而是在對立中能互為轉化，互為相求，達到中和的特性。例如《繫辭傳》：

> 是故易有太極，是生兩儀，兩儀生四象，四象生八卦。(〈上傳・第十一章〉)

太極是指最高的本體，兩儀是指陰陽，四象據來知德解釋說：「四象者，一陰之上加一陰，為太陰；加一陽為少陽。一陽之上加一陽，為太陽；加一陰為少陰。陰陽各自老少，有此四者之象也。」〔註15〕其中少陰和少陽，表示陰中有陽，陽中有陰，具有中和的特性。另外，《周易》言「一陰一陽之謂道」(〈繫辭上傳・第五章〉)，又言「陰陽合德，剛柔有體」(〈繫辭下傳・第六章〉)。皆顯現出陰陽雖對立，事實上，則是追求統一的「合」，也就是中和之目標。

此外，物體特性的變更，依照羅光的解說，也可以分為三種。其一是簡單的變更，從一特性到相反的特性。此項變更有兩面的工作，一面毀滅原有的特性，一面則加上新的特性。其二是加增，一種特性從淺的程度到深的程度。也具有毀滅與加新的兩面工作。例如甜和苦，少一分的苦，則多一分的甜。但是普通的加增，則是由淺而入深。例如紅色，由淡紅而入深紅。其三是減少，與加增正好相反，是由深的程度減到淺的程度。減少的變更，是逐漸毀滅特性，也就是「逐漸減少特性和物體的團結，使特性漸次和物體相脫離。」〔註16〕即是物體的變更，呈現由正到反，由少到多，或由多到少的三個面向。

此種變更的類型，在《周易》之中，可以從卦象變化，似乎可以找到相同的例証。

第一類簡單的變更，也就是相反的變更。像〈乾（☰）〉和〈坤（☷）〉、〈坎（☵）〉和〈離（☲）〉、〈兌（☱）〉和〈艮（☶）〉、〈震（☳）〉和〈巽（☴）〉等卦，卦象完全相反。

第二類加增的變更。像漢易中的十二消息卦之息六卦。〔註17〕如〈復（䷗）〉、〈臨（䷒）〉、〈泰（䷊）〉、〈大壯（䷡）〉、〈夬（䷪）〉、和〈乾（䷀）〉，就是陽爻逐漸加增的過程（也是陰爻遞減的過程）。

〔註15〕 見《周易集註》，卷十三，(臺北：夏學社，民國75年)，頁1310。

〔註16〕 同註9，第四章，頁320。

〔註17〕 十二消息卦，又稱十二辟卦、十二月卦、十二君卦和十二主卦等，為西漢孟喜所創卦氣說的內容之一。

　　第三類減少的變更。像消六卦，〈姤（䷫）〉、〈遯（䷠）〉、〈否（䷋）〉、〈觀（䷓）〉、〈剝（䷖）〉、和〈坤（䷁）〉，就是陽爻逐漸遞減的過程（也是陰爻加增的過程）。

　　再則，「變」的思想，在西方哲學的發展之中，有兩派截然不同的主張。

　　一派主張絕對不變說，以古希臘時代伊利亞學派（The Eleatic School）的開山祖師巴門尼德斯（Parmenides 554～501?B. C）為代表。他認為只有「有」或「實在」是真理，是一個充實的、同質的球體。至於「非有」或「非實有」則絕不可能存在。然而「有」或「實在」是不變不動，不生不滅的；並是絕對的不變不動，不生不滅的。也就是「實在是不朽的和不可滅的」。〔註18〕實在的真理，必須緣乎超感官知覺的理性思維，才有彰顯的可能；必經理性的睿智作用，才可認知與言詮。巴氏反對生成變化的可能，認為現象界的「一切的變化和運動都是虛幻的」，而且「任何存在物都不能從虛無中產生，只能從存在物中產生，但是如果存在物只能從存在物中產生，存在物就沒有開端；實在是不朽的和不可毀滅的」。〔註19〕

　　事實上，由經驗得知，現象界充滿著互相分明的個體和變動不居的變化。所以巴氏的錯誤在於「只顧概念而忽略了經驗事實」。〔註20〕

　　相對於絕對不變，赫拉克立特斯（Heraclitus, 535～475?B.C）及柏克森（Henri, Bergson, 1859～1941A.C）則主張絕對變化說。

　　赫氏認為世界的原質是一團「永恒的靈火」。他說：「這個有秩序的世界，既不為神，亦不為人所創造，它在過去、現在以及未來，始終是依從準繩點燃及熄滅的永恒靈火。」〔註21〕由於火的可動性和可燃性，萬物自火產生，亦不斷復歸於火。所以，赫氏主張「萬物流轉」。也就是萬物皆為火，火中的一切都處於永恒的轉化和變化之中。〔註22〕其主要意義在於除了生成變化本身，無法發現真實存在。換言之，現象就是實在，萬物就是靈火，兩者雖有體相之分，其實二者本一。就現象言，萬物是變化不停的；就本質而言，火

〔註18〕見（美）F. N. 麥若爾《世界哲學寶庫》，第一卷，（北京：中國廣播電視出版社，1991），頁24。

〔註19〕同上。

〔註20〕同註10，第六章，頁109。

〔註21〕見《斷簡三十》，引見傅偉勳《西洋哲學史》，第一章，（臺北：三民書局，民國78年），頁24。

〔註22〕同註18，第一卷，頁19。

也是變動不居的。綜言之，一切都是變。

有關柏克森變化說的主張，見於其所著的《創造性進化論》一書。他認為實有就是進化，實有的本質，也就是變化。將「生命的衝動」視為實有的精華，他說：「有生命的物體中，顯現出一種使人感興趣的力量。這種歷久不衰，生機勃勃的活力，使生命發生創造性的進化，也使生命的物體具有本能與理智。」〔註23〕反之，凡是穩定的，皆非實有；所謂「恒存」，也不過是理智及本能以不變的觀念，將「創造進化」予以分開或凝結所造成。

赫氏與柏氏的絕對變化說，固然較絕對不變說為優，但兩者都犯了以偏概全的缺失。赫氏只見到「變」的一面，而忽略了「不變」的因素。〔註24〕而柏氏則「將變化與恒存彼此分開：把變化歸於實在，把恒存歸於觀念。但實際上，決不是如此。分析內在與外在的經驗與件，可知實有呈現變化，也呈現長久不變的形態。例如：正在生長的樹木，或小孩變為老人。所以柏克森不知不覺地陷入了自己所批評的錯誤裡，因為他主張的變化只代表實體的一個形態，而忽略其他的，但這是抽象的意義」。〔註25〕「變」與「不變」是一個對立體，「變」中有「不變」，「不變」中有「變」，相互聯繫，又相互辯証，使我們在認識事物時，不僅要注重「變」的因素，也要注意「不變」的規範性，才不致於有所偏失，注意到了部份，而忽略了整體。

在《周易》之中，出現「變」字共有四十九處。「變」除了具有變更的本義外，並具有變易、變化、變通及變動等的引申義。當然，《周易》中「變」的意義，有一般的意義外，並具有形上辯証，萬物化生的特殊深義。也就是萬物的化生，透過「變」的總法則太極的化生，經由變易的流轉，變化、變通及變動的展開，周而復始，循環不息，呈現一個繽紛多彩，森羅萬象的宇宙世界。深一層說，《周易》形上辯証思維體系，是以太極的「變」，經由變化、變通及變動的形式開展，以天、地、人道為範疇，向外擴展。這其中包含天地絪縕、陰陽合德、動靜有常等的對立又統一的相對作用，以顯發萬物。然而這個形上辯証思維體系，具體的落實在六十四卦的「變」之上，以卦爻變化，時位互轉，建構一套完整的宇宙世界模式，作為《周易》形上學的規範。

〔註23〕同註18，第四卷，頁829。
〔註24〕赫氏以火作為原素，只能就形下的現象而言，未能向上探求形上的本根。就形上的本根來論，具有「變」與「不變」既對立又統一的特性。
〔註25〕同註10，第六章，頁107。

　　反過來說，要探求太極的「變」，則必須經由六十四卦象所展現的義理，趨時達變，守位居正，進德修業，知所進退，以明瞭「變」之理，通達「變」之性，才能上求「變」之道，自然就能：

　　　　夫大人者，與天地合其德，與日月合其明，與四時合其序，與鬼神
　　　　合其吉凶。先天而天弗違，後天而奉天時。(〈乾卦・文言〉)

　　　　財成天地之道，輔相天地之宜。(〈泰卦・象〉)

　　　　智周乎萬物，而道濟天下，故不過。……範圍天地之化而不過，曲
　　　　成萬物而不遺。(〈繫辭上傳・第四章〉)

這些說法，雖然有些誇大，不切實際。但其中寓含的意義是，對形上本根的探求，所獲得的自信，以及對自我期許的深切。同時，並從形上的宇宙化生過程之中，明瞭生命的流動和價值。以故，《周易》所說的「變」之意義，無論是變更的本義，或者是變易、變化、變通及變動的引申義，皆具有形上辯証的意涵，必須從萬物化生的角度予以解析。那麼，《周易》形上辯証思維的「變」之意義究竟是什麼？

　　　　乾道變化，各正性命，保合太和，乃利貞。(〈乾卦・象〉)

孔穎達解釋說：「變謂後來改前，以漸移改，謂之變也。化謂一有一无，忽然而改謂之化。」〔註26〕所謂「後來改前，以漸移改」，指的是漸變，一種慢速變化；「一有一无，忽然而改」的「化」，是指突變，也就是頓變，一種快速變化。

　　朱熹承接孔氏的說法，也認爲「變者，化之漸；化者，變之成」。〔註27〕「變」仍指漸變，「化」則指「變」的完成。變與化是互爲因果的。再就〈繫辭上傳・第十一章〉說：

　　　　闔戶謂之坤，闢戶謂之乾，一闔一闢謂之變，往來不窮謂之通。

此言天地變化，萬物化生，是經過乾坤闔闢之對立轉化而又融合的過程，才能往來不窮，生生不息。然而在乾坤闔闢的變化之時，漸變和頓變是交叉運用，轉換不已。但是萬物的化生以及轉化，並不是空所依旁，憑空而起；而是經由一個總法則在推動，才能使萬物化生不斷，源源不絕。這個變的總法則就是太極。所以這章〈繫辭〉又接著說：

　　　　是故易有太極，是生兩儀，兩儀生四象，四象生八卦，八卦定吉凶，
　　　　吉凶生大業。

〔註26〕見《周易正義》，卷一，(臺北：藝文印書館，民國 62 年)，頁 11。
〔註27〕見《周易本義》，卷一，(臺北：老古文化事業公司，民國 76 年)，頁 60。

其中的「兩儀」是指陰陽，也是指天地。在其上就是萬物的化生之體——太極。而在太極之上的「易」字，並非高於太極之層次，只是指「陰陽之變」。〔註28〕而在太極之下，則爲萬物化生之用的四象和八卦。

因此，綜合以上的說明，可以給《周易》的「變」下一個定義：「太極化生萬物的變化歷程。」由這個定義，可以從「變」的範疇、「變」的形式及「變」的卦象等三方面，對「變」的內涵，作進一步分析。

第一、就「變」的範疇分析。太極化生萬物，並沒有層次的分別，先兩儀、次四象，再八卦；而是具有普遍、無限、同一性的展現，不分先後、高低、貴賤的化生。其言兩儀、四象、八卦等的分別，只是在思維層次，爲方便解說而分，實際上是一體展現的。王夫之關於太極一體展現兩儀、四象、八卦以及六十四卦，就精闢分析說：「易有太極，言易具有太極之全體也。是生兩儀，即是而兩者之儀形可以分而想像之也。又於其變通而言之，則爲四象。又於其變通而析之，則爲八卦。變通無恒不可爲典要，以周流六虛，則三十六象，六十四卦之大用具焉。」〔註29〕此言太極與兩儀、四象、八卦以及六十四卦體用相函的關係，以顯現一體展現的意義。然而太極「變」的範疇，則落實在天、地、人道之上，以產生不同的變化；並經由對天、地、人道的探賾索隱，鉤深致遠，以掌握「變」的內涵，則「變」在其中矣。

> 昔者聖人之作易也，將以順性命之理，是以立天之道曰陰與陽，立地
> 之道曰柔與剛，立人之道曰仁與義，兼三才而兩之。（〈說卦・第二章〉）

這就說明「變」在不同的範疇，產生不同的變化。在天道稱陰陽，在地道稱柔剛，在人道稱仁義。然而此三者，皆是「性命之理」所必備，缺一不可。孔穎達認爲：「其天地生成萬物之理，須在陰陽必備，是以造化關設之時，其立天之道，有二種之氣，曰成物之陰與施生之陽也。其立地之道有二種之形，曰順承之柔與持載之剛也。……天地既立，人生其間，立人之道，有二種之性，曰愛惠之仁與斷刮之義也。既備三才之道而皆兩之。」〔註30〕可見天、地、人之道，各有其分殊不同的特性和意義。

就天道論，天就是乾，乾就是健。〔註31〕因此，天道「變」的因素就在

〔註28〕朱熹解釋：「易者，陰陽之變。太極者，其理也。」同上，卷三，頁306。

〔註29〕見《船山易學》之〈周易內傳發例〉，（臺北：河洛圖書出版社，民國63年），頁615。

〔註30〕同註26，卷九，頁183。

〔註31〕〈說卦・第七章〉說：「乾，健也。」又〈第十章〉說：「乾，天也。」所以

健。經由健的變化，產生天地、陰陽、動靜等對偶的對立轉化面，而展開化生的功能。所以，《周易》一再強調說：

> 夫乾，其靜也專，其動也直，是以大生焉。夫坤，其靜也翕，其動也闢，是以廣生焉。(〈繫辭上傳・第六章〉)

> 一陰一陽之謂道，繼之者善也，成之者性也(〈繫辭上傳・第五章〉)。

> 動靜有常，剛柔斷矣。(〈繫辭上傳・第一章〉)

以此可知，天道的「變」是經由天地、陰陽、動靜等，相互依存，相互貫通，相互聯繫，相互影響，再相互統一，相互融合，以致生生不息，源源不絕。這也是「對立統一定律」，是指事物內部對立的雙方，又統一又矛盾衝突的存在和發展規律。〔註 32〕

就地道論，地就是坤，坤就是順。〔註 33〕也因此，地道「變」的因素就是順。順從天道而產生變化，由剛柔相推，以厚德載物，類族辨物，使萬物各得其所。所以：

> 剛柔相摩，八卦相盪，鼓之以雷霆，潤之以風雨，日月運行，一寒一暑。(〈繫辭上傳・第一章〉)

> 剛柔相推，變在其中矣。(〈繫辭下傳・第一章〉)

> 陰陽合德，而剛柔有體。(〈繫辭下傳・第六章〉)

同樣的，地道的「變」，也是經由對立轉化，相互統一之下，使萬物生成發展。與天道不同的是，陰陽與剛柔之分別而已。

就人道論，其「變」的形式就是仁義，而其來源就是善，也就是「變」的原素就是善。〔註 34〕人道經由善的變化，仁義的開展，並輔之以元、亨、利、貞四德作爲進德修業，知至至之，知終終之，追求一個光華完美的道德生命體。也就是：

> 富有之謂大業，日新之謂盛德。(〈繫辭上傳・第五章〉)

> 和順於道德而理於義，窮理盡性以至於命。(〈說卦・第一章〉)

　　　乾是天，也是健。

〔註 32〕同註 1，頁 93。

〔註 33〕〈說卦・第七章〉說：「坤，順也。」又〈第十章〉說：「坤，地也。」所以坤是地，也是順。

〔註 34〕〈繫辭上傳・第四章〉說：「一陰一陽之謂道，繼之者善也，成之者性也。」其中「善」是繼道成性，是人性的根本，也是人道「變」的原素。

天道和地道的化生，必須經由人道的化生，這樣「三才之道」才算完備，《周易》「變」的辯証思維體系，才能得到完全展現，更使此項哲學意涵，深厚和豐盈。

第二，就「變」的形式分析。《周易》的「變」，只是「變」之用，其體則是「太極」，也就是「易」。「太極」與「易」的關係，則是「聖人以人事名之，隨其義理，立其稱號」。〔註35〕也就是「太極」與「易」，甚而「乾元」、「道」等，意義都是一樣，皆是指第一因。〔註36〕「變」就是透過「易」而形成「變易」，以使天地變化、陰陽合和、以致於萬物化生。基於此，《易緯‧乾鑿度》就說：「變易者，其氣也。天地不變，不能通氣，五行迭終，四時更廢，君臣取象，變節相移，能消者息，不專者敗，以其變易者也。」〔註37〕程頤也說：「易，變易也，隨時變易以從道也。」〔註38〕在在說明「變」本身只是一個中介，本身不能起變化，必須透過「易」，形成「變易」，才能產生一切變化。宇宙萬物的化生，不止不息，源源不停，也在「變易」不窮之下，得到永續之發展。

根據《周易》內容分析，「變易」的形式有三種：其一是「變化」，是從陰陽對立之中產生。即是陰陽既對立，而又互相轉化，互相統一的化生萬物之形式。也就是由「一陰一陽之謂道」的對立衝突之下，經過融合統一的過程，以形成萬物的變化。

　　天地變化，草木蕃。(〈坤卦‧文言〉)

　　在天成象，在地成形，變化見矣。(〈繫辭上傳‧第一章〉)

變和化包括了漸變和頓變，以及質量互變的因素，才能使萬物的化生，不斷的更新，並具有多樣性和複雜性。

其二是「變通」。是指萬物的發展，若遇到阻滯，必須求通，才能持續不斷，生生不已。亦即是一種周而復始，無往不復的化生萬物之方式。

　　通其變，遂成天地之文。(〈繫辭上傳‧第十章〉)

　　易窮則變，變則通，通則久。(〈繫辭下傳‧第二章〉)

其三是「變動」。是指化生萬物的動力，這股動能是永不停止，能量無盡的。變化、變通，必須依靠變動才能永續長久；而變動則因變化、變通的展

〔註35〕孔穎達言，見《周易正義》，卷七，頁148。
〔註36〕「第一因」即指最後的本根，為嚴復提出，見《評點老子道德經》，頁23。
〔註37〕卷上，(臺北：老古文化事業公司，民國70年)，頁2。
〔註38〕見《易程傳‧序》，(臺北：河洛圖書出版社，民國63年)，頁1。

現，而開物成務，立成器以爲天下利。換言之，此種「動」是「各種現實物內最根本的活動，一方面有主動攝取，另方面亦有被動之接受」。〔註39〕《繫辭傳》說：

> 爲道也屢遷，變動不居，周流六虛，上下无常，剛柔相易。(〈下傳・第八章〉)

> 道有變動。(〈下傳・第十章〉)

可見「變動」是化生過程不可或缺的重要因素之一。

但是，「變」的目的，並不僅求「變化」、「變通」、「變動」的萬物化生之道；還要從萬物化生的「變」當中，體認「常」的意義，達到由變知常，通變得常，把握一個主體性的本根。誠如楊萬里所主張的：「君子之學易，能通其變而得其常，極其用而執其體，是可謂善學易之書而深明易之辭，力行易之道者矣。」〔註40〕由此可知，「通變」固然是《周易》之道，「知常」也是《周易》所要表達的主要意義之一。也因此〈恒卦・象〉說：

> 天地之道，恒久而不已。利有攸往，終則有始也。日月得天而能久
> 照，四時變化而能久成，聖人久於其道而天下化成。觀其所恒，而
> 天地萬物之情可見矣。

「恒」也就是「常」，瞭解「恒常」之道，則天地萬物之情可見矣。

第三、就「變」的卦象分析。「變」的化成雖然是「範圍天地之化而不過，曲成萬物而不遺」(〈繫辭上傳・第四章〉)，但並不表示「變」的作用是隱而不現，退藏於密。事實上，則是濃縮在六十四卦、三百八十四爻當中。也就是「變」的形而上之道是太極，以及太極的化生作用，天地絪縕、陰陽合德和動靜有常的天道，剛柔相濟、厚德載物和類族辨物的地道。形而下的卦象，則經由人道的體仁行義、中正日新和天人合一的踐履，以觀象玩辭，居位趨時，執中不偏，避凶化吉，才能下學上達，掌握《周易》形上辯証「變」的哲學之樞要。

> 爻者，言乎變者也。(〈繫辭上傳・第三章〉)

> 聖人有以見天下之賾，而擬諸其形容，象其物宜，是故謂之象。聖
> 人有以見天下之動，而觀其會通，以行其典禮，繫辭焉以斷其吉凶，
> 是故謂之爻。(〈繫辭上傳・第八章〉)

〔註39〕懷海德所主張，見沈清松《物理之後：形上學的發展》，第十章，(臺北：牛頓出版股份有限公司，民國 80 年)，頁 301。

〔註40〕見《誠齋易傳》，卷十八。

卦象的變動在於爻，爻的乘承比應則關乎卦象的吉凶禍福。〔註41〕所以，爻是整個卦象變動的原素。

總而言之，《周易》的形上辯証，在「變」的思維體系之下，開展一套宇宙的本體哲學以及化生萬物的過程。以太極爲體，以變易爲用，以變化、變通、變動爲形式，以天道、地道、人道爲範疇，以六十四卦，三百八十四爻爲骨架，所建立的一套世界模式。並因之周流六虛，變動不居，恒常永久，生生不息。無怪乎，《周易》一言以蔽之曰「變」，所謂：

> 易之爲書也，不可遠，爲道也屢遷，變動不居，周流六虛，上下无
> 常，剛柔相易，不可爲典要，唯變所適。(〈繫辭下傳・第八章〉)

「唯變所適」，可說是概括了《周易》形上辯証思維「變」的體系，並顯現「變」的適時性與永久性，能夠與時俱進，日新又新。

第二節　「變」的總法則──太極

萬物的化生，有其本根，並具不受時空限制的無限性和永恒性，在《周易》中就稱作太極。太極不僅是「變」的總法則，並經由「變」的思維體系，「變化」的陰陽對立而又融合統一，形成質量互變；「變通」的通暢無滯，流行不止；「變動」的動源能量，剛健不怠；所形成的宇宙化生圖式。據此，沒有太極，「變」就無法發生作用，化生萬物；沒有「變」，太極就無法顯現其客觀實在，暉麗萬有。太極是體，「變」是大用之作用，體以致用，用以備體。故太極是宇宙化生的總法則。

太極是什麼？太極如何經由「變」以化生萬物，有無先後順序？太極是在萬物之上，還是在萬物之中？太極與其他言及本根的乾元、道、易、一及帝的關係又如何？以下依此順序作一深入解析，以明瞭太極的功能及作用。

太極最早見於《莊子》，在〈大宗師〉中說：「夫道，有情有信，无爲无形，……在太極之先而不爲高，在六極之下而不爲深，先天地生而不爲久，長於上古而不爲老。」〔註42〕其中太極與六極對文，指空間最高的極限〔註43〕，不具有本

〔註41〕所謂「乘」，凡上爻乘凌下爻稱之，以陰爻在陽爻之上，稱爲「乘剛」。所謂「承」，凡下爻緊承上爻者稱之。所謂「比」，凡兩爻相連並列者稱之。所謂「應」，是指初與四爻，二與五爻，三與上爻，兩兩交感對應稱之。
〔註42〕見郭慶藩《莊子集釋》，卷三上，頁246～7。
〔註43〕見朱伯崑《易學哲學史》，1：58。

根的意義。在《周易》，太極一辭見於〈繫辭上傳・第十一章〉：

> 易有太極，是生兩儀，兩儀生四象，四象生八卦，八卦定吉凶，吉
> 凶生大業。

「兩儀」指陰陽；「四象」指太陰、太陽、少陰、少陽；「八卦」指〈乾〉、〈坤〉、〈坎〉、〈離〉、〈震〉、〈兌〉、〈艮〉、〈巽〉。〔註44〕歷代易學家對此章有兩種不同的解釋：一是指宇宙化生，天地生成。太極表示萬物本根的至高無上，至極無以復加的意思。如王弼、孔穎達、王夫之等。後面再加以詳盡說明，在此謹以羅光的一段話作爲概說，他說：「《易經》以太極爲宇宙之元，元即元始，宇宙萬物都來自太極。那麼宇宙的變化，都從太極開始，而且都可以說是太極的變易。」〔註45〕充分顯示從太極到八卦的變化，是宇宙化生的過程。即是以太極爲萬物的本根，經由「變」的化生過程，產生兩儀、四象、八卦以及無窮盡的一套宇宙發生論。一是講筮法變化，畫爻成卦。以朱熹、毛奇齡、李塨等爲代表。

關於「太極」章作爲筮法變化，畫爻成卦的說法，作一說明。

一、朱熹說：朱氏對太極說有兩層內容，就筮法言，太極是指卦畫的根源；就哲學言太極是指世界的本源。〔註46〕此處就筮法說。他對此章注解說：「此數言者（即太極生兩儀，兩儀生四象，四象生八卦），實聖人作易自然之次第，有不假絲毫智力而成者，畫卦揲蓍，其序皆然。」〔註47〕其認爲此章是作易者畫卦揲蓍，極爲自然的順序。此順序是用加一倍法，累積疊上而成的。「易有太極，便有個陰陽出來，陰陽便是兩儀，儀，匹也。兩儀生四象，便是一個陰又生出一個陽，〓〓是一象也。一個陽又生出一個陰，〓〓是一象也。一個陰又生出一個陰，〓〓是一象也。一個陽又生出一個陽，〓是一象也。此謂四象。四象生八卦，是這個四象生四陰時，便是〈坎〉〈震〉〈坤〉〈兌〉四卦；生四個陽時，便是〈巽〉〈離〉〈艮〉〈乾〉四卦。」〔註48〕這個加一倍法，

〔註44〕見朱熹《周易本義》，卷三，頁306。

〔註45〕見《儒家形上學》第二章，（臺北：臺灣學生書局，民國80年），頁92。

〔註46〕見朱伯崑《易學哲學史》2：524。

〔註47〕同註27。

〔註48〕見《朱子語類》，卷七十五。此外，在《朱子文集・答虞士朋書》也說：「易有太極，是生兩儀者，一理之判，始生一奇一偶而一畫者二也。兩儀生四象者，兩儀之上各生一奇一偶而爲兩畫者四也。四象生八卦者，四象之上各生一奇一偶而爲三畫者八也。此乃易學綱領，開卷第一義。然古今未見有識之者。至康節先生始傳先天之學而得其說，且以此爲伏羲氏之易也。」同樣指出「太極章」是揲蓍程序，畫爻成卦；並是由一分二，二分四，四分八的衍生。

就是以太極爲最下層，兩儀次之，四象又次之，接著以八卦，以此類推，可以無限推衍下去。所以朱氏主張：「太極、兩儀、四象、八卦者，伏羲畫卦之法也。」〔註 49〕他不認爲「太極」章是宇宙發生的順序，而只是揲蓍程序，畫爻成卦的順序，沒有任何哲學意涵在其中。

　　二、毛奇齡說：毛氏根據唐朝崔憬的看法，主張爲「太極」章與「大衍」章是講同一主題的，〔註 50〕皆是講揲蓍程序，談的是「生卦之序，非畫卦之序」。依於此，他說：「未揲之先，合五十之數，聚而不分，有大中之道焉。說文極中也，屋極之謂中，言不分於一隅也。崔憬云：一蓍爲太極是也。而於是分之爲二，以象二，則是太極生兩儀也。李氏集解云：祇四十九數而未分爲太極，分之爲陰陽是也。而於是揲之以四，以象四時，則是兩儀生四象也。虞翻謂四象即四時也。而於是一扐、再扐、再變、三變而八卦成焉，則是四象生八卦也。荀爽云：四時通變而八卦之所由始是也。」〔註 51〕以大衍之數五十或四十有九未分之數表示太極，分二表示兩儀，以揲四表示四象，以三變成一爻，十有八變成一卦表示「四象生八卦」。故此章是說揲蓍畫卦的程序，不是指天地萬物形成的過程。

　　三、李塨說：對「太極」章，他也同朱、毛氏一樣，主張揲蓍畫卦說。他先批評以「儀」爲天地的不對；因爲，如果「兩儀」是天地，則八卦中乾坤也表示天地，等於說天地又生天地，這是不通的說法。〔註 52〕據此，李氏解釋說：「太極者，大衍之捨一不用者也。兩儀者，分而爲二以象兩也。四象者，揲之以四以象四時也。八卦則四揲十有八變而成之者也。」〔註 53〕其中「太極者，大衍之捨一不用者也」，是指「大衍」章中天地之數五十，減去四十有九之用，所剩之「一」即是太極。其餘則如毛氏所言，如同「大衍」章的揲蓍畫卦過程。

　　當然，以揲蓍畫卦過程解說「太極」章，可能較符合《周易》的原始意義。但是，人類的思維和智慧是不斷的進步，呈螺旋波浪式的前進，〔註 54〕

〔註 49〕　見《朱子文集‧答王伯豐書》。

〔註 50〕　「大衍」章是指〈繫辭上傳‧第九章〉「大衍之數五十，其用四十有九，分而爲二以象兩，掛一以象三，揲之以四以象四時，歸奇於扐以象閏，五歲再閏，故再扐而後掛。」

〔註 51〕　見毛氏著《仲氏易‧繫辭上傳》，引見朱伯崑《易學哲學史》4：299～300。

〔註 52〕　李塨說：「先儒舊說原不解，以兩儀爲天地，則八卦之乾坤即天地也，豈天地生天地乎？」見毛奇齡《易小帖》引，引見同上，4：300。

〔註 53〕　見毛奇齡《易小帖》引，引見同上，4：299。

〔註 54〕　事物發展所呈現的周期性，既不是簡單的循環，也不是直線式的上升，而是一

後人所闡發的理論思維和價值，有其學術上的貢獻。職是之故，我們在探討「太極」章時，一方面明瞭其原始意義；另一方面，對其所推演出的理論思維和價值意義，作深度分析，以明瞭其哲學意涵和人生意義，則較有積極面的意蘊和價值。

首先，我們要問太極是什麼？在《周易》中，太極僅見一處，就是「太極」章，並沒有說明太極是什麼，也沒有說明是精神的抑或物質的。以下根據歷代易學家的解釋作一歸納分析，以解開太極的眞面目，並由此探討宇宙本根究竟是什麼？

一、太極就是太一。是出於虞翻的解說，其在解釋「太極」章時開宗明義的表示：「太極，太一也。分爲天地，故分兩儀也。」〔註55〕太一最早見於《莊子》，他在評論關尹、老聃的學說時說「建之以常无有，主之以太一」。〔註56〕太一是什麼？主要有三種說法：（一）就是道，萬物的本根。《呂氏春秋‧仲夏紀》就指出「萬物所出，造於太一」，接著深入分析說：「太一出兩儀，兩儀出陰陽，陰陽變化，一上一下，合而成章，渾渾沌沌，離則復合，合則復離，是謂天常。」可見太一化生萬物，是經由陰陽變化而成的。至於太一的形貌，此篇又說：「道也者，視之不見，聽之不聞，不可爲狀。……道也者，至精也，不可爲形，不可爲名，強爲之，謂之太一。」〔註57〕太一是無形無狀，無法感覺的「存有」。（二）就是元氣，是指萬物最原始之狀。見於《禮記‧禮運篇》，其上說：「夫禮必本於太一，分而爲天地，轉而爲陰陽，變而爲四時。」是說禮之本，也是太一。孔穎達注疏說：「太一者，謂天地未分，渾沌之元氣也。極大曰太，未分曰一。其氣既極大而未分，古曰太一也。」此〔註58〕元氣渾沌爲一，廣大無邊，無狀之狀，無象之象。（三）就是北辰星，爲北辰之神。馬融則以天上的北極星解釋太極，北辰星就是太極星，〔註59〕基於此種關係，太極也就是

個螺旋式和波浪式的前進過程。見周金榜《哲學基本知識手冊》，第七章，頁 131。
〔註55〕見《周易集解》，卷十四，頁 349。
〔註56〕見〈天下篇〉，卷十下，頁 1093。
〔註57〕見漢高誘注《呂氏春秋》，卷五，新編諸子集成（七），（臺北：世界書局，民國 72 年），頁 46～7。
〔註58〕見《禮記正義》，卷二十二，（臺北：藝文印書館，民國 62 年），頁 438。三國魏王肅亦說：「太一者，元氣也。」見《孔子家語‧禮運》注，卷七，（臺北：臺灣中華書局，民國五十七年），頁 17。
〔註59〕據《大不列顛百科全書中文版》「北極星」條說：「又名小熊星座 d，是目前地球的指極星。位於小熊座尾的末端。北極星實際上是一顆三合星。兩顆可見子

北辰星，亦即是北辰之神。他表示：「易有太極，謂北辰也。太極生兩儀，兩儀生日月，日月生四時，四時生五行，五行生十二月，十二月生二十四氣。北辰居位不動，其餘四十九轉運而用也。」〔註60〕馬氏認爲北辰星是不動的，其餘四十九星在其周圍運轉，此種說法是根據「大衍」章所謂「大衍之數五十，其用四十有九」而來。再者，對虞氏易研究最精湛的清朝張惠言，也主張虞氏所說的太一就是北辰星，爲北辰之神。張氏說：「鄭注云，太一者北辰之神明也。……又引《星經》曰，天一、太一主氣之神，然則太一即乾元也。在天爲北辰，在易爲神。虞君注斗寂然不動，感而遂通，謂此太一也。」〔註61〕張惠言借由鄭玄注及《星經》，認爲太一就是北辰星。

　　二、太極就是元氣。這是兩漢人普遍的說法，包括班固、易緯、劉歆、王充、鄭玄等。所謂元氣，是指氣的開始產生和存在，並且內在具備形成萬物形質的元素。〔註62〕其中最受注意的是班固、易緯及鄭玄三者的看法。另外，孔穎達也主元氣說，致使元氣說成爲當時的主流。第一，班固在《漢書‧律曆志》提到：「太極元氣，函三爲一。極，中也。元，始也。行於十二辰。」「函三」指天地人，元氣在初形成時是天地人混合爲一。又說：「太極中央元氣，故爲黃鐘，其實一龠。」〔註63〕指出太極就是元氣。第二、易緯《乾鑿度》認爲：「易始於太極，太極分而爲二，故生天地。天地有春秋夏冬之節，故生四時。四時各有陰陽剛柔之分，故生八卦。」以太極作爲最高之本源，化生天地萬物；同時，並認爲「有形生於无形」，因而，以太易、太初、太始、太素等四個階段來解釋「易始於太極」。所謂「太易者，未見氣也；太初者，氣之始也；太始者，形之始也；太素者，質之始也。氣形質具而未離，故曰渾淪。渾淪者，言萬物相渾成而未相離。」〔註64〕「渾淪」就是太

星中比較亮的一顆是周期約爲三十年的分光雙星，另一顆是光變周期約爲四天的造父變星。它的光度變化很小，肉眼幾乎不能察覺。北極星系的目視星等爲二點〇四等。」由此可見，北極星是天上群星之中最爲重要的一顆指標星，可作爲人們辨認方位的最佳指標。也因此古人特別重視北極星，是有其原因的。廖端銘主編，共有二十冊，（臺北：丹青圖書有限公司，1987），2：194。

〔註60〕見《周易正義》，卷七，頁 152。

〔註61〕見《周易虞氏義》，引見朱伯崑《易學哲學史》，4：354。

〔註62〕見張立文《氣》引《古微書‧春秋緯》說：「元者，端也，氣泉。」又引《古微書‧河圖緯》說：「元氣无形，泃泃隆隆，偃者爲地，伏者爲天。」第二章，（北京：中國人民大學出版社，1990），頁 71～2。

〔註63〕見《漢書》卷二十一上，頁 964 及 981。

〔註64〕見《乾鑿度》卷上，（臺北：老古文化事業公司，民國 70 年），頁 3～5。

易、太初、太始、太素等氣形質混合而未分離，這也就是元氣。〔註65〕第三、鄭玄說：「極中之道，淳和未分之氣也。」〔註66〕也具體表示太極就是元氣。第四、孔穎達也是主張太極就是元氣，其配合《老子》「道生一，一生二，二生三，三生萬物」章，〔註67〕以解析「太極」章，他說：「太極謂天地未分之前，元氣混而爲一，即是太初、太一也。故老子云：道生一，即此太極是也。又謂混元既分，即有天地，故曰太極生兩儀，即老子云，一生二也。不言天地而言兩儀者，指其物體，下與四象相對，故曰兩儀，謂兩體容儀也。兩儀生四象者，謂金木水火稟天地而有，故云兩儀生四象。土則分王四季，又地中之別，故唯云四象也。四象生八卦者，若謂〈震〉木、〈離〉火、〈兌〉金、〈坎〉水各主一時，又〈巽〉同〈震〉木、〈乾〉同〈兌〉金，加以〈坤〉〈艮〉之土，爲八卦也。」〔註68〕明白的指出，太極就是元氣，產生於天地未分之前，可見是一切萬物之始；並由元氣化生兩儀、四象、以及八卦。

　　三、太極就是虛無。虛無並不表示完全沒有，就是實體；也就是一種邏輯上的虛構觀念，無任何質的規定性的最抽象的邏輯概念。〔註69〕此說創始於王弼，他在解釋「大衍」章時說：「演天地之數，所賴者五十也。其用四十有九，則其一不用也。不用而用以之通，非數而數以之成，斯易之太極也。四十有九，數之極也。夫無不可以無明，必因於有。故常於有物之極而必明其所由之宗也。」〔註70〕其中「其一不用」就是太極，也就是「無」；而其用四十有九，即是天地萬物，主要是「無不可以無明，必因於有」，故而，也就是「有」。韓康伯根於此說，進一步解析太極說：「夫有必始於无，故太極生兩儀也。太極者，无稱之稱，不可得而名，取有之所極，況之太極者也。」〔註71〕也明確指出太極就是「無」，無法稱謂，無法立名，是一個超越相對，絕對無待的實體。即如《老子》對「道」的形容，「有物混成，先天地生。寂兮寥兮，獨立而不改，周行而不殆，可以爲天下母。吾不知其名，字之曰

〔註65〕見《中國哲學大百科全書》（哲學），「太極」條，（北京：中國大百科全書出版社，1987），2：859。
〔註66〕見王應麟輯《鄭氏《周易》注》，引見葛榮晉《中國哲學範疇導論》，第四章，（臺北：萬卷樓圖書有限公司，民國82年），頁59。
〔註67〕見〈第四十二章〉，王弼《老子道德經》，下篇，頁26。
〔註68〕同註18，卷七，頁156～7。
〔註69〕同註43，1：329。
〔註70〕見王弼、韓康伯《周易注》，卷七，頁48～9。
〔註71〕同上，卷七，頁50。

道，強爲之名曰大。」〔註72〕由於具有絕對性，所以其是超越一切，是無法以現象界相對之文字予以形容，故只有以一個絕對的名詞替代，《周易》就稱爲「太極」，《老子》就稱之爲「道」。針對此孔穎達也以「太一虛無」或「太一」來解釋王弼所說的太極就是虛無。孔氏在疏解王氏「大衍」章注時說：「蓍所堪用者，從造化虛無而生也。若無造化之生，此蓍何由得用也。言非數而數以之成者，太一虛無，無形無數，是非可數也。然有形之數，由非數而得成也。即四十九是有形之數，原從非數而來，故將非數之一，總爲五十，故云非數而數以之成也。言斯易之太極者，斯此也。言此其一不用者，是易之太極之虛無也。無形即無數也。凡有皆從無而來，故易從太一爲始。」〔註73〕再深一層對王氏太極即是虛無的認定，並指出「虛無」的作用，不僅是五十根蓍草所本之體，並是萬物化生之源，即其所說「凡有皆從無而來」。

　　四、太極就是道。北宋邵雍的主張，其對太極的內涵雖賦予多面向的意義，但以道爲主。〔註74〕他說：「以道生天地，則天地亦萬物也。道爲太極。」又說：「太極，道之極。」由於道生天地萬物，太極亦是化生萬物之根源，因此，道是太極。道如何生萬物？「語其體，則天分而爲地，地分而爲萬物，而道不可分也。其終則萬物歸於地，地歸於天，天歸於道，是以君子貴也。……道生天地萬物而不自見也，萬物亦取法乎道矣。」〔註75〕道生萬物，在邵氏言，是有順序的，先生天，之後爲地，再之後爲萬物。而這個最高的本，就是道，也是太極。易言之，「能造萬物者，天地也。能造天地者，太極也。太極其可得而名乎？故強名之曰太極。」〔註76〕更明白的表示太極就是道，同樣具有創造天地萬物的功能。而其內容則爲陰陽動靜，此問題唐君毅就說：「太極之一，乃自其兼涵陰陽動靜說。道即自此陰陽動靜之互交而更迭上立名。故曰『一動一靜交，而天地之道盡之矣』（卷五）。又曰『出入、有無、死生

〔註72〕見王弼《老子道德經》，上篇，頁 14。

〔註73〕同註 26，卷七，頁 153。

〔註74〕邵雍《皇極經世・觀物外篇》說：「太極一也。不動生二，二則神也。神生數，數生象，象生器。」又說：「太極不動，性也。發則神，神則數，數則象，象則器，器之變，復歸於神也。」其又說：「心爲太極。」可見太極不僅是道，且又是一、性及心，呈多元化的表現，這都是本體之分殊。見明朝余本《皇極經世釋義》，卷三，（臺北：集文書局，民國六十五年），頁 405～6。

〔註75〕同上，卷三，頁 405～418。

〔註76〕見《邵子全書・無名公傳》，卷七，引見張立文《中國哲學範疇發展史》（天道篇），第十章，頁 370。

者，道也。』（觀物外篇第五）出、有、生，動也；入、無、死，靜也。故道之實際內容亦不外此太極中之陰陽動靜。故謂『道為太極』。」〔註77〕不只是「道」與「太極」的內容的合一，皆具有陰陽動靜，並更明確的表明太極就是道，之所以有分，主要是本體的分殊不同。

　　五、太極就是氣。此說是承接漢人「元氣」說而來，更直接表明以氣化生萬物的立場。以宋朝張載及清朝王夫之二人最為強調。先就張載言，其指出：「一物兩體，其太極之謂歟？」又說：「一物兩體，氣也。一故神，兩故化。」〔註78〕在這裡已明示太極就是氣。他又在《橫渠易說》並進一步表明：「一物兩體，其太極之謂歟？陰陽天道，象之成也。剛柔地道，法之效也。仁義人道，性之立也。三才兩之，莫不有乾坤之道也。」其中「一物兩體」指太極，又所謂「兩體」又是指的「乾坤之道」，故知太極不是一，也不是二，而是一中有二，即是「一物兩體」。太極究竟是什麼？他接下去說：「一物兩體，氣也。一故神，兩故化，此天之所以參也。兩不立則一不可見，一不可見則兩之用息。兩體者，虛實也，動靜也，聚散也，清濁也，其究一而已。」〔註79〕「一物兩體」是氣，太極就是氣。同時，此「氣」在相互對立，才能相互流轉，相互聯繫，而化生萬化，這就是「兩故化」。但在對立之後，必然又結為一體，即其所謂「一故神」。職此之故，太極之氣兼有虛實、動靜、聚散、清濁等正反對立的兩方面，亦即「乾坤之道」；此兩方面不可分離，相互對立中也相互依存，相互推移中也相互合一，即是所謂「其究一而已」。綜言之，張氏的太極就是氣的發散作用。次就王夫之言，其斷言太極為陰陽二氣合一的實體，此實體即是太和絪縕之氣，並具有運動的本性和變化的規律，且寓於天地萬物之中，一切現象都是此氣不同的表現形式，發揮了以「太和絪縕之氣」解釋世界本原的思想。首先，其在《周易內傳》解析「太極」章時說：「太者，極其大而无尚之辭，極至也，語道至此而盡也，其實陰陽之渾者而已。而不可名之為陰陽，則但贊其極至而无以加，曰太極。太極者，无有不極也，无有一極也，惟无有一極，則无所不極。……陰陽之本體，絪縕相得，合同而化，充塞於兩間，此所謂太極也，張子謂之太和。」

〔註77〕見《中國哲學原論》（原教篇），第二章，（臺北：學生書局，民國79年），頁42。
〔註78〕前者見《正蒙・大易篇》，後者見〈參兩篇〉，引見張岱年編《中華思想大辭典》「太極」條，（長春：吉林人民出版社，1991），頁806。
〔註79〕見〈說卦〉，引見《橫渠易說》，卷三，（上海：上海古籍出版社，1990），頁96。

〔註80〕太極就是「陰陽之本體，絪縕相得，合同而化」。亦是陰陽合一的實體。其次，關於「陰陽合一」即是太極，王氏在「一陰一陽之謂道」章中解析：「陰陽者，太極所有之實也。……合之則爲太極，分之則爲陰陽，不可強同而不相悖害，謂之太和。皆以言乎陰陽靜存之體，而動發亦不失也。」意思是，太極就是陰陽之合，陰陽是太極之分，沒有陰陽就沒有太極。且太極是最高之本，也因此萬物的資始資生，皆由太極而來，據此，又說：「此太極之所以出生萬物，成萬理而起萬事者也，俱始資生之本體也，故謂之道。」〔註81〕太極由陰陽合一之氣，而生萬物、成萬理、起萬事。第三，以太和絪縕之氣解說太極，其在《張子正蒙注》謂：「使與太和絪縕之本體相合无間。」又謂：「絪縕太和，合於一氣，而陰陽之體具於中矣。」再謂：「太和絪縕之氣，爲萬物所資始。」〔註82〕皆充分表示，太極就是太和絪縕之氣，並有資始萬物的功能。而其發揮的效用，是借用陰陽對立互動，相互聯繫，互爲表裡，造成動靜、聚散、虛實、清濁，而產生一切變化。換句話說：「惟兩端迭用，遂成對立之象，於是可知所動所靜，所聚所散，爲虛爲實，爲清爲濁，皆取給於太和絪縕之實體。一之體立，故兩之用行。如水唯一體，則寒可爲冰，熱可爲湯，於冰湯之異，足知水之常體。」〔註83〕太和絪縕之實體即是一，也是太極，所謂「一之體立」；則陰陽二氣變化以生萬物，即所謂「兩之用行」。在此必須聲明的是，太極與陰陽之間，沒有先後的次序，是一體呈現的。就如水而言，其呈現時已具有冷熱變化，並不是先有水再有冷熱，或先有冷熱再產生水。從上述材料論，王氏的太極觀就是氣，所謂太和絪縕之氣，是承襲張載的氣論說而來的，然而青出於藍而勝於藍，王氏較張氏更爲深入。

五、太極就是理。是朱熹所主張的。他在《周易本義》就鄭重主張：「易者，陰陽之變。太極者，其理也。」〔註84〕明白的昭示太極即是理。另外，他在《語類》及《文集》中，也一再聲明太極就是理的意義和價值。他進一步解釋說：「此太極卻是畫卦說。當未畫卦之前，太極只是一個渾淪底道理，裡面包含陰陽、

〔註80〕 見《船山易學》之《周易內傳》，卷五，（臺北：河洛圖書出版社，民國63年），頁513。
〔註81〕 同上，卷五，頁474～5。
〔註82〕 見〈太和〉、〈參兩〉、〈大心〉等篇，引見朱伯崑《易學哲學史》，4：215～六。
〔註83〕 見《張子正蒙注・太和》，引見同上，4：216。
〔註84〕 同註27。

剛柔、奇偶，無所不有。乃各畫一奇一偶，便是生兩儀。」〔註85〕其中「此太極卻是畫卦說」是指「太極」章說的；而就本體的太極說，也就是未畫卦之前的太極，就是一個渾淪的道理，是一個抽象的概念，無所不有，無所不包。當然，這個理，不是空的物事，而是一個實理，包羅天地萬物之理的。「極是道理之極至。總天地萬物之理便是太極，太極只是一個實體，一以貫之。」〔註86〕「蓋所謂太極云者，合天地萬物之理而一名之耳。以其無器與形，而天地萬物之理無不在是，故曰无極而太極。」〔註87〕皆表明太極是理，並具有絕對性、包容性和無限性。再次，在《朱子語類》卷九十四中，也說：「太極是五行陰陽之理皆有，不是空底物事。」「所謂太極者，只二氣五行之理，非別有物爲太極也。」充分証明太極是普遍的理，並在每一物之中。準此，朱氏論証說：「二氣之實，又本一理之極。是合萬物而言之，爲一太極而已也；自其本而之末，則一理之實，而萬物分之以爲體，故萬物之中各有一太極。」〔註88〕人人有一太極，物物有一太極，太極是遍涵萬物的，所以說「萬物之中各有一太極」。綜上所述，朱氏以理解析太極，作爲最高的形上思維，雖然是概念性的，但在形上本體論的解析上，有其深遠的啓發和意義。

除此之外，尚有以不同的內涵解說太極的，包括「第一因」、「永久之有」、「最高最後的東西」等不一而足。〔註89〕

太極固然有那麼多不同的名稱，並不表示太極有許多個，才有不同的意義。事實上，太極只有一個，是萬物最後最高的本根，但由於個人認定的不同，有認爲是精神的，有認爲是物質的，有認爲是概念性的。這都是在本體的意義之下，所呈現的不同殊別面貌，以致有不同的名稱。元朝吳草廬對太極不同的面貌，有一段話值得參考，他說：「太極者，何也？曰道也。道而稱之曰太極，何

〔註85〕見《朱子語類》，卷七十五。
〔註86〕見《周子全書》，卷一引。
〔註87〕見《朱子文集‧隆興府學濂溪先生祠序》。
〔註88〕見《通書解‧理性命注》，引見萬榮晉《中國哲學範疇導論》，第四章，頁68。
〔註89〕嚴復說：「老謂之道，《周易》謂之太極，佛謂之自在，西哲謂之第一因，佛又謂之不二法門，萬化所由託而學問之歸墟也。」以「第一因」解釋太極，見《評點老子道德經》，（臺北：廣文書局有限公司，民國59年），頁23。馮有蘭說：「太極永久是有。」以「永久是有」解釋太極，見《中國哲學史》，第二篇第十三章，（臺北：藍燈文化事業股份有限公司，民國78年），頁900。趙雅博說：「太極是什麼，《易傳》內並沒有解釋，後人解釋爲氣，乃是穿鑿之論。根據字面來說，太極是最高最後的東西。」以「最高最後的東西」解釋太極，見〈讀易一得〉，《中華易學》創刊號，引見李震《中外形上學比較研究》（上），第三章，頁65。

也？曰假借之辭也。道不可名也，故假借可名之器以名之也。以其天地萬物之所共由也，則名之曰道，道者大路也。以其條脈縷脈之微密也，則名之曰理，理者玉膚也。皆假借而爲稱者也。眞實無妄曰誠，全體自然曰天，主宰造化曰帝，妙用不測曰神，付與萬物曰命，受物以生曰性，得此性曰德，具于心曰仁，天地萬物之統會曰太極。道也、理也、誠也、天也、帝也、神也、命也、性也、德也、仁也、太極也，名雖不同，其實一也」。〔註90〕這是最好的理一分殊証明。太極既是天地萬物所共由，在萬物中就有不同之作用，不同之功能，表現不同之形貌，於是有不同的「名」，包括道、理、誠、天、帝、神、命、性、德、仁等，然而「名雖不同，其實一也」。再者，太極無論是如何的不可得、不可見、不可名、不可聞，甚至不可知，必須要確定一個事實，就是太極絕對不是零，一無所有；它絕對是「存有」，並具有實體性。而且是絕對無待，超越相對的絕對。同時，太極並是「變」的總法則，萬物皆由其生，皆由其成，無一物不由太極變化而成。羅光就明白的指出：「宇宙萬物的元始，不能是一理想方面的抽象的理或力，該是一具體的實體。例如老子以『道』爲萬物之元，『道』無論是怎樣無形名，但老子卻說：『有物混成，先天地生。』這是『有物』，《易經》的太極，必定該是具體的有。」〔註91〕總起來說，太極具有實體性，是具體的有，不是空的物事。

第二要探討的是太極經「變」以化生萬物，有無先後順序？這個問題有兩派不同的主張：一派主張有先後順序，以孔穎達、朱熹及唐君毅等爲代表。一派則主張沒有先後順序，以張載及王夫之爲代表。

先就主張太極生萬物，有先後順序來說。孔穎達的太極化生萬物說，前已提及，是同老子的「道生一，一生二，二生三，三生萬物」說相配合的。這個「生」字，表示生出，即母生子之義，太極元氣與兩儀、四象、八卦的關係，有時間先後順序上的差別。朱熹也有同樣的觀念，他說：「易有太極，便是下面兩儀、四象、八卦。自三百八十四爻總爲六十四，自六十四總爲八卦，自八卦總爲四象，自四象總爲兩儀，自兩儀總爲太極。」〔註92〕意思是，太極是最高的範疇，兩儀、四象、八卦以及三百八十四爻，都是太極之下所產的。也可以說，太極是母，其下的兩儀、四象、八卦以及三百八十四爻，

〔註90〕引見李震《中外形上學比較研究》（上），第三章，頁52。
〔註91〕同註43。
〔註92〕見《朱子語類》，卷七十五。

就是母所生的子。從上述原則，他再解釋說：「方其為太極也，未有兩儀也，由太極而後生兩儀。方其為兩儀，未有四象也，由兩儀而後生四象。方其四象，未有八卦也，由四象而後生八卦，此之謂生。」〔註93〕更明析的說出，太極是母，依其順序生出兩儀、四象、八卦的子。朱氏又說：「易有太極，是生兩儀，則先從實理處說，若論其生則俱生，太極依舊在陰陽裡。但言其次序，須有這實理，方始有陰陽也。其理則一，雖然自見在事物而觀之，則陰陽函太極，推其本則太極生陰陽。」〔註94〕此中，朱氏一方面從實理處說，認為太極與兩儀是同時俱生不分先後；另一方面，則從畫卦言，則認為太極生兩儀，有先後的順序。此兩者並存，並沒矛盾衝突的地方。近人唐君毅也表示太極是高於兩儀之上，並統攝兩儀。太極和兩儀有上下順序的關係。唐氏具體的指出：「《易傳》謂『易有太極，是生兩儀』。據此二語，吾人所能確認者，唯是太極乃高於兩儀之一概念。如兩儀指陰陽或乾坤或天地，則太極應為位於陰陽乾坤天地二者之上，而加以統攝之一概念。而太極之所指，則應為天地及天地中之萬物之根源或總會之所在。此為就《易傳》之文句之構造，吾人可如此說者，至於太極之一名所實指者為何，則盡可如後人有不同之解釋。」〔註95〕以上是就形上學宇宙發生論的角度，解析「太極生兩儀」的意義；並認為太極生萬物，有先後的順序。

再者，就太極生萬物，沒有先後順序來說。以張載來論，前已論及其太極說主張「一物兩體」，太極不是一，也不是二；即是一中有二，二中有一。他又說：「有兩則有一，是太極也。若一則有兩，有兩亦一在，无兩亦一在。然无兩則安用一？不以太極，空虛而已？非天參也。」〔註96〕一中有兩，兩中有一，即太極和陰陽是互涵的。進一步論証太極之氣非居於陰陽二氣之上，太極同陰陽二氣在時間上無先後，就其統一而成為一體是太極，就其氣化的過程說則為陰陽。至王夫之，則將此說發揮到了極至。他說：「生者，非所生者為子，生之者為父之謂。使然，則有有太極無兩儀，有兩儀無四象，有四象無八卦之日矣。生者，於上發生也，如人面生耳目口鼻，自然賅具，分而言之，謂之生耳。……要而言之，太極即兩儀，兩儀即四象，四象即八

<hr />

〔註93〕見《朱子語類》，卷六十七。

〔註94〕同註92。

〔註95〕見《中國哲學原論》（導論篇），第十三章，（臺北：學生書局，民國75年），頁430。

〔註96〕同註38，引見朱伯崑《易學哲學史》，2：340。

卦。猶人面即耳目口鼻，特於其上所生而固有者，分言之，則為兩為四為八耳。」〔註97〕若「生」作生出解，就會發生有一段時間，只有太極而無兩儀，依此類推，兩儀、四象及八卦，也是如此；因此，他主張太極、兩儀、四象和八卦，如同人面一樣，生下即具有耳目口鼻，是一齊具生的，不能分先後的順序。亦即是太極是整體，兩儀、四象和八卦為部份，沒有整體就沒有部份，部份不能離開整體。〔註98〕前已言及，王氏是以陰陽合一的實體為太極，兩儀、四象和八卦則為太極自身具有的陰陽之展開，以致太極與兩儀等的化生具有一致性，沒有時間快慢之分。他說：「易有太極，言易具有太極之全體也。是生兩儀，即是而兩者之儀形可以分而想像之也。又於其變通而言之，則為四象。又於其變通而析之，則為八卦。變通無恒不可為典要，以周流六虛，則三十六象，六十四卦之大用具焉。……陰陽之外無理數，乾坤之外無太極，健順之外無德業。」〔註99〕此說體用相函旳道理，存體應用，明用在體，體中有用，用中有體。所謂體就是太極，用就是太極中陰陽的開展，即是兩儀、四象、八卦、三十六象、六十四卦等。抑有進者，王氏在《周易外傳‧第十一章》說明「易有太極」章時說：「易有太極，固有之也，同有之也。太極生兩儀，兩儀生四象，四象生八卦，固有之則生，同有之則俱生矣，故曰是生。是生者，立於此而生，非待推於彼而生之，則明魄同輪而源流一水也。是故乾純陽而非无陰，乾有太極也。坤純陰而非无陽，坤有太極也。〈剝〉不陽孤，〈夬〉不陰虛，〈姤〉不陰弱，〈復〉不陽寡，无所變而无太極也。卦成於八，往來於六十四，動於三百八十四，之於四千九十六，而皆有太極。策備於五十，用於四十九，揲於七八九六，變於十有八，各盡於百九十六，而皆有太極，故曰易有太極，不謂太極有易也。」〔註100〕在在顯示太極所謂的「生」，是同時俱生，不分先後，主要是太極與陰陽是一回事，太極在化生時，就是普遍的，沒有快慢遲速的差異性。所以，太極與陰陽，就如同月亮有明有晦，源流入支流，是一體的兩面。依於此，朱伯崑認為王氏以太極與萬物同時並生的理論思維，寓有兩層意義：

〔註97〕見《船山易學》之《周易稗疏》，卷三，（臺北：河洛圖書出版社，民國 63 年），
　　　　頁 727～8。
〔註98〕見朱伯崑《易學哲學史》，4：223。
〔註99〕見《船山易學》之《周易內傳發例》，（臺北：河洛圖書出版公司，民國 63 年），
　　　　頁 615～6。
〔註100〕見卷五，頁 166。

其一：以太極即太和之氣為本體，以天地萬物各具有太極本體說明世界的同一性；以有形有象的個體事物為現象，以其所稟有的太和之氣的分量不一，說明世界的差異性。

其二：以天地萬物為太極本體的顯現，說明同一性自身含有差異性，而同一性即寓於差異性之中，進而論証現象之外無本體，本體即存於現象之中。〔註101〕

總的來說，太極生萬物沒有先後順序，是就形上學本體論的角度解析太極與萬物之間的聯繫，兩者是體用相函，相資相濟的。並是互為表裡，互為映襯。

第三，要探討的是太極在萬物之上，還是在萬物之中？就宇宙發生論來說，太極是最高最後的實體，萬物皆由太極化生而成。太極是母，萬物是子，化生就是母生子。所以太極與萬物有上下的關係，太極在上，萬物在下，太極是在萬物之上。另就本體論來說，太極是體，萬物是用，體用相函，互為表裡，體中有用，用中存體。以故，太極與萬物只有整體和部份的關係。整體和部份雖然不同，但兩者之間，不是隸屬關係，而是整體化生為部份，整體在部份之中。換句話說，太極顯現萬物之後，太極寓於萬物之中；這種相函相融，相資相濟，突顯出太極與萬物的相同性及和諧性。所以，太極是在萬物之中。關於此，羅光特別說：「《易》以太極為萬物的本原，萬物都是由太極為始，所謂『始』，不僅從時間上說，也從本質上去說，因為萬物是由太極變化而來的。更者，太極和萬物不相離，萬物由茲發出而繼續太極；有如河水由源頭發出，滾滾而下。水源與河水不能分離。太極與萬物沒有創造的意義，太極與萬物同等同在，而不是超越萬物以上的實體。」〔註102〕其以河水為例，太極就是源頭，萬物就是河水，源頭與河水不能分離，就如同太極與萬物的不可分離，兩者同等存在，不能分上下。即是源頭化為河水，源頭之水已融入河水之中，就像太極和萬物的化生順序，是同時俱現的。

以上已探討了太極的內在本質，接下來再分析其外在的屬性，也就是其具體的表現：

一、惟一性：太極是最後最高的本根，萬物是由其推動而生，絕對無待，惟一獨特。也就是太極是一個超越相對的絕對體，具有惟一性；並且「太即大；

〔註101〕同註43，4：231。
〔註102〕同註45，第二章，頁105。

極指盡頭，極點。物極則變，變則化，所以變化之源是太極」。〔註 103〕太極既然指最大的盡頭，是變化的源頭，必然是惟一的，是以惟一性是太極的屬性之一。

二、普遍性：太極是遍佈宇宙萬物，無論是朱熹所說的「人人有一太極，物物有一太極」，〔註 104〕或者王夫之所說的「自一畫以至八卦，自八卦以至六十四卦，極於三百八十四爻，无一非太極之全體」，〔註 105〕皆充分說明太極是一個普遍的存有，沒有一物能缺少，無所不在，無物不在，籠罩一切而無所遺漏。

三、無限性：太極的化生，由兩儀、四象、八卦、六十四卦以及三百八十四爻，尚可向下延伸至無古無今，無終無始。即是太極的宇宙觀，跨越時空的阻隔，是不受時間和空間的限制。誠如〈蠱卦・象〉所強調的：「終則有始，天行也。」程頤為之解釋說：「夫有始則必有終，既終則必有始，天之道也。」〔註 106〕這說明天道的無限，以印証太極的無限。所以無限性也是太極的屬性之一。

四、不變性：太極雖然以「變」化生萬物，物物皆有一太極，但其本身不因「變」而有成、住、壞、空，永遠保留其存有和本質。也就是太極跨越了萬物生死的變化，本身卻永恒亘古長存。即如朱熹所說的「萬一山河大地都陷了，畢竟理卻只在這裡」，〔註 107〕朱氏以太極喻「理」，明示太極在任何狀況之下，都是永恒不變的。再言之，所謂的「變」，僅是萬物外在形態的轉換相禪，而其共有的本質基礎，即太極，是常住永恒的。

五、無形性：王弼及韓康伯在分析太極時認為「太極者，无稱之稱，不可得而名，取有之所極，況之太極者也」。表現了兩層意義，一是指太極本體是「無」；一是指太極的屬性是「無」，亦即是具有無形性。換言之，如果太極為有形，則有被「器」拘限之圍；惟有其具無形的特性，才能無拘無束，無限延伸，並有無止盡的潛能。

六、運動性：以王夫之最為強調，他主張太極是恒動的，永遠處於運動之中；並由恒動之中，使萬物生生不窮。他說：「太極動而生陽，動之動也。靜而生陰，動之靜也。廢然無動而靜，陰惡從生哉！一動一靜，闔闢之謂也。

〔註103〕見張其成編《易學大辭典》「太極」條，頁 260。
〔註104〕見《太極圖說解》，引見朱伯崑《易學哲學史》，2：540。
〔註105〕同註80，卷五，頁 514～5。
〔註106〕見《易程傳》，卷二，頁 165。
〔註107〕見《朱子語類》，卷一。

由闔而闢，由闢而闔，皆動也。廢然之靜，則是息矣。至誠無息，況天地乎！維天之命，於穆不已，何靜之有？時習而說，朋來而樂，動也。人不知而不慍，靜也，動之靜也。」〔註108〕充分說明太極不只是「動」，且是「動之動」，是「動」之源。同時，「闔戶謂之坤，闢戶謂之乾」所產生的「一闔一闢謂之變」，也是「動」。故而認為太極是一個恒動體，具備恒動性。

最後，要研究的是太極與乾元、道、易、一及帝的關係。它們之間關係如何？有無相互關係？有無衝突矛盾？從《周易》原典可以發現，太極作為萬物的本根，乾元、道、易、一及帝，也是作為萬物的本根。以「乾元」論：

> 大哉乾元，萬物資始，乃統天。雲行雨施，品物流行。大明終始，
>
> 六位時成，時乘六龍以御天。（〈乾卦‧彖〉）

「乾」本指上出之義，此作天解。〔註109〕「元」表示始之義。「乾元」則統言天之道，為萬物資始的本根。故說「萬物資始，乃統天」。程頤論之說：「乾元統言天之道也，天道始萬物，物資始於天也。」〔註110〕「乾元」就是化生的本根，如何化生？其特性如何？《周易》中並未明言。朱熹以四德之首解說「乾元」，認為是萬物的本根，是萬物生源，故而「統天」。〔註111〕誠如〈乾卦‧文言〉所稱的「乾元者，始而亨者也」。「乾元」不但為萬物之始，並使萬物成長亨通。

以「道」論，「道」的字源，甲骨文未見，最早見於金文，如𬱃（〈散氏盤〉）、𬱃（〈曾伯簠〉）、𬱃（〈侯馬盟書〉）等。《說文》云：「道，所行道也，從辵首，一達謂之道。」〔註112〕可見「道」的本義是指道路。然而在《周易》則認為，「道」是宇宙規律的總法則，萬物化生的源頭。所謂：

> 一陰一陽之謂道，繼之者善也，成之者性也。（〈繫辭上傳‧第五章〉）

> 形而上者謂之道，形而下者謂之器。（〈繫辭上傳‧第十二章〉）

此「道」字皆指本根，朱熹謂：「理則一而已，其形者則謂之器，其不形者則謂之道。然而道非器不形，器非道不立。蓋陰陽亦器也，而所以陰陽者道也。

〔註108〕見《思問錄內篇》，引見朱伯崑《易學哲學史》，4：217。

〔註109〕《說文》云：「乾，上出也，從乙，乙，物之達也，倝聲。」見十四篇下，頁747。〈說卦‧第十章〉說：「乾，天也。」又〈第十一章〉也說：「乾為天。」所以，「乾」表示上出和天之義。

〔註110〕同註38，卷一，頁7。

〔註111〕朱熹說：「乾元，天德之大始，故萬物之生，皆資之以為始也。又為四德之首，而貫乎天德之始終，故曰統天。」見《周易本義》，卷一，頁59。

〔註112〕見《說文解字注》，二篇下，頁76。

是以一陰一陽，往來不息。而聖人指是以明道之全體也。」〔註113〕說明「道」經由陰陽對立和轉化，往來不息，而化生萬物，形成宇宙化生的現象。同時，「道」是無形無象的，透過具體的物象，也就是器表現出來。於此可以看出，「道」不僅是本根，並具有無形的屬性。

以「易」論，也是指萬物的本根，〔註114〕〈繫辭傳〉中就明白說：

> 易與天地準，故能彌綸天地之道……故神无方而易无體（〈上傳‧第四章〉）。

> 夫易何爲者也？夫易開物成務，冒天下之道，如斯而已者也。是故聖人以通天下之志，以定天下之業，以斷天下之疑（〈上傳‧第十一章〉）。

程頤認爲「易」就是宇宙之體。〔註115〕所以能遍包天地之道，開啓物智，成就事物，包括天下的道理。此外，《周易》並提及「易」的屬性，有無形、普遍、無限、惟一和不變等性。〔註116〕可見「易」也具有本根性。

以「一」論，主張爲萬物之源的是王弼和韓康伯，王弼針對「大衍」章：

> 大衍之數五十，其用四十有九。（〈繫辭上傳‧第九章〉）

認爲：「演天地之數，所賴者五十也，其用四十有九，其一不用也。不用而用以之通，非數而數以之成，斯易之太極也。四十有九，數之極也。夫无不可以无明，必因於有。故常於有物之極，而必明其所由之宗也。」〔註117〕以「一」表示虛無之體，就是太極，而「不用而用以之通，非數而數以之成」，成爲萬物發生的根本。同樣的，韓康伯在解說〈繫辭下傳‧第四章〉「陽一君而二民，君子之道也」說：「陽，君道也。陰，臣道也。君以无爲統眾，

〔註113〕見《朱子語類》，引見李光地《周易折中》，卷十三，頁980。

〔註114〕見《哲學大辭典》，頁997。有關「易」作本根的進一步解釋，可參考本章第三節「變」與「易」的關係，有較詳盡的說明。

〔註115〕程頤在《程子遺書》說：「上天之載，无聲无臭，其體則謂之易。」引見《易學大辭典》（華夏版）「易」條，頁3。

〔註116〕「易」的無形性，見於〈繫辭上傳‧第四章〉「神无方而易无體」。「易」的普遍性，見於〈繫辭上傳‧第六章〉「夫易廣矣大矣，以言乎遠則不禦，以言乎邇則靜而正，以言乎天地之間則備矣」。「易」的無限性，見於〈繫辭上傳‧第五章〉「生生之謂易」。「易」的惟一性，見於〈繫辭上傳‧第十二章〉「乾坤其易之縕邪」。「易」的不變性，見於〈繫辭上傳‧第十章〉「易无思也，无爲也，寂然不動，感而遂通天下之故」。

〔註117〕同註70。

无爲則一也。臣以有事代終，有事則二也。故陽爻畫奇，以明君道必一。陰爻畫兩，以明臣道必二，斯則陰陽之數，君臣之辨也。」〔註118〕以「無爲」爲「一」，即是事物的變動，最終必歸於「一」。又說「形之所宗者道，眾之所歸者」，〔註119〕更突出「一」是萬象的最後根本，也就是作爲世界本體的「道」。故而「一」也是與太極、道、易等一樣，具有本體的意義。至於「一」的屬性，在《周易》中並未明言，王弼既然認爲是太極，是以其屬性也如同太極一樣。

以「帝」論，具有本根的意義，見於〈說卦傳・第五章〉：

帝出乎震，……萬物出乎震，震東方也。

王弼解析「帝」字說：「生物之主，興益之宗，出震而齊巽者也。」〔註120〕李鼎祚引崔憬注說：「帝者，天之王氣也，至春分則震王，而萬物出生。」〔註121〕朱熹也說：「帝者，天之主宰。」〔註122〕又據王國維考証「帝」爲「蒂」的本字，「象花萼全形」，表示草木萌發之狀。〔註123〕可見「帝」的意義，是萬物的本根，能夠化生萬物。以下謹將《周易》中作爲萬物本根的名詞，列表如後，作一比較：

本根名稱	描述形象	外在屬性	功能界定
太 極	易有太極，是生兩儀，兩儀生四象，四象生八卦，八卦定吉凶，吉凶生大業。	惟一性、普遍性、無限性、不變性、無形性及運動性。	一、筮法變化，畫爻成卦；二、化生萬物。
乾 元	大哉乾元，萬物資始，乃統天。	未明言	化生萬物

〔註118〕同註70，卷八，頁52。

〔註119〕同註70，卷八，頁55。

〔註120〕同註70，卷四，〈益卦・六二爻〉注，頁30。

〔註121〕同註55，卷十七，頁408。

〔註122〕同註27，卷四，頁338。

〔註123〕按「帝」字，甲骨文有 𥛽《鐵雲藏龜》（劉鶚編）二・一、𥛽《殷虛書契前編》（羅振玉編）一・二・二、𥛽《殷虛書契後編》（羅振玉編）上・四・十七，郭沫若在《甲骨文字研究・釋祖妣》中指出：「卜辭帝字，大抵作𥛽，若𥛽，亦有作𥛽者。王國維曰『帝者，蒂也』，不者柎也。古文或作𥛽𥛽，但象花萼全形。」頁18～9，引見《甲骨文集釋》，第一，頁25。金文有𥛽《仲師父鼎》、𥛽《寡子卣》、𥛽《秦公簋》，商承祚在《說文中之古文攷》中說：「蓋帝乃蒂之初字，故象蒂及不萼也。蒂爲花之主，故而引申而爲人之主。金文帝皆同篆文，石經古文作𥛽，品式石經與此同。」頁4，引見《金文詁林》，頁89。皆足以証明「帝」同「蒂」，具有生機初萌的意義。

道	一、一陰一陽之謂道；二、形而上者謂之道。	無形性	化生萬物
易	一、易與天地準，故能彌綸天地之道。二、夫易開物成務，冒天下之道。	無形性、普遍性、無限性、惟一性及不變性。	化生萬物
一	大衍之數五十，其用四十有九。	未明言	如同太極，化生萬物
帝	帝出乎震，……萬物出乎震。	未明言	化生萬物

我們不禁要問太極與乾元、道、易、一和帝之間的關係又如何？從《周易》的本文中可以得知，它們彼此間並沒有相互交集的地方，各自獨立發展，自成體系；而且沒有對立，和衝突矛盾。既然如此，為什麼又有許多不同的名稱？借用程頤的說法，這就是「理一分殊」。所謂「理一」指這些名稱皆為本體；「分」不是指分裂，而是指不同的表達方式，亦即「義有所獨重」。誠如朱熹借用禪宗「月印萬川」解釋太極「理一分殊」時所証明的：「本只是一個太極，而萬物各有稟受，又自各全具一太極爾，如月在天，只一而已，及散在江湖，則隨處而見，不可謂月已分也。」〔註124〕「月」就是指本體，「散在江湖」即是說太極、乾元、道、易、一、和帝，皆指本體不同的名稱，其功能都在於化生萬物。

總而言之，太極是《周易》形上辯証思維體系的總法則，是萬物化生變化的推動者。然而其化生功能，則是透過一個中介者，就是「變」來產生：以陰陽對立變化，質量互變，而衍生生生不息的萬化；以剛健動能，周行不怠，使萬化能夠變動不止，源源不絕；並以變通不滯的生機，使萬物流轉不停，無有阻塞。

第三節　「變」與「易」的關係

《周易》的形上體系，是經由「變」的哲學辯証思維建構而成；並也由於「變」的運作，由變化、變通和變動的方式，陰陽的轉化、互變和融合的過程，化生萬物，彌綸天地，以建立一個世界圖式。這其中，「變」是主要的推動因素；但是，「變」只是一個中介者，本身不能發生作用，必須配合一個發動者的運作，才能產生變化。這個發動者就是「易」，也就是「太極」。〔註125〕易言之，經由「變」與「易」的結合，產生「變易」，才能展現形上的化生，發揮生生的功能。

〔註124〕見《朱子語類》，卷九十四。
〔註125〕「易」與「太極」，皆指本根而言，因理一分殊，義有所獨重，故有不同之名稱。

也因此,「變易」是《周易》「變」的辯証思維體系中,不可缺少的關鍵因素。

在《周易》中,並沒有「變易」連用的字句,其相似的意義,見於〈繫辭傳〉:「生生之謂易」(〈上傳‧第五章〉),「爲道也屢遷,變動不居,周流六虛,上下无常,剛柔相易,不可爲典要,唯變所適」(〈下傳‧第八章〉)。在探討「變易」的思想內涵之前,先對「易」這個字,作一解析。在《周易》一書裡,「易」字共出現八十四處,可歸類四種意義,以下謹將這些意義作一說明:

一、作動詞用,表示改變、平易、變化、貿易、平和及更換等義。例如:

> 不易乎世,不成乎名,遯世无悶,不見世而无悶。(〈乾卦‧文言〉)
> 雷風,恒,君子以立不易方。(〈恒卦‧象〉)
>
> 上古穴居而野處,後世聖人易之以宮室,……不封不樹,喪期无數,
> 後世聖人易之以棺槨,……上古結繩而治,後世聖人易之以書契。
> (〈繫辭下傳‧第二章〉)

其中的「易」字,都是指「改變」言。

> 乾以易知,坤以簡能,易則易知,簡則易從,……易簡而天下之理
> 得矣。(〈繫辭上傳‧第一章〉)
>
> 是故卦有小大,辭有險易,辭也者,各指其所之。(〈繫辭上傳‧第
> 三章〉)
>
> 陰陽之義配日月,易簡之善配至德。(〈繫辭上傳‧第三章〉)
>
> 夫乾,天下之至健也,德行恒易以知險。(〈繫辭下傳‧第十二章〉)

其中的「易」字(〈繫辭上傳‧第一章〉是指乾以「易」知及「易」則易知兩易字),皆是指「平易」言。

> 著之德圓而神,卦之德方以知,六爻之義易以貢。(〈繫辭上傳‧第
> 十一章〉)

「易以貢」之「易」,是指「變化」言。

> 日中爲市,致天下之民,聚天下之貨,交易而退,各得其所,蓋取
> 諸噬嗑。(〈繫辭下傳‧第二章〉)

其中「交易而退」之「易」,即指「貿易」言。

> 子曰:君子安其身而後動,易其心而後語,定其交而後求,君子脩
> 此三者,故全也。(〈繫辭下傳‧第五章〉)

「易其心而後語」的「易」字,即表示「平和」之義。

　　爲道也屢遷，變動不居，周流六虛，上下无常，剛柔相易，不可爲

　　典要，唯變所適。(〈繫辭下傳·第八章〉)

「剛柔相易」即指剛柔相互更換，其中「易」字是指「更換」言。

　　二、作形容詞用，表示簡易、容易及輕易等義。例如：

　　厥孚交如，信以發志也；威如之吉，易而无備也。(〈大有卦·六五象〉)

　　夫乾，確然示人易矣；夫坤，隤然示人簡矣。(〈繫辭下傳·第一章〉)

其中之「易」字，表示「簡易」之義。

　　乾以易知，坤以簡能，易則易知，簡則易從，易知則有親，易從則

　　有功，有親則可久，有功則可大。(〈繫辭上傳·第一章〉)

　　損先難而後易，益長裕而不設。(〈繫辭下傳·第七章〉)

　　其初難知，其上易知，本末也。初辭擬之，卒成之終。(〈繫辭下傳·

　　第九章〉)

除了「乾以易知」與「易則易知」的第一個「易」字，指「平易」言，其餘

的「易」字，皆指「容易」言。

　　是故其辭危，危者使平，易者使傾，其道甚大，百物不廢，懼以終

　　始，其要无咎，此之謂易之道也。(〈繫辭下傳·第十一章〉)

其中「易者使傾」之「易」字，就是指「輕易」的意思。

　　三、作名詞用，表示《周易》一書或假借作「場」，作爲「田畔」之義。

例如：

　　《易》曰：見龍在田，利見大人，君德也。(〈乾卦·文言〉)

　　《易》之興也，其於中古乎？作《易》者，其有憂患乎？(〈繫辭下

　　傳·第七章〉)

　　《易》之爲書也，原始要終，以爲質也。(〈繫辭下傳·第九章〉)

　　昔者聖人之作《易》也，幽贊於神明而生著，參天兩地而倚數，觀

　　變於陰陽而立卦，發揮於剛柔而生爻，和順於道德而理於義，窮理

　　盡性以至於命。(〈説卦·第一章〉)

以上所舉的例証中之「易」字，都是指《周易》一書而言。

　　六五，喪羊于易，无悔。(〈大壯卦·六五爻〉)

　　象曰：喪羊于易，位不當也。(〈大壯卦·六五象〉)

　　上九，鳥焚其巢，旅人先笑後號咷，喪牛于易，凶。(〈旅卦·上九爻〉)

象曰：以旅在上，其義焚也；喪牛于易，終莫之聞也。(〈旅卦・上
九象〉)

此中之「易」，皆借作「場」，表示「田畔」之義。

四、也是作名詞用，表示本根之義，亦是「易」字精義所在。例如：

易與天地準，故能彌綸天地之道。仰以觀於天文，俯以察於地理，
是故知幽明之故。……故神无方而易无體。(〈繫辭上傳・第四章〉)

富有之謂大業，日新之謂盛德，生生之謂易。(〈繫辭上傳・第五章〉)

夫易廣矣大矣，以言乎遠則不禦，以言乎邇則近而正，以言乎天地
之間則備矣。(〈繫辭上傳・第六章〉)

易无思也，无爲也，感而遂通天下之故。(〈繫辭上傳・第十章〉)

乾坤其易之縕耶，乾坤成列，而易行乎其中矣，乾坤毀則无以見易，
易不可見，則乾坤或幾乎息矣。(〈繫辭上傳・第十二章〉)

乾坤其易之門邪，乾，陽物也；坤，陰物也。陰陽合德，剛柔有體。
(〈繫辭下傳・第六章〉)

至於「易」在本根的意義，表現萬物化生的運作，呈現多元性的屬性，留在
下文討論。

其次，再從字源上來看「易」的意義。在甲骨文中「易」有如下的字形：

《鐵雲藏龜》(劉鶚編) 二二・一
《鐵雲藏龜拾遺》(葉玉森編) 四・十一
《殷虛書契前編》(羅振玉編) 一・十・二
《殷虛書契後編》(羅振玉編) 上・八・六
《殷虛文字甲編》(董作賓編) 一・一・三
《戩壽堂所藏殷虛文字》(姬佛陀編) 十四・五

其形爲雙手捧一盛水器冊，將其中的水傾倒入另一器皿中。因此，有人
認爲在兩器皿中盛水，即損多益少，隱含損益、變化的意思。〔註126〕當然，
這種以形析義，猜測性較多。準此，孫詒讓首先根據《儀禮・特牲饋食禮》
及〈少牢饋食禮〉提到「若不吉，則筮遠日如初儀」，卜辭中的「易日」，即
如同此，表示「更日」之義，「蓋皆吉則不易日，不吉則易日也。」〔註127〕

〔註126〕見張其成《易學大辭典》「易」條引，頁3。
〔註127〕見《契文舉例》上四頁上，引見《甲骨文集釋》第九，頁3023。

孫氏以「更日」解釋「易」字，更正舊釋以「肜日」祭名解說之誤。再又據郭沫若解釋，認爲卜辭多見「易日」，每與天象字同見一片甲骨上，基於此，郭氏主張「易乃暘之借字，說文『暘，日覆雲，暫見也，从日易聲』，是則『易日』猶言陰日矣」。〔註128〕並又主張「易」爲「益」字簡化。〔註129〕但依據李孝定的考証，應以孫氏說法爲是，即是「易」作「更」解，〔註130〕此爲目前甲骨文的解釋。

　　至於金文，在多數銅器上皆有「易」字，都孳乳爲「錫」字，表示「賞賜」之義。例如：〈門簋〉「⿰糸勿王易（錫）貝」、〈小臣邑斝〉「⿰示勿王錫小臣邑貝十朋」、〈旂鼎〉「⿰示勿公賜旂僕」、〈毛公鼎〉「⿰弓勿易（錫）女（汝）秬鬯一卣」、〈德鼎〉「⿰示勿王錫德貝女朋」等。故基於此因，徐中舒論証說：「易爲錫或賜之本字，古易金、易貝均得曰易。」〔註131〕董作賓則進一步指出：「易，金文中皆用爲賞賜之錫，錫有賜與二義，錫金貝是賞賜，作爲受者私有財產。至于錫弓矢、⿰智勿鬯、衣服之類，都是給與，猶後世之頒發，作爲受者供職時服御之用，乃是當時的制度如此，不能與金貝同等看待。」〔註132〕特別舉出「錫」有分金貝和弓矢之類的不同。並也有認爲金文字形是文字逐步簡化的結果。〔註133〕到了《說文》，以「蜥易、蝘蜓、守宮」解釋「易」，又據秘書說「日月爲易」〔註134〕；其或以龍爲易，〔註135〕日出爲易〔註136〕等，都是

〔註128〕見《古代銘刻彙考》，第一冊，頁21～4。引見同上，頁3023～4。

〔註129〕見《文物》，一九五九年第七期，〈由周初四德器的考釋談到殷代已在進行文字簡化〉，頁1。引見同上，頁3026～7。

〔註130〕見《甲骨文集釋》第九，頁3027～8。

〔註131〕見《中央研究院歷史語言研究所集刊》，第三本二分，〈遹敦考釋〉，頁282。引見《金文詁林》，頁1546。

〔註132〕見〈毛公鼎考年註譯〉，頁25。引見同上，頁1547。

〔註133〕同註126。

〔註134〕見《說文解字》第九篇下，頁463。據陸佃、羅泌及黃宗炎等指出，蜥蜴善變易，一時一變，身色無恒，一日十二時十二變，以表示「易」的變化。見胡韞玉〈論易之命名〉。又「日月爲易」，《乾坤鑿度》說：「日月爲易，象陰陽也。」《參同契》說：「坎戊月精，離己日光，日月爲易，剛柔相當。」見黃優仕〈周易命名考〉。《說文》又云「一曰从勿」，據黃壽祺在〈周易名義考〉表示：「《說文》勿部云：『勿，州里所建旗，象其柄有三游，雜帛，幅半異，所以趣民，故遽稱勿勿。』是勿字之本義，爲旗之象，後又假作無字、不字解。夫易字从日下月，以象陰陽，尚有意義，若从日勿，則全不可通，疑日勿之說有誤。」以上皆見《周易研究論文集》，第一冊，頁140、134及152。

從字形推測其義，並未能將「易」的意義說得透徹。此外，又有將「易」解析作反也〔註137〕、異也〔註138〕、始也之類，〔註139〕有其特殊的作用。同樣的，並不是《周易》所說的「易道」。

就「易道」來論，《周易》中的「易」具有何種意義？指萬物的本源。〔註140〕

> 生生之謂易，成象之謂乾，效法之謂坤。(〈繫辭上傳・第五章〉)

> 夫易何爲者也？夫易開物成務，冒天下之道，如斯而已者也。(〈繫辭上傳・第十一章〉)

> 其道甚大，百物不廢，懼以終始，其要无咎，此之謂易之道也。(〈繫辭下傳・第十一章〉)

「易」爲化生的本根，使萬物恒生，前後相應，接續不斷，故稱「生生」。〔註141〕並能「開通萬物之志，成就天下之務，有覆冒天下之道」。〔註142〕同時，「易道」功能甚大，各種物類，皆以賴之，才不致遭到休廢。〔註143〕依此而言，「易」是宇宙的本體，不僅是萬物生存的因素，且是開通萬物，成就萬事，包括天下之道的第一因；萬物並賴以生存的要件。《大戴禮記》也特別指出：「夫易之生，人、禽、獸、萬物昆蟲各有以生，或奇或偶，或飛或行，而莫知其情；惟達道德者，能原本之矣。」〔註144〕是說，「易」的化生，無所不包，即是一切現象界，皆由其化生。亦再次証明「易」的本根

〔註135〕高田忠周指出：「古易蟲即龍也，龍元象形文，後从肉从童省聲，作 𤕫 作 𧢲 ，𧢲 即明易字，許氏云，肉飛形妄矣。……故太古疱犧作易，取名于易蟲，後世周文王繫辭解之，而其辭皆曰龍不曰易，此周人所謂龍者，即太古易蟲也。」〈古籀篇〉九十八，頁31。引見《金文詁林》，頁1545～6。

〔註136〕黃振華在〈論日出爲易〉一文中認爲，「易」的甲骨文爲 𦥑 ，上半部尖頂表示日初出時，中間的那條弧線，則表示海平面，下面三斜劈線，則象徵太陽的光輝。引見《周易研究論文集》，第一冊，頁145。

〔註137〕見《國語・晉語・四》「好惡不易」，注「易，反也」。

〔註138〕見《國語・晉語・五》「中外易矣」，注「易，猶異也」。

〔註139〕見《方言・十三》「易，始也」。

〔註140〕見《哲學大辭典》，(上海：上海辭書出版社，1992)，頁997。

〔註141〕見《周易正義》，卷七，頁149。

〔註142〕同上，卷七，頁155。

〔註143〕同上，卷八，頁176。

〔註144〕見《大戴禮記解詁》，清王聘珍作，卷十三，〈易本命第八十一〉，(臺北：文史哲出版社，民國75年)，頁256。

性。抑有進者，程頤認爲天地的化生，是無形無象，無聲無臭，而其化生之體就是「易」。他說：「上天之載，無聲無臭，其體則謂之易。」〔註145〕關於此，朱熹則爲之解說：「其體則謂之易，便是橫渠所謂『塊然太虛，升降飛揚，未嘗止息』者，自此而下，雖有許多般，要之，『形而上者謂之道，形而下者謂之器』，皆是實理。」程頤所言之「易」，就是張載所言之「太虛」，不是虛無，而是實體，所以稱之爲「實理」。朱熹又說：「從上天之載說起，雖是無聲無臭，其闔闢變化之體，則謂之易。然所以能闔闢變化之理，則謂之道。」「易」與「道」，一是變化之體，一是變化之理。他再加以解析說：「體言體質之體，猶言骨子也。易者，陰陽錯綜交換代易之謂，如寒暑晝夜，闔闢往來，天地之間，陰陽交錯，而實理流行，蓋與道爲體也。寒暑晝夜，闔闢往來，而實理流行其間；非此，則實理無以頓放。故曰：『其體則謂之易』言易爲此理之體質也。」〔註146〕在在說明「易」與「道」的結合，則使實理得以頓放，在天地之間，寒暑晝夜，闔闢往來，周流不息，故曰「其體則謂之易」。換言之，「易」就是宇宙本體，萬物本源。

復次，「易」在現象界中，展現出兩種面貌，一爲與天地準；另一爲順自然規律。在天地和自然之中，「易」的完整面貌就顯現出來。

首先，就「易」與天地準而言，〈繫辭傳〉謂：

> 易與天地準，故能彌綸天地之道，仰以觀於天文，俯以察於地理，
> 是故知幽明之故。原始反終，故知死生之說。精氣爲物，游魂爲變，
> 是故知鬼神之情狀。(〈繫辭上傳‧第四章〉)

「準」就是等、相同之意。「彌綸」就是普遍包涵。「易」就是以天地爲準擬，而與天地相同，以致能普遍包涵天地之道。即是將天地之道統攝於「易」之中，是以知幽明之故，死生之說，鬼神之情狀。所以孔穎達論証說：「言聖人作易，與天地相準，謂準擬天地，乾健以法天，坤順以法地之類是也。」〔註147〕特別強調「易」與天地的相融性和同一性。析言之，屬於天地間之物，都是天地之道，在如此無限寬廣範疇之中，惟有「易」能彌綸統攝包涵。是以朱熹再深一層解釋說：「凡天地閒之物，無非天地之道，故易能彌綸天地之道。彌如封彌之彌，糊合使無縫罅。綸如綸絲之綸，自有條理。言雖是

〔註145〕見《程子遺書》。引見同註126。
〔註146〕見清江永《近思錄集注》，卷一。引見同上。
〔註147〕同註141，卷七，頁147。

彌得外而無縫罅，而中則事事物物，各有條理。彌而非綸，則空疏無物；綸
而非彌，則判然不相干。」〔註 148〕即是說「易」必須合彌綸之義，才能將
天地之道包括其中。之所以如此，主要在於「仰以觀於天文，俯以察於地理」。
如何仰觀俯察？〈繫辭傳〉中有一段精彩的說明：

> 古者包犧氏之王天下也，仰則觀象於天，俯則觀法於地，觀鳥獸之
> 文，與地之宜，近取諸身，遠取諸物，於是始作八卦。以通神明之
> 德，以類萬物之情。（〈繫辭下傳・第二章〉）

「易」與天地之道相準擬，是經過實証與實測的工夫，由自身推向周遭的萬
事萬物，所獲得的原理原則。這其中，包含歸納和演繹兩個抽象的思維，由
「仰以觀於天文，俯以察於地理」，是歸納的思維；由「彌綸天地之道」、「以
通神明之德，以類萬物之情」，是演繹的思維。並由於「易」與天地準，所以，
「易」與「天地相似故不違，知周乎萬物，而道濟天下，故不過。旁行而不
流，樂天知命，故不憂。安土敦乎仁，故能愛」（同上）。「不違」，不違背自
然規律。「過」，偏差之義。「旁」，廣泛之義。「流」，流溢之義。由於「易」
與天地的相似，具有天地的功能，故而，能夠周知萬物，匡濟天下。就個人
而言，就能安處「易」道，以仁民愛物為己任。因而，接下去說：「範圍天地
之化而不過，曲成萬物而不遺，通乎晝夜之道而知，故神无方而易无體。」（同
上）「範圍」，擬範周備之義。「曲成」，曲盡細密之義。再加闡述「易」道的
廣大的功能，是由於準擬天地的結果。就此而言，「易」道周備天地的化育而
不致偏失，曲盡細密的協助萬物而不致遺漏，會通晝夜幽明之道而無所不知，
故稱「易」道為「神无方而易无體」。

關於「易與天地準」，可以再從下面的論述獲得証明：

> 乾坤其易之縕耶！乾坤成列，而易立乎其中矣。乾坤毀則无以見易，
> 易不可見，則乾坤或幾乎息矣。（〈繫辭上傳・第十二章〉）

> 乾坤其易之門邪！乾，陽物也。坤，陰物也。陰陽合德，而剛柔有
> 體，以體天地之撰，以通神明之德。（〈繫辭下傳・第六章〉）

「乾坤」，就是天地，亦即是「易」的精蘊。乾坤成列，而「易」立在其中；
反之，乾坤毀滅，則不可見「易」。同樣的，乾坤，也是「易」的門戶，明瞭
「易」就能明瞭乾坤之道。可以看出「易」和天地是相互依存的關係，有「易」

〔註 148〕見《朱子語類》，引見《周易折中》，卷十三，頁 974。

就有天地，「易」就存在天地之中；無「易」就沒有天地，「易」不存在，天地豈能獨存？就是說「此明易之所以立，本乎乾坤；若乾坤不存，則易道無由興起。故乾坤是易道之所縕積之根源也，是與易爲川府奧藏」。〔註149〕可知，「易」的第一層面貌，可從天地中發現。

其次，就是順從自然規律。與天地準，本就寓含自然規律在其中，順乎天地之道，即是順乎自然之規律。此外，〈繫辭傳〉還進一步說明：

> 易无思也，无爲也，寂然不動，感而遂通天下之故，非天下之至神，
> 其孰能與於此。(〈繫辭上傳·第十章〉)

所謂「无思」和「无爲」，即「任運自然，不關心慮，是无思也。任運自動，不須營造，是无爲也」。〔註150〕準此，「易」是順於自然，任運自動，無有一絲私意造作在其中。也就是順乎自然規律，才能藉由陰陽交感相應的原理，以會通天下的事物。所謂「有感必應，萬事皆通」。〔註151〕當然，也惟有在合於自然的情形之下，展現其神奇功能，所謂：

> 唯神也，故不疾而速，不行而至。(〈繫辭上傳·第十章〉)

孔穎達認爲這一切是由於「易无思无爲」，才能「不須急疾而事速成，不須行動而理自至也」。〔註152〕在這裡，充分表現了「易」的「無心成化」之意義。除此之外，王夫之以爲若於「易道」，「人可以私意測之」，則失去了自然規律性，也失去了「神」。即是「易道」喪失了功能性。在《周易內傳》解釋〈繫辭上傳·第五章〉「陰陽不測之謂神」時說：「神者，道之妙萬物者也。易之所可見者，象也。可數者，數也。而立於吉凶之先，无心於分而爲兩之際。人謀所不至，其動靜无端，莫之爲而爲者，神也。使陰陽有一成之，則升降消長，以漸而爲序，以均而爲適，則人可以私意測之，而无所謂神矣。」〔註153〕可以清楚的看出，「易道」的化生，是非人力所能加入其中，人智所能臆測其中。必須合於自然規律，「莫之爲而爲」。

再則，關於「易」的屬性來說，具有下列諸項：

一、無形性。「易」是無形無象，無狀無物，既不可見，又無形體。但此「無」並非絕對的虛零，一無所有；而是有那麼一點，這一點就是「存有」。

〔註149〕同註141，卷七，頁158。
〔註150〕同上，卷七，頁155。
〔註151〕同上。
〔註152〕同上。
〔註153〕卷五，頁481。

〔註154〕

　　神无方而易无體。（〈繫辭上傳・第四章〉）

孔穎達則以兩個角度解釋「无方无體」。所謂「无方」：一是指看不見其處所及作為；一是指其周遊運動，不限於一處，隨意而動。至於「无體」：一是自然變化，不知其因何而變，這是指無形體；一是隨變而往，不定在一體。〔註155〕綜言之，「易」的無形性，一是說自身的無形性；另一則是指變化的無形性。故而，朱熹一言以蔽之說「易之變化，无有形體」。〔註156〕更點出了「易」的無形性。

　　二、普遍性。「易」就時間性而言，是不分古今，無限延伸；就空間性而言，是至大無外，無限寬廣。普遍存在天地之間。正因為如此，〈繫辭上傳・第六章〉就說：

　　夫易廣矣大矣，以言乎遠則不禦，以言乎邇則靜而正，以言乎天地
　　之間則備矣。

「禦」，是指止之義。「邇」是指近之義。即是指「易」的範圍廣大無邊，就遠處而言，是窮深無止盡的；就近處而言，是寧靜端正的。同時，並存在天地之間，達到「无所不有」則備矣。〔註157〕此是說，「遠近是橫說，天地之間是直說，理極於無外故曰遠，具於一身故曰近，命者，自天而人，徹上徹下。故曰天地之間不禦者，所謂彌綸也。靜正者，所謂相似也。備者，所謂範圍也。」〔註158〕「彌綸」，即〈繫辭上傳・第四章〉所說的「彌綸天地之道」。「相似」，指「與天地相似，故不違」。「範圍」，指「範圍天地之化而不過」。皆言「易」在天地之中，普遍廣泛的存在。

　　三、無限性。「易」的發展是既無始點，也無終點，是無止盡的往前，具有無限性。前面一再提到的「生生之謂易」（〈繫辭上傳・第五章〉），即是由「易」的化生，陰生陽，陽生陰，陰陽在對立中轉化，在轉化中化生，變化無窮，生

〔註154〕又稱為「存在」，源出拉丁文 esse，與無相對，是對無的否定，意指世界上的一切精神現象和物質現象。亞里斯多德認為，哲學研究的對象是「作為存在的存在」，即最一般的不變的存在，研究本原和最初的原因，個別的存在則是各門科學研究的對象，從而確立了以存在為主要對象的本體論。把存在看作是一個類比概念，以不同方式運用於不同事物。見《哲學大辭典》頁525。

〔註155〕同註141，卷七，頁148。

〔註156〕見《周易本義》，卷三，頁287。

〔註157〕同上，卷三，頁290。

〔註158〕見《周易折中》，李光地所說，卷十三，頁987。

生不已。〔註159〕當然，這種無限性，是不受時空的壓縮，無限延伸，無窮無盡。所以〈繫辭傳〉又說「夫易廣矣大矣，以言乎遠則不禦」（〈上傳・第六章〉）。

四、惟一性。在《周易》形上辯証思維體系裡，在本而言，是絕對惟一的，以「易」表示。就用而言，則是相對的，既對立又融和，以「陰陽」或「乾坤」表示。即如〈繫辭傳〉所一再說明的「乾坤其易之縕耶」（〈上傳・第十二章〉）或「乾坤其易之門邪」（〈下傳・第六章〉），更可以發現，「易」的絕對惟一，而「天地」的相對相輔。也由於惟一，其動也是秉持純正惟一之理而動，才不致於乖理違道。

> 天地之道，貞觀者也。日月之道，貞明者也。天下之動，貞夫一者也（〈繫辭下傳・第一章〉）。

其中的「一」字，就是指「純一」，說明「易」在變動化生時，所展現的純一守正之狀態。據此，孔穎達在《周易正義》論述說：「言天地日月之外，天下萬事之動，皆正乎純一也。」但變化本難預測，有得於「純一」，亦有乖於「純一」，則會如何？他接著說：「若得於純一，則所動遂其性；若失於純一，則所動乖其理。是天下之動，得正在一也。」〔註160〕可見「易」在體用的表現，都保持其惟一性。

五、不變性。「易」有變的一面，也有不變的一面。就不變的一面而言，就是「不易」。關於「變易」與「不易」的相互關係，在「變」與「常」的關係一節中，將詳細討論，在此不多贅言。所謂「不變」，正如李震所提出的：「沒有恒久不變的道自身，也不能有變化。道自身隱而不顯，顯而可感的是變化。」〔註161〕按此說法，「易」是化生的根本，就是「道自身」，是恒久不變的。葛慕藺則從「易」之用，也就是個體來分析其不變性。他說：「個體雖然外形不斷變化、變形，卻始終保持其同一性。如生活雖然變化，而我並不變成別人。」〔註162〕充分說明了「易」的不變性是恒常的。在《周易》的本文中則以：

> 天尊地卑，乾坤定矣。卑高以陳，貴賤位矣。動靜有常，剛柔斷矣（〈繫辭上傳・第一章〉）。

> 易无思也，无為也，寂然不動，感而遂通天下之故（〈繫辭上傳・第

〔註159〕朱熹解釋「生生之謂易」說：「陰生陽，陽生陰，其變無窮。」見《周易本義》，卷三，頁289。
〔註160〕同註141，卷八，頁166。
〔註161〕見《中外形上學比較研究》（上），第二章，頁21。
〔註162〕見《形上學》，第六章，頁105。

十章〉）。

就「寂然不動」來說，指「易」的本身是不變的；而「天尊地卑」一段，則是指事物規律的相對靜止狀態及相對穩定性，表現了恒常的不變性。〔註163〕所以，「不變性」也是「易」的屬性之一。並也更加增了「易」的周延性。

　　於此，有兩個問題必須先行澄清：一、「易」與「太極」是上下關係，抑是等同關係？二、「易」是在萬物之中，抑是在萬物之上？

　　就第一個問題而言，「易」與「太極」有上下關係的誤會，主要是〈繫辭上傳·第十一章〉一段話，引起了紛爭。這段話是這樣說的：

　　　易有太極，是生兩儀，兩儀生四象，四象生八卦，八卦定吉凶，吉凶生大業。

關於「易有太極」句，諸家解釋，大都只就「太極」一辭作注解，沒有對「易有太極」之「易」作解釋。〔註164〕惟有朱熹對此，則有進一步的闡釋，他分析說：「一每生二，自然之理也。易者，陰陽之變。太極者，其理也。兩儀者，始為一畫以分陰陽。四象者，次為二畫以分太少。八卦者，次為三畫而三才之象始備。此數言者，實聖人作易自然之次第，有不假絲毫智力而成者。」〔註165〕明白的指出，在此章「太極」是最高範疇的「理」。而「易」則是指陰陽的變化，並不具有本根之義。歸結之，「易」與「太極」，皆是指本根說的，並無上下關係。而是等同關係。

　　次就第二個問題而言，從《周易》的本文來看，並沒有「易」在萬物之上的字句，但卻有兩條「易」在萬物之中的証據。

　　　天地設位，而易行乎其中矣。成性存存，道義之門。（〈繫辭上傳·第七章〉）

　　　乾坤成列，而易立乎其中矣。乾坤毀則无以見易，易不可見，則乾坤或幾乎息矣。（〈繫辭上傳·第十二章〉）

從「易行乎其中」及「易立乎其中」，都可以知道「易」是在天地之中，也是在萬物之中，並不在萬物之上。並是隨著天地的生滅而生滅，萬物的生滅而生滅。天地見，則「易」見。天地不見，則「易」不可見。萬物見，則「易」見。萬

〔註163〕同註126，「不易」條目引，頁4。
〔註164〕王弼和孔穎達對「易有太極」句，皆只就「太極」予以詳細說明，但對「易」以及「易」和「太極」之間的關係，未作說明。
〔註165〕同註27，卷三，頁306。

物不見，則「易」不可見。故而，孔穎達論述說：「天地之間，萬物變化，是易行乎天地之中也。」〔註166〕胡瑗也說：「乾坤成而易道變化建立乎其中矣。」〔註167〕林希元也跟著說：「天地設位，則陰陽變化，而易行乎其中矣。」〔註168〕此三人的說明，皆指出「易」是與天地萬物共存共亡的。從此也可以看出，《周易》一書非一人一時之作，其中雖有矛盾對立的地方，但也有明顯進步的地方。像「易」在萬物之中，就較「易有太極」有在萬物之上的意思，高明許多。前者是本體與現象的合一，後者則將「太極」高懸在萬物之上，有客觀惟心的傾向。職是之故，「易」在萬物之中，更能彰顯「易」道的化生功能。

前已敘述，「變」本身只是一個中介者，並不能發生化生功能，必須結合一個動源，即是「易」，才能展現化生功能。推言之，就是「變」與「易」結合成「變易」，就發揮了「易道」變化及化生的能力。因此，「變易」是一個由體成用，以用顯體的現象。

「變易」一辭，最早見於《易緯・乾鑿度》，其上說：「變易者，其氣也。天地不變，不能通氣，五行迭終，四時更廢，君臣取象，變節相移，能消者息，必專者敗，此其變易也。」〔註169〕此就形下的「氣」，來說明「變易」之道。並以天地、四時、五行、君臣變化等現象，以突顯「變易」之理。後來，鄭玄在〈易贊〉和〈易論〉之中，將「變易」結合「簡易」和「不易」三者，建立了「易」的形上思辯。所謂「易一名而含三義：易簡，一也。變易，二也。不易，三也」。〔註170〕及至孔穎達在《周易正義》裡正式訂為「易」的一名三義。〔註171〕那麼「變易」究竟具有何種意義？可從兩方面分析其內涵，並從其中可發現其意義和價值。

一、產生變化：萬物能夠化生不已，最主要的是陰陽變化，也由於陰陽變化，而能生生不息，使萬化生命能夠無限延伸。這就是靠「變易」產生變化，經由陰陽的轉化、融和，以及質量互變的結果。依於此，孔穎達在解釋「易」就極為清楚的指出「變易」之道，析曰：「夫易者，變化之總名，改換之殊稱。自天地開闢，陰陽運行，寒暑迭來，日月更出，孚萌庶類，亭毒群

〔註166〕同註141，卷七，頁150。
〔註167〕胡瑗，北宋人，引見《周易折中》，卷十四，頁1034。
〔註168〕林希元，明人，引見同上，頁994。
〔註169〕見《易緯・乾鑿度》，卷上，（臺北：老古文化事業公司，民國70），頁1。
〔註170〕引見《周易正義》序《論易之三名》，頁3。
〔註171〕同上。

品，新新不停，生生相續，莫非資變化之力，換代之功。」落實的說，「易道」經由「變易」而發生變化，在《周易》系統裡，這種變化，是經過陰陽二氣相互激盪，對立轉化，而產生質量互變，由此生成萬化。由此，其接著特別以《周易》八卦形成爲例，說明「變易」之道。「然變化運行在陰陽二氣。故聖人初畫八卦，設剛柔兩畫，象二氣也。布以三位，象三才也。謂之爲易取變化之義。」〔註172〕其中「爲易取變化之義」，明確的表示「易」由「變」而形成「變易」以發生變化的功能，由「二氣」、「三位」而形成八卦；再由八卦經由相重或分化的程序，以產生六十四卦，建構成一個宇宙圖式。〔註173〕也由於此，孔氏對「易」下了一個綜合定義「陰陽變化之謂」。〔註174〕所以，「變易」的第一個意義，就是產生變化，這個變化就是陰陽的變化。

二、化生萬物：這是「變易」最主要的目的，在前面已一再闡釋這項意義。朱熹在解釋「變易」時，首先就說「變易即陰陽交互之理」，也即是「變易」就是陰陽的變化。他接著說：「易有兩易。一是變易，便是流行底；一是交易，便是對待底。」〔註175〕所謂「流行」，就是指萬物化生的狀態，流行不已，生生相續，新新不停。再進一步解析說：「變易，指陰陽之間的無限變化過程。……變化的動因在於陰陽、剛柔之間的進退、屈伸、消長、運動，也就是一陰一陽，陰極而陽，陽極而陰，生生不息。」〔註176〕其中「陰極而陽，陽極而陰」，就是說明陰陽變化的情形，是先對立，後統一的相反轉化之變化。這當中，有陰陽的「進退、屈伸、消長、運動」，由於這樣，才能使萬物的化

〔註172〕同上。

〔註173〕關於八卦形成六十四卦，最主要有三種不同的說法。一是根據〈繫辭下傳·第一章〉「八卦成列，象在其中矣。因而重之，爻在其中矣。剛柔相推，變在其中矣。繫辭焉而命之，動在其中矣。」此是以八卦相重而產生六十四卦。二是京房所創的八宮卦。其以八經卦的重卦稱爲「八宮」，再以「八宮」各自變化，由初爻開始，至五爻爲止，變成一世到五世的五個卦，再加上游魂及歸魂以及本卦，「八宮」各自乘八，則共爲六十四卦。三是根據邵雍的加一倍法，由一分二，二分四，四分八，八分十六，十六分三十二，三十二分六十四所成的六十四卦。又據張其成《易學大辭典》，「六十四卦」條，頁16指出，又有認爲六十四卦，直接由數字演化而成，即先有六十四卦，後有八卦；或六十四卦與八卦同時產生。近代從安陽四盤磨、陝西周原等出土的甲骨上發現刻有六個數字的一組符號，表明六十四卦古已有之。

〔註174〕同註141，卷七，頁158。

〔註175〕見《朱子語類》，卷六十五。

〔註176〕見《中華思想大辭典》，張岱年主編，（長春：吉林人民出版社，1991），「變易」條引，頁853。

生生生不息，源源不絕。因此，「變易」的第二個意義，就是化生萬物，也是「易道」最重要的功能。

　　另外，程頤在《易程傳》中也特別強調「變易」的思想，其在該書序中，開宗明義的指出：「易，變易也，隨時變易以從道也。其爲書也，廣大悉備，將以順性命之理，通幽明之故，盡事物之情，而示開物成務之道也。」〔註177〕此是就用言，以說「變易」之道，是沒有一定的格式，因時而有不同。但並不表示無章法的變化，而是依據一定的原則，即是「道」而變化。其所謂的「隨時變易以從道」可從兩方面來說明：一是指六十四卦及三百八十四爻的變化，都有一定的原則，即「隨時變易以從道」。尤以〈序卦傳〉的邏輯結構，更能表現這項原則。該傳以「有天地然後萬物生焉」的〈乾卦〉和〈坤卦〉始，表示天地的發生，萬物的產生，是由〈乾卦〉和〈坤卦〉而來，並展開了整個宇宙。而且以「有過者必濟，故受之以既濟。物不可終窮也，故受之以未濟終焉」的〈既濟卦〉和〈未濟卦〉終，說明世界發展是一個終而復始，循環不已，永無止盡之開展，所以說「物不可終窮也」。據此，該傳具有一個完整的邏輯；而且各卦之間的關係，都有相互的聯繫，彼此間皆有共存互生的關連。準此，程頤說：「卦之序皆有義理，有相反者，有相生者，爻變則義變化也。」〔註178〕他對卦象的解釋，是主取義說，就是以義理解析卦象。因而，認爲〈序卦傳〉所言各卦的順序，寓含著義理，彼此按照一定的順序的連接，而且爻變則卦變，卦變則義也跟著變化。說得更明白，〈序卦傳〉中的各卦，都是「隨時變易以從道」。

　　二是指一卦六爻，也是「隨時變易以從道」。一則體現一卦之道，另一則各卦各有自己遵循之道。〔註179〕以〈乾卦〉爲例，程頤謂〈初九爻〉表示在一卦之下，爲始物之端，陽氣剛萌發，聖人正在潛藏。〈九二爻〉則其德已漸顯著，出見於地上，「利見大德之君」。〈九三爻〉顯示其人將尊顯，尤應夕惕不懈，則雖處在危險之地，亦不致發生咎害。〈九四爻〉則居下卦之上，上卦之下，在轉折點之時，應適時而進。〈九五爻〉表現其人已登於「天位」，處在最顯赫之時，就可與天下之人，共成天下之事。〈上九爻〉指由盛而衰，持盈而驕，以致「有悔也」。至〈用九〉，程頤謂：「用九者，處乾剛之道，以陽

〔註177〕見《易程傳》序，頁1。
〔註178〕見《程子遺書》，卷十八。
〔註179〕見朱伯崑《易學哲學史》，2：219。

居乾體，純乎剛者也。剛柔相濟爲中，而乃以純剛，是過乎剛也。見群龍，謂諸陽之義，无爲首，則吉也。以剛爲天下先，凶之道也。」〔註180〕即謂〈乾卦〉居純剛之體，不可再以剛爲天下先，否則就有凶險發生。綜上所述，一卦六爻並非固定不動，是隨爻的位之不同，而有不同的變化。一言以蔽之，就是「隨時變易以從道也」。

　　總之，「變易」是《周易》「變」的辯証思維體系中之主軸，「變」這個中介者與「易」這個本根結合，而成爲「變」的本體，發生變化，化生萬物。據此，「變易」的意義，就表現了兩層涵義：一爲變化義，使「變易」成了動因，能產生一切的變化。二爲化生義，「變易」由於能變化，致由陰陽的變易，對立、進退、屈伸、往來、消長、運動等，以化生萬物。然而「隨時變易以從道」，則由形上的層次落實到形下，體証「變易」的道理，使人能夠拋開僵化的拘限，適時變化，從權達變，以去故取新，沐化群品。但在「變易」必須以「道」爲依歸，才不致無章無法。

〔註180〕同註176，頁6。

第三章 「變」的形式

  在《周易》形上辯証思維「變」的體系，「變」只是中介，不是推動萬物化生的總法則，太極才是推動萬物化生的總法則；然而在太極化生萬物時，必須經由「變」的作用，才能產生化生的過程，而使萬物永續生生。由此而言，「變」是《周易》形上辯証思維體系，不可或缺的重要因素。

  「變」在化生的運作，呈現多元的形式，以表現化生的生生不息，通暢無滯；並建立規範性的法則，和變動性的作用，建構一個多元、複雜、變化而源源不絕的宇宙世界。這包括變化、變通和變動的形式，以及規範性和變動性的相互依存之「變」與「常」關係。

  就變化論：「變」和「化」的結合，主要是表現萬物的永續生存，使天地萬物的發展亙古不息。這包括兩層意義，（一）陰陽既對立又和諧的變化。陰和陽雖然對立相反，互不相同，然而是以對立為因，相合為果的一種變化結合。亦即在又相對又統一的情況之下，達到「陰陽合德」的化生。二是指質和量的互換變化。「質變」就是「突變」，是一種根本本質的變化；「量變」就是「漸變」，是一種微小和緩慢的變化。「量變」是「質變」的必要準備，而「質變」是「量變」的必然結果。兩者互相交融，互相聯繫滲透，以使事物能夠全面發展。

  就變通論：宇宙的化生，經過陰陽互轉及形質互換的「變化」，才能日新富有，不止不息。然而為了使流轉不息，無有滯礙，就必須經由「變通」的開展，才不致於凝滯不通，陷於窘困。

  在《周易》一書中「變通」具有三層意涵。（一）是形上的意涵，指萬物的暢通。（二）是人道的意涵，指人與「道」的相通。（三）是處事的意涵，

指變通以盡利。

「變」和「化」與「變」和「通」一樣，都表示萬物的化生，不能間斷。前者則較重視陰陽的對立和變化，後者則強調萬物的流轉，通暢無阻，周流不息。「變」與「通」的關係，進一步來說，經由「窮則變」，才能「變則通」，達於「通則久」，充分表示易道在形上意義上的恒久性和流通性。此外，由體成用，落實到人事上，一則顯示人能拋開小我，合於大公之德，觀象玩辭，通象知數，就能與「道」相通；二則，在處事之中，要能隨時變通，解決事務的困難，才能「通其變」，以盡天下之利。

就變動論：無論陰陽的變化，萬物的變通，都必須依靠「變動」的動力，才能生生不息，源源不絕。也就是沒有「動」就沒有「變」，沒有「變」就沒有「化」。所以，〈中庸〉說：「其次致曲，曲能有誠，誠則形，形則著，著則明，明則動，動則變，變則化。」（〈第二十三章〉）

「變動」就本根的化生行動分析，表示一種行動的動力。進一步推論，萬物的化生，必須具備行動的動力，其動力來源是「變」的總法則太極，而其化生的過程，則是依靠「變動」的動力。再就化生哲學的過程論之，「變動」是指陰陽的變化，陰陽在相互轉化，以致於質量互變時，相互對立，彼此衝突，所產生的力量，這就是「變動」。

總之，變動就本根說，是一股動源，推動陰陽變化，使萬物生生不息，不停不止。且本根的「動」，具有普遍性，上下无常，周流六虛；及恒常性，剛健不怠，永不止息。

最後，就變與常論：「變」是萬物化生過程的一項定律，使萬物得以生生不息，源源不絕；並因而去故取新，新新不已。所謂「天地曾不能以一瞬」。但在變化當中應該有點限定的東西，即是有點不變的因素，否則任何事物都不固定，等於無一物可以言說的，這個不變的因素就稱為「常」。

換句話說，萬物都是相對的，有陰有陽，有大有小，有高有低，有生有死，是變化不已的。即是在「變」當中有一個不變的絕對，那就是「常」。《周易》一則說「不可為典要，唯變所適」（〈繫辭下傳・第八章〉），又說「既有典常」（同上）。韓非子說：「定理有存亡，有死生，有盛衰。夫物一存一亡，乍死乍生，初盛而後衰者，不可謂常。唯夫與天地之剖判也俱生，至天地之消散也，不死不衰者謂常。」（〈解老篇〉）在在說明「變」與「常」的相互關係。

在《周易》形上辯証思維體系，「變」與「常」是既相對又相合的概念，

在衝突對立中又追求著協調合一；兩者之間，雖然是截然不同，卻相互聯繫，相互溝通，相互轉化，相互融合。即是「執常以迎變，要變以知常」，變能知常，常能知變。「變」因「常」而使萬物皆有本根，具有同一性；「常」因「變」而使萬物各具特色，顯現其特殊性。故而「變」中有「常」，「常」中有「變」，以致彼此相容。而「變」依「常」，才能保持其常住性，普遍存在每一個體之中；「常」依「變」，才能顯現其變動性，使萬物呈現多元化的展開，表現個別的特有格調，以致彼此相輔。反之，有「變」無「常」，則「變」無所常規；有「常」無「變」，則「常」無法變化。所以，「變」與「常」是《周易》「變」的形上辯証思維體系中，一種規範性和變動性的互動聯繫，關係到萬物的生長、變化及發展。

第一節　「變」與「化」的關係

「化」字的字源，已見於甲骨文和金文。在甲骨文的字形為：

氕《殷虛文字乙編》（董作賓編）一九七八
氕《殷虛文字乙編》（董作賓編）二二六八
氕《殷虛文字乙編》（董作賓編）四六○六
氕《殷契遺珠》（金祖同編）二八一
氕《甲骨續存》（劉厚宣編）六五九
氕《甲骨續存》（劉厚宣編）二二一五

另外，在金祥恒編的《續甲骨文編》八卷八葉上，亦收此作化，但無說。「化」字在卜辭中，是做名詞用，不作動詞，表示「方國之名」。〔註1〕

在金文中，僅見於〈中子化盤〉「中子化用保楚王」，字形為「北」。根據高田忠周說：「匕字元以人為形，又從人作化，實亦複矣。知化字即匕字之轉出，最初唯當以匕兼化也。〈易繫辭傳〉知變化之道者，《禮記‧中庸》變則化，又〈樂記〉百物化焉，《素問‧五常政大論》化不可代，注謂造化也。此等字義，雖言借以化言匕者，而亦元當同字之証矣。」〔註2〕朱芳圃也說：「按化象人一正一倒之形，即今俗所謂翻跟頭。《國語‧晉語》，勝敗若化。韋注，

〔註1〕見李孝定《甲骨文集釋》第八，（臺北：中央研究院歷史語言研究所，民國71年），頁2677。
〔註2〕見〈古籀篇〉三十三，頁2。引見《金文詁林》，周法高編，（日本京都：中文出版社，1981），頁1360。

化言轉化無常也。《荀子・正名篇》，狀變而實無別而爲異者謂之化。楊注，化者改舊形之名，皆其引申之義也。」〔註3〕高、朱二人皆認爲「七」爲「化」的本字，原爲人形，後被人改作「化」，則爲假借字，並寓含教化之義。

《說文》說：「化，教行也。从七人，七亦聲。」〔註4〕此外，「化」又作遷善也〔註5〕、教也〔註6〕、化育也〔註7〕、造化也〔註8〕、生也等意義。〔註9〕總之，「化」的意義，由原來的「方國之名」，引申爲進行教化、化育萬物之義。由個人向外推及社會和國家，擴及至整個天地人的範疇。這種意義的引申發展，不僅符合儒家一再強調的「格、致、誠、正、修、齊、治、平」的思想，和《周易》「化成」思想，是一致的。

> 庸言之信，庸行之謹，閑邪存其誠，善世而不伐，德博而化。（〈乾卦・文言〉）

> 觀乎人文以化成天下。（〈賁卦・彖〉）

> 重明以麗乎正，乃化成天下。（〈離卦・彖〉）

> 聖人久於其道而天下化成。（〈恒卦・彖〉）

> 說而巽，孚乃化邦（。〈中孚・彖〉）

> 範圍天地之化而不過，曲成萬物而不遺。（〈繫辭上傳・第四章〉）

明顯的看出，「化成」之道是先通過個人的「德博」，再推而廣之，由「化邦」、「天下化成」到「範圍天地之化」，達到全面的教化，是儒家一脈的傳承。

在《周易》中，「變」和「化」結合的詞句，共出現十二次。其內涵表示兩種意義：一是指陰陽既對立又和諧的變化；另一則是指質與量互換的變化。意雖分爲二，其目的只有一個，就是促使天地萬物的綿延性和永久性。

第一，就陰陽既對立又和諧的變化言，最早見於三國吳人虞翻的解說，他說：「在陽稱變，〈乾〉二之〈坤〉；在陰稱化，〈坤〉五之〈乾〉。陰陽不測之謂神，知變化之道者，故知神之所爲。」〔註10〕此是以〈乾〉〈坤〉卦象的變化，

〔註3〕 見〈殷周文字釋叢〉，頁166。引見同上。
〔註4〕 見《說文解字注》，第八篇上，頁388。
〔註5〕 《荀子・不苟》「神則能化矣」。注「化，謂遷善也」。
〔註6〕 《呂氏春秋・士容》「淳淳乎愼謹畏化」。注「化，教也」。
〔註7〕 《周禮・春官・大宗伯》「以禮樂合天地之化」。注「能生非類曰化」。
〔註8〕 《素問・五常政大論》「化不可代」。注「化，謂造化也」。
〔註9〕 《周禮・秋官・柞》「民若欲其化也」。注「化猶生也」。
〔註10〕 見孫星衍《周易集解》卷八引，引見張其成《周易大辭典》「變化之道」條，

來說明陰陽的變化。孔穎達則從另一個角度說明陰陽相變的道理,「陰陽變化,而相裁節之謂之變也,是得以理之變也。猶若陽氣之化不可久長,而裁節之以陰雨也,是得理之變也。陰陽之化,自然相裁,聖人亦法此而裁節也。」〔註11〕裁就是節,有裁判的意思。此是以晴雨來說明陰陽的轉化,譬如陽氣「化」到一定階段,裁節而成爲陰雨,稱之爲「變」;也就是由陽晴的「化」,轉爲陰雨的「變」。將陽晴與陰雨兩者截然相反的性質,既對立又統一的予以調和。這種陰陽既對立又調和,既相對又配合的情形,在《周易》中表現的特別突出和明顯,尤以調和又配合的情況,較對立又衝突的例証爲多,可見其雖主張對立的辯証,但仍重視統一的和諧。在〈坤卦·文言〉就明確的指出:

　　　陰疑於陽必戰,爲其嫌於无陽也。

孔穎達解之說:「陰盛爲陽所疑,陽乃發動欲除去此陰,陰既強盛,不肯退避,故必戰也。」〔註12〕此是對〈坤卦·上六爻〉的解釋,《坤卦》爲純陰之卦,六爻皆陰,〈上六爻〉更是陰中之陰,陰既達於極點,必與相反面的陽發生對立衝突,焉能不戰?然而戰爭不能解決問題,只有相互妥協合作,才有生存發展的可能。因此,《周易》一再強調:

　　　一陰一陽之謂道,繼之者善也,成之者性也(〈繫辭上傳·第四章〉)。

　　　陰陽不測之謂神。(〈繫辭上傳·第四章〉)

　　　乾,陽物也。坤,陰物也。陰陽合德,而剛柔有體,以體天地之撰,
　　　以通神明之德。(〈繫辭下傳·第六章〉)

　　　是以立天之道,曰陰與陽。(〈說卦·第二章〉)

　　　分陰分陽,迭用柔剛,故易六位而成章。(〈說卦·第二章〉)

陰和陽雖是對立相反,互不相同;但是,「變化」的目的,並不是使兩者永遠對立,彼此相隔。實際上,在「變化」中顯現陰陽對立,是有更深一層涵義,對立是因,而相合是果,追求一種和諧的運作。也就是陰陽兩者是互爲表裡,互爲映襯,「又鬥爭又統一」。〔註13〕所以陰與陽雖對立相戰,其最終的目標

　　　　(北京:華夏出版社,1992),頁190。
〔註11〕見《周易正義》,卷七,頁158。
〔註12〕同上,卷一,頁21。
〔註13〕周金榜說:「對立統一規律,是指事物內部對立的雙方又統一又鬥爭的存在和發展的規律。亦稱『矛盾規律』或『對立面的統一和鬥爭的規律』。」《哲學基本知識手冊》,第五章,(北京:語文出版社,1990),頁93。

則在「陰陽合德」，如此，萬物才能化生，永續的存在和發展。

「變化」的意義既然表現陰陽的對立和轉化，即是說陰陽兩者的位置並不是永遠不能變更，陰可以變陽，陽可以變陰，可以連續不斷的「變化」。王夫之解釋說：「變者，陰變為陽；化者，陽變為陰。」〔註14〕朱伯崑在《易學哲學史》針對這種陰陽變化的現象，進一步指出說：「《易傳》的剛柔相推說，就其理論思維的內容說，是以對立面的推移解釋變化，認為沒有陰陽對立面，則沒有變易；陰陽對立面不相互推移，也沒有變易。這種觀點，是把對立面相互作用看成是變化的原因，乃中國古代內因論的先驅。」〔註15〕由於《周易》建立陰陽變化，既對立又統一的辯証思維方式，一則活絡了易道，解決了「化生」的問題，使其宇宙發生論具有堅實的基礎；另一則擴大運用範圍，普遍使用在整部《周易》當中。

首先，由於陰陽衝突和對立，在《周易》思想體系，發展出陰陽兩個系統。凡是屬於剛強、光明等方面，都歸於陽系統，如天、剛、健、男、父等。凡是屬於柔順、陰暗等方面，則歸於陰系統，如地、柔、順、女、母等。陰陽系統的各類事物也是既對立又統一，既衝突又相合，以產生「變化」，由「變化」可以瞭解萬物的生存和發展。

> 天地變化，草木蕃。（〈坤卦‧文言〉）
>
> 天地感而萬物化生。（〈咸卦‧彖〉）
>
> 在天成象，在地成形，變化見矣。（〈繫辭上傳‧第一章〉）
>
> 剛柔相推而生變化。（〈繫辭上傳‧第二章〉）
>
> 天地變化，聖人效之。（〈繫辭上傳‧第十一章〉）
>
> 天地絪縕，萬物化醇；男女構精，萬物化生。（〈繫辭下傳‧第五章〉）
>
> 神也者，妙萬物而為言者也。……故水火相逮，雷風不相悖，山澤
> 通氣，然後能變化既成萬物也。（〈說卦‧第六章〉）

由此可知，萬物的化生，固然由「太極」發動，經由「變」——變化、變動、變通的中介以產生；但不可或缺的一個層次，就是陰陽對立和轉化。這個對立和轉化的方式，也由於範疇的不同，名稱也互異，對天而言，稱天地、陰

〔註14〕見《張子正蒙注‧大易篇》，引見張其成《周易大辭典》「變化之道」條，頁90。
〔註15〕見《易學哲學史》，四卷，（臺北：藍燈文化事業股份有限公司，民國80年），
1：95。

陽；對地而言，稱爲剛柔；對人而言，則以男女爲代表。其他類比的事物如雷風、山澤等，則因屬性不同，歸之於不同的範疇。

其次，這種對立又統一的矛盾定理，除了陰陽之外，在《周易》中，又以多元化和多樣化的面貌，普遍表現在不同的事物上，發揮了調和及警惕的功能。重要的，藉由這些相對又調和的詞彙，致使「變化」的內涵，更加豐富，更加充實。據《周易》內容，包括下面幾類：

（一）倫常相對類。例如老夫女妻：

 枯楊生稊，老夫得其女妻，无不利。（〈大過卦‧九二爻〉）

老婦士夫：

 枯楊生華，老婦得其士夫，无咎无譽。（〈大過卦‧九五爻〉）

父母：

 家人有嚴君焉，父母之謂也。（〈家人卦‧彖〉）

夫婦：

 父父子子、兄兄弟弟、夫夫婦婦，而家道正。（〈家人卦‧彖〉）

 然後禮義有所錯，夫婦之道也。（〈序卦傳〉）

男女：

 女正位乎內，男正位乎外，男女正，天地之大義也。（〈家人卦‧彖〉）

 男女構精，萬物化生。（〈繫辭下傳‧第五章〉）

尊卑：

 天尊地卑、乾坤定矣。（〈繫辭上傳‧第一章〉）

貴賤：

 以貴下賤，大得民也。（〈屯卦‧初九爻〉）

 卑高以陳，貴賤位矣。（〈繫辭上傳‧第一章〉）

君臣：

 有父子，然後有君臣；有君臣，然後有上下。（〈序卦傳〉）

（二）時空相對類。包括有：

 先天而天弗違，後天而奉天時。（〈乾卦‧文言〉）

 上下无常，非爲邪也。（〈乾卦‧文言〉）

 內陰而外陽，內健而外順，內君子而外小人。（〈泰卦‧彖〉）

 无平不陂，无往不復。（〈泰卦‧九三爻〉）

棟撓，本末弱也。(〈大過‧彖〉)

利有攸往，終則有始也。(〈恒卦‧彖〉)

動靜有常，剛柔斷矣。(〈繫辭上傳‧第一章〉)

仰以觀於天文，俯以察於地理。(〈繫辭上傳‧第四章〉)

君子知微知彰，知柔知剛，萬夫之望也。(〈繫辭上傳‧第五章〉)

无有遠近幽深，遂知來物。(〈繫辭上傳‧第十章〉)

一闔一闢謂之變，往來不窮謂之通，……利用出入，民咸用之謂之神。(〈繫辭上傳‧第十一章〉)

彰往而察來，而微顯闡幽。(〈繫辭下傳‧第六章〉)

其中先後、上下、內外、往復、闔闢、本末、終始、動靜、仰俯、微彰、无有、遠近、闔闢、往來、出入及顯幽等，都屬於此類，並在相對中又能相互聯繫，相互調和，致能發揮作用，建立哲學思維，使《周易》的思想更為充實。

（三）自然現象相對類。這類相對又相合的事物，包括天文及地理等自然現象。例如天地、日月：

與天地合其德，與日月合其明。(〈乾卦‧文言〉)

日往則月來，月往則日來，日月相推而明生焉。(〈繫辭下傳‧第五章〉)

水火：

水流溼，火就燥。(〈乾卦‧文言〉)

革，水火相息，二女同居，其志不相得。(〈革卦‧彖〉)

寒暑：

日月運行，一寒一暑。(〈繫辭上傳‧第一章〉)

寒往則暑來，暑往則寒來，寒暑相推而歲成焉。(〈繫辭下傳‧第五章〉)

盈虛、消息：

君子尚消息盈虛，天行也。(〈剝卦‧彖〉)

損益盈虛，與時偕行。(〈損卦‧彖〉)

天地盈虛，與時消息。(〈豐卦‧彖〉)

死生：

原始反終，故知死生之説。(〈繫辭上傳‧第四章〉)

平陂：

> 无平不陂，无往不復。(〈泰卦‧九三爻〉)

（四）衝突相對類。這類對立在《周易》中運用得極爲廣泛，也最易感受到相互對立的衝突相抗。兩者之間是相反絕對的對立，不是存就是亡，不是吉就凶，不是得就是喪，沒有妥協的餘地。在這部份的對立，只是突顯其相對性，而不重視其調合統一，目的在於自反自省，以生警惕作用。例如：

> 亢之爲言，知進而不知退，知存而不知亡，知得而不知喪。其唯聖人乎，知進退存亡而不失其正者，其唯聖人乎。(〈乾卦‧文言〉)

> 進退无恒，非離群也。(〈乾卦‧文言〉)

> 君子以裒多益寡，稱物平施。(〈謙卦‧象〉)

> 不出戶庭，知通塞也。(〈節卦‧初九象〉)

> 變化者，進退之象也。(〈繫辭上傳‧第一章〉)

> 方以類聚，物以群分，吉凶生矣。(〈繫辭上傳‧第一章〉)

> 吉凶者，言乎其失得也。(〈繫辭上傳‧第三章〉)

> 情僞相感而利害生。(〈繫辭下傳‧第十二章〉)

其中進退、存亡、得喪（失得）、吉凶、通塞、多寡、及利害等，皆屬於衝突對立類的相對。這種類型的相對，主要的用意，並不在對立的相抗衝突，而是在於要我們認清對立的極端，要能趨吉避凶，持盈保泰，不可見利急功，爲利忘義，「知進而不知退，知存而不知亡，知得而不知喪」。又如：

> 君子以遏惡揚善，順天休命。(〈大有卦‧象〉)

> 齊小大者存乎卦，……是故卦有小大，辭有險易，辭也者，各指其所之。(〈繫辭上傳‧第三章〉)

> 言行，君子之樞機，樞機之發，榮辱之主也。(〈繫辭上傳‧第八章〉)

> 往者屈也，來者信也，屈信相感而利生焉。……是故君子安而不忘危，存而不忘亡，治而不忘亂，是以身安而國家可保也。(〈繫辭下傳‧第五章〉)

> 故愛惡相攻而吉凶生。(〈繫辭下傳‧第十二章〉)

其中善惡、小大、險易、榮辱、屈信（伸）、安危、治亂、及愛惡等，皆表現

絕對的衝突，益發顯出對立的突顯。再如：

> 樂則行之，憂則違之，確乎其不可拔。（〈乾卦‧文言〉）
>
> 內君子而外小人，君子道長，小人道消也。（〈泰卦‧象〉）
>
> 君子豹變，小人革面，征凶，居貞吉。（〈革卦‧上六爻〉）
>
> 損先難而後易，益長裕而不設。（〈繫辭下傳‧第七章〉）
>
> 若夫雜物撰德，辨是與非，則非其中爻不備。（〈繫辭下傳‧第九章〉）

其中樂憂、君子小人、難易、是非等都是強烈的對立，強烈的衝突。

（五）行為相對類。以人的身體和語言行為，做為相對的類比。例如「同人先號咷而後笑，喪牛于易，凶」（〈旅卦‧上九爻〉）中的哭（號咷）笑；「時止則止，時行則行，動靜不失其時，其道光明」（〈艮卦‧象〉）中的行止；「君子之道，或出或處，或語或默」（〈繫辭上傳‧第八章〉）中的出處、語默等。

（六）卦名相對類。在六十四卦當中，卦名彼此相對的有七對，包括有乾坤、泰否、剝復、坎離、損益、革鼎、既濟未濟等。在相對中展現和諧及互補。

（七）其他相對類。像鬼與神的對比：「與鬼神合其吉凶，……況於鬼神乎」（〈乾卦‧文言〉）、「鬼神害盈而福謙」（〈謙卦‧象〉）、「精氣為物，游魂為變，是故知鬼神之情狀」（〈繫辭上傳‧第四章〉）、「凡天地之數，五十有五，此所以成變化而行鬼神也」（〈繫辭上傳‧第九章〉）。東鄰和西鄰的對比：「東鄰殺牛，不如西鄰之禴祭，實受其福」（〈既濟卦‧九五爻〉）、「東鄰殺牛，不如西鄰之時也」（〈既濟卦‧九五象〉）。總計《周易》七類相對，包括陰陽共有六十六個相對詞彙，不僅豐富《周易》內容，並使其「變化」辯証思維益發的變化多端，結構縝密。

對立，就是見異，固然是辯証思維的主要關鍵；然而統一，也就是求同，則是辯証思維的最大功用。在《周易》六十四卦中，〈睽卦〉就是最佳例証。「睽」，〈序卦傳〉說「睽，乖也」。《說文》說「睽，目不相聽，从目癸聲」。〔註16〕《周易本義》說「睽，乖異也」。〔註17〕都是象徵乖背睽違之義。而全卦不在展現「乖背」，而是揭示「合和」。即是以柔和細緻之方，因勢利導，乖背能消，化睽為合。所以〈睽卦‧卦辭〉說：

〔註16〕見《說文解字注》，四篇上，頁133。

〔註17〕見《周易本義》，卷二，頁192。

睽，小事吉。

何楷解釋說：「業已睽矣，不可以忿疾之心驅迫之也。惟不爲已甚，徐徐轉移，此合睽之善術也。故曰小事吉。小事，猶言以柔爲事，非大事不吉，而小事吉之謂也。」〔註18〕在乖違之時，以剛強硬合，必會產生相反效果；惟有以柔和之道，徐徐轉移，順勢而爲，這才是「合睽之善術」。

再者，〈睽卦〉六爻，雖均在睽時，但未嘗一爻久睽不合。黃壽祺解析說，根據內外卦卦象及六爻的爻象、辭旨，可知初爻與四爻，二爻與五爻，三爻與上爻，均是形睽質合，先睽後合的關係。〔註19〕如初九「喪馬勿逐」，至九四「遇元夫」，而初與四相合；九二「遇主於巷」，至六五「往何咎」，則二與五相合；六三「見輿曳，其牛掣」，上九「往遇雨則吉」，則三又與上相合。可見〈睽卦〉表面是乖背睽違，其內在意義則主要在化睽消乖，睽違終合。因故，馮當可指出：「內卦皆睽而有所待，外卦皆反而有所應。」〔註20〕由此可知，〈睽卦〉是異中求同，同中顯異的辯証關係。〈睽卦・象〉說：

上火下澤，君子以同而異。

此正闡明此一思想。〈睽卦・象〉又說：

天地睽而其事同也，男女睽而其志通也，萬物睽而其事類也。睽之
時用大矣哉。

就反面的角度而言，爲使各種事物的一致性與和諧性，經常在對立之中，寓含相互的協調與互補，所謂「相反相成」，就是這個意思。〈睽卦〉的象徵意涵，莫過於此。

所以，「變化」的第一個意義，就是陰陽的對立和轉化。這種陰陽轉變，神妙莫測，表現著《周易》作者在辯証理論的運用成熟。因此，〈繫辭傳〉稱讚說：

陰陽不測之謂神。（〈上傳・第九章〉）

此所以成變化而行鬼神也。（〈上傳・第九章〉）

知變化之道者，其知神之所爲乎。（〈上傳・第九章〉）

朱伯崑進一步分析說：「以上所說的『神』，都是同變化聯繫在一起的。『神』不是實體概念，而是變化的屬性。其主體是奇偶二數，剛柔二爻，以及事物

〔註18〕何楷，明朝人。見李光地《周易折中》，卷五，頁409。
〔註19〕見黃壽祺和張立文〈周易對立變化創新思想〉，《周易研究論文集》，黃壽祺和張立文編，（北京：北京師範大學出版社，1990），4：201。
〔註20〕馮當可，宋朝人。同上，卷五，頁416。

的陰陽兩方面。此兩方面的配合，相易、往來、屈伸，不居於一格，此即『陰陽不測之謂神』。」〔註21〕由於在陰陽對立的互動中，其互動方式不拘一格，以致其變化令人莫測，這就是「陰陽不測之謂神」的內涵。

在先秦諸子中，與《周易》同樣具有相對的辯証思想，就是《老子》。其以「反」作爲整個矛盾定律的主軸。他說：「有物混成，先天地生，寂兮寥兮，獨立而不改，周行而不殆，可以爲天下母。吾不知其名，字之曰道，強爲之名曰大。大曰逝，逝曰遠，遠曰反。」〔註22〕又說：「反者道之動，弱者道之用。」〔註23〕可見「反」是道的內容之一，具有三種意思：

一是返。

二是發展的反面。

三是相反相成。〔註24〕

其中「發展到反面」及「相反相成」兩項，皆指出矛盾定律的對立統一的運作，互相依存，互相轉化。他說：「天下皆知美之爲美，斯惡矣。皆知善之爲善，斯不善矣。故有無相生，難易相成，長短相形，高下相傾，音聲相和，前後相隨。」〔註25〕即是說沒有「有」就沒有「無」，沒有「難」就沒有「易」，沒有「長」就沒有「短」，注有「高」就沒有「下」，沒有「音」就沒有「聲」，沒有「前」就沒有「後」。一方面不存在，另一方面也就不存在。這當中包含兩層意義：

其一是各以對立存在爲基礎。他說：「三十輻，共一轂，當其無，有軍之用。埏埴以爲器，當其無，有器之用。鑿戶以爲室，當其無，有室之用。故有之以爲利，無之以爲用。」〔註26〕像車輛由於車轂的「無（中間空虛）」，才能產生「有」——乘載的作用；像埏埴揉合陶土，由於器物的「無（中間空虛）」，才能產生「有」——盛物的作用；像開鑿門窗建造房屋，由於房屋的「無（中間空虛）」，才能產生「有」——居住的作用。因此，「無」藉「有」以顯，「有」依「無」而生。兩者互爲基礎，互爲依賴。

〔註21〕 同註15，1：111。
〔註22〕 見王弼《老子道德經》，上篇，第二十五章，《新編諸子集成》（三），（臺北：世界書局，民國72年），頁14。
〔註23〕 同上，下篇，第四十章，頁25。
〔註24〕 見張起鈞《老子》，第二篇，（臺北：協志工業叢書出版股份有限公司，民國61年），頁131。
〔註25〕 同註22，上篇，第二章，頁1～2。
〔註26〕 同註22，上篇，第十一章，頁6。

其二是對立面是可以互相轉化的。例如在〈三十六章〉說：「將欲歙之，必固張之。將必弱之，必固強之。將欲廢之，必固舉之。將必奪之，必固與之。」〈四十一章〉說：「明道若昧，進道若退，夷道若纇。」〈四十二章〉說：「故物或損之而益，或益之而損。」這些都說明歙張、強弱、廢舉、奪與、明昧、進退、夷纇、損益等，並不是一成不變，而是可以相互轉化的。以上兩者皆本於「反者道之動」的原理而來。

故而《老子》這種由「反」產生的矛盾定理，與《周易》陰陽對立轉化的「變化」原理，是有異曲同功之妙的。

「變化」的第二個意義，就是指事物的質量互變的形式或狀態。所謂「質」，是指一事物區別於它事物的內在規定性。〔註27〕即是事物的質決定了一事物是該事物而不是它事物，只有掌握了事物的質，才能真正認清事物，分辨事物。根據《哲學基本知識手冊》指出，對於事物質的把握，可從下面三個方向：

（一）質和事物的存在是直接同一的。就是說，事物的質存在，事物也就存在；倘若事物的質消失了，與該質相應的事物，也就不存在。由於事物有質的規定性，才使該事物和其他事物區別出來。也因此，世界上的事物千差萬別，互不相同，就是因為它們各有質的規定性。

（二）事物質的規定性決定於事物內部矛盾的特殊性。任何事物內部都包含著不同於別的事物之特殊矛盾，也就區別了一事物與其他事物的特殊之質，這也就是世界上各種事物之所以不同的內在原因。

（三）具體的事物總包含著多種矛盾的統一體，這就使事物具有多方面的質。由於事物質的多樣性，因此我們可以從不同側面研究同一對象，也就是研究這個對象不同方面的質。〔註28〕

「質變」，亦稱「突變」或「頓變」。「指事物根本性質的變化，即漸進過程的中斷，從一種質態向另一種質態的突變即飛躍。」〔註29〕這是說，「質變」是一種根本的變化，是事物完全轉變成他事物，而與本身原有質的完全不同。

至於「量」，則是指「事物存在的規模、等級和發展的程度及內部組成要素的排列結構」，並「可以用數量來表示的規定性」。〔註30〕

〔註27〕見馮契編《哲學大辭典》，「質」條，（上海：上海辭書出版社，1992），頁1032。

〔註28〕同註13，第六章，頁114。

〔註29〕同註27，「質變」條，頁1033。

〔註30〕同註27，「量」條，頁1555。

事物的「量」，可分為兩大類：一類是外延量，是事物存在規模的標誌，如一個工廠的大小、人數、設備多少。一類是內涵量，是事物等級即深度的標誌，如一個工廠工人技術素質的高低、設備性能的好壞及勞動生產率的高低等方面。〔註31〕

由「量」到「量變」，「量變」又稱「漸變」。就是說「指事物在數量上的增加或減少和場所的更換等方面的變化」。〔註32〕就是指事物自身微小的、不顯著的逐漸的、緩慢的變化。與「質變」的相反相對的。

「量變」和「質變」是對立統一的關係。「量變」是「質變」的必要準備，沒有「量變」，就沒有「質變」；反過來說，「質變」是「量變」的必然結果，量的變化累積到一定程度，就會發生「質變」，使舊質消失，新質產生。故知「量變」和「質變」是互相制約，互相交錯，互相滲透的。這種由事物或現象內部矛盾所引起的發展，是通過「質變」和「量變」互相轉化而實現的，稱之為「質量互變」規律。〔註33〕

「變化」既指事物質量互變的轉化過程，在《周易》各家注中，對「變」與「化」有不同詮釋，有言「變」是「質變」，「化」是「量變」；或者兩者相反，「變」為「量變」，「化」為「質變」。茲分述如後：

有質量互變的觀念，首見於孔穎達《周易正義》，他在解釋「乾道變化」時說：「變謂後來改前，以漸移改謂之變也。化謂一有一无，忽然而改謂之化也。言乾之為道，使物漸變者，使物卒化者，各能正定物之性命。」〔註34〕「變」指逐漸的、緩慢的變，就是指「漸變」，也就是「量變」。「化」則指從有化為无，或從无到有，忽然的、顯著的變，即是「卒化」，亦是指「頓變」或「質變」。又在《禮記・中庸》疏更明確指出：「變則化，初漸謂之變，變時新舊兩體俱有。變盡舊體而有新謂之為化。」〔註35〕據此，「變」就是「漸變」，此時新舊兩體皆有，只是逐漸、微小以及緩慢的「變」。「化」則不一樣，即是變盡舊體中的舊質完全去掉，變成新體。但是，孔穎達在《周易》某些疏解中，對「變」與「化」的區分有自相矛盾的地方。〔註36〕

〔註31〕 同註13，第六章，頁115。
〔註32〕 同註27，「量變」條，頁1556。
〔註33〕 同註27，「質量互變規律」條，頁1034～5。
〔註34〕 同註11，卷一，頁11。
〔註35〕 見孔穎達《禮記正義》，卷五十三，（臺北：藝文印書館，民國62年），頁895。
〔註36〕 例如孔穎達在疏解〈繫辭上傳・第十二章〉，「化而裁之謂之變」時說：「陰陽

　　宋朝的張載，對於「變化」的解釋，則與孔穎達正相反，認爲「變，言其著；化，言其漸」。〔註37〕即以「變」爲「頓變」，「化」爲「漸變」。「變」是顯著的、急速的變化；「化」則是不顯著的。漸進式的變化。兩者互相聯繫，相互滲透，以達到化生萬物的目的。

　　到了朱熹，其對「變化」的解釋，則又延續孔穎達的說法，主張「變」指「漸變」，「化」指「頓變」。他說：「變者化之漸，化者變之成。」〔註38〕並予以闡明說，漸化就是「化是自陽之陰，漸漸消磨將去，故謂之化」，〔註39〕即是不知不覺，漸漸消磨改變。他又以樹木和山來說明，「木漸長，則山漸高，所以爲漸」。〔註40〕樹木的生長，山的增高，只是外形數量上的變化，本質並沒有改變。同樣的，

　　　　履霜，堅冰至（〈坤卦・初六爻〉）。

「霜」化爲冰，本質並不變，皆具有水性，所改變者只是外在形狀。而「頓變」則不一樣，「變是倏忽之變」。〔註41〕也就是「變是自陰之陽，忽然而變，故謂之變」。〔註42〕可見「頓變」是一種快速的質變，並是把漸變連續性的中斷，舊質消亡，新質出現，「在那化中裁截取，便是變」。正如〔註43〕《周易》〈革〉和〈鼎〉兩卦，是「漸變」成爲「頓變」，由「量變」到「質變」的最好說明。

　　　　革，去故也。鼎，取新也（〈雜卦傳〉）。

〈革〉是將一切舊質去掉，〈鼎〉則轉換成新質。所以〈革卦・象〉以湯武革命來說明這種質量的轉換。

　　總之，「漸變」和「頓變」雖然相互對立，卻又是相互聯繫，相互滲透，是

變化，而相裁節之謂之變也，是得以理之變也，猶若陽氣之化不可久長而裁節之以陰雨也，是得理之變也。陰陽之化自然相裁，聖人亦法此而裁節也。」見《周易正義》，卷七，頁158。此所說的「變」是指「質變」而言。又在〈革卦・象〉疏解說：「燥濕殊性，不可共處。若其共處，必相侵剋。既相侵剋，其變乃生。變生則本性改矣。」見卷五，頁111。此中所言之「變」，亦指「質變」而言。與本文所言的「變」是指「量變」不同。

〔註37〕見《橫渠易說・乾》，卷一，頁30。
〔註38〕同註17，卷一，頁60。
〔註39〕見《朱子語類》，卷七十四。
〔註40〕見《朱子語類》，卷七十三。
〔註41〕見《朱子語類》，卷七十四。
〔註42〕見《朱子語類》，卷七十四。
〔註43〕見《朱子語類》，卷七十五。

可以互換的。因此,「變化」的另一個意義就是指事物的質量互變的形式或狀態。

再就「變化」兩個意義分析,可以發現,無論是「陰陽互變」或「質量互換」,「變化」有其必然性和偶然性。就必然性說,「變化」的法則是遵循太極而來,有一定的規律,是不能改變的。但是,在「變化」的過程,有多元化的發展,不定於一格,變化無窮。例如陰陽二爻的往來、屈伸、動靜、相易、配合等,難以預料其後果,因而產生偶然性。針對此,朱伯崑在其《易學哲學史》中指出:「《易傳》的作者,一方面認為筮法和事物的變化有其法則,其則稱之為『道』;另一方面又認為,其變化的過程,不居一格,人們事先難以預料其後果,此種性質稱之為『神』。這種觀點,被後來的哲學家闡發為事物的變化既存在著必然性,又存在著偶然性。」〔註44〕「變化」的必然性,使我們能夠體証事物所遵循的變化法則;然而「變化」的偶然性,則使事物呈現多種面貌,多種方式,不能預測其結果,也不能限定其結果,不斷更新,充滿希望。必然性和偶然性,如同「漸變」及「頓變」,雖是互相對立,彼此乖違;可是兩者之間存在著聯繫,彼此滲透和轉化,相反相成。

質言之,無論是陰陽的對立轉化,或是質量變化,其透顯一個深層的意涵,就是「變化日新」。自然變化,生生不息,往者去,來者續,前一個事物的結尾,構成後一事物的開端,終則有始,不斷更新,並推陳出新,新新不已。而不是原地不動,不向前進的循環變化。以此,王夫之說:「陰陽一太極之實體,唯其富有充滿於虛空,故變化日新。」〔註45〕並舉例說:「今日之日月,非用昨日日月也。今歲之寒暑,非用昔歲之氣也。明用昨日,則如燈如鏡,而有息有昏。氣用昨歲,則如湯中之熱,溝澮之水,而漸衰漸泯。而非然也。是以知其富有者,惟其日新,斯日月貞明而寒暑恒盛也。」〔註46〕日月雖一,今日之日月,已非昨日之日月。寒暑雖一,今歲之寒暑,已非昔歲之寒暑。主要原因,「變化」不是靜止不動,而是日新求變。

也由於「變化日新」,才能使宇宙萬化新新不已,欣欣向榮。所以《周易》說:

> 剛健篤實輝光,日新其德。(〈大畜卦·象〉)
>
> 富有之謂大業,日新之謂盛德,生生之謂易。(〈繫辭上傳·第五章〉)

〔註44〕同註15,1:112。

〔註45〕見《張子正蒙注》,卷一,引見張其成《周易大辭典》「變化日新」條,頁316。

〔註46〕見王夫之《周易外傳》,卷六,(臺北:河洛圖書出版社,民國66年),頁182。

另外，〈革〉和〈鼎〉兩卦，不僅是質量互變的變化，更表現出「變化求新」的現象。

> 革，去故也。鼎，取新也。（〈雜卦傳〉）

李鼎祚解釋：「革更故去。鼎烹飪，故取新也。」〔註47〕皆充分表現世界萬象的變化不已，變化無窮。尤以，並表現出去故更新，變化日新的意義及內涵。

基於《周易》原本是占筮之用，以故，「變化」另一個意義，是代表卦象的占卜運用，以求得吉祥；以及觀察卦象，以創作器物。

> 是故變化云爲，吉事有祥，象事知器，占事知來。（〈繫辭下傳・第十二章〉）

韓康伯論說：「夫變化云爲者，行其吉事，則獲嘉祥之應。觀其象事，則知制器之方。玩其占事，則睹方來之驗。」〔註48〕說明占卜的變化運用，在於趨吉避凶，吉無不利。在做吉事時，能有嘉祥之相應；在觀察卦象時，能尙象制器；在把玩占卜時，能夠鑒往知來。表現《周易》的初創旨意。亦即如〈繫辭傳〉所說的：

> 君子所居而安者，易之序也。所樂而玩者，爻之辭也。是故君子居則觀其象而玩其辭，動則觀其變而玩其占。是以自天祐之，吉无不利。（〈上傳・第二章〉）

> 易有聖人之道四焉，以言者尚其辭，以動者尚其變，以制器者尚其象，以卜筮者尚其占。是以君子將有爲也，將有行也，問焉而以言，其受命也如響，无有遠近幽深，遂知來物。非天下之至精其孰能與於此。（〈上傳・第十章〉）

這充分說明《周易》內涵的多元化，而占卜之道和制器之道，就是其中的重要內涵，也是「變化」之道，所突顯的運用之方之一。

「變化」之道，以形上的思維，顯現化生萬物的功能，是一種無形無象的變化過程，屬於理性辯証的推論。換言之，從感性直觀經驗的角度，觀察萬物的化生，則在於從四時的變化，以觀察萬物生生不息的永續發展。

> 天地之道，恒久而不已也。利有攸往，終則有始也。日月得天而能久照，四時變化而能久成，聖人久於其道而天下化成。觀其所恒，而天地萬物之情可見矣。（〈恒卦・彖〉）

〔註47〕見《周易集解》卷十七，（臺北：世界書局，民國76年），頁444。
〔註48〕見王弼、韓康伯《周易注》，卷八，（臺北：新興書局，民國48年），頁55。

四時的更迭變化，按照一定的規律，周而復始的運行，無一刻停歇，是一種恒常現象，更是一種永續的化生變化。因此，「四時變化而能久成」。

　　總而言之，「變」和「化」的結合，主要是表現萬物的永續化生，使天地萬物的發展互古不息。其包括兩層意涵，一是陰陽既對立又和諧的變化。陰和陽雖然對立相反，互不相同，可是兩者並不永遠衝突對立，而是以對立為因，相合為果的一種變化結合。亦即在又相對又統一的情況之下，達到「陰陽合德」的化生，使萬物生生不息的發展。二是指質和量的互換變化。「質變」就是「突變」，是一種根本本質的變化；「量變」就是「漸變」，是一種微小和緩慢的變化。兩者亦如陰陽一樣，具有對立統一的關係，「量變」是「質變」的必要準備，而「質變」是「量變」的必然結果。兩者互相交錯，互相聯繫滲透，以使事物能夠全面發展。

第二節　「變」與「通」的關係

　　萬物的化生，經過陰陽轉化及形質互換的「變化」，才能日新富有，生生不息。然而為了使流轉不息，無有滯礙，就必須經由「變通」的開展，才不致於凝滯不通，陷於窮境。否則如〈繫辭傳〉所說的：

　　　　乾坤毀，則無以見易。易不可見，則乾坤或幾乎息矣（〈上傳·第十
　　　　二章〉）。

因此，「變通」繼「變化」之後，為《周易》「變」之辯証思維體系中的重要環節。

　　在《周易》一書中，「變通」具有三層意涵。一是形上的意涵，指萬物的暢通。二是人道的意涵，指人與「道」的相通。三是處事的意涵，指變通以盡利。

　　首先，就萬物的流通來說。所謂「通」，即貫通、通達之意。「通」在甲骨文及金文已出現。甲骨文作：〔註49〕

　　　　𝍐　《殷契精編》（郭沫若編）一一九一

　　　　𝍐　（同上）一一九二

　　　　𝍐　（同上）一一九三

　　　　𝍐　《殷契佚存》（商承祚編）六六一

〔註49〕見《甲骨文集釋》第八，頁527。

⿰（圖形）《簠室殷契徵文》（王襄編）三十

金文作：〔註50〕

⿰（圖形）（〈頌鼎〉「通彔永令」）

⿰（圖形）（〈頌簋〉「通彔永令命」）

⿰（圖形）（〈頌壺〉「通祿永命」）

根據高田忠周分析說：「按說文通達也，从辵甬聲。〈易繫辭〉往來不窮謂之通，此爲本義也。轉爲凡通達通貫之義。《晉書》道遠難通，注至也，尙近本義。而《禮記・儒行》，上通而不困，注謂仕道達於君也。又《莊子・齊物論》，通也者得也。《論衡・超奇》、博覽古今者爲通人。皆轉義也。」〔註51〕可知「通」的本義爲通達、往來不窮，後來引申爲多元化的意義，包括有至也〔註52〕、洞貫也〔註53〕、平暢也〔註54〕、利也〔註55〕、往來也〔註56〕、透也〔註57〕、順也〔註58〕、傳達也〔註59〕、互通也〔註60〕等。

「變」和「化」與「變」和「通」一樣，都表示萬物的化生，不能間斷。不過前者較重視陰陽的對立和變化，後者則強調萬物的流轉，通暢無阻，周流不息。兩者雖相似，但意義卻有不同。所謂「義有所獨重也」。張立文說：「變通和化生是一個統一的運動過程，變通才能化生，滯塞就會死亡，化生是變通的體現，并促進變通，兩者相輔相成。」〔註61〕「變通」是萬物化生不可缺少的要件，「變通」因化生而得以生生不絕，化生則由「變通」而通暢不息，兩者互輔互成。《周易》就說：

> 闔戶謂之坤，闢戶謂之乾，一闔一闢謂之變，往來不窮謂之通（〈繫辭上傳・第十一章〉）。

〔註50〕見《金文詁林》，頁304。
〔註51〕見〈古籀篇〉六十五，頁28。引見《金文詁林》，頁304。
〔註52〕見《國語・晉語二》「道遠難通」，注「通、至也」。
〔註53〕見《釋名・釋言語》「通、洞也，無所不貫洞也。」
〔註54〕見《爾雅・釋天》「四時和爲通正」，注「通、平暢也」。
〔註55〕見《呂氏春秋・達鬱》「血脈欲其通也」，注「通、利」。
〔註56〕見梁元帝〈與武陵王書〉「書信恒通」。
〔註57〕見《杜陽雜編》「表裡瑩通」。
〔註58〕見《淮南子・詮言訓》「則治道通矣」。
〔註59〕見《周禮・地官・鼓人》「以金鐸通鼓」，疏「司馬振鐸，軍將已下即擊鼓矣」。
〔註60〕見《漢書・公孫弘傳》「臣聞天下通道五」。
〔註61〕張立文《中國哲學範疇發展史》（天道篇）第十二章，（北京：中國人民大學出版社，1989），頁425。

易窮則變，變則通，通則久。（〈繫辭下傳・第二章〉）

「往來不窮謂之通」者，孔穎達注解說：「須往則變來爲往，須來則變往爲來，隨須改變，不有窮已，恒得通流，是謂之通也。」〔註 62〕關於「易窮則變，變則通，通則久」者，韓康伯注解說：「通變則無窮，故可久。」〔註 63〕在在顯示惟有往來不窮，流通不已，才能使生命的流動，萬物的化生，無窮無盡，無有止息。

同時，「易窮則變，變則通，通則久」，是從萬物的發展中產生，而且是無往不復，無往不通。〔註 64〕再則，「窮則變」是一種質變過程，由舊質變爲新質，即「推故而別致其新」。「變則通」是一種量變過程，物體只有一些次要的質在變化，其本質則未變化，仍然保持原有的形體。這也是一種內成、外生的關係。王夫之就陰陽變易的關點提出說明，「生者外生，成者內成，外生變而生彼，內成通而自成。」〔註 65〕其中「外生」就是質變，「內成」就是量變。質量互變，不停不止，如此則「窮則變，變則通，通則久」。所以，其所謂「通」是指「事物在同一形質內，自我發展，由小而大，由弱而強的運動形式。」〔註 66〕

另外，對於「變通」的化生和流通作用，在〈繫辭傳〉中有進一步說明：

通其變，遂成天地之文。（〈上傳・第十章〉）

孔穎達《周易正義》解釋說：「通其變者，由交錯總聚，通極其陰陽相變也。遂成天地之文者，以其相變，故能遂成就天地之文。若青赤相雜，故稱文也。」〔註 67〕也就是說陰陽相錯，對立轉化，形質互換，變化不斷，致使萬物化生不窮，天地文采燦爛。

其次，〈繫辭傳〉又說：

變而通之以盡利。（〈上傳・第十二章〉）

「變」的生化作用，經由「變通」的不斷向外擴展，推而行之，由一變多，

〔註 62〕 《周易正義》卷七，頁 156。

〔註 63〕 三國魏王弼及晉韓康伯《周易注》，卷八，（臺北：新興書局，民國 48 年），頁 52。

〔註 64〕 見《中國哲學辭典》，頁 806。

〔註 65〕 見《周易外傳》卷五。同時，王夫之在〈繫辭上傳・第六章〉將「窮則變，變則通」之中的「則」字改爲「必」字，成爲「變必通，窮必變」，則將此中義蘊發揮得更爲透徹。

〔註 66〕 見張其成所著《易學大辭典》「變必通，窮必變」條，頁 323。

〔註 67〕 同註 11，頁 154。

以至無窮無盡，這豈非天下之大利？因此，韓康伯說：「極變通之數則盡利也，故曰易窮則變，變則通，通則久。」〔註68〕孔穎達也說：「變謂化而裁之，通謂推而行之，故能盡物之利也。」〔註69〕可見「變通」是萬物化生不可或缺的因素之一。而萬物的化生並沒有任何主宰者主導，一個創造神創造，完全是自然無爲，自化自生，即所謂「生而不有，爲而不恃，長而不宰」。也就是

> 易无思也，无爲也，寂然不動，感而遂通天下之故，非天下之至神，
> 其孰能與於此。（〈繫辭上傳・第十章〉）

> 乾始能之美利利天下，不言所利，大矣哉。（〈乾卦・文言〉）

其中「无思也」、「无爲也」、「感而遂通」、「不言所利」等，皆指自然化生，流暢不已。並不存任何人爲因素在其中。

除此之外，在《周易》六十四卦中，言及萬物流通的有〈乾〉、〈泰〉、〈否〉、〈既濟〉、〈未濟〉等卦。

一、〈乾卦〉：〈乾卦〉卦辭：「元、亨、利、貞。」據多位重要易學家解釋，都認爲是指萬物由生到成，由幼到長，由一到多，由始到通的過程。例如《子夏易傳》說：「元，始也。亨，通也。利，和也。貞，正也。」〔註70〕孔穎達則源於子夏的說法，進一步分析：「言此卦之德有純陽之性，自然能以陽氣始生萬物，而得元始亨通，能使物性和諧，各有其利，又能使物堅固，貞正得終。」〔註71〕也就是說萬物雖由「元始」，但仍必須經過「亨通」變化，方能使物性和諧，暢通不已，並使物性堅貞，正固幹事。同樣的，程頤及朱熹也從宇宙的化生面來解析此段文字。程頤說：「元者，萬物之始。亨者，萬物之長。利者，萬物之遂。貞者，萬物之成。」〔註72〕朱熹除了就萬物的「始、長、遂、成」來解說「元、亨、利、貞」，其中對「亨」義的闡釋有獨到的看法。「亨、通也」「亨者，物之暢茂。」「亨者，生物之通。」〔註73〕特別指出「亨」在化生過程中的重要性。萬物的流通、暢茂，必須在「亨」的對立轉

〔註68〕同註63，卷七，頁50。
〔註69〕同註11，頁157。
〔註70〕見《十六經・子夏易傳》卷上，（龍泉出版社，民國64年），頁1。高亨及李鏡池則訓「元」爲大，「亨」爲享，即享祭，「利」爲利益或有利，「貞」爲占問或卜問。也就是「古人舉行祭祀時，卜得此卦，乃是有利之貝問，可舉行大享之祭（高亨《周易大傳今注》卷一）。」
〔註71〕同註11，頁8。
〔註72〕《易程傳》卷一，（臺北：河洛圖書出版公司，民國63年），頁1。
〔註73〕見《周易本義》卷一，頁56、60、62。

化，質量更迭，才能永續發展，生命無窮。也才表現出嘉美會聚，無所不利。所以〈乾卦·文言〉說：

> 亨者，嘉之會也。

在此必須說明的是「亨通」之化生，是不受時空限制，無所不通。所謂時間，是指物質運動的持續性和順序性，特點是一去不復返。所謂空間，是指物質存在的廣延性和伸張性，特點是具有長度、寬度、高度。〔註 74〕而「亨通」則打破時間的限制，不受一去不復返的局限，能夠終則有始，持續不斷。突破空間的阻隔，不受三度空間，也就是長、寬、高度的限制，能夠無限延伸，無盡寬廣。因此，李震在「道與亨」的關係中提出：「道通萬物，不受時空的局限，萬物得以始生、完成。我們也得以藉萬物的生成變化以體認道的『精』、『眞』與『信』。道是通，是眞實的，是合理的。雖不可名，卻是可名之萬物的大本。」〔註 75〕將「亨通」不受時空局限的意義，就萬物化生的角度，從始生到完成，做了深一層的說明。

二、〈泰卦〉和〈否卦〉：〈泰卦〉和〈否卦〉是兩個相反的卦，〈序卦〉說「泰者，通也」。〈泰卦·象〉也說「天地交而萬物通也」。充分說明了在天地交通，陰陽轉化，對立中顯統一，統一後又產生質量變化，萬物生養之道暢通，久久遠遠。反之，天地不交，陰陽不合，對立而不轉化，各為其是，萬物自然不能暢通，焉能不「否」。所以〈否卦·象〉則說「則是天地不交而萬物不通也」。同樣的，在〈歸妹〉也提到天地不交，則萬物不通。不過，其著眼點在於男女的婚嫁。故該卦〈彖辭〉就說：「歸妹，天地之大義也，天地不交，而萬物不興。」至於天地是如何相交，才能使萬物化生，暢通不已？何妥說：「夫泰之為道，本以通生萬物。若天氣上騰，地氣下降，各自閉塞，不能相交，則萬物無由得生，明萬物生由天地交也。」〔註 76〕〈泰卦〉卦象是上地下天，指地氣下降，天氣上騰，二氣交感，上下相交，則萬物化生，天地為之通泰。反之，天氣上騰，地氣下降，二氣背離，互不交感，自然「各自閉塞，不能相交，則萬物無由得生」。

三、〈既濟卦〉和〈未濟卦〉：六十四卦到了〈既濟卦〉，並不表示結束，因

〔註 74〕見《哲學基本知識手冊》第二章，周金榜編，頁 36。

〔註 75〕《中外形上學比較研究》（上）第二章，（臺北：中央文物供應社，民國 71 年），頁 31。

〔註 76〕何妥，隋人。見《周易集解》卷四引，頁 75。

爲乾坤不能息，化生不能止。故在其後接之以〈未濟卦〉，充分顯示《周易》思想的變通無窮盡，萬物化生的無窮盡，一個過程的結束，正是另一過程的開始，終則有始，生生不息。〈序卦〉說：「有過物者必濟，故受之以既濟。物不可窮也，故受之以未濟終焉。」同時，〈既濟〉之後接以〈未濟〉，正如同「窮則變」之後接以「變則通」，這樣才能「通則久」。基於此，崔憬說：「夫易之爲道，窮則變，變則通，而以未濟終者，亦物之不可窮也。」〔註77〕此外，〈未濟卦〉並表現了事物發展性。由於該卦卦象上火下水，全部爻位都不正，〔註78〕顯示一切事物有待發展。〈未濟·彖〉特別指出：「亨，柔得中也。……雖不當位，剛柔應也。」此卦之所以亨，是由於柔爻六五居外卦之中，柔順而能守持中道，卦中六爻雖不當位，但由於陰陽相應，以致皆能亨通，達到成功。這也是〈既濟〉之義。然而又不可因成功而自滿，故而〈既濟〉和〈未濟〉相互轉換，展現了事物發展性的無窮。因而韓康伯提醒說：「有爲而能濟者，以己窮物者也，物窮則乖，功極則亂，其可濟乎，故受之以未濟也。」〔註79〕持盈保泰，謙沖自牧，是可濟之道。而驕矜自滿，窮盡物欲，不僅不能可濟，而且有災降身。

其次，就人道的意涵，是指人與「道」相通。根據《周易》思想，認爲通過對易道的瞭解，就能人與「道」合，天人合一。

> 夫大人者，與天地合其德，與日月合其明，與四時合其序，與鬼神合其吉凶，先天而天弗違，後天而奉天時，天且弗違，而況於人乎，況於鬼神乎。(〈乾卦·文言〉)

> 古者包犧氏之王天下也，仰則觀象於天，俯則觀法於地，觀鳥獸之文，與地之宜，近取諸身，遠取諸物，於是始作八卦，以通神明之德，以類萬物之情。(〈繫辭下傳·第二章〉)

> 乾坤其易之門邪，乾，陽物也。坤，陰物也。陰陽合德，而剛柔有體，以體天地之撰，以通神明之德。(〈繫辭下傳·第六章〉)

這其中，說明了以三種方式，達成人與「道」的相「通」：

一是以「理」通。也就是透過對「形而上者謂之道」的體証和認知，瞭解其本根，明白其義理，自然就能人與「道」相合，達到天人合一。因此，程頤

〔註77〕崔憬，唐人，見《易探玄》，引見朱伯崑《易學哲學史》1：450。
〔註78〕按《周易》的體例，所謂「正」是指陽居陽位，陰居陰位。反之，陽居陰位，陰居陽位，則稱爲「不正」。
〔註79〕同註63，卷九，頁59。

在解析〈乾卦・文言〉「夫大人者」一段時說:「大人與天地日月四時鬼神合者,合乎道也。天地者,道也。鬼神者,造化之跡也。聖人先於天而天同之,後於天而能順天者,合於道而已。合於道,則人與鬼神豈能違也。」〔註80〕在這裡「道」也指最高的理,是最後的本根。能夠明瞭「道」之理,自然就「合於道」。所以,以「理」通「道」是《周易》追求「天人合一」的方式之一。

二是以「象」通。就是通過對八卦、以及六十四卦卦象的認識和瞭解,並經由透視以六十四卦所建立的世界模式,瞭解其道,明白其理,就能「以通神明之德,以類萬物之情」。於此,孔穎達有深入的分析,他說:「以通神明之德者,言萬事云爲,皆是神明之德,若不作八卦,此神明之德,閉塞幽隱,既作八卦,則而象之,是通達神明之德也。以類萬物之情者,若不作《易》,物情難知,今作八卦,以類象萬物之情,皆可見矣。」〔註81〕八卦即是〈乾〉、〈坤〉、〈坎〉、〈離〉、〈震〉、〈巽〉、〈兌〉、〈艮〉,經過「因而重之,爻在其中矣」,則成六十四卦,架構成一個世界模式,就能「以類萬物之情」。我們從八卦及六十四卦的各類卦象,以明白其理,透悟其道,則可「以通神明之德」。因此,以「象」通「道」,也是《周易》探求「天人合一」的方法之一。

三是以「數」通。就是利用《周易》中所說的天地之數五十五,及大衍之數五十,兩者所運作和建構的世界圖式。這個圖式,以數爲基幹,而理寓於其中。若能探析其數,明析其理,則能「以體天地之撰,以通神明之德」。關於「以體天地之撰」,《周易集解》引《九家易》說:「撰,數也。萬物形體,皆受天地之數也。謂九天數,六地數也,剛柔得以爲體矣。」〔註82〕《周易》的「數」是屬於「純數」,〔註83〕而這種「純數」,其義虛渺,其質不定,使用範圍極爲寬廣。據趙莊愚分析認爲:《周易》中的「一」,可表整體,表無對之統一,表不可分割之數,表陽數之始。「二」表相對之體,表具二分之數,表成配之事物,表陰數之始。「三」表成對之外另增有無對之數,表有發展之陽數,表始入於眾多之數。「四」表平面有四方,一歲有四時之數,表成對之

〔註80〕同註72,卷一,頁20。

〔註81〕同註11,卷八,頁166。

〔註82〕同註76,卷十六引,頁383。

〔註83〕趙莊愚在〈論〈《易》〉數與古天文歷法學〉一文中指出:「純數的數學性質有:1. 沒有單位;2. 數無大小之可比性;3. 數無可施以精確計算之性;4. 數只有整數無小數。」引見《周易研究論文集》,四冊(北京:北京師範大學出版社,1990),4:478。

數再始加倍之數。「五」表四方更有中心有主的五方數，表自然相互作用型有五種之五行數，更廣泛表音、色、味等，各有五種之五音、五色、五味等之數，表正盛之陽數。「六」表空間有六方之數，音律有六律、六呂之數。「七」表天地人加四時之七始數，日月加五星之七政數。「八」表四更成雙之數，四方加四隅之八方數，大象可析爲八之八卦數。「九」表三三之積純陽之數，極變化、極高深之九天、九地、九成之數。「十」表數字至盡頭之數，表十日、十等之數。〔註84〕即是將一至十個數目，包籠整個天地萬物。因而，張介賓特別稱讚「數」說：「天地之數，所以成變化而行鬼神者。」〔註85〕通過「數」，可以「通」天地之理，萬物之道，臻於「天人合一」。所以，以「數」通「道」，也是，《周易》瞭解「天人合一」的方法之一。

　　第三層意義，就處事而言，是指變通以盡利。在《周易》一書內容來說，具有形上的意涵，也有形下的道理；有言天道的，也有言人事的。此一層即是就形下及人事而言。我們在世上，做事遭遇到困難，一定會力求突破，以求變通，並從變通當中，找出解決的方法。故而，〈繫辭傳〉說：

　　　　剜木爲舟，剡木爲楫，舟楫之利，以濟不通，致遠以利天下，蓋取
　　　　諸渙。（〈下傳・第二章〉）

　　　　困、德之辨也。……困窮而通。（〈下傳・第七章〉）

前者說明爲解決涉川之困，是以製作舟楫，以渡大川，就是在困中以求變通的最佳例証。後者則直接表明，在困窮達到極點的時候，必能變通突破困頓，以渡過艱難。同樣的，在人事上，「變通」的意義，一則就是利用卦象，使事情能夠順利推動，無有滯礙。二則使人人能夠「通其變」，而無往不利。也就是

　　　　變而通之以盡利，鼓之舞之以盡神。（〈繫辭上傳・第十二章〉）

　　　　化而裁之存乎變，推而行之存乎通。（同上）

　　　　通其變，使民不倦，神而化之，使民宜之。（〈繫辭下傳・第二章〉）

此外，通曉變化之理，行動能夠隨時變通，使天下之人人能夠得利，富有日新，這就叫做事業。因此，〈繫辭上傳・第五章〉再度強調：「極數知來之謂占，通變之謂事，陰陽不測之謂神。」其中「通變之謂事」，虞翻進一步解析說：「事謂變通趨時以盡利天下之民，謂之事業也。」〔註86〕除了自求變通之

〔註84〕同上，頁479～80。
〔註85〕張介賓，明人，見《翼圖・氣數統論》，引見朱伯崑《易學哲學史》3：379。
〔註86〕同註76，卷十三引，頁322。

外，更重要的，找出變通之理，提供變通之方，使天下之民皆能得利，這才稱做事業。故而，「變通」之道，不只是消極的自我求通；更重要的則是，探求天下百姓福祉的求通之道。《周易》接著說：

> 文明以健，中正而應，君子正也，唯君子為能通天下之志。(〈同人卦・象〉)

> 夫易開物成務，冒天下之道，如斯而已者也。是故聖人以通天下之志，以定天下之業，以斷天下之疑。(〈繫辭上傳・第十一章〉)

無論「君子」、「聖人」都是以易道探求變通之理，掌握變通之方，「以通天下之志，以定天下之業，以斷天下之疑」。當然，《周易》思想體系裡，一直有一個重要的觀念，就是個人和天下以及宇宙萬物，是一個不可分割的整體，人我一體，物我為一。所以在《周易》中一再提到

> 天地交，泰，后以裁成天地之道，輔相天地之宜，以左右民。(〈泰卦・象〉)

> 智周乎萬物，而道濟天下，故不過。……範圍天地之化而不過，曲成萬物而不遺。(〈繫辭上傳・第四章〉)

由於具有人與天地相融的大我精神，基於此，其思想的關懷面則是拋開小我，追求大我之利益；捨棄一己之私，而為天下蒼生。程頤掌握了《周易》這個觀念，對於「唯君子為通天下之志」，精闢的解釋說：「天下之志萬殊，理則一也。君子明理，故能通天下之志；聖人視億兆之心猶一心者，通於理而已。」〔註87〕充分指出人我的一體性，物我的相融性，更重要的在於謀求民眾之福祉，即是「視億兆之心猶一心」。

最後，要加以說明的，就是「變通」之道的具體表現方式。同「變化」的意義一樣，以四時的更迭，春、夏、秋、冬，周而復始，循環不息，來說明萬物的化生不息，通暢不止。也就是將「變通」之道表現在四時之中。

> 廣大配天地，變通配四時，陰陽之義配日月，易簡之善配至德。(〈繫辭上傳・第六章〉)

> 是故法象莫大乎天地，變通莫大乎四時，縣象著明莫大乎日月，崇高莫大乎富貴)。(〈繫辭上傳・第十一章〉)

四時的「變通」，固然是周而復始，循環不息，表現一種「圜道觀」的特色。〔註

〔註87〕同註72，卷二，頁122。
〔註88〕劉長林說：「圜道即循環之道，圜道觀認為宇宙和萬物永恒地循著周而復始的

88）但這不表示它是原地不動，封閉式的循環論；而是漸進不已，日新不息的循環論。主要是四時的「變通」，看似年年一樣，日日相同。事實上，則是經過新陳代謝，隨時變化。今年的春天，已不是去年的春天。再則，在自然界中，譬喻萬物的流通，不息不止，也沒有比四時更恰當。所以，〈繫辭傳〉說「變通配四時」、「變通莫大乎四時」，良有以也。

　　總之，「變」與「通」的關係，在《周易》「變」的辯証思維體系，展現出萬物的化生不息，通暢無礙，流行不止。經由「窮則變」，才能「變則通」，達於「通則久」，充分表示易道在形上意義上的恒久性和流通性。此外，由體成用，落實到人事上，一則顯示人能拋開小我，合於大公之德，觀象玩辭，通象知數，就能與「道」通；另則，在處事當中，要能隨時變通，解決事務的困難，才能「通其變」，以盡天下之利。

第三節　「變」與「動」的關係

　　在《周易》「變」的辯証思維體系，以太極爲體，是整個「變」的樞紐，化生萬物，無窮無盡。而在化生的過程，是以「變」爲中介，以「易」爲法則，經由「變易」的擴散推展。而在擴散推展的方向，則展現三個面向：一是陰陽轉化，質量互變的「變化」化生；二是流通無礙，無有阻滯的「變通」流行；三是陰陽化生，暢通不滯的「變動」動力。此三者雖分爲三，實際爲一，也就是指一體三面，表示宇宙萬物流行化生的總過程。

　　這其中，「變動」居於非常關鍵的地位，無論陰陽的變化，萬物的變通，都必須依靠「變動」的動力，才能生生不息，源源不絕。也就是沒有「動」就沒有「變」，沒有「變」就沒有「化」。所以，〈中庸〉說：「其次致曲，曲能有誠，誠則形，形則著，著則明，明則動，動則變，變則化，唯天下至誠爲能化。」〔註89〕此是就一個人的道德修養來說，按朱熹的解釋：「動者，誠能動物。變者，物從而變。化，則有不知其所以然者。」〔註90〕即是能夠秉持誠心誠意，達到道德修持的完善，就能由內向外，推己及人，以致普及天

　　環周運動，一切自然現象和社會人事的發生、發展、消亡，都在環周運動中進行。」《中國系統思維》第一編，（北京：中國社會科學出版社，1991），頁14。
〔註89〕見〈中庸章句〉第二十三章，（臺北：世界書局，民國60年）頁12。
〔註90〕同上。

下，所謂「唯天下至誠爲能化」。其中，「動」字居於極爲重要的地位，它是己身與他人之間的樞紐。也就是己身的誠意誠心，必須經由「動」這個樞紐，方可「動則變，變則化」。同樣的道理，萬物的化生，也必須由「動」才能生「變」，由「變」才能生「化」。這是必須首先說明的。

關於「動」這個字，見於甲骨文的字形有：

《殷契遺珠》（金祖同編）七○六

《殷虛文字乙編》（董作賓編）三四七八

《簠室殷契徵文》（王襄編）一二・七○

至於見於金文的，只有一個，就是〈毛公鼎〉。其上面刻有「㚇（尸）毋童全一人才（在）立（位）」，「童」同「動」，並不從「力」。商承祚說：「《說文》動，作也，从力重聲。連古文動，从辵，案从辵者，乍行乍止，不靜之貌。重字石經古文作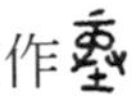，此不應同小篆，當據正金文〈毛公鼎〉，㚇毋動，作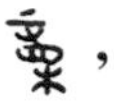，童重古通，且省辵。」〔註 91〕段玉裁認爲《說文》「動，作也」之「作」字，表示「起」的意思。〔註 92〕可見「動」的本義，就是一種動作，也表示一種動作的力道。至於引申義方面，則有作爲也〔註 93〕、不寧也〔註 94〕、震也〔註 95〕、生也〔註 96〕、感也〔註 97〕、發也〔註 98〕、化也〔註 99〕、行也〔註 100〕、變也〔註 101〕、進行也〔註 102〕、運轉也等。〔註 103〕

「變」與「動」結合，在「變」的思維脈絡，有兩層意義，一是指本根的化生行動；一是指事物的本身運動。此兩者皆就形上的層面來說。

首先，就本根的化生行動分析，表示一種行動的動力。再進一步推論，萬物的化生，必須具備行動的動力，其動力來源是「變」的總法則太極，而

〔註 91〕見〈說文中之古文考〉，頁 262。引見《金文詁林》，頁 1974。
〔註 92〕見《說文解字注》，第十三篇下，頁 706。
〔註 93〕《荀子・正名》「故欲過之而動不及」，注「動，謂作爲也」。
〔註 94〕《素問・六元无正紀大論》「故風勝則動」，注「動，不寧也」。
〔註 95〕〈无妄卦・彖〉「動而健」，虞注「動，震也」。
〔註 96〕《呂氏春秋・音律》「草木繁動」，注「動，生也」。
〔註 97〕《呂氏春秋・具備》「其動人心不神」，注「動，感也」。
〔註 98〕〈繫辭下傳・第三章〉「爻也者，效天下之動者也」，虞注「動，發也」。
〔註 99〕《淮南子・覽冥訓》「同氣相動」，注「動，猶化也」。
〔註 100〕〈繫辭下傳・第八章〉「變動不居」，虞注「動，行也」。
〔註 101〕《呂氏春秋・知士》「宣王太息，動於顏色」，注「動，變也」。
〔註 102〕〈艮卦・彖〉「動靜不失其時」。
〔註 103〕《禮記・禮運》「五行之動」，疏「動謂運轉」。

其化生的過程，則是依靠「變動」的動力。因此，《周易》〈繫辭傳〉說：

　　變動不居，周流六虛，上下无常，剛柔相易，不可爲典要，唯變所

　　適。(〈繫辭下傳‧第八章〉)

「六虛」，虞翻說是指「六位」，〔註104〕「變動不居」者，孔穎達說：「言陰陽六爻，更互變動，不恒居一體也。若一陽生爲〈復〉，二陽生爲〈臨〉之屬是也。」至於「周流六虛」者，「言陰陽周偏流動在六位之虛，六位言虛者，位本无體，因爻始見，故稱虛也。」〔註105〕充分顯出「易道」變化運動永不停止，周流於各卦爻之間，不恒居一體也。並直間展現出「易道」的化生過程，因著「變動」的動力，化生萬物，彌遍六合，且無方所，無定向。這當中，可以看出「易道」的「變動」有兩個特性：其一是「變動」的永恒生，即是說明「動」的恒動性，剛健不息，變動不居，永恒不停的在動。其二是「變動」的普遍性，即是說明「動」的不居一體，周流六虛，上下無常，普遍存在天地之間。

　　「變動」的永恒性和普遍性，可以再從〈繫辭下傳‧第十章〉中更明確的看出：

　　易之爲書也，廣大悉備，有天道焉，有人道焉，有地道焉，兼三才

　　而兩之，故六。六者非它也，三才之道也。道有變動。

「三才之道」表示整個宇宙萬物，不受時間及空間的限制，都在「易道」的「變動」之中，而且是永恒和普遍的，所以說「道有變動」。張立文認爲這是「天、地、人都具有動的功能和性質。這種變動，并沒有完成從一事物向另一事物的轉變，而是處在變動的過程之中」。〔註106〕也在在說明「動」在時空中的恒常以及周普。關於天道、地道和人道的內涵，陸績有細密的分析，他說：「天道有晝夜日月之變，地道有剛柔燥濕之變，人道有行止動靜善惡吉凶之變。」〔註107〕此是就自然現象及人的行爲，以說明「變動」的內涵，尤其重要的，是將形上認知層面，落實到經驗認識的層面，具有實証性的意義，不再只是空泛的在理論和文字的運用上打轉。抑有進者，無論是「變動不居，周流六虛」，或者是「道有變動」，其最深切的意蘊，就是在說明「變動」是萬物化生不可缺少的一環，更是不能忽略的一項重要因素。程頤有見於此，

〔註104〕見《周易集解》，卷十六，頁389。

〔註105〕見《周易正義》，卷八，頁174。

〔註106〕見《中國哲學範疇發展史》(天道篇)，第十二章，頁431。

〔註107〕陸績，東漢末人。同註104，卷十六，頁395。

特別提出「動爲天地之心」的觀點，他在解〈復卦‧象〉「復其見天地之心乎」說：「一陽復於下，乃天地生物之心也。先儒皆以靜見天地之心，蓋不知動之端，乃天地之心也。」〔註108〕由於變動才能生物，靜不能生物，因之，程頤體悟出「動」的化生能力，故而，要特別強調「動爲天地之心」。他進一步解析說：「人說復其見天地之心，皆以謂至靜能見天地之心，非也，復之卦下面一劃，便是動也，安得謂之靜。自古儒者皆言靜見天地之心，唯某言動而見天地之心。」〔註109〕這裡所稱的「儒者」是指王弼言，其主張靜止爲天地之心。程、王兩相比較，以程說較長，王說未能掌握《周易》「變動」之道。

更甚的，王夫之不但認爲「動」具有永恒性和普遍性，並具有絕對性。特別提出「太虛本動」的命題，〔註110〕他主張「是靜因動而得常，動不因靜而載一」，〔註111〕「廢然無動而靜，陰何從生哉」？〔註112〕在此，動與靜不是相等的對立，動較靜高一層，屬於「體」的層面，也就是「太虛本動」的動；相對的，這裡的靜，則是屬於「用」的層面。此即其所說的「動不因靜而載一」，相反的，「是靜因動而得常」。此外，歸於「用」的層次，動和靜是相對等的，是指陰陽的動靜而言，據此，他說「動靜者乃陰陽之動靜」，〔註113〕又說：「動極而靜，靜極而動，……方動即靜，方靜旋動，靜即含動，動不舍靜。」〔註114〕就陰陽的運動來言動靜，動和靜是互含互存，互不相離，動極則靜，靜極則動的。據此，說得更明白一點，「動者，道之樞，德之牖也。」〔註115〕「動」是萬物化生和變動的總動力。

除此之外，《周易》又說到：

易无思也，无爲也，寂然不動，感而遂通天下之故。(〈繫辭上傳‧第十章〉)

天下之動，貞乎一者也。(〈繫辭下傳‧第一章〉)

此中一言「動」，一言「不動」，兩者是否有矛盾的地方？實際上，並不相矛盾。

〔註108〕見《易程傳》，卷三，頁214。
〔註109〕見《二程遺書》，十八。
〔註110〕見《張子正蒙注‧大易篇》。
〔註111〕見《周易外傳》，卷二，頁53。
〔註112〕見《思問錄‧內篇》。
〔註113〕同註110。
〔註114〕見《思問錄‧外篇》。
〔註115〕同註111，卷六，頁174。

後者是指「天下之動，其變無窮，然順理則吉，逆理則凶，則其所正而常者，亦一理而已矣」。〔註116〕其中「一理」是指太極說的。〔註117〕此即說化生的「動」並不是毫無目標，毫無方向的「盲動」，而是遵循著「動」的總法則太極在動，如此一來，「動」的才有規律與原則，故而「順理則吉，逆理則凶」。前者是說不要有所「作爲也」，按此即指不要存私，自作自爲。〔註118〕析言之，就太極的屬性而言，則「變動」是其屬性之一，是恒動的；就不「作爲」的表象來說，則是不動的。兩者相互對立，相互轉化，歸結之，即是對立的統一。

換言之，再就化生哲學的過程論之，「變動」是指陰陽的變化，陰陽在相互轉化，以致於質量互變時，相互對立，彼此衝突，所產生的動力，這就是「變動」。史師次耘關於此就精闢的指出：「蓋宇宙萬事萬物之『變易』，是由於動，易以爲動的原力有二：一曰『陽』，屬剛性；一曰『陰』，屬柔性。此兩原動力，相互衝突、推擠，則生變動。故〈繫辭〉曰『剛柔相推而生變化』，此二原力，無以名之，強名之『陰』、『陽』，故又曰『一陰一陽之謂道』，宇宙間萬事萬物，均有此相對並存，相反而相成之兩端。」〔註119〕此對「變動」的意義，再做一次深入的透析。

其次，就萬物的化生言，變動是事物的行動過程。亞里斯多德（Aristotle, 384～322B.C.）曾對「動」下非常一個鮮明的定義說：「動爲有能者，就因爲有能而得現實。」〔註120〕現實的相對就是潛能，由潛能到現實的過程，這就是「動」。「動」雖然稱爲現實，但不是已經完成的現實，而是一部份現實，一部份潛能。乃是有潛能者，利用本身能力，而得到現實。據此，我們必須要肯定一個原則，即是「生命的第一概念即是『使自己動的能力』」。〔註121〕由於使自己能動，所以「動」已跳脫潛能而稱爲現實，因爲其已超出潛能的境界。依於此，「動」也可稱作「行動的原理」。〔註122〕誠如李震分析的，「我

〔註116〕見《周易本義》卷三，頁312。

〔註117〕朱熹說：「太極者，其理也。」同上，卷三，頁306。

〔註118〕程子說：「老子曰無爲，又曰無爲而無不爲，聖人作《易》未嘗言无爲，惟曰无思也，无爲也，此戒夫作爲也。然下即曰寂然不動，感而遂通天下之故，是動靜之理，未嘗爲一偏之說矣。」由此可以看出「不動」，是說無有存私，無有作爲。以上引見《周易折中》，卷十四，頁1017。

〔註119〕見〈變易微指〉講義，頁2。

〔註120〕見羅光《理論哲學》引，第三章，頁308。

〔註121〕見李震《中外形上學比較研究》（上），第十二章，頁206。

〔註122〕韋政通《中國哲學辭典》說：「變是行動的原理。」頁807。

們說生物會動，即是說它自己有能力使自己由潛能過渡到現實，即是說它能自動。由此可見一物使自己動，即是說自動地實現自己，使自己變得更豐富，其行動止於行動主體自身。」〔註123〕在事物自身「動」的時候，不能忽略與其他事物的聯繫關係，即是也受其他事物的影響，即如懷海德（A. N. Whitehead, 1861～1947A.D.）即在談論「形上學」以解析「存有者」的分類，特別強調「攝受」這一項，是各種現實物內在最根本的活動，一方面有主動的攝取，另一方面有被動的接受，此兩種活動相互轉變。〔註124〕基於這個道理，葛慕蘭在其《形上學》一書中，提及「動」固然是自我的因素佔絕大部份，而其與外在世界的融通、聯繫和推展，以增加自身美善，也是它的一項活動。並且這種活動不僅不妨害物體間的「同一性」，反而有助美善之獲得。他說：「有限實體是這種變化的根源，該變化絕無妨於實體的同一性，它使實體與其他實體發生關係，並由此而獲得新的美善。」同時，「活動的事實顯示，有限實體具有一種奧秘的發展自己之能力」。〔註125〕可見事物就是具有「動」的自主性，自然且有感於他動，以致能夠無盡的發展和進步。我們不禁要問事物「動」的範圍又是如何？因為事物都是有限的，其「動」的範圍依所限定之方式進行，不能超出範圍之外，可以稱作「一切皆為目的而行動」。換言之，「這是形上學的一個基本肯定，意即每一個存有皆有限定的本質，因此依限定的方式行動，有固定的傾向。」〔註126〕「目的性」是一個普遍原理，包括無生物和生物，無一物沒有目的。

既然「動」有「攝受」的特質，兼含主動及被動，因而在「動」的種類上面，亦可分為主動及被動兩種，據多瑪斯（St. Thomas Aquinas, 1225～1274A.D.）也明確的指出：「行動有兩種，一為投於外物之行動，如熱化、乾化；一為止於主體者之行動，如理解、感覺和志願，其分別如下：前者之完成不在主動者，而在被動者；後者之完成在於主動者。」〔註127〕將「動」的「變」作了具體性的概括，致使對事物的「動」有更深一層之認知。

在《易》卦中，最能表現「變動」意義的是〈乾卦〉和〈震卦〉兩卦。

〔註123〕同註121。
〔註124〕見沈清松《物理之後：形上學的發展》，（臺北：牛頓出版社，民國80年），第十章，頁301。
〔註125〕見《形上學》，第三章，頁104。
〔註126〕同註121，頁207。
〔註127〕引見同上，頁196。

先就〈乾卦〉分析：〈乾卦〉六爻皆陽，代表純陽，純陽剛健，剛健主動，基於此，〈乾卦〉具有陽剛健動之力。此即下面所說的：

　　　夫乾，天下之至健也，德行恒易以知險。(〈繫辭下傳·第十二章〉)

　　　乾，健也。(〈說卦·第七章〉)

　　　乾剛。(〈雜卦〉)

在在顯示〈乾卦〉健動，動則有功，所行無有險阻，故說「德行恒易以知險」。再就〈乾卦〉六爻爻辭來看：

　　　初九，潛龍勿用。

　　　九二，見龍在田，利見大人。

　　　九三，君子終日乾乾，夕惕若，厲，无咎。

　　　九四，或躍在淵，无咎。

　　　九五，飛龍在天，利見大人。

　　　上九，亢龍有悔。

「六爻之辭不同，就是動生於內，因爲陰陽不居，周流六位之虛。」〔註128〕〈乾卦〉六爻寓含「動」的因子，變動不居，在六爻之間，不斷的周流不息，產生不同的變化。且六爻以「龍」作爲「陽」的象徵，表示陽氣萌動，層層推進，由潛龍、見龍、飛龍到亢龍，皆表現龍動的氣勢，磅礡至大，一股剛強之力，由始、及壯到究的經過。亦即表現陽氣由產生、成長、壯盛以及消亡的過程。其中九五爻辭「飛龍在天」，則表示至盛至美，達到巔峰之狀；而上九爻辭「亢龍有悔」，則表示物極必反，陽轉化爲陰的互轉意義。並顯現循環往復，周而復始，化生無窮。由此，〈乾卦〉的化生意義，藉由陽氣之動而得到彰顯。因此，黃壽祺在《周易譯註》就說：「六爻擬取『龍』作爲『陽』的象徵，從『潛龍』到『亢龍』，層層推進，形象地展示了萌生、進長、盛壯及至窮衰消亡的變化過程。」〔註129〕鍾啓祿針對〈乾卦〉以龍爲喻，也提出個人看法，他說：「龍之爲物，陽剛主動；其爲德也，元而至善，故有龍德之稱。其於初潛，乃不動之動；其見其躍，或飛或上，皆是動的表達，也是變的明示。」〔註130〕職是之故，

〔註128〕見鍾啓錄《易經十六講》，(北京：中國華僑出版公司，1989)，第十二、三講，頁142。

〔註129〕見《周易譯註》，卷一，頁23。

〔註130〕同註128

〈乾卦〉確實發揮了《周易》的「變動」哲學，並得到進一步的闡明。

次就〈震卦〉分析，「震」的本義，根據《周易》傳文的解釋，就是「動」的意思：

> 雷以動之（〈說卦‧第四章〉）。
>
> 動萬物者，莫疾乎雷。（〈說卦‧第六章〉）
>
> 震，動也。（〈說卦‧第七章〉）
>
> 震，爲雷。（〈說卦‧第十一章〉）

「雷」就是「震」，「震」就是「動」。主要原因，「震象雷，雷奮動萬物，故爲動。」〔註131〕有「動」就有生機，有生機就能化生萬物；即是造化生機，經由「動」而產生，經由陰陽轉化而生生不息。於此，〈說卦〉直接指出：

> 帝出乎震，……萬物出乎震，震，東方也（〈第五章〉）。

「帝」字造形，就象徵草木蓬春，含苞欲放之狀。〔註132〕是以孔穎達引王弼注〈益卦〉說：「帝者，生物之主，興益之宗，出〈震〉而齊巽者也。」〔註133〕益發顯現「震」的生物功能，而這種生物功能的原動力，可以說是蘊於其中的「動」能；並由這股「動」能，源源不斷的運轉和化生，致使萬象森然，萬物繽紛。李光地深入的解析說：「震動而發散者，生機之始，雷屬而風行者。造化之初，是故陽氣奮而物無不出，陰氣順而物無不齊，陽氣盛，麗於陰則明極矣。陰精厚，順於陽則養至矣。陽之和足於內，陰之滋足於外，則說乎物而物成矣。」〔註134〕由此可知，「震動」是生機之始，化生陰陽，陽主動，以致「物無不出」；陰主靜，以致「物無不齊」。相互結合，彼此轉化，則萬物「動而愈出」，無有止境。

再從〈震卦〉六爻爻辭來看，是藉由「震」的各種不同狀況，以顯現人生的各種不同情況。即是從推天道以見人事之角度來論証的。

> 初九，震來虩虩，後笑言啞啞，吉。

〔註131〕同註105，卷九，頁184。

〔註132〕據黃壽祺考証說：「今考甲骨文『帝』作『𢆶』（見郭沫若編《殷契粹編》、『𢆶』（見羅振玉編《殷墟書契前編》），其造形正象植物萌發生機，含苞欲放；而形體結構與許慎所引『古文』亦略可通。據此，『帝』的造字本象當取草木逢春，萌蒂振萼之狀，其義當指事物生機初萌。）同註129，卷十，頁621。

〔註133〕同註105，卷九，頁184。

〔註134〕同註118，卷十七，頁1159。

「虩虩」，恐懼的樣子。「啞啞」，笑的聲音。此是說震動驟來之時，要能恐懼修省，居危思安，才能露出笑聲，獲得吉祥。即是能從「虩虩」到「啞啞」，就在於「後有則也」（〈震卦・初九象〉），能夠遵循法則。

　　九二，震來厲，億喪貝，躋于九陵，勿逐，七日得。

「億」，指大的意思。「躋」，登的意思。此言震動之時，雖有危厲，喪失財貨，以致登於九陵之上；然而「勿逐」，七日可以獲得。其道理在於「七日得，以中道也」（〈既濟卦・六二象〉），秉持中道，才能失而復得。

　　六三，震蘇蘇，震行无眚。

「蘇蘇」，不安的樣子。「眚」，指災難。〈震卦・六三〉之時，雖面臨惶惶不安，同樣的，只要謹慎而行，亦能「无眚」。即如《周易折中》引趙光大所說的：「天下不患有憂懼之時，而患無修省之功，若能因此懼心而行，則持身無妄動，應事有成規，又何眚之有？」〔註135〕最能表達其中意義。

　　九四，震遂泥。

「遂」，同墜，即掉落之意。「泥」，即泥濘之意。此即是說在震動之時，驚慌失措，以致身陷泥濘中，而不能自拔。

　　六五，震往來，厲，億无喪，有事。

「億无喪」，指大無喪。「有事」，指祭祀之事。〔註136〕震動之時，無論上下往來，皆有危厲。解決的方法在於「震往來厲，危行也。其事在中，大无喪也（〈震卦・初九象〉）」。也就是戒慎恐懼而行，執守中道，就可以萬無一失，長保祭祀之事。此即熊良輔說的：「震往亦厲，來亦厲，皆以危懼待之，故能无喪有事。」〔註137〕隨時「危懼」，即如〈震卦・象〉所指出的「君子以恐懼脩省」，方可轉危為安，化險為夷。

　　上六，震索索，視矍矍，征凶；震不于其躬，于其鄰，无咎；婚媾

　　有言。

按「索索」，言雙足畏縮難行。「矍矍」，言兩目惶顧不安。在在說明震動之時，恐慌之狀，不僅雙足畏縮難行，而且兩目惶顧不安，冒然前進必遭凶險；並在震動未及於自身，才及於鄰時，已預先戒備，方能无咎。至於要談婚姻匹配，則有言語爭端。亦如鄭汝諧指出：「人之過於恐懼者，固無足取，若能舉動之際，

〔註135〕趙光大，明人。同上，卷七，頁517。
〔註136〕虞翻說：「事，謂祭祀之事。」同註104，卷十，頁253。
〔註137〕熊良輔，元人。同註116，卷七，頁519。

睹事之未然而知戒，亦聖人之所許也。」〔註138〕人之最需要戒懼的就是言和行，何以如此？《周易‧繫辭傳》說得很明白：

> 君子居其室，出其言善，則千里之外應之，況其邇者乎？居其室，
> 出其言不善，則千里之外違之，況其邇者乎？言出乎身，加乎民；
> 行發乎邇，見乎遠；言行，君子之樞機，樞機之發，榮辱之主也；
> 言行，君子之所以動天地也，可不慎乎（〈繫辭上傳‧第八章〉）？

一言一行，是個人表現於外的寫照，關係著個人的榮辱。所以，是「君子之樞機」。

綜合上述，〈震卦〉六爻的意義，是建立在危懼的基礎上，必須謹言慎行，才能開拓「亨通」的境界，此中寓含著「危而後安」的辯証哲學。〔註139〕

次就「變動」思維表現在卦爻象上方面分析，從本質言，追求陰陽的合一，是恒動的，所以不變。而所變化的外表之形式，由於處的時位不同，也就是「爻」的變動，致有千變萬化的卦爻象。以故，《周易》就認為這種「爻」的變動所產生的卦爻象，建構了整個世界，世界中的任何事物的變化，都包含在卦爻象的範疇之內。

> 六爻之動，三極之道也（〈繫辭上傳‧第二章〉）。

「三極」，指天、地、人三才。也是說在「三極」之道的主要變動者就是「爻」。即是

> 爻象動乎內，吉凶見乎外。（〈繫辭下傳‧第一章〉）
> 爻也者，效天下之動者也，是故吉凶生而悔吝著也。（〈繫辭下傳‧
> 第三章〉）

「爻」動固然建構了「三極」之道，但也因「爻」動，產生了吉凶悔吝。同時，我們也經由爻象所顯示的吉凶悔吝，修善補過，知所進退，以趨吉避凶，大亨至正。這一切都是「爻」動的原因。基於這種原因，史師次耘剖析指出：「動就其本質而言，是無善無惡的，並不含有『吉』、『凶』、『悔』、『吝』四者。但是動了之後，一切事物的本質，也就隨著而變，『吉』、『凶』、『悔』、『吝』也就應運而生。」〔註140〕「動」的本質，是一股化生的力道，無所謂吉凶悔

〔註138〕鄭汝諧，宋人，作《東谷先生易翼傳》，引見黃壽祺《周易譯註》，卷七，頁429。

〔註139〕見黃壽祺說。同上。

〔註140〕見〈略談易之動與變〉講義，頁1。

吝；只有在「爻」動的變化，表現於卦爻象上，吉凶悔吝才會應運而生。這其間，「爻」動透露出兩層意涵；其一就本來說，是說明「爻」是動的，變動不居的；並是建構世界的根本。其二就用言，不僅是「爻」本身的動，也是與他爻之間的互動聯繫關係。

再者，《周易・繫辭》並一再強調「爻」動的重要性：

> 君子居則觀其象而玩其辭，動則觀其變而玩其占。(〈繫辭上傳・第二章〉)

> 易有聖人之道四焉，以言者尚其辭，以動者尚其變，以制器者尚其象，以卜筮者尚其占。……參伍以變，錯綜其數。(〈繫辭上傳・第十章〉)

其中的「動」，就是指「爻」動。惟有「爻」動，方能形成卦爻象的變化；卦爻象有變化，才能「動則觀其變而玩其占」，「參伍以變，錯綜其數」。而且「爻」動，是上下無常，周流六位；即是一卦六爻都能變動，以致能變化成六十四卦、三百八十四爻的不同形式。此即是〈繫辭〉所說的「為道也屢遷，變動不居，上下无常，剛柔相易，不可為典要，唯變所適」(〈下傳・第八章〉)。按此觀點，張立文予以解析說：「就《周易》而言，爻的變動不固定，它周流六爻之位，而皆變，變之所往在哪一爻位，哪一爻位就變。」〔註141〕「爻」的變動除了展示卦爻象的變化，更要表達的是吉凶之變化，也就是「變動以利言，吉凶以情遷」(〈繫辭下傳・第十二章〉)。俞琰對此解說：「變動謂爻之變動，以利言者，爻之變動，本教占者，趨吉避凶，而無不利焉。」〔註142〕誠為的論。

據此而論，就卦爻象的本質言，「動」是力源，無論如何變動，都是不變的；所能變的，是外在的形式，千變萬化，不一而足。王夫之說：「道之所凝者性也，道之所行者時也，性之所承者善也，時之所承者變也，性載善而一本道，因時而萬殊也。」又說：「陰陽之外无物，則陰陽之外无道。堅輭、明暗、求與，賅而存焉，其情不可矯，其才不可易也。則萬殊仍乎要變，而必有其相為分背者矣。」〔註143〕這中間，「道」及「陰陽之理」，是本質，是不變的。「時」及「位」，則是表現的形式，隨時而變，且是千變萬化的。他接

〔註141〕同註106。
〔註142〕俞琰，宋人。見《周易集說》，卷三十五，引見張其成編《易學大辭典》，「變動以利言」條，頁233。
〔註143〕同註111，卷七，頁239。

著又說：「時亟變而道皆常，變而不失其常，而後大常貞，終古以協於一。」
〔註144〕更明確的提出「道」是貞常，終古合於一，是永不變的，就是能變也
不失其常；惟有「時」，則是「亟變」的。朱伯崑於此，認為這是卦象「變與
不變的統一」，他說：「卦象的本性為陰陽合一，完善無偏倚，其表現形式則
因所處的時位而千變萬化」，「陰陽合一之性情不變，所變者只是一往一來的
形式，因時而異，甚至相反。按此觀點，卦象也可以說是變與不變的統一。」
故知，「爻」動是卦爻象變動的最主要因素，而所變者，就是一往一來，上上
下下，「時」與「位」的變化。

「爻」動的吉凶，除了顯現在卦爻象之上外，另方面就顯現在卦爻象的
「繫辭」上。

> 聖人有以見天下之動，而觀其會通，以行其典禮，繫辭焉以斷其吉
> 凶，是故謂之爻。（〈繫辭上傳・第八章〉）

其中「繫辭焉以斷其吉凶，是故謂之爻」，孔穎達疏解說：「繫辭焉以斷其吉
凶者，既觀其會通，而行其典禮，以定爻之通變，而有三百八十四爻，於此
爻下，繫屬文辭，以斷定其吉凶。若會通典禮得則為吉，若會通典禮失則為
凶也。是故謂之爻者，以是之故，議此會通之事，而為爻也。」〔註145〕明白
說明「爻」動的吉凶，在於「繫辭」；而「繫辭」的吉凶，則在於是否符合「會
通典禮」。所謂「會通」，是指會合變通，大中至正之理；〔註146〕「典禮」，指
典法禮儀。凡是符合「會通典禮」者則吉；反之，不符合「會通典禮」者為
凶。是以〈繫辭〉又說：

> 極天下之賾者存乎卦，鼓天下之動者存乎辭。（〈繫辭上傳・第十二章〉）

> 八卦成列，象在其中矣；因而重之，爻在其中矣；剛柔相推，變在
> 其中矣；繫辭焉而命之，動在其中矣；吉凶悔吝者，生乎動者也。（〈繫
> 辭下傳・第一章〉）

從以上可知，卦爻象的「繫辭」，是最明確表示出吉凶悔吝的。再從另一個角
度來看，吉凶悔吝的造成，何嘗不是來自於「動」！有「動」則有吉凶悔吝，
靜止不動，自然就沒有吉凶悔吝。是而，王夫之認為「吉凶悔吝生乎動」，主

〔註144〕同上。
〔註145〕同註105，卷七，頁150。
〔註146〕《周易折中》引吳澄說：「會通，謂大中至正之理，非一偏一曲有所拘礙者也。」
　　　　吳澄，元人。卷十四，頁996。

要由於「天下日動而君子日生，天下日生而君子日動。動者，道之樞，德之牖也」。〔註147〕可見，無論是卦爻象「繫辭」之吉凶悔吝，或是個人之吉凶悔吝，一切都在於「動」；也因此，「動」是「道之樞，德之牖也」。

在這裡，不禁有一個問題要問，就是「變動」之道是如何「動」的？其一，就體言：

天地以順動，故日月不過，而四時不忒（〈預卦・象〉）。

其中的「順」字，有「无思无爲」之義，即是隨順自然，無有造作之義。依於此，「天地以順動」就是天地陰陽的互動和轉化，都是隨順自然，無有任何私意摻雜其中。所以，日月四時，依序而動，無有差錯。達到「順天休命」（〈大有・象〉），順從天德，休美萬物。正如孔穎達謂：「若天地以順而動，則日月不有過差，依其晷度；四時不有忒變，寒暑以時。」〔註148〕可見，日月四時能夠恒常有秩，依序而行，主要是在於依「順」而動。其二，就用言：

聖人以順動，則刑罰清而民服。（〈豫卦・象〉）

同樣的，聖人之動，也是以「順」；也同樣的，這個「順」字有「无思无爲」之義。此即聖人不存一己之私，不爲一己之念，存誠去邪，順於公理，「與天地合其德，與日月合其明，與四時合其序，與鬼神合其吉凶」（〈乾卦・文言〉），就能使刑罰清明，百姓服從。孔氏接著又說：「聖人能以理順而動，不赦有罪，不濫無辜，故刑罰清也。刑罰當理，故人服也。」〔註149〕其中「理順而動」，透顯出「順」必以「理」，依「理」而「動」，如此焉能不刑罰清明，人民不服！依此而言，《周易》思維的「變動」，是以「順」而動，不逆而行；且是順「理」而動，無有任何造作在內。

綜合上述，「變」與「動」的相合，具有三個層面的意義：

一、就本根說：是一股動源，推動陰陽變化，使萬物生生不息，不停不止。並且，本根的「動」，具有普遍性，上下无常，周流六虛；以及恒常性，剛健不怠，永不止息。

二、就事物說：是行動的過程，即是事物本身的變動。事物自身能動，包括主動的攝取，以及被動的接受，經過相互融通、聯繫和推展，以增加自身的美善。

〔註147〕同註111，卷六，頁174。
〔註148〕同註105，卷二，頁48。
〔註149〕同上，卷二，頁48～9。

三、就卦爻象說：主要指爻的變動。爻因時位的不同，而有不同的變化，所謂「六爻發揮，旁通情也」（〈乾卦‧文言〉）；而爻象吉凶則見於辭，所謂「繫辭焉以斷其吉凶，是故謂之爻」（〈繫辭上傳‧第八章〉）。

然而，無論如何的「變動」，皆必須符合《周易》的一項原則，即是以「順」而動，一切隨順自然，不可以私意造作。基於此，《周易》「變」的辯証思維，經由「動」的結合，使宇宙萬象更加生意盎然，生生不窮。

第四節 「變」與「常」的關係

「變」是萬物生過程的一項規律，由於這項規律，使萬物得以生生不息，源源不絕；並因而去故取新，日進又進。也就是在我們的經驗中，所接觸的任何東西，在時空中無時無刻不在改變，可說是「天地曾不能以一瞬」，亦如老子所說的，「飄風不終朝，驟雨不終日。孰為此者，天地。天地尚不能久，而況於人乎？」〔註150〕在在說明「變」之道的普遍性。如果說變動不居是事物的本質，我們怎能說人是人、樹是樹，馬是馬、鹿是鹿，而不是人是樹，馬是鹿？因此在變化當中應該有點限定的東西，即是有點不變的因素，否則任何事物都不固定，等於無一物可以言說的，整個宇宙都在「變」之中，無法「定」下來。〔註151〕基於此，這個不變的因素就稱為「常」。

莊子說：「天下莫大於秋毫之末，而太山為小；莫壽於殤子，而彭祖為夭。天地與我並生，而萬物與我為一。」〔註152〕又說：「自其異者視之，肝膽楚越也。自其同者視之，萬物皆一也。」〔註153〕其中，「自其異者視之，肝膽楚越也」，是指「變」而言，表示變化的差異性和特殊性。「天地與我並生，而萬物與我為一」及「自其同者視之，萬物皆一也」，是指「常」而言，表示常道的普遍性和一般性。依於此，大小、形狀、顏色、聲音、冷熱、氣味、滋味等的變化，是外在現象的變化，也是「依附體」的變化，〔註154〕這些都是感覺認知的對象，是明顯易見的；然而理智還能更深一層的認識，透過外在的

〔註150〕見第二十三章，《老子道德經》上篇，頁13。

〔註151〕見李震《中外形上學比較研究》（下），第八章，頁119。

〔註152〕見〈齊物論〉，郭慶藩《莊子集解》，卷一下，（臺北：河洛圖書出版社，民國63年），頁79。

〔註153〕見〈德充符〉，同上，卷二下，頁190。

〔註154〕多瑪斯認為「自己不能獨立存在，必須依附在他物之上才能存在」，稱之為「依附體」，見曾仰如《形上學》，第三篇第二章，頁230。

變化，了解內在本質的變化，例如木頭被燒成了灰，不僅外在的形狀、顏色、氣味等改變了，連物體本身也改變了，木頭的本質變成灰的本質。〔註155〕這一切皆指「變」說的。至於「自立體」，〔註156〕無論處在任何狀態之下，皆是不變的；並由於「自立體」是屬於本根性的，所以在任何狀態之下，都是不變的。這是指「常」而說。由這裡可以知道，蘇軾在〈前赤壁賦〉所舉的例証是「變」與「常」的最佳說明。他說：「蓋將自其變者而觀，則天地曾不能以一瞬；自其不變者而觀之，則物與我皆無盡也。」〔註157〕從其中可以看出，「自其變者而觀之，天地曾不能以一瞬」，完全以「變」的角度觀看世界，天地無時無刻不在變化。「自其不變者而觀之，則物與我皆無盡也」，則是以「常」的面向體証其義，則萬化的本根具有永恆性和無限性。

換句話說，可從兩方面分析「變」與「常」的關係，由此瞭解其意義：首先就一般性說，萬物都是相對的，有陰有陽，有大有小，有高有低，有生有死，是變化不已的。而在「變」當中有一個不變的絕對，那就是「常」。韓非子有一段精闢的說明：「定理有存亡，有死生，有盛衰。夫物一存一亡，乍死乍生，初盛而後衰者，不可謂常。推夫與天地之剖判也俱生，至天地之消散也，不死不衰者謂常。」〔註158〕理之不能「常」，主要在於是相對的，有生死及盛衰等，不若所謂「道」，也就是化生萬物者，是具有無限和永恆的，即是與天地生而生，至天地亡而亡，這就是「常」。李震則直接以「道」來說明「常」與「變」的關聯，他揭示：「道為萬物生生不息，宇宙大化流行的本根。沒有恒久不變的道自身，也不能有變化。道自身隱而不顯，顯而可感的是變化。」〔註159〕沒有「變」就沒有「常」，同樣的，沒有「常」也沒有「變」。其次，就個別性言，個體的變化是外在的，是不停止在「變」；但有其不變的，就是保持其「同一性」。此即是個體「變」與「常」的關係。基於此，當我肯定一個生命或自我在連續地變化時，此時已經肯定事物的多樣性，並在多樣性中肯定同一。例如個人的生命從出生到死亡，無論經歷多久的歲月變化，

〔註155〕同註151，第八章，頁120。
〔註156〕亞里斯多德給「自立體」下的定義是「不必依賴他物而存在，且他物存在於其上」。多瑪斯也認為「能自立存在，及不必仰賴他物而存在之物」。同註154，第三篇第二章，頁228。
〔註157〕見《蘇東坡全集》，卷十九，1：268。
〔註158〕見〈解老篇〉，清王先慎注《韓非子集解》，（臺北：世界書局，民國72年），卷六，頁109。
〔註159〕同註151，上冊，第二章，頁21。

個人的生命仍然是個人的生命，是同一的、限定的生命。否則，這段的歲月變化不能算是個人一生的歷程。〔註160〕因而，葛慕蘭在其《形上學》中有關此點，作一總結說：「『主體』即自立體是主要的、根本的、是建立個體的實有。它是恒久不變的理由，也是活動的根源與終向。而『活動的潛能』則是補充的、次要的隸屬之實在。它是個體進化的原理，使個體有活動的能力；它是由主體、在主體內、並爲主體而存在。」〔註161〕此說明個體的「同一性」是根源主體，是恒久不變的理由；而個體的活動變化，相對主體而言，則是次要的、補充的、隸屬的，所以是「變」的理由。

從以上可以看出，「變」與「常」既相對又相融的關係，變中有常，常中有變，變屬於常，常屬於變，兩者是分不開的。

以上再從西方《形上學》所提及的三個概念，即「一」與「多」、「潛能」與「現實」和「自立體」與「依附體」，再進一步分析「變」與「常」的關係。

一、「一」與「多」：所謂「一」，從「存有」的本身來看，萬物基本上，具有統一性，也就是「萬物畢同」，這就是「一」。此是說，每一個體，都是相同的，具備同一性。這也就是所謂的「常」。但個體與個體之間，卻因彼此旳差異性，而有千變萬化，又彼此對立，這就產生了「多」。這也就是「變」。這麼說，「『一與多』是從靜態一面去看有限現實，而『不變與變化』是從動態一面去看有限現實」。〔註162〕將「變」與「常」的關係說得極爲清楚。故「一」與「多」是相對統一的關係，「一」屬於「多」，「多」屬於「一」，「一」中有「多」，「多」中有「一」，彼此相互聯繫，相互結合的，更是分不開的。李震並以自我作檢驗，以說明「一」與「多」的相互關聯。他認爲，我們可以發現萬物有不同的等級，從礦物、植物、動物到人，結構愈是複雜，其內在合一性也愈深。例如，當我反省到自我時，很容易發現自我的複雜性，我包括那麼多的特性、器官、功能、需要、思想、情感、行動、時空與包圍我的千萬事物，不斷的影響我，我的細胞不斷的變化，我的精神生命也不斷的變化。因爲我很清楚的意識到，這一切的活動、需要、變化都屬於我的自我，我無時不體到自我之強烈的合一。〔註163〕我們身體內外在的不斷變化，以及時空中的千變萬化，這都是「變」的原因，

〔註160〕同註151，以及葛慕蘭《形上學》，第六章，頁106。
〔註161〕見《形上學》，第六章，頁117。
〔註162〕同註151，下冊，第八章，頁116。
〔註163〕同註151，下冊，第八章，頁117。

也即是「多」。但在「變」的當中，總是思求變化的統一，也就是「一」，所謂「自我之強烈的合一」，這也就是「常」。據此而論，從「一」與「多」的關係，正可以旁証「變」與「常」的相互關係與聯繫。

二、「潛能」與「現實」：所謂「潛能」，具有三種含義，（一）「能力」。指運動、變化的根源。它在這種事物或另一種事物之中，但又是與這種事物或另一種事物相區別的事物。（二）「可能」。在解釋運動和變化時，指任何事物具有的能力。它總是在一個相當長的時間內持續存在，動作時的能力，不動作時也是能力。（三）和「現實」相對的「潛能」。指某種東西雖還未現實存在，但是「能」、「可能」存在，是「潛能」的存在，實現的「潛能」就是「現實」。〔註164〕由此可知，「潛能」是一種潛在能力，是能夠變為「現實」，能夠實現的，只是目前尚未實現，尚未成為事實而已。而「現實」又是什麼？亞里斯多德用兩個希臘詞解釋：（一）是 energeia，指正在動作，意譯為「現實」。（二）是 entelecheia，指完成了的目的，意譯為完全實現。〔註165〕即是指動作、行為或者事情的完成，是具體存在的。簡言之，「潛能」和「現實」就如同「潛能猶如起源、開始，現實則是結束、完成。潛能是可能成為完美的（Perfectible），本身是不完美；現實則是完美——成全（Perfectio）其任務是使一物完美、完善並將一物加以限定。」〔註166〕兩者之間又有何關係？兩者與「變」和「常」之間又有何關係？就前者而言，「潛能」與「現實」的先後可從三方面來說：（一）從認識方面來看，「現實」先於潛能。潛能因著現實才被認識，即潛能的觀念從現實而來。例如一個人有作詩的能力，我們是先看到這個人的詩，也就是「現實」，而其會作詩，是因為這個人實現了作詩的動作。（二）在同一物體上，「潛能」先於「現實」。因先有能力而後才能變成事實。這個人若沒有作詩的「潛能」，就不能實現作詩的能力。（三）嚴格的說，「現實」先於「潛能」。因從「潛能」到「現實」，必須受到另一現有之物所推動，比如花從種子，種子又從花而來。同時，「潛能」的目的是為變成「現實」，而由此類推，終必有一純「現實」的存在，否則將到無盡。〔註167〕職此之故，所有可變之物，都是「潛能」與「現實」的合成；而「潛能」與

〔註164〕見《哲學大辭典》「潛能」條，頁1746。
〔註165〕同上，「現實」條，頁924。
〔註166〕同註154，第三篇第一章，頁168。
〔註167〕同註154，第三篇第一章，頁174。

「現實」是體用隱顯的關係，「潛能」是體、是隱，「現實」是用、是顯。兩者相互爲用，相輔相成。「潛能」因著「現實」而展現，「現實」則因著「潛能」而實現。至於「潛能」與「現實」和「變」與「常」的關係，就實體上說，「潛能」是「變」，「現實」是「常」，「現實」先於「潛能」，永恒的事物和運動，先於可滅的；而永恒的事物和運動是永遠「現實」的，是沒有「潛能」的。因而只要是「潛能」就有相反的能，就不能是永恒的，只有可滅的事物才是有潛能的。〔註168〕就個體上說，「潛能」是「常」，擁有與其他個體相同的同一性；「現實」是「變」，個體完成之後，仍然不停的在變化。換言之，「潛能」與「現實」在不同的層次，就有不同的變化；然而，所有存在之物，都是「潛能」與「現實」的合成，缺一不可。並涵括了所有物，宇宙間所有的物，都被歸納在「潛能」與「現實」之中。依於此，「潛能」與「現實」的關係也可以印証「變」與「常」的相互關聯。

　　三、「自立體」與「依附體」：「自立體」這一名詞來自拉丁文 substantia，亞里斯多德下的定義是「不必依賴他物而存在，且他物存在於其上」。多瑪斯則更明確的說：「能自立存在，及不必仰賴他物而存在之物。」也因此可以看出「自立體」具有下列幾個特性，（一）不必依靠他物，就能獨立生存。（二）其理適合同類的每一物。（三）無多少大小之分。（四）不排除異己。（五）可接受不同性質甚至性質相反之物。〔註169〕「依附體」則與「自立體」恰巧相反，多瑪斯說：「自己不能獨立存在，必須依附在他物之上才能存在。」〔註170〕據此，「依附體」具備（一）不能獨立存在。（二）沒有排他性。（三）因依附的條件不同，產生不同的變化。（四）可依附在任何物之上等特性。此兩者的互動關係是，「自立體與依附體之間的關係正是潛能與現實的關係，因爲依附體能限定及成全自立體，自立體是純淨及赤露露之物；依附體能把自立體加以修飾化裝，使之更成全。」〔註171〕易言之，「自立體」與「依附體」是相附依存的關係，「自立體」無「依附體」則不能彰顯，因爲其必須靠「依附體」的限定及成全，才能使「自立體」完全呈露。反之，「依附體」無「自立體」就不能存在，因爲「依附體」

〔註168〕同註164，「潛能」與「現實」條，頁1747。

〔註169〕同註154。

〔註170〕同註154，亞里斯多德將「依附體」分爲九類：分量（Quantity）、性質（Quality）、關係（Relation）、空間（Space）、時間（Time）、姿態（Posture）、裝備（Habit）、動作（Actopm）以及被動（Passion）。

〔註171〕同註154，第三篇第二章，頁233。

本身不能獨立存在，必須依附於「自立體」才能顯出依附體的價值和功能。據此而論，「自立體」就是「常」，使萬物具有同一性，是根本不變的；「依附體」就是「變」，由其依附類別的多寡，或類別間彼此的互動和變化，而隨時改變，是一個不安定體。故而，「自立體」與「依附體」的互動，也正是「變」與「常」關係的另一種寫照。歸納之，「變」與「常」的關係，在形上辯証思維體系中，表現萬物化生及個體自化的兩種意涵，並交叉互動且相互激盪。

「變」的意義，在第一節中已詳盡說明，就是指變更、變易、變化、變通等義。「常」字僅見金文尚〈陳公子𤭖〉，不從巾。〔註172〕《說文》說：「常，下帬也，從巾尚聲。」段玉裁解釋說：「從巾者，取其方幅也，引申爲經常。」〔註173〕可知「常」字本作名詞，表示衣服的下裙（帬同裙），後引申作形容詞，表示經常之意。此外，「常」又引申爲永守不變也、〔註174〕典法也、〔註175〕常德也〔註176〕、恒也〔註177〕、不變也等。〔註178〕皆是從《說文》的引申義經常而來。

在《周易》形上辯証思維體系，「變」與「常」是既相對又相合的概念，在衝突對立中又追求著協調統一；兩者之間，雖然是截然不同，但彼此並不是涇渭分明，不相往來。事實上，卻相互聯繫，相互溝通，相互轉化，相互融合。即是「執常以迎變，更變以知常」，變中有常，常中有變，變能知常，常能知變。張立文在《中國哲學範疇發展史‧天道篇》並將「變與常」以四層涵義說明，就是常住性和變動性、必然性和偶然性、一般性和特殊性、守常和改革。〔註179〕以下謹依此四層涵義，解析《周易》的「常」與「變」之意義。

一、常住性和變動性。常住性是指一事物區別於其他事物的內部固有之規定性，沒有常住的規定性，此事物就不能成爲此事物，他事物就不能成爲他事物。變動性即是指一事物轉變爲他事物，即事物處在動態之中。而事物的運動、變化、發展的活力，是通過質和量這兩個固有規定性及變化表現出

〔註172〕林潔明說：「說文『常，下帬也，從巾尚聲』，按銘文作尚，恒也。此處不必讀作常字，金文編此字可刪。」見《金文詁林》，頁1303。

〔註173〕見《說文解字注》，第七篇下，頁362。

〔註174〕見《玉篇》「常，恒也」。《正韻》「常，久也」。

〔註175〕見《國語‧越語下》「無忘國常」。注「常，典法也」。

〔註176〕見《逸周書‧皇門解》「苟克有常」。注「常，謂常德」。

〔註177〕見《禮記‧少儀》「馬不常秣」。注「常，恒也」。

〔註178〕見〈坎卦‧象〉「君子以常德行，習教事」。注「常，不變也」。

〔註179〕見該書第四章「常變論」，頁115～6。

來。這部份是《周易》「常」與「變」思想的主要重點：

（易）爲道也屢遷，變動不居，周流六虛，上下无常，剛柔相易，
不可爲典要，唯變所適。……初率其辭，而揆其方，既有典常，苟
非其人，道不虛行（〈繫辭下傳·第八章〉）。

日中則昃，月盈則食，天地盈虛，與時消息（〈豐卦·彖〉）。

其中「既有典常」是《周易》言「常」道的出處，也是指「常」；「不可爲典
要」，則是指「變」。孔穎達謂：「易雖千變萬化，不可爲典要；然循其辭，度
其義，原尋其初，要結其終，皆唯變所適，是其常典也。」〔註180〕「易」道
固然以「變」爲主要內涵，但這種以「變」爲思維的思想，也是一種「常典」。
再進一步說，「變」雖然是變動性，是通過陰和陽的質和量之互變表現出來；
然而此種永恒的變動性，則是一種常住的規定性，這也就是「常」。再如日與
月，雖然「日中則昃，月盈則食」，是一種「變」的現象；但這種「變」是亙
古如斯，永恒如此，就是一種「常」的定理。又如：

介于石，不終日，貞吉（〈豫卦·六二爻〉）。

「介于石」示耿介如石，堅定不移，代表常住性。「不終日」指如見不善，立
即去除，不留終日，代表變動性。以故韓康伯有深一層的分析：「處豫之時，
得位履中，安夫貞正，不求苟豫者也。順不苟從，豫不違中，是以上交不諂，
下交不瀆。明禍福之所生，故不苟說；辯必然之理，故不改其操；介如石焉，
不終日明矣。」〔註181〕重申處豫之時，要能保持常住性，耿介如石，「順不苟
從，豫不違中」；然亦要對於「苟從」、「違中」之事，則即刻改正，不等待終
日。職是之故，「變」與「常」的關係，就是常住性和變動性的相互轉化，常
住性是體，變動性是用。體中顯用，即常住性中顯出變動性；用中涵體，即
變動性中涵有常住性。「變」中有「常」，「常」中有「變」，致使《周易》「變」
的思維周密度，更加完備。

二、必然性和偶然性。必然性就是「常」，是指事物在聯繫和變化中，合
乎規律性的趨勢，是在一定條件下確定不移或不可避免的。偶然性就是「變」，
是指事物發展變化過程中，呈現出來的某種變異或偏離，是可以這樣出現，
也可以那樣出現的異樣狀況。據此而言，由偶然性產生的，則按必然性的法
則變化，即偶然性背後存在著必然性，兩者是不離的。在《周易》中有關自

〔註180〕見《周易正義》，卷八，頁174。
〔註181〕見《周易注》，卷二，頁14。

然天象和人事儀則的說明，皆屬於必然性的範疇，而卦象爻辭的內容結構則屬於偶然性的範疇。例如在必然性方面：

　　履霜，堅冰至（〈坤卦‧初六爻〉）。

　　无平不陂，无往不復（〈泰卦‧九三爻〉）。

　　日月得天而能久照，四時變化而能久成（〈恒卦‧象〉）。

　　日往則月來，月往則日來，日月相推則明生焉。寒往則暑來，暑往
　　則寒來，寒暑相推則歲成焉（〈繫辭下傳‧第五章〉）。

秋霜與堅冰，平與陂，往與復，日月的變化，四時的更迭，都是自然界必然的過程，合乎規律性的，並不可避免的，這就是必然性。

　　天行健，君子以自強不息（〈乾卦‧象〉）。

　　地勢坤，君子以厚德載物（〈坤卦‧象〉）。

　　雲雷屯，君子以經綸（〈屯卦‧象〉）。

　　山下出泉，蒙，君子以果行育德（〈蒙卦‧象〉）。

　　地中出水，君子以容民畜眾（〈師卦‧象〉）。

其中「自強不息」、「厚德載物」、「經綸」、「果行育德」、「容民畜眾」等，在《周易》中皆指昭示立身行事不可變易的原則，這也是另一種必然性的模式。至於偶然性方面，卦爻辭內容的結構，則是當年作《易》者，在大量筮辭中經過篩選手續挑出來的，是一種偶然性的結合。據《周禮‧春官》指出：「凡卜筮，既事，則繫幣以比其命。歲終，則計其占之中否。」〔註182〕可見掌管卜筮者，於每次占卜之後，將所得的結果紀錄下來，在歲終之時，再統計其應驗成效。並沒有事先預作，完全是偶然機率的結果。關於此，當代易學權威朱伯崑就詳盡的分析說：「依《周禮》所說，《周易》中的卦爻辭，就其素材說，是從大量的筮辭中挑選出來的。如〈坤卦〉的筮辭原來有許多條，加以整理，挑出卦辭一條，爻辭六條，繫於卦爻象之下，則成為《周易》中〈坤卦〉的內容。」〔註183〕由於這種偶然性的編排，使《周易》卦爻辭在整體結構上，並沒有任何邏輯的聯繫，各自獨立發展，各自成篇。雖然後代許多易學家創造了許多凡例和規範，意圖找出其中相關的聯繫和關係，不僅不能解析清楚，反而治絲益棼，愈說愈

〔註182〕見〈春官‧占人〉，孔穎達《周禮正義》，卷二十四，（臺北：藝文印書館，民
　　　　 國 62 年），頁 375。
〔註183〕見《易學哲學史》第一冊，第一編第一章，1：10～11。

令人迷糊。綜合上述,《周易》「變」與「常」的關係,其間的必然性和偶然性,並不是絕對對立,毫不相干。實際上,兩者是互動的,在必然性中見其「常」道,以建立其中心思想;在偶然性中見其「變」道,以免抹煞了事實的不測性和複雜性。充分表現「變不失常」及「常以處變」的對立的統一,相反的相融。

　　三、一般性和特殊性。一般性也就是普遍性,是指事物在相互聯繫、相互協調的發展變化,任何事物都不例外,並貫穿事物的終始,沒有不發展變化的事物,也沒有不通貫始終的發展變化。特殊性是指事物發展變化的形式、過程、結果是多樣的、各不相同的。而一般性就是「常」,特殊性就是「變」。一般和特殊,也是相輔相融的,一般性當中有特殊的變化;在特殊性當中也有普遍的發展變化,貫穿其中,由始到終。因此,一般性中有特殊性,特殊性中有一般性。就《周易》中「變」與「常」的一般性和特殊性而言,「變」是其一般性的原則,無時不變,無事不變;而卦爻的象各有不同,八卦、六十四卦以及三百八十四爻,都是其特殊性的原則。先就一般性來說:

　　　　乾道變化,各正性命,保合太和,乃利貞(〈乾卦·象〉)。

　　　　天地變化,草木蕃;天地閉,賢人隱(〈坤卦·文言〉)。

　　　　闔戶謂之坤,闢戶謂之乾,一闔一闢謂之變,往來不窮謂之通(〈繫辭上傳·第十一章〉)。

　　　　易窮則變,變則通,通則久,是以自天祐之,吉无不利(〈繫辭下傳·第二章〉)。

　　　　(易)不可遠,為道也屢遷,變動不居,周流六虛,上下无常,剛柔相易,不可為典要,唯變所適(〈繫辭下傳·第八章〉)。

從這其中可以發現,無論「乾坤」、「天地」、以及「易」,其變化有一個很重要的法則就是「變」。即是「沒有不發展變化的事物,也沒有不通貫始終的發展變化」,故由此可知「變」與「常」的一般性。次就其特殊性來說:

　　　　八卦成列,象在其中矣。因而重之,爻在其中矣。剛柔相推,變在其中矣(〈繫辭下傳·第一章〉)。

　　　　古者疱犧氏之王天下也,仰則觀象於天,俯則觀法於地,觀鳥獸之文,與地之宜,近取諸身,遠取諸物,於是始作八卦,以通神明之德,以類萬物之情(〈繫辭下傳·第二章〉)。

「變」雖是《周易》的常理,但表現在卦爻象上,形式卻是多樣的、多變的,

各有不同。先由仰觀俯察以成八卦，即是〈乾〉〈坤〉父母卦及〈震〉、〈坎〉、〈艮〉、〈巽〉、〈離〉、〈兌〉六子卦，再由八卦相重而成六十四卦。充分顯示「變」的特殊性。不僅如此，另外在爻象上，也因位置不同，亦有不同的變化，更加彰顯了「變」的特殊性。

> 其初難知，其上易知，本末也。初辭擬之，卒成之終。……二與四同功而異位，其善不同，二多譽，四多懼，近也。柔之爲道，不利遠者，其要无咎，其用柔中也。三與五同功而異位，三多凶，五多功，貴賤之等也。其柔危，其剛勝邪（〈繫辭下傳·第九章〉）。

以一卦六爻而論，二、五兩爻，由於居上、下卦之中，所以其占多吉，是以說「二多譽」、「五多功」。〔註184〕其次爲初、四、上爻，則由於時位的不同，而有不同的吉凶變化。最不好的是第三爻，既處在賤位，又居下卦之極，以致其占多凶。故勞思光毫不諱言的指出「六十四重卦，合表宇宙總歷程，亦表人生總歷程。每一重卦表歷程中之某一段落，而重卦中之每一爻又表此特殊段落中之特殊階段。於是共有三百八十四爻，表三百八十四個情況，分別與宇宙歷程及人生歷程中各情況相應。」〔註185〕六十四卦及三百八十四爻，以概括性的範疇，表達個別的象徵意義，以及不同的意義內涵，可見其特殊性之意。一般性和特殊性，是有密切關聯，而不是各自孤立。進一步說，兩者是相互滲透，相互包容。一般性由「變」而表現其複雜多變，生動豐富的內容，以彰顯世界多元化的面貌，呈現了特殊性；而特殊性則由「常」表現出穩定秩序，和固定的邏輯結構，並由其中以掌握安定性的因素，從而表現出了一般性。也就是在「執常以迎變」和「要變以知常」。當中，使《周易》「變」與「常」的關係，具有更深一層的透視。

四、守常和改革。指社會性而言。守常是指社會、倫常的不變性，所謂「天不變，道亦不變」、「祖宗之法不可變」。改革是指社會的發展變化，並適應這種發展變化，而進行社會的變法，即是「祖宗不足法」。在《周易》中，守常和改革也是「變」與「常」的思維另一種展現。同樣的，它主張社會倫常是必須守常，不能改變的。但是對於社會倫常的破壞，不合公理秩序，尤以殘害百姓之「一夫」，更是毫不容情的加以改革。首就守常言：

〔註184〕《周易》三百八十四爻當中，共有約一百一十爻是吉爻，其中二和五兩爻占吉者，共有五十五爻，佔全部吉爻的半數。

〔註185〕見《新編中國哲學史》，四冊，（臺北：三民書局，民國79年），1：84。

家人，女正位乎内，男正位乎外，男女正，天地之大義也。家人有嚴君焉，父母之謂也。父父、子子、兄兄、弟弟、夫夫、婦婦，而家道正，正家而天下定矣（〈家人卦・彖〉）。

麗澤，兌，君子以朋友講習（〈兌卦・象〉）。

天尊地卑，乾坤定矣。卑高以陳，貴賤位矣（〈繫辭上傳・第一章〉）。

《周易》是以五倫的架構──君臣、父子、夫婦、兄弟、朋友建立起整個社會倫常的規範，並必須保持其固定性，不可踰越，即是「天尊地卑，乾坤定矣」，以及「家道正，正家而天下定矣」，〔註186〕這即是守常。相對而言，若有「知進而不知退，知存而不知亡，知得而不知喪」（〈乾卦・文言〉），以及「臣弑其君，子弑其父，非一朝一夕之故」（〈坤卦・文言〉），就是違反「常」，必須「變」，也就是改革。

天地革而四時成，湯武革命，順乎天而應乎人，革之時大矣哉（〈革卦・象〉）。

湯武革命，討伐夏桀、殷紂，順天應人，大快人心，就是改革的最佳例証。針對這項事件，孔穎達解釋得極為詳盡，他說：「夏桀、殷紂，凶狂无度，天既震怒，人亦叛主。殷湯、周武，聰明睿智，上順天命，下應人心，放桀鳴條，誅紂牧野，革其王命，改其惡俗。」，至於歷代帝王之變革不知凡幾，為何獨舉夏桀及殷紂二人？孔氏接著指出：「計王者相承，改正易服，皆有變革，而獨舉湯武者，蓋舜禹禪讓，猶或因循。湯武干戈，極其損益，故取相變甚者，以明人革也。」〔註187〕充分說明由於舜禹是以禪讓為君，深受百姓信賴；而湯武革命，亦為百姓信賴，所以天人相應，百姓稱慶。〔註188〕此外，可再從〈革卦〉〈九五〉及〈上六〉兩爻中，更可看出《周易》對改革的重視和決心。

九五，大人虎變，未占有孚。

此即說明大人如猛虎一樣的推行變革，深得百姓信任，而不需要有任何的占卜。這也說明在上位的變革佔形勢之便，改革甚利，效果致大。是以此爻爻

〔註186〕五倫之中，君臣這一倫，固然造成後來的封建弊端，有其時代性的拘限。但五倫對當時社會秩序的建立，百姓道德規範的樹立，也有其時代的功能性。

〔註187〕同註180，卷五，頁111。

〔註188〕尚秉和說：「四時相代實相革，期无或爽，信也。湯武革命，天人皆應，亦信也。不信則不能革。故時之所關甚大，此其義也。」《周易尚氏學》，卷八，（臺北：老古文化事業公司，民國70年），頁225。

象稱「大人虎變，其文炳也」。即顯示出推行改革者之德，是文彩彪炳，光耀無比。孔氏據此而論說：「九五居中處尊，以大人之德爲革之主，損益前主，創制立法，有立章之美，煥然可觀，有似虎變，其文彪炳，則是湯武革命，廣大應人，不勞占決，信德自著。」〔註189〕孔氏以湯武相應大人虎變，以說明改革之成效。〈革卦‧上六爻〉又接著再次強調改革的重要性：

　　　　上六，君子豹變，小人革面，征凶，居貞吉

「豹變」，指像斑豹一樣，協助變革。「革面」，指改變傾向。此言君子隨著〈九五爻〉的大人虎變之大力改革，也跟著協助變革；風吹草偃，上行下效，小人也跟著改變傾向，一同變革。因故，此爻象辭就析論說：

　　　　君子豹變，其文蔚也。小人革面，順以從君也。

明白指出君子的「豹變」，是跟著「大人虎變」而來，以致文彩煥然；小人則順從在上者之變革，所以「順以從君也」。依於此，孔氏解釋說：「上六居革之終，變道已成。君子處之，雖不能同九五革命創制，如虎文之彪炳，然亦潤色鴻業，如豹文之蔚縟，故曰君子豹變也。小人革面者，小人處之，但能變其顏面容色，順上而已。」〔註190〕由此可知，《周易》所說的改革，是經由量變到質變的徹頭徹尾，重新改變的改革。朱熹就說得好：「革是更革之謂，到這裡須盡翻轉更變一番，須徹底重鑄造一番，非止補苴罅而已。」〔註191〕綜合而言，守常和改革是「變」和「常」所呈現的一種形式，兩者在相激相盪之下，能使在位者知所戒懼，對己身能夠存誠守正，達到社會安和，百姓安康的目標。所謂「雲行雨施，品物流行，大明終始，六位時成，時乘六龍以御天。乾道變化，各正性命。保合太和，乃利貞。首出庶物，萬國咸寧」（〈乾卦‧彖〉）。即是「因變而變」、「因常而常」，使「常」「變」結合，則更能使國家及社會安定、進步、發展。

　　此外，在《易緯‧乾鑿度》中，以變易和不易來探析「變」和「常」的關係。所謂變易，是指「其氣也，天地不變，不能通氣，五行迭終，四時更廢。君臣取象，變節相和，能消者息，必專者敗。君臣不變，不能成朝，紂行酷虐天地反，文王下呂九尾見。夫婦不變，不能成家，妲己擅寵，殷以之

〔註189〕同註180，卷五，頁112。

〔註190〕同上。

〔註191〕見《朱子語類》，引見黃壽祺《周易譯註》，卷七，頁412。

破；大任順季，享國七百，此其變易也」。﹝註192﹞包含了「變」的變動性及改革，先言指氣的變動，致有四時、五行之變；後言則以改革爲主，由於殷紂寵愛妲己，暴虐無道，以致天怒人怨，文王親自禮賢下士，重用呂尚，致使武王一舉克商。所謂不易，也就是「常」，是指「其位也，天在上，地在下，君南面，臣北面，父坐子伏，此其不易也」。﹝註193﹞此就守常而言。具體的說，《易緯》的變易和不易，強調了「變」與「常」之守常和改革的一面，注重社會倫常的推動和實踐。

清朝王夫之在其所著《周易外傳》中，針對「變」與「常」的概念，特別加以討論。其所謂「變」是說變化無法預測，反常或變態；「常」是說常規或常態。﹝註194﹞歸納來說，就是「易兼常變」，兩者必須相互聯繫，相互轉化；分而言之，具有三項意義：

一、常以制變，變以貞常。此以《易》的象數說明「常」「變」的變化。他認爲象是「常」、數是「變」。其引証說：「《易》之有象也，有辭也，因象而立者也；有變也，有占也，因數而生者也。象者氣之始，居乎未有務之先。數者時之會，居乎方有務之際。其未有務則居也，其方有務則動也。居因其常；象，至常者也。動因乎變；數，至變者也。」﹝註195﹞象和數雖有「常」「變」之分，但並非固定不變，「常」中有「變」，「變」中有「常」，相函相合，相互改變，而君子必須透析「常」「變」的變化，以「常以制變，變以貞常」。他接著認爲：「君子常其所常，變其所變，則位安矣。常以制變，變以貞常，則功起矣。象至常而無窮，數極變而有定。無窮故變可制，有定故常可貞。」﹝註196﹞只注重象，常其所常；或只注重數，變其所變，都非完美。因此，「常」與「變」，必須相互制衡，才能掌握樞機。否則執象以常而不知變，乘數以變而不知常，就會「耳窮於隔垣，笙簧奏而不聞；心窮於詰旦，晴雨變而無備」。皆是只執一偏之見，無宏觀之明，其結果就像耳窮於室內，隔著牆就無法聽到笙簧之樂；或者一心只想明朝，而無法應付風雨的變化。

﹝註192﹞見《易緯・乾鑿度》，卷上，頁1。

﹝註193﹞同上，卷上，頁1～2。

﹝註194﹞朱伯崑指出：「王夫之……其所謂常規和常態，語本〈繫辭〉『既有典常』。所謂變，指反常或變態，其變化難以推測，語本〈繫辭〉『變動不居』，『惟變所適』。」見《易學哲學史》，4：53。

﹝註195﹞見《周易外傳》，卷五，頁141。

﹝註196﹞同上。

依此推論，王夫之就提出結論認爲：「詩書禮樂之教，博象以治其常；龜莚之設，窮數以測其變；合其象數，貞其常變，而《易》以興焉。」〔註197〕在在說明《周易》兼有象數，即是兼有常變，也就是必須「合其象數，貞其常變」，才能常以制變，變以貞常。此爲其「《易》兼常變」的第一個意義。

二、於常治變，於變有常。此以處於治亂之態度來說明「常」「變」之道。其以《易》和禮作比較，易雖兼常變，然以「變」爲主；禮則約而守正，以「常」爲主。其原因是：「《易》全用而無則，禮愼用而有則。禮合天地經緯以備人事之吉凶，而於《易》則不敢泰然盡用之，於是而九卦之德著焉。《易》兼常變，禮惟貞常。《易》道大而無慚，禮數約而守正。故《易》極變而禮惟居常。」〔註198〕「九卦之德」是指〈繫辭下傳・第七章〉所說的「憂患九卦」，即是〈履〉、〈謙〉、〈復〉、〈恒〉、〈損〉、〈益〉、〈困〉、〈井〉、〈巽〉。此說明必須以《易》禮相輔爲用，於常治變，於變有常，反對因常而常，因變而變，也就是「夫因常而常，氣盈而放逸；因變而變，情虛而詭隨；則常必召變，而變無以復常」。〔註199〕充分顯現「變」與「常」兩者失其一的缺點。防弊之道，首在於「於常治變」，就《易》和禮言，「《易》與禮相得以章，而因《易》以生禮，故周以禮立國，而道肇於《易》」，先知《易》之變，再知禮之常；而禮之常必須配合《易》之變，禮雖常仍須有《易》變的功能，才能發揮最大效用。職此之故，他又指出：「若夫聖人之於禮，未嘗不因變矣。數盈則憂患不生，乃盈則必溢而變在常之中。數虛則憂患斯起，乃虛可以受而常亦在變之中。」〔註200〕所謂「變在常之中」及「常亦在變之中」，就是指《易》禮相合，常變兼用的功能。次在於「於變有常」，就是「變者其時，常者其德」。他特別以「憂患九卦」來說明變中有常的道理，以〈履卦〉來說，在於「謹於衣裳袪襘，愼於男女飲食而定其志」；以〈謙卦〉來論，則在於「哀其多以爲節，益其寡以爲文，執平施之炳」；就〈復卦〉說，而在於「別嫌明微，克己而辨於其細」；以〈恒卦〉論，就是「失位而必應，涉於雜亂，而酌情理以不拂於人心」；另就〈損卦〉而言，則是「柔以懲忿，剛以窒欲，三自反以待橫逆」；而以〈益卦〉說，則在於「因時制宜，如雷風之捷用，而條理不窮」；

〔註197〕同註195，卷五，頁142。
〔註198〕同註195
，卷六，頁193。
〔註199〕同上。
〔註200〕同上，卷六，頁195。

再就〈困卦〉而論，就是說「君子爲小人所揜，守禮自盡，不兢而辨」；以〈井卦〉來分析，則在於「挹之於此，注之於彼，施敬於人而不孤恃其潔清」；最後就〈巽卦〉說，而是「情之難格，行之以順，理之以正，出之以讓，權度情理，以入乎險阻」。〔註201〕九卦雖屬《易》之變，但變不可與變，則須以禮配合，則莫若以常。落實的說，遇到動亂的時候，如果不忘常德，就不會驚慌失措，或隨波逐流。基於此，他特別強調：「聖人反變以盡常，常立而變不出其範圍，豈必驚心耀魄於憂患之至，以與爲波靡也哉？」〔註202〕在此，王夫之雖然主張「常」「變」合用，可是有感於天下「聃、周之徒」及「權謀之士」破壞禮儀，也因此，特重常道的禮，「夫乃與時偕行，以待憂患；而其大用，則莫若以禮。」〔註203〕又說：「故天地必有紀，陰陽必有序，數雖至變，無有天下地上、夏寒冬暑之日也。聖人敦其至常而不憂，則忠信無往而不存，斯以厚其藏而物咸受治，亦因乎理之有定者焉爾。」〔註204〕這都是說明禮的重要性。雖然如此，「於常治變，於變有常」，「常」「變」兩者相輔相成，才是王氏所要強調的重點所在。

　　三、執常以迎變，要變以知常。此是以天人問題來解析常變，這裡所說的「變」，是指天地及《易》的變，而所謂的「常」是指人，也就是王氏一再提到的「變在天地常在人」。他發現天地的化生，複雜多變，而人能從變化中找出常規；《易》也是一樣，在生生不窮，變動不已之中，而人也是能探析出其常道、常理。也由於如此，他說：「天地固有其至變，而存之於人以爲常。盡天地之大變，要於所謀之一疑。因所謀之一疑，通天地之大變。變者非所謀，謀者不知所變。變在天地而常在人。」〔註205〕天地無心造化，所以發生變化；而人能從其中找出一疑，就能悟出常規，以通天地之大變。同樣的，「《易》以無心之變爲其生生，授人以變而人得疑以爲常，明其故以處憂患，而非但示以吉凶。」〔註206〕由《易》之變以找出常理，則可以處憂患之中，而提昇《易》的境界，不僅只是占問吉凶的工具。如何才能因應？就在於「執常以迎變，要變以知常」。他再解釋說：「於變以得常，則人凝性正命，以定陰陽

〔註201〕同上，卷六，頁193～4。
〔註202〕同上，卷六，頁194。
〔註203〕同上，卷六，頁193。
〔註204〕同上，卷六，頁195。
〔註205〕同上。
〔註206〕同上，卷六，頁196。

之則。取常以推變，則人因仍苟且，以幸吉凶之移。」〔註207〕「於變以得常」，
就是說從天地之變中，得到常規，人則依此制定陰陽變易的法則，以規範人
的性命，此是天地有《易》而人用之。至於「取常以推變」，是說將人所炮製
的某些易學常規強加於天地之變，又依此推斷人的命運，人只能因循苟且，
聽吉凶的擺布，即是「人因仍苟且，以幸吉凶之移」。〔註208〕也因此，王氏特
別反對京房、管輅、邵雍等人所炮製的各種解《易》模式，易陷入宿命論之
中。〔註209〕

　　簡言之，王氏對於「常」「變」的概念，雖在某些時候有重「常」、重「變」
之分。而整體上，他還是主張「常」「變」協合為一，常中有變，變中有常。
〔註210〕

　　最後，關於「常」的意義，再就《周易·恒卦》作一剖析。「常」就是恒，
恒就是久。〔註211〕〈恒卦·卦辭〉說：

　　　亨，无咎，利貞，利有攸往。

即教人持之以恒，不懈不怠，則必能無有咎害，利於守持正固，利於有所前
往。故王弼稱讚〈恒卦〉說：「恒而亨，以濟三事也；恒之為道，亨乃无咎也；
恒通无咎，乃利正也；各得所恒，修其常道，終則有始，往而无違，故利有
攸往也。」〔註212〕所謂「濟三事」，就是指「无咎」、「利貞」、「利有攸往」三
者。將恒道的功能和價值，充分解析。由於此，〈象傳〉進一步闡明說：

　　　恒，久也。剛上而柔下，雷風相與，巽而動，剛柔皆應，恒。恒，
　　　亨，无咎，利貞，久於其道也。天地之道，恒久而不已也；利有攸
　　　往；終則有始也，日月得天而能久照，四時變化而能久成，聖人久

〔註207〕同上。
〔註208〕同註194，見《易學哲學史》，4：55。
〔註209〕王夫之說：「典常在率辭之後，而無有典要立於象數之先。然則邵子且未之逮
　　　　也，而況京房、管輅之徒乎！」即說明研究卦爻辭所得到常規，是出於象數
　　　　之後；可是天地之變，卻是變動不居，沒有常規，無模式可循，這是存在象
　　　　數之先。而邵雍等人想要建立永恒的、普遍的模式，則是知常而不知變。見
　　　　《周易外傳》，卷六，頁196。
〔註210〕王夫之在解釋〈震卦〉時說：「故天下亦變矣，所以變者亦常矣。相生相息而
　　　　皆其常，相延相代而無有非變。」見《周易外傳》，卷四，頁101。又在解釋
　　　　〈雜卦傳〉時也說：「時亟變而道皆常，變而不失其常，而後大常貞，終古以
　　　　協於一。」同前，卷七，頁239。皆可以看出其重「常」「變」合一。
〔註211〕常，恒也，同註177。〈序卦〉說：「恒者，久也。」
〔註212〕同註181，卷四，頁24。

於其道而天下化成；觀其所恒，而天地萬物之情可見矣。

「天地」、「日月」、「四時」、「聖人」四者，能夠長久，皆在於堅守恒道，不改易方，因而終則有始，能夠長久恒存。而天地萬物的性情，就能昭彰可見。黃壽祺則從「恒」的落實面解釋，表示「恒」有兩層意義：一是恒久不易，如守持正道不可一刻動搖；二是恒久不已，如施行正道必須堅持不懈。〔註213〕此兩者是一體的兩面，相輔相成，不可割裂，缺一不可。正因為如此，徐幾特別指出：「利貞者，不易之恒也；利有攸往者，不已之恒也。合而言之，乃常道也；倚於一備，則非道矣。」〔註214〕不易之恒與不已之恒，相互為用，更能顯現恒道的功能。

至於〈恒卦〉六爻的變化，無一爻全吉，特戒執持恒道之不易。〈初六爻〉「浚恒，貞凶，无攸利」。浚者，深的意思。此言若太急於深求恒道，易造成欲速則不達，故誡以守正以防凶險，所以〈象辭〉說「浚恒之凶，始求深也」。〈九二爻〉「悔亡」。九二雖不當位，但能守剛中之德，以故能消除悔恨，故而〈象辭〉明確的指出「九二悔亡，能久中也」。〈九三爻〉「不恒其德，或承之羞，貞吝」。承者，施加之義。即不能恒久守德的人，不僅會被施加羞辱，並無所容身。針對此爻，孔子也特別有感而發的說：「南人有言曰『人而無恒，不可以作巫醫』，善夫！『不恒其德，或承之羞』。」並下斷語「不占而已矣」。〔註215〕人若無恒，就連卑賤的巫醫都不能做，何況其他！因此〈象辭〉說「不恒其德，无所容也」。〈九四爻〉是「田无禽」。是說此爻陽居陰位，為不當位，好比田獵無所獲，徒勞無功。此是指不當之恒。基於此〈象辭〉明確的指出「久非其位，安得禽也」？〈六五爻〉則說「恒其德，貞，婦人吉，夫子凶」。〈六五爻〉居柔位，故應守柔德，則能正而固。由於《周易》重剛輕柔，所以婦人得之則吉，男子就必須裁制事宜，如果專主柔德，就有凶險。此即〈象辭〉所稱的「婦人貞吉，從一而終也；夫子制義，從婦凶也」。〔註216〕至於最後一爻，〈上六爻〉說「振恒，凶」。振者，動的意思。此是說振動不安，不

〔註213〕見《周易譯註》，卷五，頁267。
〔註214〕徐幾，南宋人，見元董真卿《周易會通》引，引見黃壽祺《周易譯註》，卷五，頁267。
〔註215〕見《論語・子路篇》，《論語集注》卷七，頁57。
〔註216〕任繼愈說：「《易傳》和老子相反，強調剛健的作用，提出了一套以自強不息為特點的辯證法思想。」見《中國哲學發展史》（先秦），《易經》和《易傳》，頁638。又此爻過於強調「婦德」與「男權」，有其時代的拘限性，也是無可厚非的。

能定靜，怎能堅守恒道？故而是遭凶的原因。並且〈上六爻〉雖高居在上，倘若處事無恒，亦必然無功。〈象辭〉說「振恒在上，大无功也」。是有其深義的。呂祖謙對此爻進一步解析說：「立天下之大功，必悠久膠固，然後能成。若振動躁擾，暫作易輟，安能成功。」〔註217〕不僅對振動者不能守恒，作一分析；並對恒道的精神，作一闡釋，所謂「暫作易輟，安能成功」，就是如何執持恒道的最好說明。

綜言之，就《周易》的形上辯証思維分析，「變」與「常」是一對相容相輔的對立概念，也是一對相互轉化的對立概念。就兩者關係論，「變」與「常」而使萬物皆有本根，具有同一性；「常」因「變」而使萬物各具特色，各自不同，顯現其獨特性。故而「變」中有「常」，「常」中有「變」，以致彼此相容。而「變」依「常」，才能保持其常住性性，普遍存在每一個體之中；「常」依「變」，才能顯現其變動性，使萬物呈現多元化的展開，表現個別的特有格調，以致彼此相輔。就反面來說，有「變」無「常」，則「變」無所常規；有「常」無「變」，則「常」無法變化，兩者相互對待，相互轉化，致使宇宙的生命，獲得永續不斷的發展，周流不息，無始無終。故而，「變」與「常」是《周易》「變」的形上辯証思維體系不可缺少的一環，並使《周易》「變」的形上辯証思維體系，更顯周延完備。

〔註217〕見清馬其昶《重定《周易》費氏學》，引見黃壽祺《周易譯註》卷五，頁270。

第四章　天道的「變」

　　就《周易》來說，「變」的範疇是以天、地及人道為主，也就是太極的體，經由「變」的動能中介，依體成用，由用顯體，產生天、地及人道。所謂的天、地及人道，是指「《周易》的天是自然之天，不是天神，《周易》講的地是自然之地，不是地祇，《周易》講的人是社會的人，不是抽象的人，是上智的人，不是下愚的人。」〔註1〕充分說明了天、地及人道的大概意涵，以及其包括的內容。

　　但在《周易》，天、地及人的「三才」之道，可從兩個方面來看：一是指卦之「三才」，這其中包括八純卦和六十四重卦，前者則以上畫為天，中畫為人，下畫為地；後者則是「一、二為地道，三、四為人道，五、上為天道」。〔註2〕或者「六爻初、二為地，三、四為人，五、上為天。」〔註3〕即如〈繫辭傳〉所說的：

　　　　六爻之動，三極之道也。(〈上傳・第二章〉)

　　　　易之為書也，廣大悉備，有天道焉，有地道焉，有人道焉，兼三才
　　　　而兩之，故六。六者非它也，三才之道也。(〈下傳・第十章〉)

　　　　兼三才而兩之，故《易》六畫而成卦。分陰分陽，迭用柔剛，故《易》
　　　　六位而成章。(〈說卦・第二章〉)

此皆是說明，以一卦六爻象徵宇宙時空的整體，涵蓋了天道、地道及人道。二是指「三才」的性質，《周易》也界定其特性：

〔註1〕見呂紹綱《周易闡微》，第四章，(長春市：吉林大學出版社，1990)，頁113。
〔註2〕見孔穎達《周易正義》，卷一，頁9。
〔註3〕見朱熹《周易本義》，卷三，頁283。

昔者聖人之作《易》也，將以順性命之理，是以立天之道曰陰與陽，

立地之道曰柔與剛，立人之道曰仁與義。(〈說卦‧第二章〉)

「三才」是根據「性命之理」而界定天、地及人之道的性質，在天為陰陽，在地為柔剛，在人為仁義。所謂「性命之理」，依據朱震的說法就是「太極」，由於稟賦的不同，「太極」的「變」就不同，在天稱陰陽，在地稱柔剛，在人稱仁義。〔註4〕根於此，天、地人道根於同一法則，就是太極而生變化；且由於「性命之理」不同而各有特點。然而，天、地及人道彼此之間，並相互相通，相互聯繫，而非各自孤立，相互阻隔。此種情形，朱伯崑解析說：「以一卦六爻象徵宇宙整體，天地人其部分，各有其遵循的法則。此三才之道，雖各有其特點，但基於同一的法則，又是相通和相互聯繫的。」〔註5〕天、地及人道雖分為三，各有其作用和功能，但卻有同一性及相聯性，這就是「天人合一」的道理。

另外，在〈謙卦‧彖〉也提到「太極」的「變」之範疇：

天道虧盈而益謙，地道變盈而流謙，鬼神害盈而福謙，人道惡盈而好謙。

其中「鬼神」即指天道言，可見〈謙卦〉說的範疇，亦離不開天、地及人的「三才」之道。《周易》以人道和天道、地道並列，主要著眼於人的價值，人為萬物之靈；並顯示出人能的功能，在於人的智慧和品德，以及人的主觀能動性與自主性。這種主觀能動性與自主性，更是人能「財成天地之道，輔相天地之宜」的最重要的動能來源，並能化腐朽為神奇。

天地設位，聖人成能，人謀鬼謀，百姓與能。(〈繫辭下傳‧第十二章〉)

因此，只要使人能展現，煥發其德，就能與萬物中最大的天地並駕。〈乾卦‧文言〉說：

夫大人者，與天地合其德，與日月合其明，與四時合其序，與鬼神合其吉凶，先天而天弗違，後天而奉天時，天且弗違，而況於人乎，況於鬼神乎。

〔註4〕 朱震，宋人，他說：「易有太極，陰陽者，太虛聚而有；柔剛者，氣聚而有體；仁義根於太虛，見於氣體，動於知覺者也。自萬物一源觀之謂之性，自稟賦觀之謂之命，自天地人觀之謂之理，三者一也。聖人將以順性命之理，曰陰陽，曰柔剛，曰仁義，以立天、地、人之道，蓋互見也。」即說明「太極」的「變」，因稟賦不同，而有不同的名稱，也是理一分殊的另一種表現方式。引見李光地《周易折中》，卷十七，頁1148～9。

〔註5〕 見〈易學中邏輯思維與辯証思維傳統〉，《中國文哲研究通訊》，第三卷第三期，(臺北：中央研究院中國文哲研究所，民國82年9月)，頁35。

也明白的指出人的形體雖然有限，無法和天地相比；然而，在人能上，尤其是人的德性上，人和天、地是可以相匹配的。〔註6〕

根於此，「太極」的範疇是整個宇宙時空，分爲天、地及人道三部份。

就天道方面來說，在分析「天道」的意義之前，先對「天」字作一剖析。在甲骨文中「天」的字形是：

ꔇ《殷虛書契前編》（羅振玉編）二・三・七

ꔇ《殷虛書契前編》（羅振玉編）四・十五・二

ꔇ《鐵雲藏龜拾遺》（葉玉森編）五・十四

ꔇ《甲骨獸骨文字》（林泰輔編）一・二七・八

至於金文方面的字形有：ꔇ〈毛公鼎〉、ꔇ〈豆閉簋〉、ꔇ〈克鼎〉、及ꔇ〈頌鼎〉等；《說文》說：「天，顛也，至高無上，從一大。」〔註7〕從甲骨文、金文及《說文》的字形和字義可以發現，「天」作人形，本義就是指人的頭頂之上。基於這個原因，王國維認爲：「古文天字，本象人形，殷虛卜辭或作ꔇ，〈盂鼎〉、〈大豊敦〉作ꔇ，其首獨巨。按《說文》，天，顛也。《易・睽六三》，其人天且劓，馬融亦釋天爲鑿顚之刑。是天本謂人顚頂，故象人形。卜辭、〈盂鼎〉之ꔇ、ꔇ二字，所以獨墳其首者，正特著其所象之處也。」〔註8〕更可以確定「天」的本義所在。但在《周易》中，「天」就有多元化的義涵表示。

在《周易》經傳，共出現二〇七次的「天」，表示八種意義：

一、指乾的基本取象。如「乾，天也」（〈説卦傳・第十章〉）、「乾，爲天」
（〈説卦傳・第十一章〉）。即是乾的最基本的取象就是天。

二、與地相對的物質天。這一類所佔的分量最多，如「九五，飛龍在天，
利見大人」（〈乾卦・九五爻〉）、「雲上於天，需，君子以飲食宴樂」
（〈需卦・象〉）、「上天下澤，睽，君子以同而異」（〈睽卦・象〉）等。
此物質天即是我們舉頭仰望所看的天。

〔註 6〕有關於重視人的價值，在《尚書・皋陶謨》說：「天工人其代之。」見《尚書
正義》，孔穎達著，卷四，（臺北：藝文印書館，民國 62 年），頁 62。《老子・
第二十五章》說：「故道大，天大，地大，王亦大，域中有四大，而王居其一
焉。」見王弼《老子注》，上篇，頁 14。《荀子・王制篇》說：「水火有氣而無
生，草木有生而無知，禽獸有知而無義，人有氣有生有知，亦且有義，故最
爲天上貴也。」見王先謙《荀子集解》，卷五，《先秦諸子集成》（二），（臺北：
世界書局，民國 72 年），頁 104。

〔註 7〕見《說文解字注》，一篇，頁 1。

〔註 8〕《觀堂集林》，卷六「釋天」，頁 10。引見《甲骨文集釋》，第一，頁 13。

三、指自然的運行，也就是「天行」。像「先甲三日，後甲三日，終則有始，天行也」（〈蠱卦‧彖〉）、「反復其道，七日來復，天行也」（〈復卦‧彖〉）、以及「君子尚盈虛消息，天行也」（〈剝卦‧彖〉）。如七日就是一個自然周期。

四、指奇數。如〈繫辭上傳‧第九章〉所說的「天一」、「天三」、「天五」、「天七」、「天九」、「天數五」，即是自然數中的奇數。

五、指君王。如「在師中吉，承天寵也，王三錫命，懷萬邦也」（〈師卦‧九二象〉）。來知德解釋「天」說：「天謂王也。在師中吉者，以其承天之寵，委任之專也。」〔註9〕明確的表示「天」就是「王」。

六、指一種髡髮的刑法。如「見輿曳，其牛掣，其人天且劓，无初有終」（〈睽卦‧九三爻〉）。胡瑗解說「天」為：「天當作而字，古文相類，後人傳寫之誤也。然謂而者，在漢法，有罪髡其鬢髮曰而。」〔註10〕「天」與「而」同，是漢代的一種罪刑。

七、指人格天。此種天尚具有原始信仰，有支配命令的絕對威權。如「自天祐之，吉无不利」（〈大有卦‧上九爻〉）、「大亨以正，天之命也。……天命不祐，行矣哉」（〈无妄‧彖〉）。命由天祐，此「天」自然具有絕對的威權。

八、指萬物化生的本源。如「雷雨之動滿盈，天造草昧，宜建侯而不寧」（〈純卦‧彖〉）、「至哉坤元，萬物資生，乃順承天」（〈繫辭下傳‧第五章〉）、「天地絪縕，萬物化醇；男女構精，萬物化生」（〈繫辭下傳‧第五章〉）、「有天地然後萬物生焉」（〈序卦〉）。萬物由「天」所化生，亦即是為萬物之本源。

至於「天道」，就是形上之久天存在和運行的規律。〔註11〕關於天道的「變」，可分三部份說明。

一、「變」的原素，就是「健」。以剛健的動力，周行不殆，永恒不息，變化不已，化生萬物。此剛健的動力，並寓含兩個意義，一是永恒性，即是這股動力是具有永續性，不止不息的。二是具有規律性，這股動力，並不是

〔註 9〕 來知德，明人，見《周易集註》，卷三，頁 398。

〔註10〕 胡瑗，宋人，見《周易口義》，引見黃壽祺《周易譯註》，卷五，頁 313。

〔註11〕 見《周易大辭典》「天道」條，蕭元主編，（北京：中國工人出版社，1992），頁 67。

盲動，而是順著一定規律，無拘無束，自然運行。準此，天道的運行，能夠天地不過，四時不忒。另外，「健」並含有兩個層次，其一是天道的層次，就是天行健，指天的動力，剛強至大，永不止息。其二是人行健，由於人的自強不息，法天的行健，自然由於「健」的作用，達到了人與天的聯繫，爲天人合一的意義及關係，做了深入的詮釋，並得到了印証。

二、「變」的形式：天道本身不發生變化，必須透過天地、陰陽及動靜等三種不同的形式變化，才能顯現化生的作用。其中天地和陰陽是屬於有質的實體，而動靜則是推動天地和陰陽化生的力源。但這三種相互區隔而又相互聯繫。天是陽，也是動；地是陰，也是靜。天地、陰陽及動靜之間，彼此相互轉化，相互貫通，相互推動，相互影響。牟宗三就認爲：「陰陽以氣言，天地以形言，乾坤以德言。乾之德爲健，坤之德爲順。乾健之德亦即天之德，坤順之德，亦即地之德。乾健故陽，坤順故陰。無論天地、陰陽、乾坤，總在顯創造原理與凝聚原理，而以認識乾坤爲主也。」〔註12〕此即以天地、陰陽、乾坤說明相互的聯繫性和互通性。其目的皆在於顯「創造原理與凝聚原理」之化生功能。李震也指出：「乾坤與陰陽雖是不同的名稱，卻有相同的含義。可以說是從不同的角度，去看構成萬物的兩個內在原理。乾坤與陰陽之間，沒有實在的區別。乾坤指道的兩種互相對待的德能或功用，一動一靜，一剛健，一柔順，乾坤是兩個比較抽象的名稱，爲說明其動靜剛柔的不同，又借用比較具體的陰陽二氣來說明。陰陽遂成爲中國哲學極原始、根本而又重要的觀念。」〔註13〕也是以相互聯繫的觀念說明乾坤和陰陽的關係，兩者有相同的含義，都是構成萬物的內在原理。

就天地論：天地是天道的範疇之一。具有三種意涵：（一）指對待的統一。從對立之中見其相互的差異性，從統一中見其相和性，互助互濟，而產生一切的變化。（二）化生萬物的功能。天地化生萬物必須相交，在二氣相互交融之下，才能展開變化，化生萬物；若不相交，彼此排斥，萬物自然不生。（三）是人法天地的意義。天地除了化生功能之外，其本身表徵的德性，更是值得令人取法。由於自然與人類的同一性，人的善是對自然規律的繼承，人的性是自然的具體化，並由於人與自然天地的同一性，人必須法天地之德；天地之德主要包括有覆載、謙虛、恒久及廣大等德。

〔註12〕見《才性與玄理》，第四章，頁104。
〔註13〕見《中外形上學比較研究》（上），第六章，頁141。

就陰陽論：《莊子》說「易以道陰陽」。〔註 14〕陰陽在天道的變化中，是一對相互對立的對偶範疇，經由相互的轉化，相互的滲透，而生變化；並經由變化而化生萬物。天道的陰陽觀，可分三個面向：對立、變化及統一；九個類別，包括有陰陽對待、陰陽相求、陰陽交感、陰陽變易、陰陽依存、陰陽轉化、陰陽相濟、陰陽和諧及陰陽合德，最後達到陰陽不測，展現陰陽的化合，複雜多變，不可測定。其目的只有一個，就是產生變化，以化生萬物。同時，陰陽是氣，是無形無象的渾沌之氣，是構成萬物客觀存在的原始材料。並由於陰陽的屬性，剛強正直和卑弱柔順，成為事物分類的根本屬性；且由於陰陽的屬性，能夠進一步認知和瞭解各類事物。這是天道陰陽觀的實用面。

就動靜論：動靜的範疇是屬於動力作用，與天地和陰陽是屬於有質的實體，是不相同的。但是，動靜與天地和陰陽之間，並不是相互區隔，不相聯繫；反而彼此之間緊密聯繫，相互作用。天可以是陽、是動，地可以是陰、是靜；且天地和陰陽藉由動靜力量的相互作用，化生萬物。因此，動靜仍是天道變化過程中，不可或缺的一個環節。其次，動靜變化的形式，分為三方面，即是動靜對待、動靜相依和動靜對待的統一。也經由動靜的變化，致使天道的化生，能夠生生不息。然而，動靜的變化，並不是盲動，亦是遵循一定的常軌和規律，並依照常軌和規律而變化。即如〈繫辭上傳‧第一章〉說：「動靜有常，剛柔斷矣。」此外，動靜之「靜」，並非指靜止，而是指一種靜動，也是動，只是動的不同狀態。故知，動靜是本於太極化生的變動性，變動不居，周行不怠。

三、變的特點：天道的變之特點，是以健為原素，以天地絪縕、陰陽合德及動靜有常的形式，經由相互對立轉化，以產生作用力量，達到相互統一融合，能夠生生不息，永續發展。在這變化發展之中，其顯現的變化特點有普遍性、無限性、同一性、無形性、運動性和規律性等。

以普遍性分析：天道的化生是無私無偏，就像天地、日月一樣，普遍覆載，容光必照，全面的化生，不分彼此。所以〈乾卦‧文言〉說：

夫大人者，與天地合其德，與日月合其明，與四時合其序，與鬼神合其吉凶。

與天地、日月的相配，皆証明天道化生之普遍性以及覆蓋性的廣泛。

以無限性分析：天道的無限性，是顯現萬物化生的無窮盡，以及變化發

〔註14〕見〈天下篇〉，郭慶藩《莊子集解》，卷十下，頁1067。

展的無窮盡。也就是一個「生」和一個「神」字。「天地之大德曰生」（〈繫辭下傳・第一章〉），及「陰陽不測之謂神」（〈繫辭上傳・第五章〉）。所謂「生」，是指萬物化生在時間上及空間上的無限持續、無限延伸、無限發展，無限前進。「神」是指化生的動力推動，不斷產生新運動形式，以及新類型，致造成事物的多樣性、差別性和複雜性。

以同一性分析：同一性必須在對立相抗之中才能產生，其中包含著對立的差異。就天道說，天地、乾坤、陰陽和動靜的變化就具有同一的性質，這些都是對立的相抗體，在相互對立時，才能顯現相互之間的共同性或一致性。也因此，天與地、乾與坤、陰與陽、動與靜，任何一方都不能失去對方，如果失去對方，就不能顯現同一性。據此，同一性是由於自身內部的相對性，在其存在的同時，不僅是與自身的同一，且又是與他物的同一。

以無形性分析：是指天道的化生，無法經由觸摸感受而認識。也就是說「視之不見，聽之不聞，循之不得」。〔註15〕天道中的天地、陰陽皆是指氣而言，氣本身無形無體，不可見聞，凝結成爲有形，成爲具體的物象。即是「氣作爲一種極細微的物質現象，是形質未具的渾沌，經凝聚而成有形象的事物。」〔註16〕氣在形質未具之時，是無形無象，無法觸摸感覺；等到經由凝聚，才具有形象。而無形又是有形化生的基礎，先有無形，才有有形。以此，無形性是天道的特點之一。

以運動性分析：天道的變之原素就是「健」，即是一股動能，展現無比的化生力量。次言之，天道「變」的形式，天地、陰陽和動靜，也是經由對立轉化所生成的動能，以變化萬物。其中動靜之「靜」，並非是完全靜止的意思，是與動相對之靜，是一種「靜動」；也就是一種平衡的動，慢速的動。由此可見，天道的運動性，在整個天道的範疇之中，是不可或缺的因素。易言之，運動和萬物的生生一樣，具有永恒性的。不能創造，不會毀滅，只能從一種形式轉化爲另一種形式。這種運動性，不僅是整個形上辯証「變」的思維體系的動能，也是事物本身具有能動性，此能動性，是來自於事物自身的內部，而非外部。亦即是事物的能動性是事物自身產生的，並由自身產生力量，發生變化。

以規律性分析：天道的化生形式，分爲天地絪縕、陰陽合德以及動靜有

〔註15〕見《易緯・乾鑿度》，卷上，頁5。
〔註16〕見張立文《氣・緒論》，頁4。

常，這其中，皆有規律性存在。以天地絪縕來說，「天地以順動，故日月不過，而四時不忒。」（〈豫卦‧象〉）其中「順」字，就表示天地的規律性，具有穩定、重複、和普遍的特性，能夠使日月、四時皆能恒常的照規律運行。以陰陽合德來說，「一陰一陽之謂道。」（〈繫辭上傳‧第五章〉）表現在陰陽的對立轉化之中，也是對立轉化的規律性。陰陽相互衝突對抗，又相互融合統一，是必然的因果關係，也是一種規律性。以動靜有常來說，「動靜有常，剛柔斷矣。」（〈繫辭上傳‧第一章〉）「常」就表示一種規律性。動靜的變化，就是順著常理而動，相互滲透，相互依存，相互推動，產生一切的變化。所以，動靜就是一種規律性。

　　總而言之，天道的「變」，本於太極本體的「變」，用以體為基，體以用為本，以表現萬物的化生功用。太極經由中介原素「變」，形成變易，並以變化、變通及變動的形式，顯現化生的作用。而整個形上辯証「變」的總法則，就是太極。天道則是以健動為「變」的原素，如同太極的變動的動能一樣；以天地絪縕、陰陽合德及動靜有常之形式，展現萬物化生的方式，亦如同太極「變」的變化、變通、變動的形式。完全是體用相合的印証，誠所謂「體用一源，顯微無間」。〔註17〕同時，由天道的「變」，更可以發現其中的特點，就是普遍、無限、同一、無形、運動和規律性等，使我們對天道的體悟和認知，有更清楚、更透徹、更精細、更周全、以及更深入的瞭解。

第一節　「變」的原素——健

　　天道如同太極一樣，是無形無象的抽象理念，必須經由「變」才能發生作用，而這個起「變」作用的原素，就是「健」。換言之，「健」是天道的動能，剛健不息，運行不止，才能使天道的功能和效用顯現出來。因此，「健」是天道「變」的原素。

　　為什麼「健」是天道「變」的原素？

　　　　天行健，君子以自強不息。（〈乾卦‧象〉）

　　　　夫乾，天下之至健也，德行恒易以知險。（〈繫辭下傳‧第十二章〉）

　　　　乾，健也。（〈說卦‧第七章〉）

〔註17〕見《易程傳‧序》，頁2。

「健」字，《說文》言：「健，伉也，从人、建聲。」〔註18〕但「伉」字，《說文》釋為「人名」，段玉裁認為不合許書舊例。〔註19〕另據《篇海類編・人物類・人部》說：「健，伉也、強也、有力也。」〔註20〕據此可知，「健」就是強而有力的力量。再言之，乾就是天，〔註21〕以「健」訓天，是在於「行者，運動之稱。健者，強壯之名。……萬物壯健，皆有衰怠，唯天運動，日過一度。蓋運轉混沒，未曾休息，故云天行健」。〔註22〕說得更明白，「天體運轉不息，故為健」。〔註23〕「健」即是一股運行不止的動能，周而不息，無始無終，就如同天體的運轉，不懈不怠。同時，也基於天道的健動不止，致使天道化生萬物，源源不停，汩汩不斷，而產生一個繽紛多彩的宇宙大化。

天道的「健」代表兩種意涵，一是說天行健；一是說人行健。

先就天行健而言，所謂「天行」，虞翻解釋說：「天一日一夜過周一度，故自強不息。」〔註24〕朱熹則更明白的指出：「天形蒼然，南極入地下三十六度，北極出地上三十六度，狀如倚杵，其用則一晝一夜，行九十餘萬里。人一呼一吸為一息，一息之間，天行已八十餘里。人一晝一夜有萬三千六百餘息，故天行九十餘萬里，天之行健可知。」〔註25〕這是說明「天」的運行突顯兩個意義：一是永不止息的，並且是速度極快的，一日一夜高達九十餘萬里。進而言之，「天行」就是指自然界的運行，亦即是自然界的運動變化，〔註26〕所以《周易》即說：

> 天地以順動，故日月不過，而四時不忒。(〈豫卦・象〉)

「天行」不僅在「動」，且是以「順」；說得更明白一點，「天行」不只是運動，而且是規律性的運動，才能使日月運行不致有過失，四時更迭不致有差錯。

〔註18〕見《說文解字注》，八篇上，頁373。

〔註19〕段玉裁於「健」字下注說：「伉下曰人名，而不言其義，以此云伉也，証之則知人名二字，非許書之舊矣。」又在「伉」字下注說：「非例也。」見同上，八篇上，頁373及371。

〔註20〕引見劉綱紀編《周易美學》，第三章，(湖南：湖南教育出版社，1992)，頁120。

〔註21〕〈說卦・第十章〉說：「乾，天也。」又〈第十一章〉說：「乾為天。」由此可知，乾就是天。

〔註22〕見孔穎達《周易正義》，卷一，頁11。

〔註23〕同上，卷九，頁184。

〔註24〕見李鼎祚《周易集解》，卷一，頁5引。

〔註25〕見《朱子語類》。

〔註26〕見黃楠森編《哲學概念辨析辭典》「天道、天行、天理」條，(北京：中共中央黨校，1993)，頁22。

由此，推出另一個意義，就是具備規律性。明確的說，天行的健動，並不是盲的動，無目的、無方向的動，而是按照一定的規律，無拘無礙，自然運行。即如《周易》所說的：

> 唯神也，故不疾而速，不行而至。(〈繫辭上傳・第十章〉)

孔穎達分析說：「以无思无爲，寂然不動，感而遂通，故不須疾速而事速成，不須行動而理自至也。」〔註27〕在自然無爲的狀況之下，又能順著規律而行，以致能夠「不疾而速，不行而至」，這就是「健」的規律性。在《周易》中提及「天行」的規律性有三處：

> 先甲三日，後甲三日，終則有始，天行也。(〈蠱卦・象〉)

> 君子尚盈虛消息，天行也。(〈剝卦・象〉)

> 反復其道，七日來復，天行也。(〈復卦・象〉)

即要有預先思慮象徵「終始轉化」的「甲」，其前後三日治理的事況，是一種「天行」；〔註28〕要能明白盛衰互轉的道理，是一種「天行」；並知道七日一個周期，也是一種「天行」。這都是大自然的規律，亦即是天道的規律。

　　至於「健」，前已言及，就是動能，和「變動」的動能之間是否有差異？套句在解析太極與道、乾元、易、一、帝等的不同，是在於理一分殊的道理；同樣的，「變動」與「健」的差異性也是理一分殊的道理。兩類之差別，前者是在同一層次上言理一分殊，後者則是體用不同的理一分殊。「變動」的動能是體，是太極的動能；而「健」的動能屬於用，是「天道」的動能。

　　關於天行健，就是天道運行的永恒不息，可以再從下面的例証中得到進一步的証明。

> 日往則月來，月往則日來，日月相推則明生焉。寒往則暑來，暑往
> 則寒來，寒暑相推則歲成焉。(〈繫辭下傳・第五章〉)

日月往來，寒暑相推，終則有始，不懈不怠，永續不止的運行，這就是天行健。《禮記》並提及有一次魯哀公問孔子說：「敢問君子何貴乎天道也？」孔子回答：「貴其不已，如日月東西相從而不已也，是天道也。」〔註29〕「不已」

〔註27〕同註5，卷七，頁155。

〔註28〕關於「甲」字，諸家說法歧異，此依黃壽祺《周易譯註》「先甲三日，後甲三日」注釋說：「甲，『天干』數之首，其序爲甲、乙、丙、丁、戊、己、庚、辛、壬、癸；在此十數中，『甲』寓有『終則復始』的涵義，故以『甲日』作爲『轉化』弊亂，重爲治理的象徵。」卷三，頁159。

〔註29〕見孔穎達《禮記正義》，卷五十，頁851。

就是不止，也就是「健」，天恒常不止，所以可貴。其次，《禮記・樂記》也明確的說：「著不息者，天也。著不動者，地也。一動一靜者，天地之間也。」指出〔註30〕「天」之所以為「天」，就是不息不止。孔子和孟子並以「川流」比喻天道的不息不止。孔子在江上嘆曰：「逝者如斯夫，不舍晝夜。」〔註31〕朱熹解釋：「天地之化，往者過，來者續，無一息暫停，乃道體之本然也。然其可指而易見者，莫如川流。故於此發以示人，欲學者時時省察，而無毫髮之間斷也。」〔註32〕在在說明川流是在直觀認知中，非常顯而易見的，以此象徵天道的剛健運行，是再恰當不過的。孟子也以「流水」為喻，析論「流水」的不停不息，「源源混混，不舍晝夜，盈科而後進」，表現其剛健性以及強勁的運動力。再者，關於天行健孔穎達進一步說：「天以健為用者，運行不息，應化无窮，此天之自然之理。」〔註33〕健動本就是天道自然之理，以致於運行不息，應化无窮。邵雍也一再強調天道的健動，他說：「乾，奇也、陽也、健也，故天下之健莫如天。」〔註34〕以健動而言，沒有比天更健動的。王夫之在分析〈復卦・象〉「復其見天地之心乎」說：「天地之心，無一息而不動，無一息而非復。」〔註35〕天地之心可說是一股健動能源，無息無止，周而復始，化生不窮。綜而言之，天行健即是以健動為能源的變化過程，必須要強調的是，這股健動能源是不停不止，永恒不息的。

由於《周易》是推天道以明人事，由人事以証天道，以故，天行健的實踐就是人行健，人行健就是展現天行健。就人行健來說，最能配合天行健的即是〈乾卦・象〉所說的：

　　天行健，君子以自強不息。

孔穎達說：「君子以自強不息，以人事法天所行。言君子之人，用此卦象，自彊勉力，不有止息。」〔註36〕明確印証，以人事的自強不息，才能效法天的行健。程頤關於此也分析說：「乾道覆育之象至大，非聖人莫能體，欲人皆可法也。故取其行健而已。至健固足以見天道也。君子以自強不息，法天行之

〔註30〕同上，卷三十七，頁 672。
〔註31〕見《論語・子罕篇》，朱熹《四書集注》之《論語集注》，卷五，（臺北：世界書局，民國 60 年），頁 38。
〔註32〕同上。
〔註33〕同註 22，卷一，頁 8。
〔註34〕見明朝余本編《皇極經世釋義・觀物外篇》，卷二，頁 386。
〔註35〕見《周易內傳》，卷二，頁 184。
〔註36〕同註 22，卷一，頁 12。

健也。」〔註 37〕再度強調，天道以行健表示，由行健以見天道；人則以自強不息，法天之行健，並以之印証天道。來知德基於此，明白的說：「天行健，在天之乾也。自強不息，在我之乾也。」〔註 38〕由此類推，天行健就等於自強不息。朱熹則從另一個角度來看「自強不息」，他認爲在於「存理去欲」。他說：「君子法之，不以人欲害其天德之剛，則自強不息矣。」〔註 39〕又說「問：天運不息，君子以自強不息？曰：非是說天運不息，自家去趕逐，也要學它如此不息。只是常存得此心，則天理常行，而周流不息矣」。〔註 40〕只要時時刻刻有理在，自然就能如天行健一般而自強不息。

再就人行健而言，孔子及顏回，對於此種精神的實踐，是劍及履及，力行不懈的。先就孔子來說，他自己說：「吾非生而知之者，好古敏以求之也。」又說：「若聖與仁，則吾豈敢，抑爲之不厭，誨人不倦，則可謂云爾已矣。」〔註 41〕其中「敏以求之」及「爲之不厭」，皆指人行健而言。此外，孔子並一再自言「發憤忘食，樂以忘憂，不知老之將至云爾」。〔註 42〕且以好學自許，是爲他人所不及的，「十室之邑，必有忠信如丘者，不如丘之好學也。」〔註 43〕在在顯示孔子由對天行健的取法，而力行在人行健上的躬親踐履。孔子特別以〈乾卦·九三〉及〈九四爻〉爲例，諄諄告誡說：

> 君子進德修業，忠信所以進德也；修辭立其誠，所以居業也。知至至之，可與幾也。知終終之，可與存義也。是故居上位而不驕，在下位而不憂，故乾乾因其時而惕，雖危无咎也。（〈乾卦·文言〉）

> 上下无常，非爲邪也。進退无恒，非離群也。君子進德修業，欲及時也，故无咎。（〈乾卦·文言〉）

三、四二爻，在《周易》中並不是時位俱佳的爻位，尤以〈乾卦·九三爻〉「重剛而不中，上不在天，下不在田」，〈九四爻〉也是「重剛而不中，上不在天，下不在田」，再加上「中不在人」。可是兩爻皆「雖危无咎」，主要在於兩爻都能及時「進德修業」，效法天行健，而落實在人行健上。至於顏回，

〔註 37〕 見〈易程傳〉卷一，（臺北：河洛圖書出版社，民國 63 年），頁 7～8。
〔註 38〕 見《周易集註》，卷一，（臺北：夏學社出版事業有限公司，民國 75 年），頁 259。
〔註 39〕 見《周易本義》，卷一，頁 61。
〔註 40〕 見《朱子語類》，引見李光地《周易折中》，卷十一，頁 751～2。
〔註 41〕 見《論語·述而篇》，同註 31，卷四，頁 29 及 31。
〔註 42〕 見《論語·述而篇》，同註 31，卷四，頁 29。
〔註 43〕 見《論語·公冶長篇》，同註 31，卷三，頁 21。

也是一位人行健的實踐者。孔子曾稱讚說：「有顏回者好學，不遷怒，不貳過。」〔註44〕又一再說：「語之不惰者，其回也歟。」「惜乎！吾見其進也，未見其止也。」〔註45〕充分顯示，顏回的「好學」、「不惰」、「見其進」等，就是人行健的最好詮釋。再者，在《中庸》特別提到：「有弗學，學之弗能弗措也。有弗問，問之弗知弗措也。有弗思，思之弗得弗措也。有弗辨，辨之弗明弗措也。有弗行，行之弗篤弗措也。人一能之，己百之；人十能之，己千之。果能此道矣，雖愚必明，雖柔必強。」〔註46〕以人一己百，人十己千的精神，戮力不怠，剛健不息，則天下何事不成，何學不得！故知，天行健是人行健的基礎，人行健是天行健的表現。

　　總而言之，天道的「變」，其動能就在於「健」，剛強的動力，運行不止，周行不殆。並由於這股動能，化生萬物，變化不已，天地不過，四時不忒。據此，「健」的意涵，一則表永恆性，另一則表規律性。同時，「健」也分為兩個層次，一是天行健，指天的動能，剛強至大，不已不止。一是指人行健，經由人的自強不息，戮力不怠，就能展現出天的行健。也因此，經由「健」的作用，「健」的運行，達到了天與人的聯繫，更透析了天人合德的關係。所謂「大人者與天地合其德」，從天行健與人行健的關係中得到印証。

第二節　「變」的形式

　　天道的「變」，是經由「健」的中介原素推動，而產生化生作用。然而，天道的化生作用，是透過三種形式表現，即是天地絪縕、陰陽合德及動靜有常。此三者各自獨立，各自展現，也各自發展；然而彼此之間，卻相互聯繫相互滲透，相互推動，相互影響。

　　天地絪縕，表現了三種意義：（一）就是對待的統一。天與地，既相對立相反，又相調和合一，而產生一切變化，以化生萬物。（二）就是化生萬物的功能。天地是萬物的基礎，天地化生萬物必須相交，在二氣相互交融之下，才能展開變化，化生萬物；反之，若不相交，則「天地不交，萬物不通」。（三）就是人法天地之德。天地之德包括有覆載、謙虛、恒久及廣大等德。

〔註44〕見《論語·雍也篇》，同註31，卷三，頁22。
〔註45〕見《論語·子罕篇》，同註31，卷五，頁38～9。
〔註46〕見《第二十章》，朱熹《四書集注》之《中庸章句》，頁11。

陰陽合德，陰陽在天道的變化中，是一對相互對立狀態的範疇，並經由相互的轉化，彼此的相滲，而生變化，以化生萬物。陰陽的對立可分三個面向——對立、變化及統一，以及九個類別，包括有陰陽對待、陰陽相求、陰陽交感、陰陽變易、陰陽依存、陰陽轉化，陰陽相濟、陰陽和諧及陰陽合德，最後達到陰陽不測，展現出複雜多變的不可測和不可知性，其目的就是化生萬物。陰陽是什麼？陰陽就是氣，是客觀存在的質料或原素，也就是構成萬物的原始材料。

動靜有常，動靜也是天道化生的一對範疇，不具任何的實質性，只是一對力量的相互作用。動靜在天道之中表現的形式有三，即是動靜對待、動靜相依和動靜對待的統一。易言之，動靜就是化生的正反力量。動在運動過程之中，是一種顯著的變化，突破了原有的度量界限，就是一種質變的過程；而靜則是指在運動之中，在一定階段的質之穩定性和平衡狀態，就是一種量變的過程。準此，動靜是天道化生作用重要的一環。並由動靜的變化作用，彰顯《周易》形上辯証思維體系「變」的哲學之完美。

一、天地絪縕

天地是天道的範疇之一。這對範疇，既相對待，又相統一；既相聯繫，又相轉化。互應互動，互涵互透。不僅展現天地絪縕，天地化生；並表現天地之德，廣大崇高。

首先要問天道和天地之間究竟有何區別？天道是指自然規律，是整體的本質；而天與地，則是天道的功用，展現天道的化生功能。具體的說，天地是一對抽象意義的哲學名詞，不是指有形的具體物。換言之，天地是宇宙發生論之化生過程的一個階段，但是天地不是化生的根本，化生的根本是太極。職此之故，程頤在《易程傳》開宗明義就提出說：「夫天專言之則道也，天且弗違也。分而言之，則以形體謂之天，以主宰謂之帝，以功用謂之鬼神，以妙用謂之神，以性情謂之乾。」〔註47〕此「天」就是指具體物而言，而天道才是萬物化生的本質。天道的化生，則是經由天地這個階段，才落實到萬物身上。

其次，天地在天道的範疇之中，具有三種意涵：一是指對待的統一。從對立中見其相互的差異性，從統一中見其相和性，互助互濟，而產生一切的

〔註47〕見《易程傳》，卷一，頁1。

變化。二是化生萬物的功能。天地做爲萬物的基源，以化生萬物，豐盈了整個宇宙。三是人法天地的意義。天地除了化生功能。值得大書特書之外，其本身表徵的德性，更是作《易》者之苦心所在。

一、就對待的統一分析。天與地，一上一下，一高一低，即是彼此相對，並是相互排斥；但這並不表示天與地成爲兩極，而彼此不互相聯繫。事實上，在對待當中，兩者是相互聯繫，相互貫通，相互轉化，相互滲透。以〈睽卦·象〉爲例：

> 睽，火動而上，澤動而下，二女同居，其志不同行。說而麗乎明，
> 柔進而上行，得中而應乎剛，是以小事吉。天地睽而其事同也，男
> 女睽而其志通也，萬物睽而其事類也。睽之時用大矣哉！

〈睽卦〉卦象，火居上卦，往上炎燒；澤水居下，往下流動，兩者各行其事，所以「其志不同行」。然而異中有同，異中求同。以天地言，天上地下，雖相乖違，但是其化生萬物是相同的。男女生育子女之心，萬物各屬其事類等，都是相同的現象。這也是相互否定，又相互相成。誠如《老子》所強調的「有無相生，難易相成，長短相較，高下相傾，音聲相和，前後相隨」。〔註48〕充分反映了相反相成的功能。又如〈革卦·象〉說：

> 革，水火相息，二女同居，其志不相得，曰革。巳日乃孚，革而信
> 之。文明以說，大亨以正。革而當，其悔乃亡。天地革而四時成，
> 湯武革命，順乎天而應乎人。革之時大矣哉！

〈革卦〉如同〈睽卦〉卦象，也是火澤兩卦，但正好相反，〈睽卦〉是火在上，澤在下；而〈革卦〉則是澤在上，火在下。〈革卦〉完全是對立面的相互排斥，〔註49〕也即是一種質變的改革，如湯武的革命，就是一種徹底的排斥舊的，更換新的。可是，這並不表示〈革卦〉沒有轉化及聯繫，以達到統一。「天地革而四時成」，就是對立轉化，由聯繫以達到統一。天地變化，一寒一暑，既相推移，又相排斥，而形成四時，使天地周而復始，流轉不息。再如〈節卦·象〉言：

> 節，亨，剛柔分而剛得中。苦節不可，貞，其道窮也。說以行險，當
> 位以節，中正以通。天地節而四時成，節以制度，不傷財，不害民。

「節」即節制，亦是一種限制。天和地的相互節制，彼此約束，才有四時依

〔註48〕見王弼《老子道德經》，上篇，第二章，頁1。
〔註49〕見朱伯崑《易學哲學史》，1：104。

春、夏、秋、冬的順序，循環不已，周而復始。否則，不作節制和約束，四時不變，則天地之間的萬物如何能生存？誠如程頤所說「天地有節，故能成四時；无節，則失序也。」〔註50〕由此可見「節」的重要性。所以天和地，彼此約制就是一種對待及對抗；雖是如此，雖在對待及對抗，則必求其和諧性，才能使天地運作不息，這種和諧性，就是統一。職此之故，對待的統一，是天地化生萬物的必備條件。

二、就化生萬物的功能分析。《周易》首先提到天地是萬物的基礎，天地化生在先，萬物化生在後。也就是天地較萬物高一層級。

> 天地養萬物，聖人養賢以及萬民，頤之時大矣哉。（〈頤卦・彖〉）
> 有天地然後萬物生焉，盈天地之間者唯萬物。……有天地然後有萬物，有萬物然後有男女，有男女然後有夫婦，有夫婦然後有父子，有父子然後有君臣，有君臣然後有上下，有上下然後禮義有所錯。
> （〈序卦傳〉）

在化生的過程中，天地是居於第一順位，以下依次為萬物、男女、夫婦、父子、君臣等。同時，萬物充滿天地之間，並由天地所育養，所以說「有天地然後萬物生焉」、「天地養萬物」。然而天地最大的功德，就是化生。這項功能，總括一字曰「生」。

> 天地之大德曰生，聖人大寶曰位，何以守位曰仁，何以聚人曰財，
> 理財正辭，禁民為非曰義。（〈繫辭下傳・第一章〉）

孔穎達解析說：「言天地之盛德，在乎常生，故言曰生。若不常生，則德之不大；以其常生萬物，故云大德也。」〔註51〕所謂「常生」即是說永恒的生，生生不息。由於生生不息，以致於稱之為「大德」。按此「生」字也就是指「仁」而言，具有仁愛萬物之義。〔註52〕天地發揮化生功能，必須天地相交，相互交融，才能顯現變化，產生化生的作用。這種天地相交而產生的化生作用，就是對立的統一。

> 泰，小往大來，吉亨。則是天地交而萬物通也，上下交而其志同也。
> 內陽而外陰，內健而外順，內君子而外小人。君子道長，小人道消

〔註50〕同註47，卷八，頁533。
〔註51〕見《周易正義》，卷八，頁166。
〔註52〕朱震說：「天地之大德曰生者，仁也。聖人成位乎兩者，仁而已矣。不仁不足以參天地，……義所以為仁，非二本也。故曰立人道仁與義。」見《漢上易傳》，卷八，頁248。

也。(〈泰卦・象〉)

天地交，泰。后以財成天地之道，輔相天地之宜，以左右民。(〈泰卦・象〉)

咸，感也。柔上而剛下，二氣感應以相與。止而說，男下女，是以亨，利貞，取女吉也。天地感而萬物化生，聖人感人心而天下和平。觀其所感，而天地萬物之情可見矣。(〈咸卦・象〉)

〈泰卦〉的卦象是地天兩象，天氣是上騰的，地氣是下降的，地上天下，剛好天地二氣交通，故而能化生萬物。何妥說：「此明天道泰也。夫泰之爲道，本以通生萬物。若天氣上騰，地氣下降，各自閉塞，不能相交，則萬物無由得生。明萬物生由天地交也。」〔註53〕正說明了天地交合的重要性。以故，〈泰卦・象〉明確的說「天地交，泰」。黃壽祺則從自然現象解釋天地交泰，萬物化生的原因。他說：「自然現象中，如地氣受熱上升爲雲，雲氣冷卻下降爲雨，在古人心目中正屬『天地交』之理。」〔註54〕此說更具實証意義。〈說卦・第三章〉說「山澤通氣」，所以〈咸卦〉是由山澤兩卦象合成，自然能彼此交感互應，兩相親和，致使「天地感而萬物化生」。

益，損上益下，民說无疆。自上下下，其道大光。利有攸往，中正有慶。利涉大川，木道乃行。益動而巽，日進无疆。天施地生，其益无方。凡益之道，與時偕行。(〈益卦・象〉)

姤，遇也。柔遇剛也。勿用最女，不可與長也。天地相遇，品物咸章也。剛遇中正，天下大行也。姤之時義大矣哉。(〈姤卦・象〉)

其中「施」與「生」以及「相遇」，皆是指天地相交，才能化生，以達到「天施地生」及「品物咸章」。正因爲如此，孔穎達評論說：「天施氣於地，地受氣而化生，亦是損上益下義也。其施化之益，无有方所。」〔註55〕又論說：「天地若各亢所處，不相交遇，則萬品庶物无由彰顯，必須二氣相遇，乃得化生。」〔註56〕此說明天地相交是化生的必要條件，沒有這項必要條件，天地各行其是，不能結合，則天地自然無由化生。再者，

天地變化，草木蕃。天地閉，賢人隱。(〈坤卦・文言〉)

〔註53〕何妥，隋人，引見李鼎祚《周易集解》，卷四，頁75。
〔註54〕見《周易譯註》，卷二，頁106。
〔註55〕同註51，卷四，頁96。
〔註56〕同註51，卷五，頁104。

　　天地絪縕，萬物化醇；男女構精，萬物化生。（〈繫辭下傳・第五章〉）

「絪縕」是指天地交感綿密之狀。「醇」就是厚的意思。孔氏對此二段，皆認為是天地交感變化，才能使萬物生化，無窮無盡，有美皆備。他說：「天地變化，謂二氣交通，生養萬物，故草木蕃滋。天地閉，賢人隱者，謂二氣不相交通，天地否閉，賢人潛隱。」〔註57〕即是指出天地變化就是天地交感，相互一體，才有萬物的化生以及草木的繁衍。他又說：「天地无心，自然得一。唯二氣絪縕，共相和會，萬物感之變化而精醇也。天地若有心為二，則不能使萬物化醇也。」〔註58〕這裡，並提出天地的交感是無心自然而為，表現絕對的自主性和能動性，才能使萬物「感之變化而精醇」；反之，天地若有心，即有人為之意在其中，就不能「化醇」。由於天地交感的化生萬物，以致於「天地有正氣，雜然賦流形，下則為河岳，上則為日星，於人曰浩然，沛乎塞蒼冥」，也就是使宇宙充滿生機和活力，使萬化能夠各遂其生長，顯現一股「鳶飛戾天，魚躍于淵」的活潑生命力。誠如〈繫辭上傳・第一章〉所說的

　　天尊地卑，乾坤定矣。卑高以陳，貴賤位矣。動靜有常，剛柔斷矣。

　　方以類聚，物以群分，吉凶生矣。在天成象，在地成形，變化見矣。

此章充分說明，天地化生萬物之後，所呈現的天文、地理以及人文狀況，亦即如朱熹主張的「此章以造化之實，明作經之理」。〔註59〕〈中庸〉關於天地施生的化生之功，也特別指出說：「天地之道，可一言而盡也，其為物不貳，則其生物不測。天地之道，博也、厚也、高也、明也、悠也、久也。今夫天，斯昭昭之多，及其無窮也，日月星辰繫焉。今夫山，一卷石之多，及其廣大，草木生之，禽獸居之，寶藏興焉。今夫水，一勺之多，及其不測，黿鼉蛟龍魚鱉生焉，貨財殖焉。」〔註60〕對天地化生之功的稱讚，莫此為甚。將天地之間的萬物，包括天上的日月星辰，地上的山川河海，以及水中的生物，無一不由天地化生而成。尤以，更明確強調，天地的化生，是「生物不測」的，也就是生生不息的。換言之，「生」是天地之大德，所以天地之道博厚高明悠久。

　　在這裡有一個重要問題要探究，就是天地是什麼？在《周易》經傳中並未明言，只說天地「交」、「感」、「施生」、「相遇」、「變化」、「絪縕」等，就

〔註57〕同註51，卷一，頁21。

〔註58〕同註51，卷八，頁171。

〔註59〕見《周易本義》，卷三，頁282。

〔註60〕見〈第二十五章〉，朱熹《四書集注》之《中庸章句》，（臺北：世界書局，民國60年），頁13。

能化生。但從各家注解可知，天地是指兩種氣，由於二氣交感，才具備化生的條件。這個氣就是天氣和地氣。

　　反過來說，如果天地不交，則萬物自然就不能化生，天地就否塞了。

　　　　天地閉，賢人隱。（〈坤卦·文言〉）

　　　　否之匪人，不利，君子貞，大往小來。則是天地不交而萬物不通也，上下不交而天下无邦也。內陰而外陽，內柔而外剛，內小人而外君子，小人道長，君子道消也。（〈否卦·彖〉）

　　　　歸妹，天地之大義也。天地不交，而萬物不興。歸妹，人之終始也。說以動，所歸妹也。征凶，位不當也。无攸利，柔乘剛也。（〈歸妹·彖〉）

天地固然相互對立，如果彼此僵持不下，不相交感相通，則天地閉塞，萬物不與，整個天地就滅絕。故而，程頤說：「夫天地之氣不交，則萬物无生成之理。」〔註61〕可見天地不交，則萬物不生，更突顯天地交感的重要及意義所在。

　　　三、就人法天地分析。天地是直觀經驗認知中形體最大的，又在形上辯証分析中是萬物的基礎。所以，天地自然成為人們取法的主要對象。再者，「自然與人類的統一性，認為人的『善』是對自然規律的繼承，人的『性』是自然規律的具體化。認為人所作的《易經》之道與天地之道是一致的。」〔註62〕此是人與天地自然的統一性，來說明人法天地的意義。也由於上述原因，《周易·繫辭傳》說：

　　　　易與天地準，故能彌綸天地之道。仰以觀於天文，俯以察於地理，是故知幽明之故。……與天地相似，故不違；知周乎萬物而道濟天下，故不過；旁行而不流，樂天知命，故不憂；安土敦乎仁，故能愛。範圍天地之化而不過，曲成萬物而不遺，通乎晝夜之道而知，故神无方而易无體。（〈上傳·第四章〉）

由於觀察天文及地理，則能掌握天地的法則，進而效法天地，其德行可與天地相配，而不違背天地的法則；以致能周知萬物，利普天下，所謂「與天地相似，故不違」。伏羲氏的制作八卦，〔註63〕也是從天地的觀察得來，才能「以

〔註61〕見《易程傳》，卷二，頁11。

〔註62〕見張岱年《中華的智慧：中國古代哲學思想精粹》，〈周易大傳〉，（上海：上海人民出版社，1992），頁60。

〔註63〕唐陸德明《經典釋文·《周易》釋文》說：「『包』，孟、京作『伏』，『犧』字又作『羲』，孟、京作戲。云，伏也；戲，化也。」《周易繫辭下第八》，（臺

通神明之德,以類萬物之情」。

> 古者包犧氏王天下也,仰則觀象於天,俯則觀法於地,觀鳥獸之文,
> 與地之宜,近取諸身,遠取諸物,於是始作八卦,以通神明之德,
> 以類萬物之情。(〈繫辭下傳・第二章〉)

對天地的仰觀俯察,對周遭自然環境的實測觀察,就是八卦原始創作的動機,而八卦又是《周易》的基礎。析言之,《周易》的哲學思維根基於自然的哲學,以天地爲師,以自然爲法。從八卦依次類推,以致於六十四卦、三百八十四爻、卦辭、爻辭以及〈十翼〉整個《周易》哲學系統思維的建立,都是透過對天地以及整個自然界的觀察取法的結果。

> 聖人有以見天下之賾,而擬諸其形容,象其物宜,是故謂之象。聖人
> 有以見天下之動,而觀其會通,以行其典禮,繫辭焉以斷其吉凶,是
> 故謂之爻。言天下之至賾,而不可惡也;言天下至動,而不可亂也;
> 擬之而後言,議之而後動,擬議以成其變化。(〈繫辭上傳・第八章〉)

聖人對天下複雜深奧的事物,以及天下變化不居的狀況,完全統攝在八卦、六十四卦和三百八十四爻,以及卦爻象之下的卦爻辭,並各有吉凶的含義。同時,也由此建立四種思維方式:直觀思維、形象思維、邏輯思維及辯証思維。其中直觀思維,是指直接觀察社會現象和自然現象,從而探討事物的性質和功能。如《周易》卦爻辭所講的具體之事及吉凶斷語。形象思維,是指通過形象進行思考或表達概念的方式。如《易傳》提出象和意的關係。邏輯思維,是指以形式思維的邏輯方式,思考及認知客觀世界和主觀世界。如六十四卦之下,各繫以不同的卦爻辭,是分類思維;以卦爻辭所繫的辭,推測未來之事,是類推思維;以六十四卦卦象作抽象公式,統率有關的各種具體物象,是形式化思維。至於辯証思維,是指事物動態或變化的過程所形成的思維方式。如以變化的觀點考察一切事物,像變化日新、陰陽流轉、剛柔相推等是變易思維;以陰陽互補的觀點,觀察事物的存在和發展,像陰陽相依、陰陽相濟、陰陽和諧的相成思維;以普遍聯繫的觀點,觀察個體事物的地位和作用,像三才說、八卦說及五行說的整體思維。〔註 64〕這些都是作《易》

北:世界書局,民國 76 年),頁 7。黃壽祺在《周易譯註》又補充說:「或又寫作『庖犧』、『宓犧』、『伏戲』,亦稱『犧皇』、『皇義』。」卷九,頁 574。
〔註 64〕見朱伯崑《易學中邏輯思維與辯証思維傳統》,刊於《中國文哲研究通訊》,第三卷,第三期,頁 23～37。

者效法天地的直觀認知以及理性思辯，所得到的成果。

> 天地交，泰，后以財成天地之道，輔相天地之宜，以左右民。（〈泰卦‧象〉）

> 是故天生神物，聖人則之；天地變化，聖人效之；天垂象，見吉凶，聖人象之；河出圖，洛出書，聖人則之。（〈繫辭上傳‧第十一章〉）

> 天地設位，聖人成能；人謀鬼謀，百姓與能。（〈繫辭下傳‧第十二章〉）

由於取法天地，才能裁節成就天地的功能，輔助天地化生的作用。而所謂〈河圖〉、〈洛書〉之類的神物，也由於效法天地，而得到充分的運用。析言之，就是聖人取法天地，掌握天地的變化法則，使天下人人獲利。此即是「彌綸天地之道」、「知周乎萬物而道濟天下」、「範圍天地之化而不過，曲成萬物而不遺」的精義所在。

至於天地有何德值得取法？根據《周易》內文分析，可分爲四種：

（一）覆載之德：也就是大公之德。〈乾卦‧文言〉說：「夫大人者，與天地合其德，與日月合其明，與四時合其序，與鬼神合其吉凶。」孔穎達引莊氏云，「與天地合其德者」，就是指覆載之德。〔註65〕另外，《呂氏春秋》說：「天無私覆也，地無私載也，日月無私燭也，四時無私行也，行其德，而萬物得遂長焉。」〔註66〕所謂「行其德」，是指至公之德。故而，覆載之德是就天地的形體觀察而得，是直觀的認知。

（二）謙虛之德：〈謙卦‧象〉指出：「天道下濟而光明，地道卑而上行，天道虧盈而益謙，地道變盈而流謙。」天道的謙，「若日中則昃，月滿則虧，損有餘以補不足，天之道也。」〔註67〕地道的謙，「高岸爲谷，深谷爲陵，是爲變盈而流謙，地之道也。」〔註68〕以此，謙虛之德也是直觀認知的德性，亦是天地之德之一。

（三）恒久之德：是指天地的恒常性，〈恒卦‧象〉說：「天地之道，恒久而不已也。利有攸往，終則有始也。日月得天而能久照，四時變化而能久成，聖人久於其道而天下化成。觀其所恒，而天地萬物之情可見矣。」由於觀察日月的運行，四時的變化，終則有始，無窮無盡，所印証的恒常之道。

〔註65〕同註51，卷一，頁17。

〔註66〕見〈孟春紀‧貴公〉，卷一，《新編諸子集成》（七），（臺北：世界書局，民國72年），頁10。

〔註67〕崔憬所言，同註53，卷四，頁92。

〔註68〕亦爲崔憬所言，同註53，卷四，頁92。

這是經由直觀及類推思維所得到的結論。

（四）廣大之德：〈大壯卦・象〉言「大者正也，正大而天地之情可見矣。」〈繫辭上傳・第六章〉亦言：「夫乾，其靜也專，其動也直，是以大生焉。夫坤，其靜也翕，其動也闢，是以廣生焉。廣大配天地，變通配四時，陰陽之義配日月，易簡之善配至德。」其中「正大」及「廣大」，都是表現天地的廣大之德，這也是直觀所認知的德性。

綜而言之，天道中的天地範疇，雖是彼此對待，衝突矛盾，然而相反的對待，產生兩種力量，創造化生功能，是宇宙萬物運動、變化以及發展的泉源。

在《周易》裡，不僅以天地說明天道的意義，更以乾坤代替天地以解析天道的內涵。以乾坤代替天地是意與象的表徵，天地是較為具體的象，雖然具有抽象的哲學意義，但仍然易被人誤為具體形象的天地；而乾坤則為更抽象的意，以顯現天道的意義和價值。

首先以乾代天的意義是王弼首先提出：「天也者，形之名也。健也者，用形者也。夫形也者，物之累也。有天之形，而能永保无虧，為物之首，統之者豈非至健哉。」〔註69〕清楚的指出，「天」本是具體的物形，易為物累，而健就是乾，〔註70〕以代天，則能永保無虧。孔穎達也指出：「此〈乾卦〉本以象天，天乃積諸陽氣而成天，故此卦六爻皆陽畫成卦也。此既象天，何不謂之天而謂之乾者？天者定體之名，乾者體用之稱，故〈說卦〉云『乾，健也』。言天之體，以健為用。聖人作《易》，本以教人，欲使人法天之用，不法天之體，故名乾不名天也。」〔註71〕他提出體用觀念，來闡明乾與天的不同。所謂「天者定體之名」，是指天的外在形體，無法把握其抽象意義；惟有易之以「乾」字，能夠顯現天的功能，此所謂「體用之稱」。天的功能即是健，所謂「法天之用，不法天之體」，也因此以乾代天。關於「法天之用，不法天之體」，李鼎祚也有相同的看法，他陳述說：「天之體，以健為用，運行不息，應化无窮，故聖人則之。欲使人法天之用，不法天之體，故名乾，不名天。」〔註72〕以至健之性象天，而健就是乾，據此，以乾代天更富抽象思維意義。「天者，陽之體。健者，陽之性。六畫皆奇，則純陽而至健矣，故不言天而言乾也。」

〔註69〕見王弼、韓康伯《周易注》，卷一，頁3。
〔註70〕〈繫辭下傳〉說：「夫乾，天下之至健也。」〈說卦・第七章〉說：「乾，健也。」所以「乾」的特性就是「健」。
〔註71〕同註51，卷一，頁8。
〔註72〕見《周易集解》，卷一，頁1。

〔註73〕來知德也是以至健的功能來解析以乾代天之義。史師次耘以「造化之理則」與「大氣本體」，分別乾與天的不同。〔註74〕其意義也在於說明「乾」較「天」的內在意涵之概括性爲深，並不會與天的外在形體混淆。

至於以坤代地的意義，則是以地的形勢特性，比喻坤順。若以地言象，容易拘限在對地形的認知，而不是地勢的認知。

地勢坤，君子以厚德載物（〈坤卦・象〉）。

地勢，即是指地的趨勢。言地勢而不直接稱地，意在排除地形。因爲地形方直，含有剛意，不符合地的特性順從。以致〈坤卦・象〉說「地勢坤」，說明地的態勢由上而下爲順。〔註75〕依於此，王弼認爲「地形不順，其勢順」。〔註76〕宋衷則是直接以地的地形與地勢作比較，來說明以坤代地的原因所在。他指出：「地有上下九等之差，故以形勢言其性也。」〔註77〕亦即是以地的形勢而不是以地的形體，解釋坤代地的原因。

歸結之，以乾坤代天地，其來有自的，即是以天地的特性健順，也就是乾坤，以代替天地的外在形體。所以，乾坤的意義格外深遠。

以乾坤代天地，則乾坤在宇宙發生論的定位就不同。依據《周易》的宇宙發生論架構，天地是天道之下的一個化生階段；至於乾坤，則提昇爲太極之下的化生階段，也就是宇宙間兩種最基本的相互對立之物質勢力或屬性，是產生萬物的根源。〔註78〕同時，乾坤也被視爲兩種德能，統領天地。羅光就主張：「在《易經》裡，乾坤爲太極的兩種德能，乾爲動，坤爲靜；乾爲剛，坤爲柔；乾統天，坤統地；乾爲萬物資始，坤爲萬物資生。乾坤並不代表兩個實體，祇是代表兩種德能。」〔註79〕乾坤就形上的意義來說，是萬物化生的根源；若就道德層面分析，則爲動靜與剛柔面的兩種德能。以此可知，乾

〔註73〕見《周易集註》，卷一，頁 237。
〔註74〕見〈易上經乾卦〉講義，史師次耘說：「乾卦六爻皆純陽，其象爲至剛至健。乾，指天體，又稱健。《說文》：『上出也。從乙，乙，物之達也。』蓋取其上達而爲天之義。天體運行，晝夜四時，循環不息，爲至健之象。爲何不逕稱天卦？先儒釋天，指大氣本體。『乾』係指天體運行作用，《易》爲演繹『造化』之理則，即天地生育萬物之自然機能。故不稱『天』而曰『乾』。」
〔註75〕見張其成《易學大辭典》，「地勢坤」條，頁 53。
〔註76〕同註69，卷一，頁 5。
〔註77〕宋衷，東漢人，同註53，卷二，頁 28。
〔註78〕見《哲學大辭典》，「乾坤」條，頁 1437。
〔註79〕見《中國哲學思想史》，3：134。

坤的取義是多面向及多層面的，這也是《周易》一書的特色之一。所謂

> 夫《易》，彰往而察來，而微顯闡幽，開而當名辨物，正言斷辭則備
> 矣。其稱名也小，其取類也大，其旨遠，其辭文，其言曲而中，其
> 事肆而隱。因貳以濟民行，以明失得之報。(〈繫辭下傳・第六章〉)

《周易》為用最精簡之字，說明最精闢之理，以「彰往察來」、「微顯闡幽」，所以「其稱名也小，其取類也大，其旨遠，其辭文，其言曲而中，其事肆而隱」。

至於乾坤的本義，乾坤二字，在甲骨文及金文中，皆未出現。《說文》云：「乾，上出也。从乙，乙，物之達也。倝聲。」「坤，地也，《易》之卦也。从土申，土位在申也。」〔註80〕乾意為上出，即指發生，坤意為地，即指發生所需的資料。依此，乾坤是以能生之形式動力與所憑之資料，為宇宙過程的基始條件。〔註81〕從乾坤的本義而言，就是化生萬物的基源。也由於此，乾坤的最大功能，就是化生萬物。先以〈乾〉和〈坤〉兩卦來說，不僅是六十四卦之首，並是萬物資始資生之本源。

> 大哉乾元，萬物資始，乃統天。雲行雨施，品物流行。大明終始，
> 六位時成，時乘六龍以御天。乾道變化，各正性命，保合太和，乃
> 利貞。首出庶物，萬國咸寧。(〈乾卦・彖〉)

> 至哉坤元，萬物資生，乃順承天。地厚載物，德合无疆；含弘光大，
> 品物咸亨。牝馬地類，行地无疆，柔順利貞。(〈坤卦・彖〉)

此兩段極言乾坤二元化育萬物的盛大，大哉至哉，有如行雲飄行，霖雨降落，是以「品物流行」、「品物咸亨」。並以乾坤二元統領萬物，為萬物資始資生的根本。《易緯・乾鑿度》說：「乾坤者，陰陽之根本，萬物之祖宗也。」〔註82〕乾坤二元作為萬物資始資生化生之源頭，所以是陰陽的根本，萬物的祖宗。具體的說，蔡清就認為：「乾坤之合，以其成生物之功者。」〔註83〕乾坤二元的偉大，能生萬物，是最主要的原因。在這裡要問，乾坤二元究竟是什麼？《周易》未明言。朱伯崑根據歷代易學家研究成果作一分析，認為有兩派不同的說法。一主取象說，認為乾坤二元是陰陽二氣，以漢人解《易》為主，孔穎達亦主此說，並引《九家易》說：「元者，氣之始也。」〔註84〕另一主取

〔註80〕「乾」字見十四篇下，頁747。「坤」字見十三篇下，頁688。
〔註81〕見勞思光《新編中國哲學史》，1：83。
〔註82〕見該書卷上，頁7。
〔註83〕蔡清所言，其為明人。見李光地《周易折中》，卷九，頁626。
〔註84〕同註53，卷一，頁4。尚秉和也說：「乾元者，乾之元氣也。於時配春。」《周

義說，指乾坤二元為天地的德性，即剛健和柔順，始物和生物的功能，王弼及程頤主此說，如程頤說：「大哉乾元，贊乾元始萬物之道大也。四德之元，猶五常之仁，偏言則一事，專言則包四者。」〔註 85〕朱氏主張取義說較符合〈乾〉〈坤〉兩卦〈象傳〉的原義。〔註 86〕次就〈繫辭傳〉分析：

> 乾道成男，坤道成女，乾知大始，坤作成物。（〈上傳・第一章〉）

> 夫乾，其靜也專，其動也直，是以大生焉；夫坤，其靜也翕，其動也闢，是以廣生焉。（〈上傳・第六章〉）

> 是故闔戶謂之坤，闢戶謂之乾，一闔一闢謂之變，往來不窮謂之通。
> （〈上傳・第十一章〉）

在在指出，乾坤兩者拾配和諧的化生萬物。乾是發生，具有開闢的能力；坤是發生所需的質料，具有閉闔的作用。正因為如此，乾坤一闔一闢，動而愈出，往來不窮，化生不盡。宋衷論之並解析說：「乾靜不用事，則清靜專一，含養萬物矣；動而用事，則直道而行，導出萬物矣。一專一直，動靜有時，而物无夭瘁，是以大生也。」「乾」的功能，由於在靜時能夠專一不雜，動時能用事，以勇往直前，不屈不撓，以致能含養萬物。至於坤的功能，宋衷接著評論說：「坤靜不用事，閉藏微伏，應育萬物矣；動而用事，則開闢群蟄，敬導沈滯矣。一翕一闢，動靜不失時，而物无災害，是以廣生焉。」〔註 87〕「坤」在靜時能夠閉藏，潛隱不現；動時能夠開闢蟄伏，激發沈滯，以致能廣生萬物。可見，乾坤兩者，雖是彼此相互對待，各有其不同的特性。然而，在彼此互補互助之下，兩者展現化生之力量，是以能大生廣生，含養萬物。同樣的，〈繫辭傳〉又說：

> 乾坤，其易之縕耶？乾坤成列，而易立乎其中矣；乾坤毀，則无以見易；易不可見，則乾坤或幾乎息矣。（〈上傳・第十二章〉）

> 乾坤，其易之門邪？乾，陽物也；坤，陰物也。陰陽合德而剛柔有體，以體天地之撰，以通神明之德。（〈下傳・第六章〉）

在這裡，乾坤不僅是萬物化生的根本，且是宇宙化生本根「易」道的精蘊和門戶。也就是「易」道對立的兩股化生力量，一正一反，一陰一陽，構成宇

易尚氏學》，卷一，頁 18。
〔註 85〕同註 61，卷一，頁 7。
〔註 86〕見《易學哲學史》，1：115～6。
〔註 87〕同註 53，卷十三，頁 323。

宙萬化化生的基礎。反過來說，沒有這兩股力量，則宇宙萬物就無由化生，即「乾坤毀，則无以見易；易不可見，則乾坤或幾乎息矣」。可見，乾坤在《周易》形上辯証思維系統裡，是化生萬物最重要的關鍵之一。孔穎達據此而論說：「易既從乾坤而來，乾坤若缺毀，則易道損壞，故云无以見易也；……若易道毀壞，不可見其變化之理，則乾坤亦壞，或其近乎止息矣。」〔註88〕更清楚說明「易」道與乾坤的互動關係，兩者之間是互為因果的。一方有，才能產生另一方；一方無，另一方也無從產生。這種互動聯繫的密切性，並可以瞭解萬物的化生，無論是理與理，事和事，甚至理和事之間，都有其普遍之理，以及相互的聯繫性。以此，《詩經》說：「天生烝民，有物有則，民之秉彝，好是懿德。」〔註89〕是先民經過直觀認知及邏輯思維所得的結論。「易」道和乾坤的關係，就是「有物有則」。

　　既然乾坤是萬物化生的基礎，乾坤是否有分先後？據《周易》內文，「大哉乾元，萬物資始」（〈乾卦・文言〉）、「至哉坤元，萬物資生」（〈坤卦・文言〉）、「天尊地卑，乾坤定矣」（〈繫辭上傳・第一章〉）、「乾道成男，坤道成物；乾知大始，坤作成物」（〈繫辭上傳・第一章〉）、「成象之謂乾，效法之謂坤」（〈繫辭上傳・第五章〉）、「闔戶謂之坤，闢戶謂之乾，一闔一闢謂之變，往來不窮謂之通」（〈繫辭上傳・第十一章〉）等，明顯的看出有乾先坤後的思想在其中。〔註90〕然而根據形上辯証理論，乾坤是相反對立的統一，是兩股相反相成的力量，相互作用，相互推動，相互影響，相互滲透的結果，是不分先後上下的。從認識方面來看，可以說乾先於坤；但從嚴格的萬物化生的過程來論，是不能分先後的。否則若分先後上下，則就萬物的同一性及齊一性而言，就有厚彼薄此的差別，是不合宇宙發生論的原則的。因此，王夫之特別提出「乾坤並健」說，以消除乾先坤後、乾尊坤卑的缺失。他說：「乾坤並建於上，時无先後，權无主輔，猶呼吸也，猶雷電也，猶兩目視、兩耳聽，見聞同覺也。

〔註88〕同註51，卷七，頁153。

〔註89〕見〈大雅・烝民〉，《毛詩正義》，卷十八，（臺北：藝文印書館，民國62年），頁674。

〔註90〕就以〈乾卦・文言〉所說「大哉乾元」，與〈坤卦・文言〉所說「至哉坤元」，孔穎達就認為：「至謂至極也，言地能生養，至極與天同也。但天亦至極，包籠於地，非但至極，又大於地。故乾言大哉，坤言至哉。」見《周易正義》，卷一，頁18。程頤也說：「乾既稱大，故坤稱至，至義差緩，不若大之盛也。聖人於尊卑之辨，謹嚴如此。」見《易程傳》，卷一，頁23。可見明顯以乾為尊，以坤為卑，坤較乾低一層次。

故无天而无地，无有天地而无人。」〔註91〕即是說乾坤的產生，如呼吸、雷電、兩目、兩耳等一樣，是同時產生，不分先後、主輔的。打破以往乾尊坤卑的傳統觀念，是其個人理念的一大突破，也是符合形上辯証思維的一種推論。這就是乾坤是對等的，更是平行的，絕沒有大小、貴賤、尊卑、高下之分。他接著又說：「无有乾而无坤之一日，无有坤而无乾之一日，无陰陽多少不足於至健至順之一日。」〔註92〕乾坤既是相等的對待，自然有乾就有坤，有坤就有乾，有陰就有陽，有陽就有陰，彼此之間是不可或缺的。最後，他特別強調：「陰陽不孤行於天地之閒。其孤行者，欹危幻忽而无體，則災眚是已。」〔註93〕陰陽不孤行就如乾坤不孤行，陰陽是並行亦如乾坤是並健。王夫之以乾坤並健，以解析乾坤之間的聯繫和關係，不只是在《周易》的形上辯証架構上有其創新的見解，對於破除君尊臣卑，男貴女賤的不平等之思想，亦有其正面修正的意義和價值。

　　總而言之，天地這對天道的範疇，表現了三種意義：（一）就是對待的統一。天與地，既相對立排斥，又相調和合一，兩者之間，在衝突對立又相互聯繫之中，而產生一切變化，以化生萬物。（二）就是化生萬物的功能。天地是萬物的基礎，天地化生萬物必須相交，在二氣相互交融之下，才能展開變化，化生萬物；反之，若不相交，則「天地不交，萬物不通」，並且「天地閉，賢人隱」。（三）就是人法天之德。由於自然與人類的同一性，人的善是對自然規律的繼承，人的性是自然的具體化，以致於人與自然天地的同一性，人必須法天地之德；天地之德包括有覆載、謙虛、恒久及廣大等德。故知，天地絪縕，也是《周易》形上辯証「變」的思維體系之中，不可缺少的一環。

二、陰陽合德

　　陰陽是天道的重要對偶範疇之一，也是天道的變化形式之一，甚至《周易》的概括就以陰陽代替。《莊子》就說「《易》以道陰陽」。〔註94〕陰陽在天道的變化中，是一對相互對立的狀態，經由相互的轉化，彼此的相滲，而生變化；並經由變化而化生萬物。以故，陰陽也如同天地一樣，是天道化生的

〔註91〕見《周易外傳》，卷五，頁137。
〔註92〕同上，卷六，頁204。
〔註93〕同上，卷七，頁219。
〔註94〕見〈天下篇〉，郭慶藩《莊子集釋》，卷十下，頁1067。

一項過程。〈說卦・第二章〉「立天之道曰陰與陽」，就是表現天道藉由陰陽化生的形上辯証價值。

依歷史的發生順序，陰陽二字運用，最早見於《詩經・大雅・公劉》「既溥既長，既景迺岡，相其陰陽，觀其流泉」。〔註95〕其中「陰陽」表示地勢的陰陽向背。是合於陰陽本義的。「陰」字，未見甲骨文，金文有𩰚（〈麤羌鐘〉）、𩰚（〈上官鼎〉）、𣪊（〈貢伯盨〉）等。劉心源說：「阮元云，盦即兮，引《左・隱二年》費兮父爲証。案金今通，金從今聲，古泉布陰作險。」〔註96〕「陽」字，甲骨文作𤾭（《殷虛書契前編》）（羅振玉編）五・四二・五，商承祚說：「案其從旱者，與揚之從旱同。」〔註97〕金文作𤾭（〈虢季子白盤〉）、𦣞（〈𠕋姬鼎〉）、𣆄（〈盂伯盨〉）等。從陰陽的甲骨文及金文字形來看，陰似乎與日無關係；而陽字則與日關係非常密切，每一個字形皆有日，並表示日高懸於天，光芒下照，也就是日光照射到的地方。《說文》解釋說：「陰，闇也。水之南，山之北也。從𨸏、盦聲。」「陽，高明也。從𨸏、昜聲。」〔註98〕又說：「昜，開也。從日、一、勿。」〔註99〕朱駿聲《說文通訓定聲》說：「陰者見雲不見日，陽者雲開而見日。」據此，〔註100〕陰陽是指日照的向背，面對日照的地方稱陽，反之，背著日照的地方稱之爲陰。依於陰陽的本義，凡屬於幽暗〔註101〕、內〔註102〕、夜〔註103〕等，皆爲「陰」義的引申；而凡屬於明〔註104〕、外〔註105〕、白晝〔註106〕等，皆爲「陽」義的引申。這種陰陽兩極化的對立，影響到《周易》陰陽理論的整個辯証思維架構，並增添其形上辯証的邏輯理論基礎。

就《周易》的形上辯証思維體系而論，陰陽概念，最初是由「－－」和「一」兩個符號形式表示對立又和諧，並由這一斷一連的陰陽符號，重疊成八卦及六十四卦，構成《周易》整體卦象結構的世界模式之宇宙論。誠如〈說卦〉

〔註95〕見《毛詩正義》，卷十七，頁620。
〔註96〕見《奇觚室吉金文述・盦父鼎》，卷十六，頁18。引見《金文詁林》，頁2037。
〔註97〕見《殷虛文字類編》，卷十四，頁5上。引見《甲骨文集釋》，第十四，頁4133。
〔註98〕見《説文解字注》，第十四篇下，頁738。
〔註99〕同上，第九篇下，頁458。
〔註100〕引見馮契《哲學大辭典》，「陰陽」條，頁709。
〔註101〕見《説文通訓定聲》「陰，假借爲暗」。
〔註102〕見《左傳・僖公十五年》「陰血周作」，疏「內爲陰」。
〔註103〕見《禮記・祭義》「陰陽長短」，疏「陰，謂夜也」。
〔註104〕見《詩經・國風・七月》「我朱孔陽」，傳「陽，明也」。
〔註105〕同註102，疏「外爲陽」。
〔註106〕見揚雄《太玄經》「晝夜相承」，注「晝爲陽」。

所說：

> 昔者聖人之作易也，幽贊於神明而生著，參天兩地而倚數，觀變於
> 陰陽而立卦，發揮於剛柔而生爻，順於道德而理於義，窮理盡性以
> 致於命。(〈第一章〉)

> 分陰分陽，迭用柔剛，故易六位而成章。(〈第二章〉)

其中「觀變於陰陽而立卦」及「分陰分陽」，皆是指《周易》卦象的形成，是
由陰陽兩爻的變化，才能形成八卦，因而重之，以成六十四卦。所以，龔煥
認爲「觀變於陰陽而立卦」，是「自源而流」。[註107] 是有深切的體認的。由
具體的卦象陰陽爻，抽離出抽象的概念，就成爲陰陽的理論，成爲《周易》
不可或缺的一個重要理論。

「陰」字，在《周易》出現二十次，「陽」字出現十九次，「陰陽」並舉
共出現十六次。從陰陽出現的頻率，可以發現一個現象，就是陰陽必須相對
或相合，才能發生作用。孤陰或孤陽是不能發生作用的。進一步說，就是陰
陽具有同一性，是天道變化萬物的作用，兩者之間，既相對待，又相統一融
合；且又相轉化，相互推動。邵雍論証指出：「陽不能獨立，必得陰而後立，
故陽以陰爲基。陰不能自見，必待陽而後見，故陰以陽爲唱。」[註108] 陰陽
互爲基，互爲唱，方可顯現其化生的作用。來知德言：「天地造化之理，獨陰
獨陽，不能生成，故有剛必有柔，有男必有女。」[註109] 陰陽若爲單獨的個
體，是不能化生；惟有陰陽化合，也就是有剛有柔，有男有女，才能化生。「陽
非孤陽，陰非寡陰，相函而成質，乃不失其和而久安。」[註110] 王夫之同樣
認爲，孤陽寡陰，皆是一偏，無法變化；陰陽相函，相互推動，方能「和而
久安」。

基於這個原因，陰陽既然和天地一樣，是相對待的統一體，相衝突的依
存體，所以在《周易》中既強調其對待面，又注意其變化面，更重視其統一
面。所謂：

> 一陰一陽之謂道，繼之者善也，成之者性也。(〈繫辭上傳・第五章〉)

朱熹就說：「以一陰一陽，往來不息，而聖人指是以明道之全體。」[註111] 以

〔註107〕龔煥，元人。引見李光地《周易折中》，卷十七，頁1147。
〔註108〕見余本《皇極經世釋義》，《觀物外篇》，卷三，頁422。
〔註109〕見《周易集註・易經字義》，頁27。
〔註110〕見《張子正蒙注・太和篇》，引見《哲學大辭典》「陰陽」條，頁710。
〔註111〕見《朱子語類》，引見李光地《周易折中》，卷十三，頁980。

陰陽的對立，一來一往，無止無息，以明變化的無盡；並明白指出，在對立往來之中，產生化生的功能。李光地也認為：「一陰一陽，兼對立與迭運二義。對立者，天地、日月之類是也。……迭運者，寒暑、往來之類是也。」〔註 112〕更明確的表示，陰陽就是藉著對立而運作，如天地、日月等；也藉著迭運而往來不窮，如寒往則暑來，暑往則寒來。綜此，朱伯崑就特別說「一陰一陽之謂道」，是「中國易學表述矛盾法的命題」，「認為事物有陰陽兩個方面，兩種力量，相反相成，相互推移，不可偏廢，構成事物的本性及其運動法則。無論自然、人事，都表現此道。」〔註 113〕《周易》的陰陽學說理論，就在陰陽對立的統一，相反又融合而成。

陰陽的對立統一學說，可分三個面向 —— 對立、變化及統一；九個類別，包括有陰陽對待、陰陽相求、陰陽交感、陰陽變易、陰陽依存、陰陽轉化、陰陽相濟、陰陽和諧及陰陽合德，最後達到陰陽不測。茲分述如下：

（一）對立面：指陰陽兩股力量相互對立所產生的作用。可分三種類別加以說明。

1. 陰陽對待：就是指「一陰一陽之謂道」，陰陽是相反的對待，也是相互對立衝突的。而對待是指兩股力量，相互作用，使事物運動、變化以及發展。上述就形上的角度而言。落實到《易》象上，則由陰陽爻的對立面，產生爻位的運動變化，而形成六十四卦。據此，李震論說：「易道無形無象，其大化流行，至為神妙。但是在變化中，有陰陽兩個原理在運作活動。陰陽可視為道的兩種德性、功能或基本活動，因此透過陰陽我們可以認知變化現象背後的『道自身』。」〔註 114〕也強調了陰陽的對立面，才能產生神妙的變化。並透顯陰陽也可以認識變化的根本，也就是「道自身」。

2. 陰陽相求：是言陰必求陽，陽必求陰，這是陰陽對待的一個原則，主要原因是單獨的陰陽是不能有任何作用的。王弼說：「凡陰陽者，相求之物也。」〔註 115〕由於陰陽彼此相求，以致於「夫陰之所求者陽

〔註 112〕同上，卷十三，頁 980。
〔註 113〕見《中國大百科》（哲學），二冊，「一陰一陽之謂道」條，（北京：中國大百科全書出版社，1987），2：1076。
〔註 114〕見《中外形上學比較形究》（上），第二章，頁 21。
〔註 115〕見《周易略例·略例下》，《周易注疏及補正》（臺北：世界書局，民國 76 年），頁 12。

也，陽之所求者陰也」。〔註116〕陰陽互求，造成陰陽互動，才能產生
變化，以運作化育之功。但王弼認為，陽是強，陰是弱；陽是明，陰
是暗。主張陰應求陽，暗應求明。他說：「陰求於陽，弱求於強，民
思其主之時也。」〔註117〕又說：「陰求於陽，晦求於明，各求發其昧
者也。」〔註118〕王氏是本於《周易》的陽剛之精神，以陽為本位所
提出的觀點。但陰陽互求，則是陰陽對待變化的一項重要之因素。

3. 陰陽交感：陰陽雖對待，但又相求，更相互交感，發生作用。〈咸卦〉
   即是陰陽交感的最佳寫照。「咸」就是「感」的意思，這種相感包涵
   各種事物的交感，如男女、天地及聖人等，而最重要的是陰陽之交
   感。

> 咸，感也。柔上而剛下，二氣感應以相與。止而說，男下女，是以
> 亨，利貞，取女吉也。天地感而萬物化生，聖人感人心而天下和平，
> 觀其所感，而天地萬物之情可見矣。(〈咸卦・彖〉)

其中「二氣」，非指陰陽，是指兌澤和艮山所產生的二氣而言，並不是指陰
陽二氣。陰陽二氣的交感，是說化生之道的和合過程。準此，程頤就言：「陰
陽二氣，相感相應，而和合是相與也。」〔註119〕「交感」就是化生，是達
成陰陽和合之道的必要條件。也就是說陰陽是因，化生是果。〈繫辭傳〉又
說：

> 剛柔相摩，八卦相盪，鼓之以雷霆，潤之以風雨，日月運行，一寒
> 一暑。(〈上傳・第一章〉)

韓康伯注解「相摩」說：「相切摩也，言陰陽之交感也。」〔註120〕陰陽在相
互切摩交感，才能運作化生，如日月運行，寒暑相推。就相反而言，若彼此
對待，不相交感，則沒有化生的可能。王振復就說：「交感是兩性生命之『戰』、
之『接』，所以自然美的生與本質，在古人看來就是始於《周易》的『生』
之『陰陽』。」〔註121〕不但指出交感的重要性，並強調陰陽的「生」，就是自
然美。邵雍則以交與應來說明陰陽交感。所謂「交」，「太極既分，兩儀立矣。

〔註116〕同上，〈明象〉，頁 3。
〔註117〕見王弼、韓康伯《周易注》，卷一，頁 6。
〔註118〕同上，卷一，頁 7。
〔註119〕見《易程傳》，卷四，頁 275。
〔註120〕同註 117，卷七，頁 46。
〔註121〕見《周易的美學智慧》，第七章，(長沙市：湖南出版社，1991)，頁 270。

陽下交於陰，陰上交於陽，陽四象生矣。陽交於陰，陰交於陽，而生天之四象。剛交於柔，柔交於剛，而生天地之四象，於是八卦成矣。」〔註122〕陰陽相交，則表明陰中有陽，陽中有陰，陰陽互通的意義。即如孫國中在《周易指南》以「交易」解釋這種關係，他說：「交易者，陰中有陽，陽中有陰，互藏其宅者也。……互藏其宅，故其情相求而相須。」〔註123〕陰陽在互動交感之中，顯現其功能。至於「應」，「天變時而地應物，時則陰變而陽應，物則陽變而陰應」。〔註124〕陰陽感應，是互結互通，互滲互透。張載也提出陰陽交感的說法，「萬物本一，故一能合異，以其能合異，故謂之感。若非有異，則無合。天性，乾坤、陰陽也，二端故有應，本一故能合。」〔註125〕也就是說有「二端」，「以其能合異，故謂之感」。而「合異」是指相對待的結合，即是說在相反對立之下，例如乾坤、陰陽，才能互感互應，也才能相合。反過來說，同類則不能相感相應，「若非有異則無合」。明確表示，交感必須異類相吸，同類則是相斥的。至於程頤，也重視陰陽交感的作用和效果。據張立文分析指出，程氏所言的交感有兩項意義，一是認為交感是萬物化生的內在動因。他說：「一陰一陽之謂道，陰陽交感，男女配合，天地之常理也。」〔註126〕陰陽交感，是天地正常現象；且是萬物化生的內在因素，而非外在的推動。程氏並以〈泰卦〉為例，

> 泰，小往大來，吉亨，則是天地交而萬物通也，上下交而其志同也。
> （〈彖〉）

其解釋說：「天地陰陽之氣相交而和，則萬物生成，故為通泰。」充分說明陰陽交感相和，是萬物生成的必要條件。所以他又說：「陰陽和暢，則萬物生遂，天地之泰也。」〔註127〕此說明〈泰卦〉之所以使萬物通泰，就在於陰陽交感。接著程氏又說明交感的情形，「陰陽之交相摩軋，八方之氣相推蕩，……而成造化之功。」〔註128〕所謂「交感」，就像是一種「相摩擠壓」的作用，如同八方之

〔註122〕同註108，《觀物外篇》，卷二，頁320。

〔註123〕見《易經指南·通論篇》，（北京：團結出版社，1992），頁346。

〔註124〕同註108，〈觀物外篇〉，卷三，頁412。

〔註125〕見《正蒙·乾稱篇》，引見李光地《周易折中》，卷十，頁685。

〔註126〕見《周易程氏傳》，卷四。引見張立文《中國哲學範疇史》（天道篇），第八章，頁305。

〔註127〕同註119，卷二，頁103。

〔註128〕見《河南程氏經說·易說》，引見張立文《中國哲學範疇史》（天道篇），第八章，頁305。

氣的相互推蕩。二是有感必有應。〔註129〕即作用和反作用的相互推動，程氏解析說：「巽順而動，陰陽皆相應，是男女居室夫婦倡隨之常道也。」〔註130〕「應」是與「感」相配合的，有感才有應，有應必有感，感應相互轉化，相互依存。

（二）變化面：指陰陽相互變化所產生的作用，兩者相互交替，相互影響。包含陰陽互變及質量互變。亦分為三種類別加以說明。

1. 陰陽變易：即指陰陽的變換及相生。這種變換及相生，也是陰陽變化中不可或缺的重要因素。先就變換來說，陰可以變為陽，陽可以變換為陰。孫國中也指出：「變易者，陰極而陽，陽極而陰，互為其根者也。……互為其根，故其道相生而相濟。」〔註131〕所謂「互為其根」，是說陰陽互以對方為基礎的變化，陰以陽為基礎而變陽，陽以陰為基礎而變為陰。以此，陰陽兩者，相為變換，相為濟助。至於相生，荀爽就明白論証：「陰陽相易，轉相生也。」〔註132〕「相易」指陰陽互換，「相生」是說陰生陽，陽生陰。依據陰陽「相生」之理，陳夢雷就進一步解釋：「陰生陽，陽生陰，其變無窮，《易》之理如是。」〔註133〕陰陽相生，使萬物的化生，臻於無窮無盡，是易道變化的要素。另外，李震從另一角度來看陰陽變易的道理，他謂：「《易經》本文多言陰陽變化，自形上觀點看，其重要目的在於透過變化以求不變。因為沒有不變，變化沒法解釋和了解。」〔註134〕以陰陽變易以探求不變之道，是陰陽變易的另一種詮釋。

2. 陰陽依存：此言陰陽相互依賴，相互隱藏，陰必須依賴陽，陽必須依賴陰的一種互動互滲的作用。誠如〈繫辭上傳‧第六章〉所舉乾和坤的例子。

> 夫乾，其靜也專，其動也直，是以大生焉。夫坤，其靜也翕，其動
> 也闢，是以廣生焉。廣大配天地，變通配四時，陰陽之義配日月，
> 易簡之善配至德。

乾坤皆是動靜兼具，有動有靜，動中含靜，靜中含動。陰陽也是一樣，陰動則陽靜，陽動則陰靜，相互隱藏對方，也相互依賴對方。再如漢易所提出的「飛伏」體例，飛陰則伏陽，飛陽則伏陰，亦即是陰藏則陽現，陽藏則陰現，

〔註129〕見《中國哲學範疇史》，第八章，頁305。
〔註130〕同註128。
〔註131〕同註128，〈通論篇〉。
〔註132〕引見李鼎祚《周易集解》，卷十三，頁322。
〔註133〕見《周易淺述》，卷七，引見同註28，第七章，頁265。
〔註134〕同註121，第一章，頁16。

就是陰陽依存的最好說明。〔註135〕綜言之，陰陽依存的意義，在於「要求人們從陰陽兩端考察事物的性質，以免犯片面性的錯誤，如張載所說『兼體而無累』。」〔註136〕形上的本體一定是絕對的，但化生的變化，像天地、陰陽等，皆是相對的兩端，不可偏執，才是掌握變化之道的意義所在。

3. 陰陽流轉：即在一定條件之下，陰陽是可以相互轉化的。所謂一定條件是指「對立的一方發展到極處，從而走向其反面」。〔註137〕例如：

> 亢龍有悔，盈不可久也。(〈乾卦‧上九象〉)

> 陰疑於陽必戰，為其嫌於无陽也。(〈坤卦‧文言〉)

> 剝，剝也。柔變剛也。……君子尚盈虛消息，天行也。(〈剝卦‧象〉)

充分說明凡對立面發展到極至，就不得不產生轉化，變成反面。像〈乾卦‧上九爻〉，是陽剛的極點，所以必須變；〈坤卦‧上六爻〉，是陰柔的極至，所以必須變；〈剝卦〉也是一樣，五陰爻一陽爻，也是陰爻到了極點，不能再有陰爻，再有陰爻就〈坤〉，所以必須變。進而言之，這種從對立面發展到極至的轉化，可以說是由量變到質變的過程。

(三) 統一面：亦即指同一性。是指事物絕不是無對待的自身等同，而是包含著差異、對立的同一性。這概括為兩種情形：一是對待的兩個方面，如陰陽，各以和它對方，為自己存在的前提下，雙方共處於一個統一體中，並形成統一整體；二是對待的雙方，依據一定的條件，各向其相反的方面轉化。「統一」且是事物發展過程中相對靜止和穩定狀態的標誌。〔註138〕在這個前提之下，陰陽雖然是對待、衝突和相反的。然而，其目標則在於追求統一的整體。換言之，就是將陰陽對立的雙方聯繫起來。這部份亦分為三個類別予以說明。包含有陰陽相濟、陰陽和諧及陰陽合德。

1. 陰陽相濟：「濟」就是幫助的意思。是說陰陽互補互助，互資互通。陰陽相反對立，是一個必然的現象；雖然如此，但陰陽不是追求「分」，而是追求「合」，兩者之間，是相互濟助的。以〈說卦〉為例：

> 天地定位，山澤通氣，雷風相薄，水火不相射，八卦相錯，數往者

〔註135〕飛伏說創於京房，以推求陰陽，占說災異。後荀爽、虞翻諸家，用以解《易》。見戴君仁《談易》，(臺北：臺灣開明書店，民國63年)，頁56。

〔註136〕見朱伯崑〈易學中邏輯思維與辯証思維傳統〉，《中國文哲研究通訊》，第三卷第三期，頁33。

〔註137〕同上，第三卷第三期，頁31。

〔註138〕同註100，「同一性」及「統一體」條，頁548及1293。

順，知來者逆，是故《易》逆數也。(〈第三章〉)

水火相逮，雷風不相悖，山澤通氣，然後能變化既成萬物也。(〈第
六章〉)

「薄」指潛入的意思，「射」指厭棄的意思，「悖」指違逆的意思。此言八卦
彼此之間，雖相反而相成，雖對立而相濟。孔穎達詮釋「天地定位」章說：「若
使天地不交，水火異處，則庶類无生成之用，品物无變化之理，所以因而重
之。今八卦相錯，則天地人事，莫不備矣。故云天地定位而合德，山澤異體
而通氣，雷風各動而相薄，水火不相入而相資。」〔註139〕由於八卦相互之間
的聯繫、結合，才有陰陽化生的功能，使「天地人事，莫不備矣」。朱震在解
釋「水火相逮」章說：「終始萬物者，孰若六子(指雷、風、水、澤、火、山)？
然不能以獨化，故必相逮也，不相悖也，通氣也，然後能變化既成萬物。合
則化，化則神。」〔註140〕明白指出要變化萬物，就不能獨化。同時也可以看
出，八卦雖呈現對立的形態，反而有助於相濟相輔，相反相成。所謂「異性
相吸，同性相斥」，在陰陽變化之中，獲得証明。黃壽祺綜合說：「有了雷風
水火等物質的不息運動，加上其間既對立又統一的交變化合，便生成自然界
萬物。」〔註141〕八卦對立是因，統一是果，構成天地萬物的交合變化。陰陽
相濟，可說是一種「合則兩美，離則兩傷」的「中庸」哲學，偏於或獨重一
方，都是不對；惟有對立雙方，各取其長，或彼此之間相互的資濟，方是陰
陽相濟說的目的所在。因此，朱伯崑綜論說：「陰陽相濟，謂陰陽性能，相通
相資，相互補充，即相反而相成。相通謂陰陽性雖相反，但可以相交相感，
共成大業。」他並舉《漢帛書本易說》為例說，認為該書提出「陰陽、動靜、
剛柔互補說，認為陰主柔順沈靜，不動則死；陽主剛健不息，無柔德以裁之，
不死必亡。同樣，以文輔武，剛而不折；以武輔文，柔而能勝。」〔註142〕陰
陽相濟，如同動靜、剛柔、文武等一樣，是兩合而不是兩離，是對立的統一，
而不是對立的對立。

2. 陰陽和諧：陰陽的聯繫，不僅是「合」的統一，更是「和」的和諧相
處，以及協調為一。也可以這麼說，陰陽的對立是事實，然而此兩者的對立

〔註139〕見《周易正義》，卷七，頁183。
〔註140〕朱震，宋人。見《漢上易傳》，卷九，(上海：上海古籍出版社，1990)，頁
　　　　267。
〔註141〕見《周易譯註》，卷十，頁626。
〔註142〕同註136，第三卷第三期，頁33。

並不是要爭鬥，而是藉由兩股力量的相均衡，達到互補互轉，互動互透「太和」的境界。

> 乾道變化，各正性命，保合太和乃利貞。首出庶物，萬國咸寧。(〈乾卦·彖〉)

程頤解說「保」為常存，合為常和。〔註143〕朱熹解說「太和」為「陰陽會合沖和之氣也」。〔註144〕從他們注解中可以發現，陰陽是由「合」進到「太和」的境界，即是和諧沖和的狀態，有利於萬物和人類生活的安定。所以說「首出庶物，萬國咸寧」。朱伯崑則進一步分析說：「乾卦六爻皆陽，每一爻皆有自己的規定性，但各爻之間處於高度和諧的狀態，而不是逞其剛強，相互侵犯，方有利於貞正。就其哲學語言說，乾道作為天的德性，無剛暴之偏，『保合太和』，方有利於萬物和人生活的安定和繁榮。」〔註145〕陰陽和諧是就形上辯証之理而論，落實人事而言，則在於：

> 和順於道德而理於義，窮理盡性以至於命。(〈說卦·第一章〉)

所謂「和順」就是「從容无所乖違」，〔註146〕即是和諧順成之義。也說明了在人倫上，必須以道德的實踐，以印証陰陽的和諧，才能行事合誼，窮究萬物之理，達到對人生自然道理的透悟。由此可見，陰陽和諧是陰陽化生的過程中，對立狀態的協調統一。

3. 陰陽合德：這是陰陽化生的最高、最後的層次和目標。陰陽自太極的推動，天道的運作，其目的就在於陰陽合德。亦是說陰陽對立的力量之產生，並不是以衝突為主，而是以協調合一為標的。其所以有正反力量的對立，無非是藉由對立以造成力量的激盪、運動，以創造強勁的動能，作為化生的動力。

> 乾坤其易之門邪？乾，陽物也。坤，陰物也。陰陽合德，而剛柔有體，以體天地之撰，以通神明之德。(〈繫辭下傳·第六章〉)

惟有在「陰陽合德」的先決條件之下，才能乾坤化生，剛柔有體，以體察天地生成變化之事，以貫通奇妙光明之德。在歷代易學家之中，王夫之是格外強調「陰陽合德」的。其在《周易內、外傳》就不斷強調說明。〔註147〕首先，以《外

〔註143〕同註119，卷一，頁7。
〔註144〕見《周易本義》，卷一，頁60。
〔註145〕同註136，第三卷第三期，頁34。
〔註146〕同註144，卷四，頁335。
〔註147〕王夫之《周易內傳發例》說：「乙未於晉寧山寺始為外傳，……歲在乙丑，從游諸生求為解說，形枯氣索，暢論為難，於是乃於病中勉為作傳。」乙未指

傳》論，他開宗明義認爲，「一陰一陽之謂道，无偏勝也。然當其一一而建之，定中和之交，亦秩然順承其大紀，非屑屑焉逐位授才而一一之也。此天地之所以大，雖交不密、敘不察，而无損於道，則泰而已。」〔註148〕陰陽的「分」，是旗鼓相當，不分大小；而陰陽之「合」，則是追求「中和之交」，以達到陰陽合德之目的。也因此，對於陰陽的看法，絕不能以對立不相容視之，應該以互補互助，互濟互通的「合」視之。王氏又舉水火爲例，藉由水火兩種相反截然不同的物質，卻能相輔互用，以致其功；陰陽亦復如是。王氏說：「故極乎陰陽之必異，莫甚於水火。火以熯水，所熯之水何往？水以滅火，所滅之火何歸？水凝而不化，熯之者所以盪而善其化。火燥而易窮，滅之者所以息而養其窮。則莫不相需以致其功。……萬化之終協於一，以藏大始者，固不因之以價。」〔註149〕陰陽對立雖甚於水火，但水火之相需相輔，以致其功；就如陰陽協和爲一，以達造化之功的意義是一樣的。再者，陰陽雖對立，兩者雖各行其是，而其目的並非永遠判然爲二，分爲兩截。王氏詮釋〈說卦傳〉說：「天下有截然分析而必相對待之物乎？求之於天地，无有此也；求之於萬物无有此也；反而求之於心，抑未諗其必然也。」並以呼吸和燥濕比喻陰陽及剛柔，一方不能吞滅另一方，而是「相因而非反」、「相承而无不可通」。王氏接著指出：「夫陰陽者呼吸也，剛柔者燥濕也。呼之必有吸，吸之必有呼，統一氣而互爲息，相因而非相反也。以燥合燥者，裂而不得剛；以濕合濕者，流而不得柔；統二用而聽乎調，相承而无不可通也。呼而不吸，則不成呼吸；吸而不呼，則不成乎吸。燥之而剛，而非不可濕；濕之而柔，而非不可燥。合呼吸於一息，調燥濕於一宜，則既一也。分呼分吸，不分以氣；分燥分濕，不分以體；亦未嘗不一也。」陰陽如同呼吸燥濕般，不能只是陰對陰，或陽對陽，必須合陰陽爲一體，才能顯現「天地以和順而爲命，萬物以和順而爲性」，亦即所謂「合呼吸於一息，調燥濕於一宜」。析言之，陰陽的對立是化生過程之中，不得不然的必要因素；陰陽的合一，則是達到化生的目的。由此可知，陰陽是不能南轅北轍，各行其是。王氏再以「斧之斯薪，溝之疏水」爲喻，以說明陰陽決不能劈之兩斷，分而不合；而是分中有合，合中見分。「蓋陰陽者，終不如斧之斯薪，已分而烈可合；

清世祖順治十二年（1655），王氏作《周易外傳》。乙丑指清聖祖康熙二十四年（1685），作《周易內傳》。《周易外傳》較《周易內傳》爲早。見《船山易學》之《周易內傳發例》，（臺北：河洛圖書出版社，民國63年），頁642。
〔註148〕見《周易外傳》，卷四，頁122～3。
〔註149〕同上，卷四，頁130。

溝之疏水，已去而不可回；爭豆區鉌羹之盈虛，辨方四圜三之圍徑，以使萬物之性命，分崩離析，而終无和順之情。」〔註 150〕陰陽之「分」，只是表現其對立和差異；陰陽之「合」，而是表示陰陽不可分割，必須結合一體。即是王氏一再強調的「天地以和順為命，萬物以和順為性」。

　　次就《內傳》論，王氏先以〈既濟〉及〈未濟〉二卦強調陰陽交感協和於一的重要性。「易以二卦〈既濟卦〉及〈未濟卦〉終，則以見陰陽之交感，以成乎雜亂，其變之極，且至於如此。」〔註 151〕陰陽交感，臻於和合，能夠消除雜亂。就〈既濟卦〉說，「剛居剛，柔居柔，任其情之所安而據以不遷；陽暱陰而陰感陽，以為交應則為既濟。」陰陽交感並相應，則是〈既濟卦〉的成卦之道。相反而言，〈未濟卦〉雖陰陽不相應但交感，所謂「剛柔相劑，易位以求通，則相應而固相合之道，則為未濟。」〔註 152〕依此，〈既濟〉及〈未濟〉兩卦，充分表現陰陽交感合一的最佳說明。因此，其又對〈未濟卦・彖〉「雖不當位，剛柔應也」解析說：「剛者不傲，可以受陰而不驕，柔者不靡，可以交陽而不吝，寬猛相劑，刑賞相資，溫厲相節，則以感焉而通。」〔註 153〕亦指出陰陽剛柔互通互資的價值所在。另外，在〈繫辭傳〉中，其也有對陰陽合德之道，提出精闢看法，王氏說：「然陰陽充滿乎兩間，而盈天地之間惟陰陽而已矣。一一云者，相合以成，主持而分劑之謂也。无有陰而无陽，无有陽而无陰，兩相倚而不離也。隨其隱見，一彼一此之互相往來，雖多寡之不齊，必交待以成也。」〔註 154〕陰陽充滿天地之間，相反對立，也相反相成，兩者相互依賴，以顯現合成之道。也由於如此，天地之間的陰陽，無論隱或現、屈或伸、往或來，陰陽皆必須相待相成。王氏將陰陽合成之道作了進一步闡釋，並也可以看出，王氏不僅重陰陽之「分」，尤重陰陽之「合」。

　　三就《正蒙注》論，王氏再深層解釋「合」說：「合者，陰陽之始本一也，而因動靜分而為兩，迨其成又合陰陽於一也。如男陽也而非無陰，女陰也而亦非無陽，以至於草木魚鳥，無孤陽之物，亦無孤陰之物，唯深於格物者知之。」王氏認為萬物的化生，是一種先合、後分、再合的過程。先合是指陰陽的本根本來合一，後則因動靜而分為二，再由於變化萬物，則又必須合。

〔註 150〕同上，卷七，頁 206～8。

〔註 151〕見《周易內傳》，卷四，頁 445。

〔註 152〕同上，卷四，頁 438。

〔註 153〕同上，卷四，頁 446～7。

〔註 154〕同上，卷五，頁 474～5。

故知，陰陽的合德是陰陽變化的終極目標。針對此，王氏再就「氣化」的原理來論陰陽合德說：「以氣化言之，陰陽各成其象，則相爲對。剛柔、寒溫、生殺必相反而相爲仇。乃其究也，互以相成，無終相敵之理，而解散仍返於太虛。……相反相仇則惡，和而解則愛。陰陽異用，惡不容已；陰得陽，陽得陰，乃遂其化，愛不容已；太虛一實之氣所必有之幾也。」〔註155〕愛惡的分別，如同陰陽的合與分；愛是陰陽之合，而惡則是陰陽之分。然相對的分，只是一時現象，而最終則是求合，「互以相成，無終相敵之理」。

　　以上總論陰陽變化的九種類別，可以明顯瞭解，陰陽的對立，是易道形上辯証「變」的哲學之必然現象；實際上，陰陽是藉由對立實現化生的目的，以故，對立的目的在求得和諧而合一，亦即是求得對立的統一。職是之故，朱伯崑總結《周易》的陰陽觀說：「《周易》系統的陰陽觀，追求對立面的統一，以其爲事物發展的根本途徑。此種發展觀，承認對立面的對抗和鬥爭，但以其爲到達或實現更高層次和諧的步驟或手段，不以其爲目的。」〔註156〕可說是對陰陽合德之說，作了最佳詮釋；並一舉道盡了陰陽合德的道理。

　　陰陽的變化，以對立、矛盾、衝突爲出發，以和諧、合德、統一終點，但其中的發展及變化，是複雜不可捉摸的。所謂：

　　　　一陰一陽之謂道，繼之者善也，成之者性也。……極數知來之謂占，

　　　　通變之謂事，陰陽不測之謂神。(〈繫辭上傳・第五章〉)

「神」字在《周易》中，具有四種意義，一是指天神、鬼神、神靈。如「聖人以神道設教，而天下服矣」(〈觀卦・彖〉)。二是說變化神速。如「唯神也，故不疾而速，不行而至」(〈繫辭上傳・第十章〉)。三是言在思想上的深刻體悟。如「神而明之存乎其人」(〈繫辭上傳・第十二章〉)。四是論事物的變化，神妙莫測。〔註157〕「陰陽不測之謂神」就是說陰陽的變化，神妙莫測。亦即如韓康伯所論的「神也者，變化之極，妙萬物而爲言，不可以形詰者也，故曰陰陽不測。」〔註158〕可見陰陽的變化是不可知性，並是莫測高深，具有神秘性。孔穎達接著論証說：「天下萬物，皆由陰陽或生或成，本其所由之理，不可測量之謂神也。」〔註159〕陰陽變化，化生萬物，是一項複雜奇妙的工程，不可測量，這

〔註155〕見《正蒙注・太和》，引見朱伯崑《易學哲學史》，4：165 及 169。

〔註156〕同註136，第三卷第三期，頁34。

〔註157〕見朱伯崑《易學哲學史》，1：110。

〔註158〕同註117，卷七，頁47。

〔註159〕同註139，卷七，頁149。

就是《周易》所強調的「陰陽不測之謂神」。陰陽變化是經由對立、衝突而趨向融合統一，其間的變化是不可預測的。包括了必然性的部份，指陰陽對立而化生；也包括偶然性的部份，指變化之道是無法預知的。故而，張岱年要說：「由陰陽兩個方面的相互作用而引起的變化是非常複雜微妙，不可窮盡，不可完全預測的。《周易大傳》用一個專門名詞來表示變化的微妙不測，這個名詞叫『神』。《易大傳》說『陰陽不測之謂神』。」〔註160〕呂紹綱則進一步解析：「陰陽變化難以測定則是神。一陰一陽則是事物變化的必然性，陰陽不測是必然性賴以表現出來的偶然性。」〔註161〕陰陽的必然性是變化的規律，相對的，陰陽的偶然性是變化的不規律；必然性與偶然性、規律與不規律的對立和統一，衝突和融合，產生陰陽的複雜多變，不可測定。

　　陰陽的對立、變化及統一，並交互變化成各種類別；同時，展現出複雜多變的不可測和不可知性，其目的只有一個，就是產生變化，以化生萬物。《周易》已明言：

　　　　乾坤，其易之門邪？乾，陽物也；坤，陰物也。陰陽合德而剛柔有

　　　　體，以體天地之撰，以通神明之德。（〈繫辭下傳‧第六章〉）

乾和坤，其功能是化生萬物，同樣的，陰陽代表乾坤，其功能也是在化生，以達到「以體天地之撰，以通神明之德」。據此，孔穎達明白的說：「若陰陽不合，則剛柔之體无從而生；以陰陽相合，乃生萬物。」〔註162〕陰陽相合，就是生成萬物。反之，陰陽不合，僅是對立，而不相交，萬物自然不生。孔氏的陰陽化生觀，以這項理論為中心，作為其注疏的原則。如「九二，見龍在田，利見大人」（〈乾卦‧九二爻〉），疏曰「陰陽二氣，共成歲功」。「雷雨之動滿盈」（〈屯卦‧象〉），疏曰「雷雨之動，亦陰陽始交也；萬物盈滿，亦陰陽而致之」。「精氣為物，游魂為變」（〈繫辭上傳‧第四章〉），疏曰「陰陽精靈之氣，氤氳積聚，而為萬物也」。「陰陽不測之謂神」（〈繫辭上傳‧第五章〉），疏曰「天下萬物，皆由陰陽或生或成」。〔註163〕由此可知，萬物的化生，必須經由陰陽的互變、

〔註160〕見《中華的智慧：中國古代哲學思想精粹》，《周易大傳》，（上海：上海人民出版社，1992），頁67。

〔註161〕見《周易辭典》，「陰陽不測之謂神」條，（長春市：吉林大學出版社，1992），頁292。

〔註162〕同註139，卷八，頁172。

〔註163〕以上諸注疏，見於《周易正義》，卷一，頁9；卷一，頁21；卷七，頁147；卷七，頁149。

轉化，並經由陰陽的互動、交感而成。魏文帝曹丕，有見於陰陽交感而化生萬物，特別論証說：「夫陰陽交，萬物成；君臣交，邦國治；士庶交，德行光；同憂樂，共富貴，而友道備矣。《易》曰：『上下交其志同』。由是觀之，『交』乃人倫之本務，王道之大義，非特士友之志也。」〔註164〕以陰陽交為主，而衍生出許多相關的道理，包含君臣、士庶等的交往，以使邦國大治。另外，明朝的薛瑄，對於陰陽變易而化生萬物大加讚揚說：「陰陽交錯而實理流行，故曰大哉！《易》也，其性命之源乎！」陰陽二氣之交錯，是天地萬物化生的根源，不可不予以稱美。他接著又說：「《易》者陰陽之氣，交錯往來是也。而性命之理實具於氣之中，故曰《易》為性命之源。」〔註165〕「交錯往來」即是指對立、互通和聯繫，以達到統一的功用，萬物的形成，甚至人類的形成，皆是由陰陽之氣的「交錯往來」而成。另外，在〈咸卦〉也言及陰陽相合而化生的意義。

> 咸，感也。柔上而剛下，二氣感應以相與。止而說，男下女，是以亨‧利貞，取女吉。天地感而萬物化生，聖人感人心而天下和平，觀其所感，而天地萬物之情可見矣。(〈彖〉)

「二氣」雖是指澤山二氣，但澤為少女，山為少男，〔註166〕表示男女交感，亦即是陰陽交感，萬物因而化生不已。誠如〈序卦傳〉所說的：

> 有天地然後有萬物，有萬物然後有男女，有男女然後有夫婦，有夫婦然後有父子，有父子然後有君臣，有君臣然後有上下，有上下然後禮義有所錯。

萬物的化生，男女是非常重要的一環，並因之而構成整個人倫世界，使人類能夠按照一定的倫常秩序生存發展。關於「二氣」，程頤即引伸為陰陽二氣的化生作用，他說：「陰陽相交，為男女交感之義；……陰陽二氣相感相應而相和合，是相與也。」〔註167〕從以上的論述可知，陰陽的對立、變化及統一的作用，就在於化生萬物，是萬物形成的根源之一，並也是天道由體成用的變化形式之一。

接下來要論的是，陰陽是什麼？陰陽兩者之間有無尊卑、大小、和先後之分？

陰陽是什麼？就是氣。在《周易》裡，提及陰陽是氣的只有：

〔註164〕見《初學記》引《魏文帝集》，引見黃壽祺《周易譯註》，卷二，頁112～3。
〔註165〕見《讀書續錄》，卷二。引見朱伯崑《易學哲學史》，3：97。
〔註166〕〈說卦‧第三章〉說：「艮三索而得男，故謂之少男；兌三索而得女，故謂之少女。」艮為山，兌為澤。
〔註167〕同註119，卷四，頁275。

潛龍勿用，陽氣潛藏。(〈乾卦・文言〉)

履霜堅冰，陰始凝也。馴致其道，至堅冰也。(〈坤卦・初六象〉)

精氣爲物，游魂爲變，是故知鬼神之情狀。(〈繫辭上傳・第四章〉)

其中「陽氣潛藏」，明顯指出陽是氣；而「陰始凝也」，則是說陰具有氣的形式。可見陰陽是氣。而所謂「精氣」，孔穎達解析說：「精氣爲物者，謂陰陽精靈之氣，氤氳積聚而爲萬物也。」〔註168〕由此可見，陰陽是氣的觀念，在《周易》已初具雛形。並可從其中發現陰陽之氣也是萬物化生的因素之一。歷代易學家，則幾乎一致認爲陰陽就是氣。「氣」是屬於形而上的抑是形而下的？或者「氣」是最後的本根抑或是化生的過程？此可分爲二派：一派主張氣爲化生的過程或形下之用，以王弼、程頤及朱熹等爲代表；一派則主張氣爲本體，爲最高形上之根源，以張載及王夫之爲代表。〔註169〕以下謹以張載、朱熹及王夫之等三家爲代表，予以論述說明。

以張載來說：他是氣學派的易學家，不只是主張陰陽是氣，就連最高的本根——道或易，也是氣。他說：「凡不形以上者，皆謂之道。惟是有無相接與形不形處，知之爲難，須知氣從此首。蓋爲氣能一有無，無則氣自然生，是道也是易也。」〔註170〕由此則指出氣是一切的本根，並且是道是易；而道是無形，氣自然也是無形。再者，道既然是氣，陰陽是道的內容，自然也是氣，天地萬物則由陰陽的氣化過程而產生。張氏具體分析說：「氣块然太虛，升降飛揚，未嘗止息，《易》所謂絪縕，莊生所謂生物以息相吹，野馬者歟！此虛實動靜之機，陰陽剛柔之始。浮而上者陽之清，降而下者陰之濁，其感遇聚結，爲風雨、爲霜雪，萬品之流形，山川之融結，糟粕煨燼，無非教也。」〔註171〕同時，陰陽二氣的化生，是對立面的相互推移，是統一體的相互結合，

〔註168〕同註139，卷七，頁147。

〔註169〕王弼以無爲本根，氣是無的體現。他說：「天地萬物皆以無爲本。無也者，開物成務，無往而不存者也。」見《晉書》，四冊，卷四十三，(臺北：樂天書局，民國74年)，2：1236。韓康伯說：「太極者，無之稱，不可得而名，取有之所極，況之太極者也。」見《周易注》，卷七，頁50。又說：「陰陽者言其氣。」同前，卷九，頁56。程頤以道或理爲最高原則，以陰陽爲氣。他說：「離了陰陽更無道，所以陰陽者是道也。陰陽，氣也。氣是形而下者，道是形而上者。形而上者則是密也。」見《遺書・十五》，引見朱伯崑《易學哲學史》，2：259。

〔註170〕見《橫渠易說・繫辭上》，卷三，頁84。

〔註171〕同上，〈繫辭下〉，卷三，頁92～3。

必須陰陽兩者，相互轉化方可，不能有一方缺少。「體不偏滯，乃可謂無方無體。偏滯於晝夜陰陽者物也，若道則兼體無累也。以其兼體，故曰一陰一陽，又曰陰陽不測，又曰一闔一闢，又曰通乎晝夜。」〔註172〕所謂「兼體」是言陰陽兩者，不可偏一，偏一則滯，「兼體」則「無累」。準此，陰陽之氣的化生就是對立、變化以及統一的過程。

以朱熹來說，他是理學派的易學家，以理或太極為最高的化生之源，以氣為形而下之器，朱氏舉証說：「天地之間，有理有氣。理也者，形而上之道也，生物之本也。氣也者，形而下之器也，生物之具也。是以人物之生，必本此理，然後有性；必稟此氣，然後有形。其性其形，雖不外乎一身，然其道器之間，分際甚明，不可亂也。」〔註173〕理是生物之本，也是化生之本，是屬於形而上者；且寓含在萬物之中。陰陽既屬於氣的範疇，則屬於形而下之器。朱氏明白的說：「陰陽迭運者，氣也；其理則所謂道。」〔註174〕道為陰陽之上的理，氣則為道之發用，並是運轉不息的氣。而這個氣，只有一氣，陰陽雖皆是氣，不是兩氣，只是一氣之消長，長的是陽，消的是陰。「陰陽雖是兩個字，然卻只是一氣之消息，一進一退，一消一長，進處便是陽，退處便是陰，長處便是陽，消處便是陰。只有這一氣之消長，做出古今天地間無限事來。」〔註175〕又說：「陰陽只是一氣，陽之退便是陰之生。不是陽退了，又別有個陰生。」〔註176〕陰陽只是一氣，是根於理為氣之體，氣為理之用而來。歸言之，理與氣是形上形下的關係，與張載將氣歸為形上的範疇，是有極大的差異。朱氏再加說明說：「太極，形而上之道也。陰陽，形而下之器也。是以自其著而觀之，則動靜不同時，陰陽不同位，而太極無不在焉。自其微者而觀之，則沖穆無朕，而動靜陰陽之理，已悉具於其中矣。」〔註177〕更清楚的將太極與陰陽，道與器的聯繫和關係，透析說明。以此而言，朱熹雖認為陰陽是氣，但此氣已落於形下器的範疇。

以王夫之來說，他是承接張載學說，是一位氣本論的發揚者，不只是以氣為其中心思想，並以氣作為其本體論。他認為，陰陽二氣是天地萬物的本體，

〔註172〕見《正蒙・乾稱篇》，引見朱伯崑《易學哲學史》，2：333。
〔註173〕見《文集・答黃道夫》，引見同上，2：535。
〔註174〕同註144，卷三，頁287。
〔註175〕見《朱子語類》，卷七十四。
〔註176〕見《朱子語類》，卷六十五。
〔註177〕見《太極圖說解》，引見同註172，2：538。

並是天地萬物化生的根源。王氏在解釋〈繫辭上傳‧第五章〉「一陰一陽之謂道」時說：「陰陽者，太極所有之實也。凡兩間之所有，爲形爲象，爲精爲氣，爲清爲濁，自雷風水火山澤，以至蜎子萌芽之小，自成形而上以至未有成形，相與絪縕以待用之，初皆此二者之充塞无間，而判然各爲一物，其性情才質功效皆不可強之而同。」〔註178〕陰陽是氣，且是太極的實體，並是一切有形無形，爲精爲氣的本體，以及天地萬物變化的總法則。綜言一句，「凡兩間之所有」，皆是陰陽之氣所變化的。王氏再論之，「陰陽二氣充滿太虛，此外更無他物，亦無間隙，天之象，地之形，皆其所範圍也。」即是陰陽二氣充滿天地。又說：「蓋陰陽者，氣之二體；動靜者，氣之二幾。體同而用異，則相感而動，動而成象則靜。動靜之機，聚散出入，形不形之從來也。《易》之爲道，乾坤而已。乾六陽以成健，坤六陰以成順，而陰陽相摩則生六子以生五十六卦，皆動之不容已者。或聚或散，或出或入，錯綜變化，要動靜夫陰陽。而陰陽一太極之實體，唯其富有充滿於虛空，故變化日新，而六十四卦之吉凶大業生焉。陰陽之消長隱見不可測，而天地人物屈伸往來之故盡於此。」陰陽爲氣的二體就是太極，就是萬物的本根；而且，以其健動之力，不止不怠，以聚散、出入以及變化日新之作用，變化成天地萬物和《周易》六十四卦爻象。同時，陰陽之氣的化生，以其本身的健動變化，相摩相盪，或動或靜，而形成萬物的殊別差異，各歸其類。析言之，萬物由氣而生，是其同一性；然而，由於氣的變化方式不一，而產生相異性。由同一性，可瞭解其一般及普遍的共性；由相異性，可瞭解其特殊及個別的個性。因而，王氏又說：「陰陽具於太虛絪縕之中，其一陰一陽，或動或靜，相與摩盪，乘其時位以著其功能，五行萬物之融結流止，飛潛動植各自成其條理而不妄，則物有物之道，鬼神有鬼神之道。而知之必明，處之必當，皆循此以爲當然之則，於此言之則謂之道。」〔註179〕對於陰陽之氣的變化，說明得極爲透闢。

除此之外，牟宗三亦主張陰陽是氣，他將乾坤、天地和陰陽作一畫分，認爲「陰陽以氣言，天地以形言，乾坤以德言」。〔註180〕對陰陽是氣的說法又多了一個旁証。

「氣」又是什麼？這是一個值得深究的問題。氣字見於甲骨文《殷虛書

〔註178〕同註 151，卷五，頁 473～4。

〔註179〕見《正蒙注‧太和篇》，引見同註 172，4：150～1。

〔註180〕見《才性與玄理》，第四章，（臺北：臺灣學生書局，民國 82 年），頁 104。

契前編》（羅振玉編）七・三一・三「之日气有來艱」及《殷契粹編》（郭沫
若編）七七一「庚申卜今日气雨」，作「〈图形〉」。具有乞求、迄至和訖盡等的意
思。〔註181〕另外，在金文中，〈齊侯壺〉作「〈图形〉」，「洹子孟姜用气嘉命」；〈大
豐毁〉作「〈图形〉」，「不（丕）克气衣（殷）王祀」。高田忠同解釋說：「《說文》
气，雲气也，象形。隸楷多省作乞，字亦作炁。《周禮》眡祲注，煇謂日光炁
也是也。經傳皆借廩氣之氣爲之，乞字卻爲轉義與叚借義所奪。〈蒼頡篇〉，
乞謂行匃也。《廣雅釋詁》，乞求也。《春秋・僖八》，鄭伯乞盟，此皆叚借爲
匃也。匃气，古音同部。」〔註182〕由此可見，气、乞和氣等同爲一字，因時
代變遷，而被假昔爲不同的意義。段玉裁在注解「气」字說：「气氣古今字，
自以氣爲雲，气字乃又作餼，爲廩氣字矣。气本雲气，引伸爲凡气之偁。象
雲起之皃，三之者，列多不過三之意也。」〔註183〕王筠也解釋說：「气之形較
雲尙微，然野馬流木，隨人指目，故三之以象其重疊，曲之以象其流動也。」
〔註184〕可見「气」的原義，本是雲氣。

　　於是，氣在古代哲人的普遍運用之下，賦以哲學的意涵，辯証的內容，
使氣變成普遍性的範疇。誠如羅光論述的，「中國哲學裡沒有一個觀念，較比
『氣』的觀念更爲普遍，更爲廣泛，不僅是在哲學裡，就是在中華民族的生
活裡，氣字也貫徹到生活的各方面，因此，在中華民族的思想裡，氣的觀念
乃是一個基本的觀念。」〔註185〕也由於這個緣故，張立文將氣的涵義概括爲
下列八種：〔註186〕

　　（一）氣爲雲煙或雲氣。《說文解字》認爲如此。

　　（二）氣是浩然之氣和精氣。《老子》及《莊子》認爲陰陽之氣是構成天
　　　　　地萬物的本始物質；《孟子》主張浩然之氣，《管子》則主張精氣
　　　　　說。

　　（三）氣爲元氣。董仲舒和《易緯・乾鑿度》主張。

〔註181〕于省吾認爲卜辭三字既爲气，其用法有三：一爲气求之气，一爲迄至之迄，
　　　　一讀爲停止之訖。引見孫作雲〈說天亡毀爲武王滅商以前銅器〉，《文物參考
　　　　資料》，一九五八第一期，頁31。引見《金文詁林》，頁150。
〔註182〕見《古籀篇・一》，頁18。引見同上。
〔註183〕見《說文解字注》，一篇上，頁20。
〔註184〕見《說文釋例》，引見張立文《中國哲學範疇發展史》（天道篇），第五章，頁
　　　　140。
〔註185〕見《儒家形上學》，第二章，頁140。
〔註186〕見張立文《氣》，第一章，（北京：中國人民大學出版社，1990），頁1～5。

（四）氣爲無或有。王弼主張氣是無，郭象則主張氣是有。

（五）氣爲識所現之境。佛教密宗所主張。

（六）氣爲導引神氣。成玄英主張如此。

（七）氣爲太虛。李覯、王安石及張載等人所主張。

（八）氣爲電氣、質點或以太。康有爲認爲氣是電氣，嚴復則認爲是質
點，譚嗣同以爲氣是以太。

同時，張氏並將這八種氣的內涵，歸爲六種範疇：即是（一）氣是自然
萬物的本原或本體；（二）氣是客觀存在的質料或原素；（三）氣是具有動態
功能的客觀實體；（四）氣是充塞宇宙的物質媒介或媒體；（五）氣是人生性
命；（六）、氣是道德境界。那麼《周易》的陰陽之氣是屬於那一類的範疇？
應該是客觀存在的質料或原素。也就是構成萬物的原始材料。﹝註187﹞

關於陰陽之間是否有尊卑、大小及先後之分？根據《周易》的〈泰卦〉
和〈否卦〉說：

> 天地交而萬物通也，上下交而其志同也，內陽而外陰，內健而外順，
> 內君子而外小人，君子道長，小人道消也。（〈泰卦・彖〉）

> 天地不交而萬物不興也，上下不交而天下无邦也，內陰而外陽，內
> 柔而外剛，內小人而外君子，小人道長，君子道消也。（〈否卦・彖〉）

以及〈辭辭傳〉所說的：

> 天尊地卑，乾坤定矣；卑高以陳，貴賤位矣；動靜有常，剛柔斷矣
> （〈繫辭上傳・第一章〉）。

> 陽卦奇，陰卦耦，其德行何也？陽一君而二民，君子之道也。陰二
> 君而一民，小人之道也（〈繫辭下傳・第四章〉）。

明顯看出，陽爲君子、爲尊，陰爲小人、爲卑。基於此，歷代易學家就建立
以陽爲尊，以陰爲卑的思想模式以注解《周易》。例如王弼謂「陽轉進長，
陰道日消，君子日長，小人日憂，大亨以正之義也」；﹝註188﹞崔憬謂「陽爲
君子在內，健於行事。陰爲小人在外，順以聽命」；﹝註189﹞程頤謂「然陽无

﹝註187﹞張岱年說：「作爲哲學範疇，氣指構成萬物的原始材料。」見《中國哲學史方
法論發凡・開展中國哲學固有概念範疇的研究》，（北京：中華書局，1991），
頁132。

﹝註188﹞同註117，卷二，頁15～6。

﹝註189﹞引見同註132，卷四，頁76。

可盡之理，變於上則生於下，无間可容息也。聖人發明此理，以見陽與君子之道不可亡也。……夬者，陽消陰。陰，小人之道也」。〔註190〕事實上，就作用言，陽為君子、為尊，陰為小人、為卑。但就形上的本體之化生來說，則陰陽的化生是不分先後的。程頤就非常清楚的指出，他說：「道者，一陰一陽也。動靜無端，陰陽無始，非知道者，孰能識之，動靜相因而成變化。」〔註191〕所謂「陰陽無始」，是指在形上化生上，是沒有開端，沒有終結；亦即是在時間上不分先後，不能說陽為先，陰為後。他接著說：「陰陽開闔，本無先後。不可道今日有陰，明日有陽。如人有形影。蓋形影一時，不可言今日有形，明日有影，有便齊有。」〔註192〕陰陽的開闔化生，是不能分先來後到，誰大誰小的，有便齊有，如同形影不離，是同時產生的。實際上也是如此，陰陽是兩股化生的力量，是最基本的原始物質，在相互推動，相互激盪，相互轉化，相互滲透之中，並藉由運動的作用，而產生萬物。以致於陰陽兩者的化生，是一齊便有，不能分先後的。按此論點，朱熹也強調：「陰陽本無始。但以陽動陰靜相對言，則陽為先，陰為後，陽為始，陰為終。猶一歲以正月為更端，其實姑始於此耳。以前，非截然別為一段事。則是其循環錯綜不可以先後始終言，亦可見矣。」〔註193〕朱氏以一年歲月說明陰陽無始論。一年以正月為始，不能說以前的歲月是截然不同的別為一段事，只是一種循環不斷的過程。不知始於何時，亦不知終於何時，是不能分先後的。亦如同陰陽之氣，陰了又陽，陽了又陰，錯綜循環，沒有終始先後可分。朱氏是以循環論來解析陰陽化生不分先後。王夫之亦有類似的主張，他說：「一陰一陽之謂道，无偏勝也。然當其一一而建之，定中和之交，亦秩然順承其大紀，非屑屑焉逐位授才而一一之也。」〔註194〕陰陽二者，不能分大小，應是同等地位，所謂「无偏勝也」。以此，就形上本體化生的過程來看，陰陽是不分先後，更沒有尊卑、大小之分，是兩股力量一起運作的結果，在對立中轉化，在互動中融合。

最後，《周易》的陰陽觀，是要探討陰陽的形下問題，也就是陰陽在客觀事物所表現的屬性。何謂屬性？是指事物本身所固有的性質，並表示事物性質的

〔註190〕同註119，卷二，頁209～210。
〔註191〕見《易說‧繫辭》，引見朱伯崑《易學哲學史》，2：264。
〔註192〕見《遺書‧十五》，引見同上，2：270。
〔註193〕見《朱子語類》，卷九十四。引見同上，2：514。
〔註194〕同註151，卷四，頁122～3。

客觀存在，屬性不能脫離事物而存在。〔註195〕可分爲本質和根本兩種屬性，前者是指一事物之所以成爲該事物，並使該事物與其他事物區別開來；後者是指事物內部本質屬性中最本質的屬性。〔註196〕陰陽爲事物的根本屬性，是事物內部中最本質的本質之屬性。以陰論之，「陰之爲道，卑順不盈」，〔註197〕具有卑弱柔順的性質；以陽論之，「陽，剛直之物也」，〔註198〕具有剛強正直的性質。以這兩類性質爲屬性，將世上的事物劃分爲二，一種偏於陰性柔弱的，一種則偏於陽性剛直的。朱熹則概括世上的事物說：「諸公且試看，天地之間，則有甚事？只是陽與陰兩個字，看是甚麼物事，都離不得，只就身體上看，才開眼不是陰，便是陽，密挒挒在這裡，都不看得別物事。」〔註199〕析言之，就是世上之物，可歸類爲陰陽兩類屬性，不是陰就是陽，不是陽就是陰。凡是動的、熱的、在上的、向外的、明亮的、亢進的、強壯的等，稱之爲陽；凡是靜的、寒的、在下的、向內的、晦暗的、減退的、虛弱的等爲陰。〔註200〕推而廣之，有關社會的等級制度，和道德倫理的貴賤、善惡、尊卑等多方面。〔註201〕甚而在美學上，也以陰陽劃分爲兩類，陽剛之美，就是動美，包括神健、骨拙、質剛、味濃、氣盛、象巨等；陰柔之美，就是靜美，包括神清、骨秀、質柔、味淡、韻適、境靈等。〔註202〕就《周易》內容言，在陰陽範疇之下，歸類爲「天爲陽，地爲陰；日爲陽，月爲陰；暑爲陽，寒爲陰；晝爲陽，夜爲陰；剛爲陽，柔爲陰；健爲陽，順爲陰；明爲陽，幽爲陰；進爲陽，退爲陰；闢爲陽，闔爲陰；

〔註195〕同註100，「屬性」條，頁1624。

〔註196〕見黃楠森《哲學概念辨析辭典》，「屬性、本質屬性、根本屬性」條，（北京：中共中央黨校出版社，1993），頁314～5。

〔註197〕同註117，卷一，頁5。

〔註198〕同上，卷一，頁4。

〔註199〕見《朱子語類》，卷六十五。引見張立文《中國哲學範疇史》（天道篇），第八章，頁306。

〔註200〕同註100，「陰陽」條，頁709。

〔註201〕見張岱年《中華思想大辭典》，「陰陽」條，（長春市：吉林人民出版社，1991），頁836。又《黃帝田經‧稱》說：「凡論必以陰陽大義。天陽地陰，春陽秋陰，夏陽冬陰，晝陽夜陰。大國陽，小國陰；重國陽，輕國陰。有事陽而無事陰，信（伸）者陽而屈者陰。君陽臣陰，上陽下陰，男陽女陰，父陽子陰，兄陽弟陰，長陽少陰，貴陽賤陰，達陽窮陰。取（娶）婦姓（生）子陽，有喪陰。制人者陽，制於人者陰。客陽主人陰，師陽役陰，言陽墨（默）陰，予陽受陰。諸陽者法天，……諸陰者法地。）可見陰陽的屬性，作了多方面的用途。引見同註121，第七章，頁272。

〔註202〕同註121，第七章，頁312。

伸爲陽，屈爲陰；貴爲陽，賤爲陰；男爲陽，女爲陰；君爲陽，民爲陰；君子爲陽，小人爲陰」。〔註203〕這種相對的陰陽觀，對於事物的認知和瞭解，能夠從彼此的對立、變化和統一中，更加知其作用、意義和價值。並使陰陽合德的實踐上，得到充分的利用和發揮。

　　總而言之，陰陽這對天道的範疇，在《周易》「變」的形上辯証思維體系，表現出豐富充盈的意蘊。一則經由對立、變化及統一的九種類別，包括有陰陽對待、陰陽相求、陰陽交感、陰陽變易、陰陽依存、陰陽轉化、陰陽相濟、陰陽和諧及陰陽合德，最後達到陰陽不測，以展現萬物的化生功能。二則陰陽本身是氣，是無形無象的渾沌之氣，且是構成萬物客觀存在的原始材料。三則由於陰陽的屬性，剛強正直和卑弱柔順，推而廣之，成爲事物的根本屬性，使我們對於各類事物，能夠深一層的認知和瞭解。

三、動靜有常

　　動靜是天道的另一對範疇，與天地和陰陽不同的是，天地和陰陽由於本身是氣，皆是有質的實體；而動靜則不然，只是一對力量的相互作用，不具有任何的實質性。同時，動靜與天地和陰陽之間，並不是相互區隔，不相聯繫；而彼此之間則是緊密聯繫，相互作用。天可以是陽、是動，地可以是陰、是靜；且天地和陰陽藉由動靜而起變化，以產生作用，化生萬物。因此，動靜乃是天道變化過程中，不可或缺的一個環節。

　　在先秦的典籍中，《周易》和《老子》，是兩部具有形上辯証思維的著作。《周易》是貴剛主動的辯証思維，《老子》則是貴柔主靜的辯証思維。《周易》說：

　　　大哉乾乎！剛健中正，純粹精也。（〈乾卦‧文言〉）

　　　以言者尚其辭，以動者尚其變，以制器者尚其象，以卜筮者尚其占。

　　　（〈繫辭上傳‧第十章〉）

　　　爲道也屢遷，變動不居，周流六虛，上下无常。（〈繫辭下傳‧第八章〉）

充分顯示《周易》以「剛」和「動」主導整個形上辯証思維。老子則不然，一再強調「靜」和「柔」的重要性。他說：「天下之至柔，馳騁天下之至堅。」「天下莫柔弱於水，而攻堅強者莫之能勝。」〔註204〕以「柔」爲天下之至寶，

〔註203〕見朱伯崑《易學哲學史》，1：90。
〔註204〕《老子道德經》，下篇，〈第四十三章〉及〈第七十八章〉，頁27及46。

無堅不摧，無敵不克。因而，《呂氏春秋》說：「老耽貴柔，孔子貴仁。」〔註205〕
尤可見「柔」對老子學說的重要性。再者，老子又說：「致虛極，守靜篤，萬物
並作，吾以觀復。夫物芸芸，各復歸其根，歸根曰靜，是謂復命，復命曰常，
知常曰明，不知常，妄作凶。」又說：「重爲輕根，靜爲燥君。」〔註206〕「靜」
也是老子的重要主張之一。

　　《周易》雖以主動爲重點，但對靜並不忽視，主張動靜兩者必須結合，
才能發揮作用。偏於任何一方，都是美中不足的。

　　　動靜有常，剛柔斷矣。（〈繫辭上傳・第一章〉）

　　　夫乾，其靜也專，其動也直，是以大生焉。夫坤，其靜也翕，其動
　　　也闢，是以廣生焉。（〈繫辭上傳・第六章〉）

動靜是一對相反相成，互應互動的範疇，並在相互運動和作用之下，才能產
生一切的功能。所以，動靜是既對立又統一的相對作用。

　　「動」字在《周易》出現六十次，「靜」字出現六次。動靜的意義，先就
字源論，「動」字已在第三章第三節「變」與「動」的關係中說明。關於「靜」
字，甲骨文未見，金作 ，「大從（縱）不靜」（〈毛公鼎〉）、 「 靜于
猷」（〈克鼎〉）、 「靜女敬魯王休」（〈免盤〉）等。吳大澂釋靜說：「 不爭
也。从爭从清省。古爭从 ，上以爪按其力，下以手承之，象三人相爭形，〈毛
公鼎〉。」〔註207〕此是以不爭來解釋「靜」字。《說文解字》說：「靜，宷（審）
也，从青爭聲。」〔註208〕此義已不被用。張文虎也認爲「靜」是不爭之意，
他說：「靜字从爭，以相反爲義，靜則不爭矣。」〔註209〕可知「靜」字本義就
是停止不爭的意思。

　　至於「靜」的哲學意涵又是什麼？是指事物運動在一定的階段上，質的相
對穩定和平衡狀態。此時，「靜」是處於量變，而沒有發生質變。而任何的「靜」
都是有條件的、暫時的、過渡的及相對的。以此，所謂「靜」的相對性是指：

　　（一）是指在一定條件下，特定事物及其一定層次結構的靜止，而不是
　　　　　一切事物及其一切層次結構整體的靜止。

〔註205〕見〈審分覽・不二〉，卷十七，頁213。
〔註206〕同註204，上篇，〈第十六章〉及〈第二十五章〉，頁9及15。
〔註207〕見〈說文古籀補〉，頁27。引見《金文詁林》，頁898。
〔註208〕五篇下，頁218。
〔註209〕見《舒藝室隨筆・論說文》，引見張立文《中國哲學範疇史》（天道篇），第九
　　　　章，頁319。

　　（二）是體現事物運動中，個別的特殊的運動形式，而不是指事物中所
　　　　有的普遍的運動形式。

　　（三）對任何事物，靜止都是暫時的運動形式，而不是永恒的運動形式。
　　　　〔註210〕

　　再者，動靜這對範疇所具有的涵義何？在《周易》中表現的形式又是如
何？

　　在涵義方面，據張立文在《中國哲學範疇發展史》（天道篇）指出，可分
爲三點：

　　（一）動靜是指事物的運動和靜止。動是指事物本身的能動性，靜是指
事物自身所具有的穩定不變動性。如〈繫辭上傳・第一章〉說：

　　　天尊地卑，乾坤定矣。卑高以陳，貴賤位矣。動靜有常，剛柔斷矣。

其中「動靜有常」是說：「天陽爲動，地陰爲靜，各有常度，則剛柔斷矣。動
而有常則成剛，靜而有常則成柔，所以剛柔可斷定矣。」〔註211〕天性本健，
具有能動性，是以剛健不息；地性本順，具有厚德載物的功能，是穩定不變
動的。是故，此項涵義，就《周易》說，是指天地的運動和靜止。

　　（二）動靜是指事物的變化和寂靜。變化包括漸變和頓變的質量互變，
即是顯著和不顯著的變化。寂靜是指事物寂然不動，維持原來的面貌。如〈繫
辭上傳・第六章〉說：

　　　夫乾，其靜也專，其動也直，是以大生焉；夫坤，其靜也翕，其動
　　　也闢，是以廣生焉。廣大配天地，變通配四時，陰陽之義配日月，
　　　易簡之善配至德。

乾坤以動靜化生萬物，無論是乾以靜專動直，或者坤以靜翕動闢，都是經過
陰陽變化，這其中包括漸變和頓變的質量互變之「動」，也有寂然不動，以呈
現自身的面貌之「靜」。是以，此項動靜的涵義，就《周易》說，是指萬物化
生的變化和寂靜。

　　（三）動靜是指事物的進程和終止。進程是說事物在時空中發展，包含
現在、過去和未來。而終止是指進程的發展是分階段的、分時期的。〔註212〕
如〈艮卦・象〉說：

〔註210〕見馮契《哲學大辭典》，「靜止」條，頁1694。
〔註211〕見孔穎達《周易正義》，卷七，頁143。
〔註212〕見第九章，頁320～1。

時止則止，時行則行，動靜是不失其時，其道光明。

是說「凡物之動息，自各有時運，用止之法，不可爲常，必須應時行止，然後其道乃得光明也。」〔註213〕時行就是事物的進程，必須應時而行，當然「時」是一種偶然的現象，不是必然的情形；然而此進程，則包含現在、過去以及未來的發展，並在時空中進行。而其中的時止，是說在進程當中的分階段、分時期的進程，並不是停止而不動。也就是說，進程是目標，停止只是暫時性的，最終還是要前進的。是而，此項動靜，就《周易》論，就是指事物的進程和終止。

職此之故，張立文所分析動靜的三項涵義，皆和《周易》有密切的關聯。

其次，動靜在《周易》中表現的形式又如何？亦可分三方面說明，即是動靜對待、動靜相依和動靜對待的統一。

一是動靜相待。動靜是相對的正負力量，相互對立，相互衝突，相互排斥，相互矛盾。張載在《橫渠易說》謂：「屈伸、動靜、終始各自別。」又謂：「寒暑之往來，屈伸、動靜兩端而已。」〔註214〕動靜如同屈伸、寒暑以及終始般，是分爲兩端，相互對待。並在對待之中發生作用。張氏再謂：「闔戶，靜密也；闢戶，動達也。」〔註215〕動靜又像開門和閉門般，也是一種相反的對立。另外，朱熹也對動靜對待提出精闢的看法，他說：「動靜二字，相爲相待，不能相無，乃天理之自然，非人力所能爲也。若不與動對，則不名爲靜；不與靜對，則亦不名爲動矣。」〔註216〕動靜相待，是非常自然的道理，且也是在相對待之時，才顯出動靜的差異性，即「若不與動對，則不名爲靜；不與靜對，則亦不名爲動矣」。可見動靜對待是動靜表現的形式之一。

二是動靜相依。動靜雖是對立的，但並不排擠對方，而是必須相互依賴，相互合作，才能發揮作用。亦即是說，在動靜這個範疇，一方必須依賴另一方，動必須與靜搭配；同樣的，靜沒有動也不能生存。誠如劉培育所論証的：「動靜相爲依賴，缺一不可，每一方的存亡都必須以它方的存在爲前提。」〔註217〕由此可見動靜的互動性。基於此種認知，羅光亦有相同的看法，他說：「動靜兩

〔註213〕同註211，卷五，頁116。

〔註214〕見〈坤卦〉及〈咸卦〉，卷一及二，頁11及38。

〔註215〕見《正蒙·大易篇》，引見同註209，第九章，頁342。

〔註216〕見《朱文公集·答胡廣仲》，卷四十二。引見葛榮晉《中國哲學範疇導論》，第十章，（臺北：萬卷樓圖書有限公司，民國82年），頁238。

〔註217〕見《中國古代哲學精華·天道篇》，（蘭州市：甘肅人民出版，1992），頁104。

種原力，不是完全互相分離的，不像兩種互相繼續的東西前一種完了，纔有後一種，後一種完了，又有前一種。動靜陽陰，互相消長。動中有靜，動消息時，靜長成；靜中有動，靜消息時，動長成。如是，陽中有陰，陰中有陽，一消一長，跟《易》卦的變化一樣。」〔註218〕動靜的變化，是互相消長，而不是互相消息，動完了才有靜，或靜完了才有動，就與《易》卦的變化一樣，有陰陽動靜的變化。程頤的動靜觀，也是主張動靜相依的，他認為：「靜中便有動，動中便有靜。」〔註219〕「靜中有動，動中有靜，故曰動靜一源。」〔註220〕動靜是一源，主要在於動中有靜，靜中有動，且動靜相因，動靜相輔，才能成變化。程氏謂：「道者，一陰一陽也。動靜無端，陰陽無始，非知道者，孰能識之。動靜相因而成變化，順繼此道，則為善也。」〔註221〕「動靜相因，動則有靜，靜則有動。」〔註222〕可見動靜是一對互為聯繫，相互貫通的範疇。再論，朱熹也說：「靜中有動，動中有靜，靜而能動，動而能靜，陽中有陰，陰中有陽，錯綜無窮是也。」動靜兩者，互為滲透，互為轉化。又說：「陰靜之中，自有陽動之根；陽動之中，又有陰靜之根。動之所以必靜者，根乎陰故也；靜之所以必動者，根乎陽故也。」〔註223〕動靜與陰陽是互為其根，動靜並由於陰陽的變化，而相互變動。因此，朱氏對動靜作一結論說：「動之不能無靜，猶靜之不能無動也。」〔註224〕動靜二者，是不能偏勝，有動無靜，或有靜無動。王夫之提出「動靜相函」說，以表明動靜相互依存的關係。然而，此說的先決條件是在陰陽之下的動靜，即是陰陽是體，動靜是用。王氏說：「動靜者，陰陽交感之幾也。動者，陰陽之動，靜者，陰陽之靜也。其謂動屬陽，靜屬陰者，以其性之所利而用之所著者言之爾，非動之外无陽之實體，靜之外无陰之實體，因動靜而始有陰陽也。故曰動靜无始，言其有在陰陽之先也。」〔註225〕陰陽實體，且在動靜發生之先，是以動靜是陰陽之用。又在《周易內傳·發例》指出：「非初無陰陽，因動靜而始有也。今有物於此，運而用之則曰動，置而安處之則曰靜。然必有物也，以效乎動靜。太極無陰陽之實體，則抑何所運而何所置邪？……陰陽也

〔註218〕見《儒家形上學》，第二章，頁87。
〔註219〕見《二程遺書》，卷七。引見張其成《易學大辭典》，「動靜相因」條，頁311。
〔註220〕見《河南程氏粹言·論道》，引見同註217。
〔註221〕見《易說·繫辭》，引見朱伯崑《易學哲學史》，2：264。
〔註222〕見《易程傳》，卷六，頁466。
〔註223〕見《朱子語類》，卷九十四。
〔註224〕見《朱文公集·答張欽夫》，卷三十二。引見同註209，第九章，頁345。
〔註225〕見《周易內傳》，卷五，頁474。

動必靜,而動靜者,陰陽之動靜也。」〔註226〕明顯提到,動靜是陰陽之動靜,陰陽在先,動靜在後。由於如此,王氏主張的「動靜相函」,是在陰陽之下的動靜相函。他說:「夫行止各因時以為道,而動靜相函,靜以養動之才,則動不失靜之體。故聖人之心,萬感皆應,而保合太和,陰陽各協於一。」〔註227〕所謂「動靜相函」,王氏進一步分析說:「方動即靜,方靜旋動,靜即含動,動不舍靜,善體天地之化者,未有不如此者也。」動靜是一對相互依存的形上辯証,動靜互融互合。基於此,他接著指出:「陽含靜德,故方動而靜。陰儲動能,故方靜而動。」〔註228〕陰陽也藉由動靜,而產生變化。但陰陽並非動靜偏勝,而是陰陽各自有動靜。王氏對於動靜相依又說:「靜以居動,則動者不離乎靜,動以動其靜,則靜者亦動而靈。」〔註229〕有動有靜,才能能動能靜。也因此「動而不離乎靜之存,靜而皆備其動之理。」〔註230〕反過來說,如果只偏於一方,無論是動或靜,皆會違反事物變化的本質,並會造成變化的停滯。所謂「靜則廢動,皆違性而失其神也。」〔註231〕因而,王氏一再強謂:「動靜互函,以為萬變之宗。」〔註232〕動靜的相依相函,相生相成,是一切變化之源。依於此,動靜相依,是動靜變化的重要形式之一,更是動靜在變化過程中的重要一環。

　　三是動靜對待的統一。對待是相對衝突的,而統一則是和諧合一的,兩者既對立又相融,既相反又相成。是一種形上的辯証思維。張載除認為動靜對待之外,也主張動靜必須由對待以達到統一,並以剛柔比擬動靜,其曰:「今以剛柔言之,剛何嘗無靜,柔何嘗無動。坤至柔而動也剛,則柔亦有剛,靜亦有動。」〔註233〕其中「坤至柔而動也剛」,出於〈坤卦・文言〉,由於坤有剛有柔,有動有靜,顯現對立,互為滲透,致使剛柔動靜的和諧一致。他再言:「天行何嘗有息?正以靜,有何期程?此動是靜中之動,靜中之動,動而不窮,又有甚首尾起滅?」〔註234〕動靜的對立,是期待動靜的統一;亦即是動靜二者相互蘊含,互為其根,使動中含靜,靜中含動,才能動靜變化,無

〔註226〕見《船山易學》之《周易內傳・發例》,頁617。
〔註227〕同註225,卷四,頁367~8。
〔註228〕見《思問錄・外篇》,引見同註209,第九章,頁349。
〔註229〕見《張子正蒙注・太易篇》,卷七,引見同上。
〔註230〕同上,〈誠明篇〉,卷三,引見同上。
〔註231〕同上,〈乾稱篇下〉,卷九,引見同上。
〔註232〕見《周易外傳》,卷四,頁103。
〔註233〕見《橫渠易說・坤卦》,卷一,頁11。
〔註234〕同上,〈復卦〉,卷一,頁29。

窮無盡。朱熹也是除了主張動靜相依之外，也體認動靜對待的統一之重要性，他在答〈胡廣仲〉的信中指出：「動靜二字，相爲對待，不能相無，乃天理之自然，非人力之所能爲也。若不與動對，則不名爲靜；不與靜對，則亦不名爲動矣。」〔註235〕明白的指出，動靜在相待之中，必須相爲聯繫以及結合的重要性。同時也指出對立的同一性，即是在動靜之間的相互同一；換言之，動靜的每一方，都只有在與它相對立的另一方的聯繫中，才能獲得自身的規定，並通過對方的映現而使自身獲得認定。亦是說動靜的展現，是由於對方的展現才能展現。具體的說，有動才能顯現靜，有靜才能顯現動。而且，失去了對方，就不能展現其同一性，也就失去了變化作用。綜合而言，動靜對待的統一，是在絕對對立，相互衝突之下，爲產生變化的最主要作用，也是動靜作用和變化形式的最主要目的。

　　動靜的變化，並不是盲動，沒有任何方向的「亂變」。而是遵循一定的常軌和規律，並依照常軌和規律而變化。因而動靜的變化是有其規範性和規律性。〈繫辭上傳〉說：

　　　　動靜有常，剛柔斷矣。（〈第一章〉）

其中的「常」，就是指規律性，意思是說天動地靜有一定的規律。〔註236〕孔穎達分析說：「天陽爲動，地陰爲靜，各有常度，則剛柔斷矣。動而有常則成剛，靜而有常則成柔，所以剛柔可斷定矣。若動而无常則剛道不成，靜而无常則柔道不立，是剛柔雜亂。動靜无常，則剛柔不可斷定矣。」〔註237〕李光地也說：「天動地靜，山動水靜，固有常矣。」〔註238〕天地、剛柔也是在動靜有常之下而形成，反之，若動靜沒有常度，雜亂無章，則剛柔也無法「斷定」。可見動靜與剛柔是互爲因果關係，動靜爲因，剛柔爲果。張立文說：「動按一定的規律，便成剛；不按一定的規律，剛道不成；靜按一定的規律，便成柔，否則便柔道不立。這裡雖然是講天地動靜關係，但也可以說是一個普遍的原則。」〔註239〕由此可知，「動靜有常」就是一個普遍的規律。此外，張載以道的運動來說明動靜之「常」，他說：「一動一靜，是道之常，專於動靜則偏矣。」又說：「動靜有

〔註235〕見《朱文公集》，卷四十二。引見同註209，第九章，頁345。

〔註236〕見蕭元《周易大辭典》，「動靜有常」條，（北京市：中國工人出版社，1992），頁176。

〔註237〕同註211，卷七，頁148。

〔註238〕見《周易折中》，卷十三，頁955。

〔註239〕見《中國哲學範疇史》（天道肩），第九章，頁334。

常，不牽制於物也。」〔註240〕動靜是相對待的變化，不能偏於一方，這就是動靜之「常」。職是之故，動靜變化，是一種具有「常」道的變化原則。

　　動靜的變化，無論是對待、相依和對立的統一，其目的為何？

> 夫乾，其靜也專，其動也直，是以大生焉。夫坤，其靜也翕，其動
> 也闢，是以廣生焉。(〈繫辭上傳‧第六章〉)

動靜的變化，就是推動乾坤的運作，乾以靜專動直，坤以靜翕動闢，是以能大生廣生。〔註241〕綜言之，動靜就是化生的正反力量。進言之，動在運動過程之中，是一種顯著的變化，突破了原有的度量界限，就是一種質變的過程；而靜則是指在運動之中，在一定階段的質之穩定性和平衡狀態，即是發生量變。〔註242〕動靜即是在推動乾坤的化生運作，發生質量互變。使萬物在同一性之中，顯現差異性；在差異性之中，又能表現動靜互動的作用。依乎此，天道的化生，動靜是具有絕對性的推動力。

　　動靜既然是推動力，那麼靜也應當是一股動能，而非絕對的靜止。依照《周易》「變」的形上辯証思維體系，太極是由「變」的中介而化生萬物，「變」就包括了變動的動能，是一個「動」的狀態。經由太極變化的天道，其「變」的原素是健，也是一股變動的動能，亦是一種「動」的狀態。所以，就「變」的形上辯証思維而言，「動」是具有絕對性，萬物的化生是一個「動」的哲學。之所以有靜，是指動的相對性而言，本身仍是動。就動靜兩者來說，靜是動的一種狀態，動靜是指動的快慢。以此，「絕對的靜止，無條件的平衡是不存在的」。〔註243〕這種形上化生的「動」論，王夫之體會深刻，他在本體論上即

〔註240〕同註233，《繫辭上》，卷三，頁70及82。

〔註241〕林希元說：「乾坤，萬物之父母也。乾坤各有性氣，皆有動靜。乾之性氣，其靜也，專一而不它；惟其專一而不它，則其動也，直遂而無屈撓；惟直遂而無屈撓，則其性氣之發，四方八表，無一不到，而規模極其大矣，故曰大生焉。坤之性氣，其靜也，翕合而不洩；惟其翕合而不洩，則其動也，開闢而無閉拒，則乾氣到處，坤皆有以承受之，而度量極其廣矣，故曰廣生焉。乾坤，即天地也。大生廣生，皆就乾坤說。」(見《周易折中》，卷十三，頁898。)由此可見，乾坤藉由動靜的對立力量，而化生萬物，大生廣生。

〔註242〕劉培育說：「動是指事物在運動過程中，突破了原有度量界限，發生質變。」(見《中國古代哲學精華‧天道篇》，頁98。)可見「動」是一種質變。又《哲學大辭典》說：「(靜止是指)事物運動在一定階段上的質的相對穩定和平狀態，即處於量變階段，沒有發生質變。」(見「靜止」條，頁1694。)可見「靜」是一種量變。

〔註243〕見《馬克斯恩格斯選集》，第三卷，頁101。引見同註210，「靜止」條，頁

強調「動」是一切化生的根本。

王氏說：「動者，道之樞，德之牖。」〔註244〕明顯表示，動是一切萬事萬物發展的樞紐，也是瞭解事物本質的門戶。又說：「太虛者，本動者也。動以入動，不息不滯。其來也因而合之，其往也因往而聽合。」〔註245〕太虛是本，永恒的動，不息不止。因之，陰陽二氣亦是動，靜也是動。而萬物的化生，也是經由陰陽二氣之動所成，「二氣之動，交感而生，凝滯而成物我之萬象」。〔註246〕由此，王氏認為動固然是動，靜也是動，稱之「靜動」。他一再表示：「靜者靜動，非不動也。」「靜者，動之靜也。」並進一步說明：「太極動而生陽，動之動也；靜而生陰，動之靜也。廢然無動而靜，陰惡從而生哉！一動一靜，闢闔之謂也。由闢而闔，由闔而闢，皆動也。廢然之靜，則是息矣。至誠無息，況天地乎！維天之命，於穆不已，何靜之有？」〔註247〕化生的本根太極是動，所以化生的過程也是動；而靜是指動之靜，無論由闢至闔，由闔至闢，皆是動而無靜。天地也是如此。若無動只有靜，則化生就息滅了。再者，「夫天地之所以行四時生百物，互古今而不息者，皆此動之一幾相續不含，而非窅然而清，塊然而寧之為天地也。」〔註248〕王氏以動主導一切，是一位主動論者，萬物的化生，既然是由動而成，天地是萬物之一，其行四時，生百物自然也是以動為主。因此，行動是動，停止也是動。「止而行之，動動也；行而止之，靜亦動也」。〔註249〕並且王氏認為，靜是依動的，動是不靠靜的，「是靜因動而得常，動不因靜而載一」。〔註250〕動具有絕對性，就相對性來說，才有靜的存在。最後，王氏對動靜觀下一個結論說：「此動字不對靜字言，動靜皆動也。由動之靜，亦動也。」〔註251〕動固然是動，靜也是動，天地的化生，就一個「動」字了得。

天道的主動說，以及王夫之的靜動論，就現代科學的理論証明，是合乎科

1694。
〔註244〕同註232，卷六，頁174。
〔註245〕同上，卷六，頁183。
〔註246〕見《張子正蒙注・太和篇》，引見同註210，「靜者靜動」條，頁1694。
〔註247〕見《思問錄・內篇》，引見同註203，4：217。
〔註248〕同註225，卷二，頁183。
〔註249〕同註246，引見同註217，《天道篇》，頁107。
〔註250〕同註232，卷二，頁53。
〔註251〕見《讀四書大全說》，二冊，卷十，（臺北：河洛圖書出版社，民國63年），2：1284。

學實証的。先以相對論來解析：物體既有靜質量和動質量，又有靜能量和動能量。靜能量就是物體處於靜止狀態時所具有的能量，是除物體整體的宏觀移動能之外的能量。它的存在，表明物體即使在整體上處於相對靜止的狀態，仍然具有其內在固有能量所表徵的內部活動。同時，量子力學也指出，原子處於相對穩定狀態，其中的原子核和電子，也始終存在著吸引和排斥的矛盾運動；原子核處於相對穩定狀態，而其中的質子與中子，亦始終存在著吸引和排斥的矛盾運動。〔註252〕經此論証，動是絕對的存在，靜是相對的存在。

　　動靜既然是相對的，兩者是否與陰陽一樣不分先後？

　　動靜既然是對立的統一，兩股力量相激相盪所產生的變化作用，在變化時缺一不可，自然不可能有先來後到之分。如果有分，則不能成變化作用。基於這種形上思維辯証，動靜是不能分先後的。程頤就針對此，有初步雛形的見解，他說：「道者，一陰一陽也。動靜無端，陰陽無始，非知道者，孰能識之，動靜相因而成變化。」〔註253〕動靜是無始無終，不分時間先後，並且動靜也須相互配合，有動有靜，同時呈現，才能發生變化。朱熹根據周敦頤「太極動而生陽，靜而生陰」，恐人誤解有先陽後陰的說法，予以解釋說：「今以太極觀之，雖曰動而生陽，畢竟未動之前須靜，靜之前又須是動，推而上之，何自而見其端與始。」動靜是一個循環過程，動靜相因而生，相輔而成，不能分孰先孰後，孰終孰始。朱氏又說：「太極動而生陽，靜而生陰，非是動而後有陽，靜而後有陰，截然為兩段，先有此而後有彼也。」太極的化生，是陰陽共現，動靜俱生，不能截然分為兩段，以陽動為先，陰靜為後。故而，朱氏下一結論說：「只太極之動便是陽，靜便是陰，方其動時，則不見靜；方其靜時，則不見動。」〔註254〕太極的陰陽動靜，只是就其顯現的狀態來說，動是陽，靜是陰；事實上，動靜是不能分先後的。朱氏並再度強調說：「動靜無端，陰陽無始，本不可以先後言，然後中間截斷言之，則亦不害其有先後也。」〔註255〕對於動靜觀，朱氏「把動與靜的對立統一看成是永恒的、絕對的」。〔註256〕動靜的對立，不分先後，才能有生成變化的發生，否則，一先一後，一早一晚，何能變化？準此，就形上辯証「變」的思維體

〔註252〕同註210，「靜止」條，頁1694。
〔註253〕同註203。
〔註254〕同註223。
〔註255〕見《朱子文集·答王子合》，引見朱伯崑《易學哲學史》，2：564。
〔註256〕葛榮晉語，見《中國哲學範疇導論》，第十章，頁238。

系來論，動靜是生則共生，往則共往。要變，動靜的運作俱變；要化，動靜的功能同化。

　　總而言之，動靜在天道的範疇之中，不是實質性的，而是一對力量的相互作用。其以動靜對待、動靜相依以及動靜對立的統一等三種不同的形式，以產生變化。而其變化作用的目的，就是推動天道天地、陰陽的化生。同時，由於太極的變化，是由變動的動能的「動」而生；天道的化生，也是依靠健動的「動」而生。以故，動靜之「靜」，並非指靜止，而是指一種靜動，也是動，只是動的不同狀態。是以動靜是天道化生作用不可或缺的一環，並由動靜的變化作用，更可彰顯《周易》形上辯証「變」的哲學之完備。

第三節　「變」的特點

　　天道的變，是以健為原素，也是天道的化生的動能。經由天地絪縕、陰陽合德及動靜有常的形式，以相互對立轉化，相互統一融合，致使天道的化生功能，能夠生生不竭，永續發展。然而這種經由健動的動能，以及天地、陰陽和動靜的對立轉化，所形成的化生作用，其顯現的變化特點有普遍性、無限性、同一性、無形性、運動性和規律性等。

一、普遍性

　　「普」是指全面和廣大的意思，「遍」是指到處和滿佈的意思。所謂「普遍」是指存在面很廣或具有共同性的意思。〔註257〕同時，普遍性是反映事物共同特有的屬性，其外延包括一類對象的每一個個別對象，〔註258〕亦即是這類事物，是不分大小高低、長短等，皆具有這項屬性。同時，事物之間，可以相互聯繫，彼此相互依賴和統一。進一步分析，普遍性就是指全體的事物，皆具有同一屬性，並相互聯繫、生存以及發展。就天道言，天道的化生是無私覆的，就像天地、日月般，普遍而且全面的化生，不分厚彼薄此，更不分親疏遠近。所以《周易》說：

　　　　見龍在田，德施普也。（〈乾卦・九二象〉）

　　　　夫大人者，與天地合其德，與日月合其明，與四時合其序，與鬼神

〔註257〕見《哲學概念辨析辭典》「普遍、共性、一般」條，頁308～9。
〔註258〕見《哲學大辭典》「普遍概念」條，頁1591。

合其吉凶。(〈乾卦·文言〉)

其中「德施普」，以及與天地、日月的相配，皆說明天道的化生之普遍性，如同道德的沐化，是「溥博如天，淵泉如淵，見而民莫不敬，言而民莫不信，行而民莫不說，是以聲名洋溢乎中國，施及蠻貊。舟車所至，人力所通，天之所覆，地之所載，日月所照，霜露所隊，凡有血氣者，莫不尊親，故曰配天」，[註259] 普遍全面的，不遺隙漏。由此而言，天道具有普遍性的特點。

二、無限性

所謂「無限」，是就萬物的化生而言，是指事物在時間上和空間上的普遍性、永恒性及絕對性。以時間來說，是說時間上的無限持續，可分為質和量兩方面。在量方面，存在著無限長期性；在質方面，表現無限交替，並表現在物質系統新類型以及新運動形式的不斷的產生，這種產生方式也是無限的發展過程。以空間來說，也是無限延伸擴展的，從宇宙中任何一點出發，向前後、左右、上下延伸下去，都永遠不會到達盡頭。也可分為質和量兩方面。在量方面，表現無限延伸；在質方面，表現無限的差別性和多樣性。再就每一個體而言，在一定的時間和空間之內具有有限性，但其又有變化和發展的無限潛能，並有內部和外部無數聯繫和不可窮盡的特徵和結構層次，也具有無限性。因此，無論是萬物的化生，或個別個體，都是具有無限性；而要認識無限，必須透過有限，才能把握無限。[註260] 天道的無限性，是表現在萬物化生的無窮盡，以及變化發展的無窮盡。也就是一個「生」和一個「神」字。因此，天道具有無限性的特點。

天地之大德曰生。(〈繫辭下傳·第一章〉)

陰陽不測之謂神。(〈繫辭上傳·第五章〉)

所謂「生」，是指萬物化生在時間上及空間上的無限持續和無限延伸，沒有盡頭，沒有窮盡。「神」是指萬物的化生，由於動力的推動，不斷產生新運動形式，以及新類型，致造成事物的多樣性、差別性和複雜性。以故，《周易》以「神」字表示。

[註259] 見〈中庸〉，第三十一章，《中庸章句》，頁15。

[註260] 見《哲學概念辨析辭典》「無限、無窮」條，頁27；《哲學大辭典》「有限與無限」條，頁523～4；《中國大百科全書》(哲學)「有限與無限」條，2：1121～2。

三、同一性

謂所「同一性」，是指相對雙方的一致或共同。任何相對的統一體，所以能夠彼此結合在一起，就是它們之間具有某種一致性。然而這種辯証的同一性，不是事物自身無差別的等同，也不是從外在的比較之中得到的共同性，而是指對立之間的相互同一。落實的說，相對的每一方，只有在與它相對立的另一方發生關聯時，才能獲得自身的認定，並通過對方的映現而使自身獲得認定；也因此，每一方如果失去對方，就無法表現同一性。以故，同一性必須在對立相反之中才能產生，包含著對立和差異。〔註261〕就天道言，天地、乾坤、陰陽和動靜的變化就具有同一的性質，這些都是對立的相反體，在相互對立時，才能顯現相互之間的共同性或一致性，並使自身獲得認定。也因此，天與地、乾與坤、陰與陽、動與靜，任何一方都不能失去對方，如果失去對方，就不能顯現辯証的同一。誠如《周易》說：

> 天地絪縕，萬物化醇，男女構精，萬物化生。(〈繫辭下傳‧第五章〉)

> 乾坤，其易之縕耶？乾坤成列，而易立乎其中矣；乾坤毀，則无以見易；易不可見，則乾坤或幾乎息矣。(〈繫辭上傳‧第十二章〉)

> 昔者聖人之作易也，……觀變於陰陽而立卦。(〈說卦‧第一章〉)

> 動靜有常，剛柔斷矣。(〈繫辭上傳‧第一章〉)

從以上可知，天地、乾坤、陰陽和動靜，皆是在雙方對立、衝突、互動之下，才能表現其功能，並使雙方得到一致。所以，同一性是由於自身內部的相對性，在其存在的每一瞬間既是與自身的同一，又是與他物的同一。「也因為這樣，事物才有運動、變化和發展，並最終轉化為別的事物」。〔註262〕所以，天道具有同一性的特點。

四、無形性

所謂「無形」，是指天道的化生，無法經由觸摸感受而瞭解。此是說「視之不見，聽之不聞，循之不得」。〔註263〕天道是由天地、陰陽及動靜等變化作

〔註261〕見《哲學概念辨析辭典》「同一、統一」條，頁98；《哲學大辭典》「同一性」條，頁548；《中國大百科全書》(哲學)「矛盾的同一性」條，1：598～9。

〔註262〕見《中國大百科全書》(哲學)「具體的同一性」條，1：385。

〔註263〕《易緯‧乾鑿度》說：「視之不見，聽之不聞，循之不得，故曰易也。」卷上，

用，以產生化生。其中天地和陰陽，皆是指氣而言，氣由無形無體，不可見聞，變化成爲有形，成爲具體的物象。張立文說：「氣作爲一種極細微的物質現象，是形質未具的渾沌，經凝聚而成有形象的事物。」〔註264〕氣在形質未具之時，是無形無象，無法觸摸感覺；等到經由凝聚，才具有形象。而無形又是有形化生的基礎，先有無形，才有有形。以此，《淮南子》謂：「夫無形者，物之大粗也。無音者，聲之大宗者。……無形而有形生焉，無聲而五音鳴焉。」〔註265〕可見化生的過程，先無形，後有形。另在《易緯·乾鑿度》亦提及一段萬物化生的過程，先有氣，後有質。其曰：「有太易、有太初、有太始、有太素也。太易者，未見氣也。太初者，氣之始也。太始者，形之始也。太素者，質之始也。」〔註266〕由未見氣，到經由氣、形、質的變化過程，道出了萬物的化生順序。準此，天道具有無形性的特點。

五、運動性

就「運動」說，是指一般的變化，包括一個事物的生成與自身不同的事物，整個過程方面的變化。也就是說，運動是物質存在的方式，是物質內部普遍具有的根本屬性。運動和物質的關係是相合爲一，不可分割的。一切形態的物質都處於運動狀態之中，任何運動都有物質；可以說，沒有運動就沒有物質，沒有物質就沒有運動，兩者是相輔相用的。〔註267〕就《周易》「變」的形上辯証思維體系來論，必須經由變動，才能顯現化生的功能；同樣的，天道的變的原素就是「健」，即是一股動能，沒有這股動能，天地、陰陽及動靜，就無法發生作用，展現化生的力量。並在「動靜有常」一節中，特別指出，動靜之「靜」，並非是完全靜止的意思，而是與動相對而言之靜，是一種「靜動」；也就是一種平衡的動，慢速的動，也是一種動。由此可見，天道的運動性，在整個天道的範疇之中，是不可或缺的因素。再則，運動和萬物的生生一樣，是具有永恒性的。不能創造，不會毀滅，只能從一種形式轉化爲

頁5。此借以比喻天道之外形。

〔註264〕見《氣》，〈緒論〉，頁4。

〔註265〕見〈原道訓〉，卷一，《新編諸子集成》（七），（臺北：世界書局，民國72年），頁10～1。

〔註266〕同註263，卷上，頁5。

〔註267〕見《哲學概念辨析辭典》「運動、變化、發展」條，頁136；《哲學大辭典》「運動」條，頁734～5。

另一種形式。所謂「運動和物質本身一樣，是既不能創造也不能消滅的；正如比較早的哲學（笛卡爾）所說的：存在於宇宙中的運動的量永遠是一樣的。因此運動不能創造，只能移轉」〔註268〕所謂移轉，是從低級簡單的運動形式，變化成高級複雜的形式。可以分為五種基本的運動形式：機械運動、物理運動、化學運動、生物運動和社會運動（包括思維運動）。各種運動形式，因有各自的特點和規律，而顯現著區別性和多樣性，以使萬物的變化，呈現複雜性和不可測性。這些運動形式並非各自孤立，而是彼此相互聯繫、滲透、交融，表現內在的統一性。〔註269〕再進一步分析，這種運動性，不僅是整個形上辯証「變」的思維體系的動能，也是事物自身具有動能，亦即是能動性，是指一事物不必依賴其他事物的作用力。〔註270〕此能動性，是來自於事物自身的內部，而非外部。張載就說：「凡圜轉之物，動必有機，既謂之機，則動非自外也。」〔註271〕所謂「圜轉之物」，是指日月大地等；即是說日月大地之物，其所產生的運動，皆由自身內部所醞釀，而非自外鑠。於此，天道具有運動性的特點。

六、規律性

以「規律」論，是指客觀事物在相互作用之中，所表現的穩定之規定性。一般是指事物的現象形態，在發展過程之中，固有的、內在的本質聯繫，以及其發展的必然的趨勢。規律性是事物在相互作用及相互聯繫中，所固有的本性。事物的規律性，是客觀的，不能創造，也不會消滅，更不會隨人的意志所轉移。同時，由於規律性具有客觀穩定的性質，以故，規律性是必然性的因果聯繫，而非偶然性的因果聯繫。此外，規律性並具有三項特點：

（一）穩定性：由於規律性是事物穩固的東西，也是必然性的因果聯繫，以致規律性具有穩定性的特點。

（二）重複性：只要具備必要的條件，合乎規律的現象，規律性必然重複出現，以致規律性具有重複性的特點。如力學中的自由落體運動規律，在一切物體排除空氣的浮力和阻力等條件之下，都必然

〔註268〕見《馬克斯恩格斯選集》，第三卷，頁99。引見《哲學大辭典》「運動不滅」條，頁735。
〔註269〕同註267。
〔註270〕見《哲學概念辨析辭典》「能動作用、反作用」條，頁264。
〔註271〕見《正蒙‧參兩》，引見《哲學大辭典》「動非自外」條，頁472。

以重力加速度向地面下落，是具有穩定性和重複性。

（三）普遍性：是指一切客觀事物的發展都是有規律性的，像在自然界有自然的運動規律，在人類社會有社會運動規律，在思維領域有思維運動規律。再者，規律性依其普遍性的程度和作用之範圍不同，可分爲普遍規律，指同一類事物共有的規律；特殊規律，指該類事物之中，某種事物所特有的規律，只能在特定的領域內起作用。〔註272〕

在天道的規律性而言，以其化生的形式，分爲天地絪縕、陰陽合德以及動靜有常，這其中，皆有規律性存在。以天地絪縕來說：

天地以順動，故日月不過，而四時不忒。（〈豫卦・象〉）

以「順」字，就表示天地的規律性，具有穩定、重複、和普遍的特性，以致於日月的運行，四時的變化，皆能恒常的照一定的規律進行。「日往則月來，月往則日來，日月相推而明生焉。寒往則暑來，暑往則寒來，寒暑相推而歲成焉」（〈繫辭下傳・第五章〉）。充分說明「順」的意義，以及天地的規律性。以陰陽合德來說，

一陰一陽之謂道。（〈繫辭上傳・第五章〉）

表現出陰陽的對立轉化的作用，也是對立轉化的規律性。陰陽在事物中之發展，彼此相互衝突對抗，又相互融合統一，是必然是因果關係，而非偶然的現象。故而，陰陽的對立就是一種規律性。以動靜有常來說，

動靜有常，剛柔斷矣。（〈繫辭上傳・第一章〉）

「常」就表示一種規律性，代表恒常、永久的意思。動靜的變化，就是順著常理而動，相互對立，相互滲透，相互依存，相互推動，產生一切的變化。然而，這種規律性的動靜變化，也如同天地、陰陽一樣，是具有穩定、重複及普遍的特點。易言之，天道的規律性，誠如程頤一再重視的，「易，變易也，隨時變易以從道也。其爲書也，廣大悉備，將以順性命之理，通幽明之故，盡事物之情，而示開物成務之道也。」〔註273〕其中，說「易」的規律性，如同天道的規律性般，無論如何變化，皆能從「道」，合於規律性的變動，並在

〔註272〕見《哲學概念辨析辭典》「規律、法則、原則、規則」條，和「規律的普遍性、普遍規律」條，頁172～3。《哲學大辭典》「規律」條，和「規律性」條，頁936～7。

〔註273〕見《易程傳・序》，頁1。

變化之中，以穩定的「順性命之理」，重複的「盡事物之情」，更普遍的「示開物成務之道」。由此可知，天道具有規律性的特點。

　　總而言之，天道的特點，是表現在化生的無私無偏，普遍全面，稱之爲普遍性；表現在化生的無窮無盡，變化的不可預測，稱之爲無限性；表現在對立的轉化過程之中，既與自身同一，又與他物同一，稱之爲同一性；表現在化生時，先是無形無象，不可見聞，再顯現有形有象之事物，稱之爲無形性；表現在健動不息，永恒不已的運動，才能使萬物的化生永續發展，稱之爲運動性；表現在天地、陰陽和動靜的變化之中，以穩定、重複、普遍的因果相互聯繫，所顯現的規定性，稱之爲規律性。

第五章　地道的「變」

　　太極的「變」，是以整個宇宙爲範疇，而宇宙則是以天道、地道和人道爲表徵。其中地道，則是取法天道，順承天道，而展現的化生功能。也由於順承天道，以致於地道「變」的原素就是順。並經由「順以動」的開展，而表現出剛柔相濟、厚德載物及類族辨物的形式，以成其化生功能。基於此，地道「變」的特點則具有包容性──厚載一切萬物，無限性──化生萬物不已，以及分類性──「方以類聚，物以群分」，使萬物各歸其所。所以，《周易》說「立地之道曰柔與剛」。

　　在甲骨文及金文之中，並未出現地字，只有出現土字，是與地非常密切相關的。就甲骨文來說，土之字形爲「𡈼」《鐵雲藏龜》（劉鶚編）三・一、「𡈼」《殷虛書契前編》（羅振玉編）一・二四・三、「𡈼」《殷虛書契後編》（羅振玉編）上・十七・五、「𡈼」《鐵雲藏龜拾遺》（葉玉森編）一・一、「𡈼」《龜甲獸骨文字》（林泰輔編）一・六・十五等，王國維解釋：「𡈼即土字，〈盂鼎〉『受民受疆土』之土作𡉈，卜辭用刀契，不能作肥筆，故空其中作𡈼。土疑即相土，《史記・殷本紀》『契卒，子昭明立，昭明卒，子相土立』。……今觀卜辭中，殷之先公有季、有王亥、有王恒，又自上甲至於主癸，無一不見於卜辭，則此土亦當爲相土，而非社矣。」〔註1〕王氏認爲土字有二義，一指土地之土；一指殷之帝王相土。金文則作「𡉈」（〈于鼎〉）、「𡉈」（〈昭卣〉）、「𡉈」（〈大保簋〉）、「𡉈」（〈亳鼎〉）、「𡉈」（〈散盤〉）等，高田忠周析論：「《說文》，土，地之吐生萬物者也，二，象地之下地之中，丨，物出形也。段氏云，下當爲上。地之上，謂平土面也。土，二橫當齊長，士字則上十下一，上橫直之長相等，而下

─────────────────
〔註1〕　見《觀堂集林・殷卜辭中所見先公先王考》，卷九，頁3。引見《甲骨文集釋》，
　　　　　第十三，頁3985。

横可隨意。今俗以下長爲土字，下短爲士字，絕無理。按許說已非，況段注不足爲據也。今依此等諸篆，下橫是平地，象 ，即象地所吐物體也，其唯作 者亦同意，要 亦 木形，故變十象有枝也，一變作 者，此亦象地載耳。《易·象傳》，百穀草木麗于土。《書·禹貢》，厥土五色。《周禮·大司徒》，辨十有二土之名物，皆本義也。」〔註2〕高田氏以金文糾正《說文》之缺失，並以「土」字在金文之造字，與《說文》的意義差不多，具有生長萬物之意。《白虎通》也說：「土主吐含萬物，土之爲言吐也。」〔註3〕也是指土寓含萬物生長之意義。

與土相關的還有「后」與「社」二字。后，甲骨文作「 」《鐵雲藏龜拾遺》（葉玉森編）十四·十七、「 」《殷虛書契前編》（羅振玉編）六·二三·一、「 」《殷虛書契後編》（羅振玉編）下·十·一等，王國維說：「后字皆從女，或從母、從子，象產子之形。」〔註4〕社，在甲骨文及金文皆未有相關字形，《禮記·郊特性》說：「社祭土而主陰氣也。……社所以神地之道也，地載萬物。」〔註5〕是指一種祭地的儀式。皆具有生長萬物的間接意涵。

至於地字之義，《說文》說：「元氣初分，輕清陽爲天，重濁陰爲地，萬物之所陳列也，從土，也聲。」〔註6〕地是指元氣初分之時，所化生之物，也是萬物之一。此外，地字在《周易》之中，共出現一百零二次，其中單獨使用四十九次，具有四種意義：〔註7〕

一、與昊天相對應的大地，亦即是腳下所踩之地面。如：

本乎天者親上，本乎地者親下。（〈乾卦·文言〉）

在天成象，在地成形。（〈繫辭上傳·第一章〉）

斷木爲杵，掘地爲臼，臼杵之利，萬民以濟，蓋取諸小過。（〈繫辭下傳·第二章〉）

二、指八卦之一〈坤卦〉的基本取象。如：

地中有水，師，君子以容民畜眾。（〈師卦·象〉）

地上有水，比，先王以建萬國，親諸侯。（〈比卦·象〉）

〔註2〕見〈古籀篇·十〉，頁1。引見《金文詁林》，頁1942～3。

〔註3〕見〈五行〉，卷四，上：200。

〔註4〕見《王國維遺書·殷卜辭所見先公先王續考》，引見王振復《周易的美學智慧》，第七章，頁290。

〔註5〕見《禮記正義》，卷二十五，頁489。

〔註6〕見第十三篇下，頁688。

〔註7〕見呂紹綱《周易闡微》，第四章，頁129～30。

地中有山，謙，君子以裒多益寡，稱物平施。（〈謙卦‧象〉）

坤也者，地也。（〈說卦‧第五章〉）

坤，地也。（〈說卦‧第十章〉）

坤爲地。（〈說卦‧第十一章〉）

三、指自然數中的偶數。如：

地二、地四、地六、地八、地十，……地數三十。（〈繫辭上傳‧第
九章〉）

四、具有哲學概念的意義。即指將具體形象的地，引申爲抽象具有哲學
意義的地之概念。如：

牝馬地類，行地无疆。……安貞之吉應地无疆（〈坤卦‧彖〉）。

地勢坤，君子以厚德載物。（〈坤卦‧象〉）

地道也、妻道也、臣道也，地道无成而代有終也。（〈坤卦‧文言〉）

天施地生，其益无方。（〈益卦‧彖〉）

天尊地卑，乾坤定矣。（〈繫辭上傳‧第一章〉）

崇效天，卑法地，天地設位，而易行乎其中矣。（〈繫辭上傳‧第七章〉）

立地之道曰柔與剛。（〈說卦‧第二章〉）

由以上可知，在《周易》之中的地字，可概括爲兩類，一是具體的形象，一
是抽象的概念，皆不含任何鬼神地祇在其中，沒有神秘性。

至於地道的意義，即指大地存在和運行的規律，亦即指地的變化過程和
原則。而這種變化的過程，也是一種對立、轉化和合一造成的力量，所產生
的結果。而這種相互作用，致使地上一切有形物質發生變化，也可以說是一
種創新的過程，也就是「生」。所以說「立地之道曰柔與剛」。〔註8〕

地道的功能爲何？就是「生」。由於地道是法天的，

至哉坤元，萬物資生，乃順承天。坤厚載物，德合无疆，含弘光大，
品物咸亨。（〈坤卦‧彖〉）

坤道其順乎！承天而時行。（〈坤卦‧文言〉）

〔註 8〕　見呂紹綱《周易辭典》，「地道」條，頁34。蕭元《周易大辭典》，「地道」條，
　　　　（北京：中國工人出版社，1992），頁179～80。馮契《哲學大辭典》，「地道」
　　　　條，頁483。

孔穎達解釋說：「至，謂至極也，言地能生養至極，與天同也。但天亦至極，包籠於地，非但至極，又大於地，故乾言大哉，坤言至哉。」〔註9〕天道是「萬物資始」，地道是「萬物資生」，是順承於天，天地皆具有生養功能，在層級上，天地是互輔的，也是上下的相依關係。朱熹也說：「至，極也，比大義差緩。始者，氣之始；生者，形之始也。順承天施，地之道也。」〔註10〕也在在說明，地是順承天的化生，具有化生功能。邵雍也以「順」說明天、地道的相互關係。他說：「乾，奇也、陽也、健也，故天下之健莫如天。坤，耦也、陰也、順也，故天下之順莫如地，所以順天也。」〔註11〕天是健，地是順，也因此，地是順天的。勞思光則以「發生」和「質料」來說明天和地的化生情形，勞氏說：「六十四重卦，以乾坤爲首，『乾』原義爲『上出』，故即指『發生』，『坤』原義爲『地』，即指發生所需之質料。以乾坤爲六十四卦之首，即是以能生之形式動力與所憑之質料爲宇宙過程之基始條件。」〔註12〕乾坤即是天地，天地即是以能生之形式動力和發生所需的質料，展現生生不息的化生作用，化生萬物。準此，《周易》又說：

> 天施地生，其益无方。(〈益卦‧彖〉)

可見「生」就是地道最主要功能，也是地道之所以「大」的原因所在。

至於地道的性質有那些？也就是地道有那些屬性？根據《周易》內容分析，地道具備四項性質：

（一）就是順從。地道效法天道就是順從，同時也是其性質之一。

> 坤道其順乎！承天而時行。(〈坤卦‧文言〉)

> 坤，順也。(〈說卦‧第七章〉)

誠如上面所言，邵雍特別強調「地順」的重要性，所謂「坤，耦也、陰也、順也，故天下之順莫如地，所以順天也」。呂紹綱分析其理說：「地代表至順。『至順』不是一般的順，抽象的順，而是特殊的順，具體的順。這『至順』有具體的表現。〈繫辭傳上〉說，『天尊地卑』，『崇效天，卑法地』，就地位說，天尊在上，地卑在下，卑下的地要順於尊上的天。……地自己並不主動作什麼，天作什麼，地也跟著作什麼，所以〈繫辭傳上〉說：『效法之謂坤。』效

〔註 9〕　見《周易正義》，卷一，頁 18。
〔註10〕　見《周易本義》，卷一，頁 73。
〔註11〕　見余本《皇極經世釋義》，卷二，頁 386。
〔註12〕　見《新編中國哲學史》，1：83。

法其實就是至順，所以〈文言傳〉說：『坤道其順乎！』爲說明地代表六畫卦坤的『至順』的性質。」〔註13〕由此可知，順從是地道的性質之一。

（二）就是謙卑。也是從法天而來，所謂「无成而代有終」。

　　陰雖有美，含之，以成王事，弗敢成也。地道也，妻道也，臣道也，
　　地道无成而代有終也。（〈坤卦・文言〉）

　　天道下濟而光明，地道卑而上行，天道虧盈而益謙，地道變盈而流
　　謙，鬼神害盈而福謙。（〈謙卦・彖〉）

　　崇效天，卑法地。（〈繫辭上傳・第七章〉）

就「地道无成而代有終」言，王申子就認爲：「三非有美而不發，特不敢暴其美，唯知代上以終其事，而不居其成功。猶地代天生物，而功則主於天也。」〔註14〕「三」是指地道、妻道和臣道，皆指發揮功成不居的美德，將功勞歸之於天。就「地道卑而上行」言，程頤解說認爲：「以地勢而言，盈滿者，傾變而反陷。卑下者，流注而益增。」〔註15〕也說明地道謙卑較盈滿爲佳的原因，就在於「流注而益增」。就「卑法地」言，張振淵說明認爲：「地包細微，不遺一物，而聖人之禮，亦不忽於纖悉細微之際，故曰卑法地。」〔註16〕也一再說明地道由於包括一切細微之物，所以表現出謙卑之特質。綜言之，謙卑也是地道的特質之一。

（三）就是博厚。就形體而言，廣袤的地表，即是最佳博厚的說明。

　　坤厚載物，德合无疆。（〈坤卦・彖〉）

　　地勢坤，君子以厚德載物。（〈坤卦・象〉）

地道由於廣厚，以致於無物不載。地有多麼廣厚？據《河圖緯》說：「八極之廣，東西兩億三萬三千里，南北兩億三萬一千五百里。夏禹所治，四海內地，東西兩萬八千里，南北二萬六千里。」〔註17〕此言地之形態，是東西長，南北狹。《淮南子》則說：「凡鴻水淵藪，自三百仞以上，二億三萬三千五百五十里。」〔註

〔註13〕同註7，第四章，頁130～1。
〔註14〕王申子，元人。見《大易輯說》，引見呂紹綱《周易辭典》，「地道无成而代有終」條，頁89。
〔註15〕見《易程傳》，卷二，頁138。
〔註16〕張振淵，明人。引見李光地《周易折中》，卷十四，頁993。
〔註17〕見〈括地象〉，黃奭《尚書緯河圖洛書》，第三卷，（上海：上海古籍出版社，1993），頁22。
〔註18〕見〈墜形訓〉，卷四，頁56。

18）王充則以另外方式計算，認爲整個天下爲二十二萬五千里，是根據這樣計算的，「周時九州東西五千里，南北亦五千里，五五二十五，一州者二萬五千里。天下若此九之，乘二萬五千里，二十二萬五千里。」〔註 19〕事實上，地球的赤道半徑是六千三百七十八點一八八公里，赤道周長是四萬零七十五點五一公里，面積是五〇九六乘以一〇的八次方平方公里。〔註 20〕所以，博厚是地道的特質之一。

（四）具有分類性。由於地道的萬物，是「乃與類行」。故而，在地道的萬物是：

> 同聲相應，同氣相求，水流溼，火就燥，雲從龍，風從虎，聖人作
> 而萬物睹，本乎天者親上，本乎地者親下，則各從其類也。（〈乾卦·
> 文言〉）

> 方以類聚，物以群分，吉凶生矣。（〈繫辭上傳·第一章〉）

皆是分類的最好說明。也由於萬物各歸其類，致使萬物得以生養，各遂其性。因此，分類性也是地道的性質之一。

以下謹再就地道「變」的原素、形式和特點，作一簡要說明。

就「變」的原素來說：就是順。地道是順從天道而產生化生作用，所謂「承天而時行」。也因此，順就成爲地道「變」的原素。同時，天道「變」的原素是健，地道「變」的原素是順，健和順，是一對互補範疇，健動和順從，相互配合，共同化生萬物，並使萬物養育生長，源源不絕。這就是地道順的形上意涵。另一則是指順德，是就個人的道德實踐而言。即是從道德實踐中完成順德，並在道德實踐中，展現順德。所謂「含弘光大」及「至柔而動也剛，至靜而德方」。

就「變」的形式來說：可分爲三種，一是剛柔相濟，一是厚德載物，一是類族辨物。

先就剛柔相濟分析。剛柔具有兩層意義，一爲本質性的意義，是說在自然之中的對立面，由對立而合一，具有化生的功能。亦即是剛和柔，是既對立又合一的一對範疇，在對立之中產生力量，由合一而化生萬有。

〔註 19〕 見《論衡·談天篇》，《新編諸子集成》（七）（臺北：世界書局，民國 72 年），頁 107。

〔註 20〕 見《大不列顛百科全書》，「地球」條，二十冊，（臺北：丹青圖書有限公司，1987），4：241。

　　換言之，就本質論，剛柔由於對立相反，而相反合一，致形成地道的化生的作用。再者，由於地道是取法天道，天道化生的陰陽，在地道則是剛柔，展現其化生變化。正如王夫之所說：「陰陽剛柔互言之，在體曰陰陽，在用曰剛柔。」〔註21〕故而，陰陽和剛柔具有同一性和相通性。

　　一為現象性的意義，是說在卦爻之間的變化，具有推動卦爻的變化之功能。是就剛柔在卦爻上的變化作分析。以剛柔表示卦中之〈乾卦〉和〈坤卦〉，或陰、陽爻，以產生卦象的變化，並判定吉凶。故「立地之道曰柔與剛」，是具有本質性和現象性的意義。

　　次就厚德載物分析。是以地道寬廣的屬性而立論。地道的「變」，是順承天道的，而厚德載物，就是順從天道的覆育功能而來。其具有兩項意義，一是厚載的意義，一是養育的意義。就厚載言，是指承載萬物，無物不載，無物不包，是兼含地域的無涯和時間的無限。是一種跨越時空的變化形式，生生不息，永恒不止。

　　就養育言，地道化生萬物，除了厚載之外，尚有養育的作用。即是地道化生，不主一方，也不專於一，是一種普遍大公的養育。楊萬里以母與子之比喻，說明地道養育萬物之情形。他說：「於萬物言，致養者，蓋坤，母也。萬物，子也。母之於子，養之而已。」〔註22〕母對子之養育，出於本性，發於自然，沒有任何的私心；地道育養萬物，也是出於自然，發於至公。然而，人道取法於地道厚載萬物的形式，必須端正己德，先以自養，再推而廣之，以養天下。

　　三就類族辨物分析。就是物以類分，井然有序的歸類。「類」的本義，是指相似之義。作為哲學，「類」概念（Genus）也稱集合，是指事物相似或相同的本質，作為劃分類別的標準。地道類族辨物的概念，見於「牝馬地類，行地无疆。……西南得朋，乃與類行」（〈坤卦・象辭〉）及「猶未離其類也，故稱血焉」（〈坤卦・文言〉）。由此可知，地道具有「方以類聚，物以群分」的分類概念，使萬物各從其類，並育而不相害。地道既然有類族辨物的「變」之形式，在人道上則有辨物居方及當名辨物的實踐過程，以使地道的變化，實施在人道上。其中，辨物居方，就是指對一般事物的分類；而當名辨物則是指的是卦象的分類。

〔註21〕見《周易內傳》，卷六，頁575。
〔註22〕引見李光地《周易折中》，卷十七，頁1157。

就「變」的特點來說：包括包容性、無限性和分類性。以包容性論，是就萬物的涵蓋面向說，即是對於萬物的承載和養育，普遍全面的包含，無物不載，無物不包，不分親疏遠近，不別大小長短，稱之為包容性。以無限性論，是就萬物的發展面向而說，在時間和空間上的超越和突破，具有無限延伸開展，可分為形上的無限性，即是地道的生生不息，是永恒的生、不止的生、無窮的生。亦即是永無終結的生。另一稱之健動的無限性，指地道法天道的行健，其自身也健動不已，稱之為無限性。以分類性論，是就個別事物的區別面向說，即是在地道之上，有其特殊的個體和殊相，並作物類的類分，各有隸屬，分別部居。從異中求同，由同中知異。即是分中有合，合中明分，稱之為分類性。

總而言之，地道由於具備這些特別的性質，以至於大地一直是中國人敬重的對象，不僅視之為母，「坤，地也，故稱乎母」（〈說卦・第十章〉），予以崇高的敬愛；並視之為地祇，予以四時祭拜。這皆說明地道具有生養功能之外，並具有美好的德性，包括順從、謙卑、博厚和分類性等，可以作為我們立身行道的典型。

第一節 「變」的原素──順

順，是地道的性質之一，也是地道「變」的原素。地道是順從天道而產生化生作用，而且其一切作為，並是「承天而時行」，也因此，順就成為地道「變」的原素。而且，地道在「順」的推動之下，形成一切變化作用。以剛柔相濟、厚德載物及類族辨物，作為「變」的形式；以包容性、無限性和獨特性，作為「變」的特點。

為什麼「順」是地道「變」的原素？

> 坤道其順乎！承天而時行。（〈坤卦・文言〉）

> 夫坤，隤然示人簡矣。（〈繫辭下傳・第一章〉）

> 夫坤，天下之至順也，德行恒簡以知阻。（〈繫辭下傳・第十二章〉）

> 坤，順也。（〈說卦・第七章〉）

> 乾剛坤柔。（〈雜卦傳〉）

這其中，「隤然」，是指柔順的意思；「柔」也指柔順的意思。而坤之所以為順，主要是順從於天，以天為取法對象，並順從其化生之功能；所以，地道以順

作爲其變化的原素。李鼎祚解說認爲：「純柔承天時行，故順。」〔註23〕孔穎達也說：「坤象地，地順承於天，故爲順也。」〔註24〕基於此，「順」是地道「變」的原素，主要是順從天道而來的。也因此，呂紹剛也說：「坤之道大體就是一個順字。但不是順於一切，只是順於乾。乾爲天，坤爲地，故云承天而時行。承天，坤順承乾。時行，天時行，地也順著時行。」〔註25〕地和順，是一體的兩面，地就是順，順就是地。同時，天道「變」的原素是健，所以，健和順，是一對互補範疇，健動和順從，相互配合，共同化生萬物，並使萬物養育生長，生生不息。

順是何意？順字，在甲骨文和金文，皆未出現其字形。《說文》說：「順，理也。从頁川。」段玉裁解釋說：「理者，治玉也。玉得其治之方謂之理。凡物得其治之方，皆謂之理。理之而後天理見焉，條理形焉。……順者理也，順之所以理之，未有不順民情而能理者。」〔註26〕順原義就是治理、條理之義。後引申爲循其理也〔註27〕、不逆也〔註28〕、從也〔註29〕、不敢違也〔註30〕、柔和也〔註31〕等。而在《周易》之中，則作順從或柔順之義。

順字，在《周易》共出現五十一次，具有兩種意義，一就是上面所一再提到的順承於天。另一則是順從於道。〔註32〕例如：

> 天地以順動，故日月不過，而四時不忒。聖人以順動，則刑罰清而民服。（〈豫卦・彖〉）

> 湯武革命，順乎天而應乎人。（〈革卦・彖〉）

> 和順於道德而理於義，窮理盡性以至於命。（〈說卦・第一章〉）

這裡的順從於道，並不是地道順從於道，而是指人們應順從於道，依照一定的規律，才能完成做人之道。

至於地道的順，也具有兩層意涵：一是形上的意涵，就是順從於天道；

〔註23〕見《周易集解》，卷十七，頁412。
〔註24〕見《周易正義》，卷九，頁184。
〔註25〕見《周易辭典》，「地道其順」條，頁88。
〔註26〕見第九篇上，頁423。
〔註27〕《釋名・釋言語》「順，循也，循其理也」。
〔註28〕《論語・爲政》「六十而耳順」。皇疏「順，不逆也」。
〔註29〕《廣韻》「順，從也」。
〔註30〕《左氏・襄公・三年》「師眾以順爲武」。注「順，莫敢違」。
〔註31〕〈豫卦・彖〉「順以動」。疏「聖人和順而動」。
〔註32〕同註25，「順」條，頁44～45。

另一則是指的順德，就個人的道德實踐而言。

　　關於形上意涵，就順從天道言，必須加以再補充的是，邵雍和張載的說法。邵雍曾說：「乾，奇也、陽也、健也，故天下之健莫如天。坤，耦也、陰也、順也，故天下之順莫如地，所以順天也。」〔註33〕健和順，構成天地「變」的原素，並配合而化生萬物。所謂「乾元資始」和「坤元資生」。張載則指出：「陽之意至健，不爾何以發散？陰之性常順，然而地體重濁，不能隨則不能順，則有變矣。有則有象，如乾健坤順，有此氣則有此象可得而言；若无則直无而已，謂之何而可？是无可得名。」〔註34〕天陽之性主健，所以主發散；而地陰之性主順，故順從天陽而起化生作用。若不順從，則會產生變化。

　　其次，關於道德意涵，就順德而言，坤之卦德爲「順」，故而地道具有順德的道德意涵。〔註35〕同時，具有順德者，終能化險爲夷，獲得吉慶。

　　　　至哉坤元，萬物資生，乃順承天。坤厚載物，德合无疆，含弘光大，
　　　　品物咸亨。（〈坤卦·彖〉）

　　　　剛中而應，行險而順。（〈師卦·彖〉）

　　　　則是天地交而萬物通也，上下交而其志同也。內陽而外陰，內健而
　　　　外順，內君子而外小人，君子道長，小人道消也。（〈泰卦·彖〉）

　　　　順以動，豫，豫順以動，故天地如之。（〈豫卦·彖〉）

　　　　說而順，剛中而應，大亨以正，天之道也。（〈臨卦·彖〉）

　　　　大觀在上，順而巽，中正以觀天下。（〈觀卦·彖〉）

　　　　動而以順行，是以出入无疾，朋來无咎。（〈復卦·彖〉）

　　　　明出地上，順而麗乎大明。（〈晉卦·彖〉）

　　　　順以說，剛中而應，故聚也。（〈萃卦·彖〉）

　　　　巽而順，剛中而應，是以大亨。（〈升卦·彖〉）

由以上可知，秉持順德而行，必能「含弘光大」、「行險而順」、「君子道長，小人道消」、「天地如之」、「大亨以正」、「出入无疾，朋來无咎」、「順而麗乎

〔註33〕見余本《皇極經世釋義》，卷二，頁386。

〔註34〕見《橫渠易說·繫辭下》，卷三，頁95。

〔註35〕卦德是指易卦的基本性質、品德及功用。又稱爲卦情或卦性。見張其成《易
　　　　學大辭典》，「卦德」條，頁17。又〈說卦·第七章〉說：「坤，順也。」所以
　　　　〈坤卦〉之卦德爲順。

大明」、「聚也」、及「是以大亨」等，可見順德在《周易》之中的重要性。並也可以看出，《周易》對於天道和地道「變」的原素，健和順，是同等看待的。

再者，可從〈坤卦〉進一步瞭解順德的意涵。

（一）就卦辭言：「元，亨，利牝馬之貞。君子有攸往，先迷，後得主，利。西南得朋，東北尚朋。安貞吉。」已明白指出，由於坤德柔順，才能利於「牝馬之貞」。而且，以柔順之德，隨從陽剛之人，則能獲得「安貞之吉」。因而，該卦〈彖辭〉要說「先迷失道，後順得常」。可見柔順美德的作用。

（二）就〈初六爻〉言：「履霜，堅冰至。」則主要言陰氣積微，由小漸大，必至於堅冰。所以，〈象辭〉說「履霜堅冰，陰始凝也；馴致其道，至堅冰也」。〔註36〕此爻雖不關於順德，但也可從其中明瞭陰氣的變化作用，積小而大，其勢益猛。

（三）就〈六二爻〉言：「直方大，不習无不利。」〈六二爻〉處下守中，表現順德，所以，〈象辭〉稱之爲「地道光也」。陳夢雷則詳盡析論說：「唯六二柔順而中正，得坤道之純者也。正則无私曲而內直，中則无偏黨而外方。內直外方，其德自然盛大。不假修習，而自无不利也。不揉而直，不廓而大，故曰不習。不待學習，自然直方大，故曰无不利。」〔註37〕先具有柔順中正之德，才有直方大的德品顯現。

（四）就〈六三爻〉言：「含章可貞，或從王事，无成有終。」此言奉君之道，必須將「陰雖有美，含之」，並且，爲君王從事工作，必須功成而不居，表現出最完美的順德。即如〈坤卦・文言〉所說的「以從王事，弗敢成也。地道也，妻道也，臣道也，地道无成而代有終也」。地道的功成不居，无成有終，就是柔順之德。呂紹綱由此爻進一步分析乾與坤，也就是天與地的關係說：「乾不終物，坤不始物，事業總是由乾開始而由坤完成。坤要竭盡才能，自覺奉獻，功勞榮譽歸於乾，自己无所成名。人世間臣爲君，妻爲夫，亦當如此。坤之道就是地之道，地之道就是妻道、臣道。」〔註38〕順德的表現即

〔註36〕郭京，唐人，其《周易舉正》認爲〈坤卦・初六象〉「堅冰」二字爲衍文，引見黃壽祺《周易譯註》，卷一，頁28。朱熹則認爲「〈魏志〉作初六履霜，今當從之。」《魏志》是指《三國志・魏志・文帝丕》。見《周易本義》，卷一，頁75。

〔註37〕陳夢雷，清人。見《周易淺述》，卷一。引見王振復《周易的美學智慧》，第七章，頁289。

〔註38〕見《周易闡微》，第四章，頁131～2。

可從地道、妻道和臣道中完全實踐。誠如〈象辭〉所說的「或從王事,知光大也」。能夠以順德從事君王之事,自然智慧光大。

（五）就〈六四爻〉言:「括囊,无咎无譽。」是說能行順德,就能謹慎如「括囊」,就是能夠將囊口束緊。所以,〈象辭〉要說「括囊无咎,慎不害也」。〈坤卦‧文言〉也說「括囊无咎无譽,蓋言謹也」。由此可見,順德在身處不利之時,也能遠害。

（六）就〈六五爻〉言:「黃裳,元吉。」黃代表中之色,也就是中道;裳,古代服飾是上衣下裳,裳是下之飾,表示謙下之意。準此,〈六五爻〉也是以順德獲至吉祥。同時,這種順德的表現是誠於中而形於外的,即是「美在中也」、「君子黃中通理,正位居體,美在其中,而暢於四支,發於事業,美之至也」(〈坤卦‧文言〉)。充分說明,順德的美,從內顯於外,是「美之至」。朱熹也分析其理說:「這是那居中處下之道。乾之九五,自是剛健底道理,坤之六五,自是柔順底道理;各隨他陰陽,自有一箇道理。」〔註39〕柔順才是〈坤卦‧六五爻〉大吉大利的原因所在。

（七）就〈上六爻〉言:「龍戰於野,其血玄黃。」此爻主要是說明陰氣盛極,造成物極必反,返回於陽的情形。所以〈坤卦‧文言〉說「陰疑於陽必戰,為其嫌於无陽也。」和順德沒有關係,但也說明一種物極必反的辯証思想。

綜言之,〈坤卦〉所體現的是一種順德的至美的呈現,是一種道德實踐所表示出的完善德性。而這種順德的顯現,也是由於地道取法天道所落實的結果。故而,〈坤卦‧文言〉特別強調「坤至柔而動也剛,至靜而德方,後得主而有常,含萬物而化光。坤道其順乎!承天而時行」。由於坤德能夠「至柔而動也剛,至靜而德方」,並能「承天而時行」,以至於「後得主而有常,含萬物而化光」。

總而言之,地道「變」的原素是順,其寓含兩種意義:一是形上意義,指順從天道,配合天道,以成化生之功。所謂「乃順承天」及「承天而時行」。一是道德意義,指的是順德,是從道德實踐之中完成,並由道德實踐之中,展現地道的美德,所謂「含弘光大」及「至柔而動也剛,至靜而德方」。

第二節　「變」的形式

地道以順作為「變」的原素,推動整個地道的變化,而產生化生功能。地

〔註39〕見《朱子語類》,引見黃壽祺《周易譯註》,卷一,頁 31。

道的化生功能，是以剛柔相濟、厚德載物及類族辨物的形式表現。其中，剛柔相濟和厚德載物，是就化生層面立論；而類族辨物，則是就化生後的分類性而言。此三者各自獨立，然相互關聯，相互推動，相互影響，相互作用，致使地道展現「變」的化成作用。同時，地道也構成了太極「變」的範疇之一。

以剛柔相濟說，具有兩層意義，一指形上本質性的意義，是說剛柔在化生之中的對立面，既是對立又合一的一對範疇，在對立之中產生力量，由合一而化生萬有，以致生生不已，化生不窮。一指現象性卦爻的意義，在卦爻之間的變化，具有推動卦爻的變化之功能。可分為卦象的剛柔，剛是指〈乾卦〉，柔是指〈坤卦〉。以及爻象剛柔，剛是指陽爻，柔是指陰爻，剛柔爻的變動，形成卦象的變化，造成吉凶的不同。

以厚德載物說，也具有兩項意義，即是厚載的意義和養育的意義。所謂厚載，是兼含地域的無涯和時間的無限，是一種跨越時空的變化形式，生生不息，永恆不止。即是此種覆載是不分彼此，無差異性，並是具有普遍性，全部的覆載。所謂養育，即是地道有生就有養，地道養育萬物，是沒有選擇性的，只要是萬物，地道皆養育之，並長成之。即如母對子之養育，是不求償的，無私無我的。

以類族辨物說，所謂「類」是指事物相似或相同的本質，作為劃分類別的標準。客觀世界之中，有許許多多個別事物，具有各種不同的性質，但相互之間卻有關係，這種性質和關係統稱為屬性。相同屬性的事物合成一類，即是「類」概念是反映事物的共同屬性。地道對萬物的化生，除了普遍的持載之外，並是「方以類聚，物以群分」，井然有序的歸類，使萬物各從其類，並育而不相害。在人道上則有辨物居方及當名辨物的實踐過程。其中，辨物居方，是指對一般事物的分類；當名辨物，則特別指卦象的分類。

一、剛柔相濟

地道以順作為「變」的原素，推動整個地道的變化，而此順是順從天道，天道具備健動的原素，而地道雖言順，但亦具備天道的健動之力量。不過，地道的動，則是「順以動」，順從天道而動。而地道「變」的形式，則是剛柔相濟、厚德載物及類族辨物。其中，剛柔相濟則是地道「變」的形式的第一項，故《周易》要說「立地之道曰柔與剛」。

剛和柔，用以表達天地萬物和卦爻之間的對立統一關係，性質和陰陽相

類似，而層次較陰陽爲低。因爲剛柔是地道「變」的形式，陰陽則是天道「變」的形式，而地道是效法天道的，以故，剛柔較陰陽的層次爲低。〔註40〕

在地道中，剛柔具有兩層意義，一指本質性的意義，是說在變化之中的對立面，具有化生的功能。一指現象性的意義，是說在卦爻之間的變化，具有推動卦爻的變化的功能。

何謂剛柔？先就剛來分析，甲骨文作「」《殷虛書契前編》（羅振玉編）四・三十・三、「」《殷虛書契前編》（羅振玉編）六・三八・一、「」《殷虛書契後編》（羅振玉編）上・二二・四、「」《殷虛書契後編》（羅振玉編）下・七・十一及「」《戩壽堂所藏殷虛文字》（姬佛陀編）四八・四等。在甲骨文之中，剛具有四種意思，包括人名如「癸酉卜貞剛其有疾」、祭名如「壬申剛于伊奭」、用牲之名如「巳未卜其剛羊十于西南」以及斷之義等。〔註41〕金文的字形有「」（〈剛爵〉）、「」（〈散盤〉）、「」（〈　志鼎〉）、「」（〈　志盤〉）及「」（〈禹鼎〉）等。至於《說文》則說：「彊斷也，从刀、剛聲。」〔註42〕可見剛的本義，本爲名詞，後引申爲動詞，表示強力割斷，再引申爲「有力」之義。〔註43〕在《周易》之中，共出現九十二次，以表示陽的基本屬性之概念，可代替天、乾、動和晝等，具有堅強、勁健等義。

次就柔來分析，柔字在甲骨文及金文皆未見其字形，《說文》解釋說：「柔，木曲直也，从木、矛聲。」段玉裁注解說：「凡木曲者可直，直者可曲，曰柔。」〔註44〕可見柔的本義，表示可以曲直變化稱之柔。在《周易》之中，柔共出現六十五次，以表示陰的基本屬性之概念，可代替地、坤、靜和夜等，具有順和弱等義。〔註45〕

剛和柔的結合，在《周易》之中形成一對對立而又相合的範疇，《尚書》也說：「三德，一曰正直，二曰剛克，三曰柔克。平康正直，彊弗友剛克，燮友柔克，沈潛剛克，高明柔克。」〔註46〕剛柔相對又相合，是一對道德範疇。而《周易》之剛柔具有的意義，即如前述的形上和卦爻之間的意義。以下謹

〔註40〕見呂紹綱《周易辭典》，「剛柔」條，頁 11。
〔註41〕見《甲骨文集釋》，第四，頁 1523。
〔註42〕見第四篇下，頁 181。
〔註43〕段玉裁說：「凡有力曰剛。」同上。
〔註44〕見第六篇上，頁 254。
〔註45〕見蕭元《周易大辭典》，「剛」條，頁 184～5；「柔」條，頁 620～1。張岱年《中華思想大辭典》，「剛柔」條，頁 828。
〔註46〕見孔穎達《尚書正義》，卷十二，頁 174。

就其中之意義予以分斤，以瞭解剛柔在地道「變」的形式匠蘊涵的意義。

　　一、以形上的意義論：剛和柔，既是對立又合一的一對範疇，在對立之中產生力量，由合一而化生萬有，也因此，剛和柔的形上意義，是就本質論，表示地道的化生的功能。

　　　　剛柔始交而難生。（〈屯卦‧彖〉）

孔穎達疏論說：「以剛柔二氣始欲相交，未相通感，情意未得，故難生也。若剛柔已交之後，物皆通泰，非復難也。」〔註 47〕此說剛柔剛開始相交，並未相通感，以致於難生；及至相交之後，皆有感應，能夠相通，則不再難生。《周易》又說：

　　　　剛柔相摩，八卦相盪。（〈繫辭上傳‧第一章〉）

韓康伯注說：「相切摩也，言陰陽之交感也。相推盪也，言運化之推移。」〔註 48〕剛柔相摩，如同陰陽之交感，以化生萬物。孔氏疏証說：「以變化形見，即陽極變爲陰，陰極變爲陽。陽剛而陰柔，故剛柔共相切摩，更遞變化也。」〔註 49〕陰陽變化，萬物爲之化生，剛柔即是陰陽的變化，相互切摩，故而，形成變化，化生萬物。也由於如此，《周易》接著說：

　　　　剛柔相推，變在其中矣。（〈繫辭下傳‧第一章〉）

孔氏解釋說：「剛柔相推而生變化，是變化之道在剛柔相推之中。剛柔即陰陽也。論其氣，即謂之陰陽；語其體，即謂之剛柔也。」〔註 50〕剛柔和陰陽，是一體兩面，就氣言，是陰陽；就體言，是剛柔，皆主化生作用。朱伯崑也就陰陽對立面來說明剛柔的變化之道。朱氏說：「《易傳》的剛柔相推說，就其理論思維的內容說，是以對立面的轉移解釋變化。認爲沒有陰陽對立面，則沒有變易；陰陽對立面不互相推移，也沒有變易。這種觀點，是把對立面相互作用看成是變化的原因，乃中國古代內因論的先驅。……所謂相推，不僅推去一方，而且召來另一方，如能屈方能伸，寒往則暑來。此種觀點，又含有對立面相互依存的涵義。」〔註 51〕所謂「內因」，是指內部矛盾，是事物發展變化的根本原因，是事物存在和發展的根據。〔註 52〕陰陽是利用對立而

〔註47〕見《周易正義》，卷一，頁 21。
〔註48〕見《周易注》，卷七，頁 46。
〔註49〕同註 47，卷七，頁 144。
〔註50〕同上，卷八，頁 165。
〔註51〕見《易學哲學史》，1：95。
〔註52〕見黃楠森《哲學概念辨析辭典》，「內在、內因、內在機制」條，頁 39。

產生的力量，在相合之中而化生一切萬物。而剛柔則是依據陰陽的對立面的
轉移，以產生變化，同樣具有化生的功能。以故，剛柔在相推之中，以產生
變化，並在相推之中，以完成變化。所以，剛柔和陰陽，是有相輔作用的，
皆具化生功能，只是陰陽是天道的化生，而剛柔是地道的化生之分別而已。
也因此，〈說卦〉特別強調說：

> 立地之道曰柔與剛。（〈第二章〉）

朱震在《漢上易傳》中解析說：「易有太極，太虛也。陰陽者，太虛聚而有氣。
柔剛者，氣聚而有體。仁義根於太虛，見於氣體，動於知覺者也。」〔註53〕
其中「氣聚而有體」，說明萬物是經由太虛之氣的陰陽而來，而剛柔則是經由
氣聚而形成萬物之實體。即是說明以柔和剛兩種對立的力量相互作用，相互
衝撞，致成地上一切有形物質的變化，也即是一種化生的變化作用。〔註54〕

另外，王弼亦提出「剛柔合體」的命題，也格外強調異類相應的重要性。
王氏說：「故二女相違，而剛柔合體。」邢璹析論說：「二女俱是陰類而相違，
剛柔雖異而合體，此明異類相應。」〔註55〕也說明異類才能產生變化。即如
《周易》所說的：

> 坤至柔而動也剛，至靜而德方。（〈坤卦‧文言〉）

> 乾，陽物也。坤，陰物也。陰陽合德，而剛柔有體，以體天地之撰，

> 以通神明之德。（〈繫辭下傳‧第六章〉）

坤具有剛和柔兩種特性，剛柔要能合體，也就是異類相合，才能形成變化，
形成作用。

綜言之，就形上意義論，剛柔由於對立相反，相反合一，致形成地道的
化生的作用。再者，由於地道是取法天道，天道化生的陰陽，在地道則是剛
柔，展現其化生變化。即如王夫之所說：「陰陽剛柔互言之，在體曰陰陽，在
用曰剛柔。」〔註56〕更可以看出，陰陽和剛柔的同一性和相通性，皆是根源
於太極而來的化生作用。

二、以卦爻意義論：是就剛柔在卦爻上的變化作分析，也是就剛柔的現
象面而言。可分爲兩部份說明，

〔註53〕見卷九，頁264。
〔註54〕見馮契《哲學大辭典》，「地道」條，頁483。
〔註55〕見《周易略例‧明爻通變》，頁4。邢璹，唐人。
〔註56〕見《周易內傳》，卷六，頁575。

（一）就卦象言，剛是指〈乾卦〉，代表天或陽的意思；柔是指〈坤卦〉，代表地或陰的意思。如：

內陰而外陽，內柔而外剛。（〈否卦・象〉）

乾剛坤柔。（〈雜卦傳〉）

（二）就爻象言，剛是指陽爻，柔是指陰爻。剛柔爻的變化，形成卦象的變化，造成吉凶的不同。如：

剛柔者，晝夜之象也。（〈繫辭上傳・第二章〉）

剛柔者，立本者也。（〈繫辭下傳・第一章〉）

上下无常，剛柔相易。（〈繫辭下傳・第八章〉）

剛柔雜居，而吉凶可見矣。（〈繫辭下傳・第十二章〉）

觀變於陰陽而立卦，發揮於剛柔而生爻。（〈說卦・第一章〉）

分陰分陽，迭用柔剛，故《易》六位而成章。（〈說卦・第二章〉）

此即說明，剛柔爻的變化，就如同晝夜的現象；剛柔爻的變化，也是建立一卦的根本；一卦六爻，剛柔交替，不斷變化；同時，剛柔的變化，也是吉凶判定的標準。並由剛柔爻的變動，而形成卦的變動，所以說「《易》六位而成章」。孔穎達也說：「聖人初畫八卦，設剛柔兩畫，象二氣也。」〔註 57〕以剛柔作爲陰陽爻的象徵，並由於剛柔爻的變動，以形成卦的變化，而有吉凶的兆象顯現出來。

其次，剛柔的爻象變化，據《周易》內容分析，可分爲幾個類型：

1. 剛柔相應。指剛柔的和諧共處，互輔互利。因而，顯現的卦象，多半是吉。如：

咸，感也。柔上而剛下，二氣感應以相與。（〈咸卦・象〉）

雷風相與，巽而動，剛柔皆應，恒。（〈恒卦・象〉）

剛柔正而位當也。（〈既濟卦・象〉）

雖不當位，剛柔應也。（〈未濟卦・象〉）

2. 柔中有剛。《周易》是重剛的，〔註 58〕但也不否定柔，使剛柔和諧相處。所以，卦象也多是吉利的。如：

〔註 57〕見《周易正義》，引見朱伯崑《易學哲學史》，2：301。

〔註 58〕任繼愈說：「《易傳》和老子相反，強調剛強的作用，提出了一套以自強不息爲特點的辯証思想。」見《中國哲學發展史》（先秦），《易經和易傳》，頁 638。

履，柔履剛也，說而應乎乾。(〈履卦・彖〉)

柔來而文剛，故亨。(〈賁卦・彖〉)

柔以時升，巽而順，剛中而應，是以大亨。(〈升卦・彖〉)

柔進而上行，得中而應乎剛，是以元亨。(〈鼎卦・彖〉)

柔在內而剛得中，說而巽，孚乃化邦也。(〈中孚卦・彖〉)

3. 內剛外柔。由於《周易》是重剛的，以故，剛在內者為吉，反之剛在
   外者，則凶。就卦言，如〈泰卦〉，下卦即內卦為天，主剛；上卦即外
   卦為地，為柔，是以「小往大來，吉，亨」。反之，〈否卦〉，下卦即內
   卦為地，主柔；上卦即外卦為天，為剛，是以「否之匪人，不利，君
   子貞，大往小來。」爻也是一樣，剛爻在內，柔爻在外，較為吉祥；
   而柔爻在內，剛爻在外，多為不吉。如：

剛中而柔外，說以利貞。(〈兌卦・彖〉)

節，亨，剛柔分而剛得中。(〈節卦・彖〉)

皆是剛在內，柔在外而得吉者。又如：

內陰而外陽，內柔而外剛，內小人而外君子。(〈否卦・彖〉)

柔變剛也，不利有攸往，小人長也。(〈剝卦・彖〉)

損剛益柔有時，損益盈虛，與時偕行。(〈損卦・彖〉)

皆是柔在內，剛居外，是以不吉。

4. 以剛勝柔。既然《周易》是重剛的，自然以剛勝柔。如：

夬，決也，剛決柔也，健而說，決而和。(〈夬卦・彖〉)

其柔危，其剛勝邪。(〈繫辭下傳・第九章〉)

無論是「剛決柔」，或「其剛勝邪」，皆可看出剛爻在卦中的主導性，是能夠
勝柔的。反過來說，柔超過剛，或剛被掩蓋，就會造成剝落和困窮之狀。如：

剝，剝也，柔變剛也。不利有攸往，小人長也。(〈剝卦・彖〉)

困，剛揜也，險以說。(〈困卦・彖〉)

另外，就美學而言，剛柔在《周易》之中，形成以陽剛為主的壯美以及以陰
柔為主的優美，交互發展，形成《周易》美學的智慧。王振復就提出說明：「在
《易傳》中，男陽而女陰、男剛而女柔的觀念，首先不是指關於男女擴而為
父母、天地、日月、四時等的心理、倫理、美理、天理等意義特徵，而是屬

於性生理學上的概念。所謂陽剛、陰柔，首先是在性生理學意義上，指兩性即乾元、坤元的不同性狀，同時在此基礎上發揮為美學智慧。」此所謂的「性生理學」，是指乾元和坤元的化生作用，生生不息。因此，王氏又接著說：「陽剛、陰柔原指人之生命的原始，這種生命原始在《易傳》看來是美。從人的生命現象之陰陽、剛柔生發開去，建構起關於陽剛之美、陰柔之美的美學智慧，先『近取諸身』，再『遠取諸物』，將自然宇宙與社會人生的一切美歸納為壯美（陽剛）和優美（陰柔）兩大類。」〔註59〕以正反對立，相反相成，將天地之美概括為二，壯美的陽剛和優美的陰柔，是剛柔相濟的另一種作用。因此，〈繫辭下傳・第五章〉說：

　　　君子知微知彰，知柔知剛，萬夫之望。

對於剛柔的認知和瞭解，不僅能明白地道的萬物化生，卦爻的剛柔變化，甚而對於由陽剛和陰柔所產生的美學智慧，也可知其樞要。

　　總而言之，剛和柔，是一對立的範疇，必須相輔相成，相濟相助，才能產生變化。同時，必須順從天道的作為，以化生萬物，並成為地道「變」的形式之一。其寓有的意涵有二：一為形上意涵，就本質論，是說剛柔配合天道的陰陽，以成化生之功。也就是剛柔主要表現的是地道之化生變化作用。二為卦爻的意涵，就現象論，是說剛柔表示卦中之〈乾卦〉和〈坤卦〉，或陰、陽爻，以產生卦象的變化，並判定吉凶。

二、厚德載物

　　地道「變」的形式第二項是厚德載物，即是以地道寬廣的屬性而立論。地道廣擴無邊，如同天道一樣，具有覆載功能，以致於對於萬物無不覆載。而且，此種覆載是不分彼此，無差異性的，並是具有普遍性，全部的覆載，沒有任何的私心存在其中。因此，《呂氏春秋》特別稱讚地道說「地無私載」，〔註60〕是有其深義在其中的。

　　地道的「變」，是順承天道的，是以「順」是地道「變」的原素，而厚德載物，也是依循天道的覆育功能而來。但是，地道的厚德載物，具有兩項意義，一是厚載的意義，一是養育的意義。

　　先就厚載分析：關於地道厚載的內涵，吳康分析說：「厚載為體，坤象地，

〔註59〕見《周易的美學智慧》，第七章，頁301～2。
〔註60〕見〈孟春紀・貴公〉，卷一，頁10。

以其體厚，能載萬物，如牝馬行也，引重致遠，以利天下，是載物之德无疆也。」〔註61〕即明白提出，厚載不僅是地道的形體，也是地道之德。再者，就《周易》經傳文字分析厚載的意義。

　　　坤厚載物，德合无疆；含弘光大，品物咸亨。(〈坤卦·象〉)

　　孔穎達說：「以其廣厚，故能載物。有此生長之德，合會无疆。凡言无疆者，其有二義：一是廣博无疆，二是長久无疆也。」〔註62〕廣博無疆，是指空間的無限性；長久無疆，是指時間的永恆性。坤厚載物，則是說明坤德，也就是地道，是超越時空，具有永恒的意義。蜀才也說：「坤以廣厚之德，載含萬物，無有窮竟也。」〔註63〕格外強調地道的廣厚，持載萬物。程頤對地道也特別重視其厚載之德，他說：「坤之厚德，持載萬物，合於乾之无疆也。」〔註64〕能持載萬物，地之德莫厚於此。此外，崔憬特就「含弘光大」解釋地道的厚載，崔氏說：「含育萬物爲弘，光華萬物爲大，動植各遂其性，故言品物咸亨也。」〔註65〕亦指出地道的厚載在含育萬物，並使萬物生長，各遂其性。游酢也特就「含弘光大」提出說明：「其靜也翕，故曰含弘。含言無所不容，弘言無所不有。其動也闢，故曰光大。光言無所不著，大言無所不被，此所以德合无疆也。」〔註66〕「無所不容」、「無所不有」、「無所不著」、「無所不被」，皆是指地道的廣厚無盡，悠久無疆。尚秉和也說明地道的厚載，也在於具有「含弘光大」之德。尚氏說：「萬物皆孕藏於地，故曰含弘。萬物皆成長於地，故曰光大。」〔註67〕由此可知，地道的厚載，是兼含地域的無涯和時間的無限。〔註68〕是一種跨越時空的變化形式，生生不息，永恒不止。因此，〈坤卦·文言〉特別贊嘆地道說：

　　　坤至柔而動也剛，至靜而德方，後得主而有常，含萬物而化光。

干寶解釋說：「謂坤含藏萬物，順承天施，然後化光也。」〔註69〕能夠化光，

〔註61〕見《周易哲學思想》，頁40。
〔註62〕見《周易正義》，卷一，頁18。
〔註63〕蜀才，晉人。引見李鼎祚《周易集解》，卷二，頁26。
〔註64〕見《易程傳》，卷一，頁23。
〔註65〕崔憬，唐人。引見同註63，卷二，頁26。
〔註66〕游酢，宋人。引見李光地《周易折中》，卷九，頁627。
〔註67〕見《周易尚氏學》，卷二，頁32。
〔註68〕見張善文《周易辭典》，「坤厚載物德合无疆」，條，(上海：上海古籍出版社，1992)，頁396。
〔註69〕干寶，晉人。引見同註63，卷二，頁33。

就在於能厚載萬物。孔氏以「含養萬物而德化光大也」，〔註70〕來說明地道的厚載之功。皆充分証明地道的厚載，是項光明偉大的的美德。

另外，在〈說卦〉也特別提到地道的厚載之功，

乾以君之，坤以藏之。（〈第四章〉）

乾爲首，坤爲腹。（〈第九章〉）

以地道能包藏萬物，並以人之腹量爲喻，說明地道之寬廣性和包容性。李鼎祚引《九家易》說：「坤在乾下，包藏萬物也。」並自注說：「坤能包藏含容，故爲腹也。」〔註71〕地道的包藏含容，如同腹量廣厚，順容食物。易言之，「藏之」或「爲腹」，皆表地道自有厚德。

再者，〈坤卦・象辭〉落實在道德層面說明厚載的重要性：

地勢坤，君子以厚德載物。

孔氏也說：「君子用此地之厚德，容載萬物。」〔註72〕人法地，地法天。地之厚載，爲人所法；而地又法天之廣擴。程頤則明白指出人法地的道理：「君子觀坤厚之象，以深厚之德，容載萬物。」〔註73〕地道之德厚，君子則以厚寬廣實踐地道之厚德，以容載萬物。朱熹也說：「君子體之，惟至厚爲能載物。」〔註74〕林希元也以厚德載物來說明君子取法之因，林氏說：「唯其厚，故能無不持載。故君子厚德以承載天下之物。夫天下之物多矣，君子以一身任天下之責。群黎百姓，倚我以爲安，鳥獸昆蟲草木亦倚我以爲命。使褊心涼德，其何以濟，而天下之望於我者亦孤矣。」〔註75〕也在在說明，君子以一身任天下之責，故必須以厚德承載天下之物，濟助天下之難。反之，無寬廣之德，所謂「褊心涼德」，則如何能濟助天下之物？是以厚德爲君子所必備之德。

復次，就養育分析：地道化生萬物，除了厚載之外，尚有養育的作用。即是地道有生也有養，並不是化生萬物之後就不管了。孔穎達就對〈坤卦・文言〉：

至哉坤元，萬物資生，乃順承天。

特別強調說：「至，謂至極也。言地能生養至極，與天同功。但天亦至極，包

〔註70〕同註62，卷一，頁20。
〔註71〕引見同註63，卷十七，頁407及414。
〔註72〕同註62，卷一，頁19。
〔註73〕同註64，卷一，頁25。
〔註74〕見《朱子語類》，引見同註66，卷十一，頁756。
〔註75〕林希元，明人。見《易經存疑》，引見同註66，卷十一，頁756。

籠於地；非但至極，又大於地。故乾言大哉，坤言至哉。」〔註76〕其中「地能生養至極」，充分說明，地不只是生，並且是重養的。〈說卦〉更明白指出地道的「養育」：

> 坤也者，地也，萬物皆至養焉（〈第五章〉）。

鄭玄解釋說：「萬物皆相見，日照之使光大。萬物皆致養，地氣含養，使秀實也。」〔註77〕以地氣含養，萬物能生長秀實，特別重視「養」字。孔氏也以「養」字說明地道在養育萬物上貢獻。他說：「以坤是象地之卦，地能生養萬物，是有其勞役，故云致役乎坤。鄭云坤不言方者，所言地之養物不專一也。」〔註78〕地道不僅生養萬物，並是普遍性的生養，而非個別性的生養，所以說「地之養物不專一也」。李鼎祚也以「養」字為重點，說明地道之功能，李氏說：「坤陰無陽，故道廣布，不主一方，含弘光大，養成萬物。」〔註79〕地道養成萬物，是沒有選擇性的，只要是萬物，地道皆養成之。楊萬里並以母與子比喻地道養育萬物之情形。他說：「於萬物言，致養者，蓋坤，母也。萬物，子也。母之於子，養之而已。」〔註80〕母對子之養育，是出於本性，發於自然，沒有任何的私心在其中；地道育養萬物，也是出於自然，沒有任何人為因素在其中。

另外，〈頤卦〉是最能表現養育的意義。

> 物畜然後可養，故受之以頤；頤者，養也。（〈序卦傳〉）

> 頤，養正也。（〈雜卦傳〉）

虞翻認為：「天地養萬物，聖人養賢以及萬民。」〔註81〕頤養可分為二部份，一是天地養萬物；一是聖人養賢以及萬民。而聖人養賢以及萬民，又可分為自養和養民的分別。以下謹就上述分類作一分析：第一，就天地養萬物而言。

> 頤，貞吉，養正則吉也。觀頤，觀其所養也。自求口實，觀其自養也。

> 天地養萬物，聖人養賢以及萬民，頤之時義大矣哉。（〈頤卦・彖〉）

程頤解釋說：「天地造化，育養萬物，各得其宜者，亦正而已矣。」天地養育萬物，是項必然性；因此，萬物生長使各得其宜，也是一項必然性，也就是

〔註76〕同註62。
〔註77〕引見李光地《周易折中》，卷十七，頁1157。
〔註78〕同註62，卷九，頁184。
〔註79〕同註63，卷十七，頁409。
〔註80〕楊萬里，宋人。引見同註77。
〔註81〕引見同註63，卷十七，頁434。

必須符合「正」。程氏接著說：「天地之道，則養育萬物，養育萬物之道，正而已矣。」〔註82〕符合「正」是養育萬物的主要條件。

　　第二，就自養而言，〈頤卦・初九爻〉說：「舍爾靈龜，觀我朶頤，凶。」自養之時，貪欲美食，必遭凶險。以故該爻〈象辭〉說「觀我朶頤，亦不足貴也」。〈六二爻〉說：「顛頤，拂經，于丘頤，征凶。」不合常理的追求頤養，也是一種貪欲行爲，是以「征凶」。是以〈象辭〉接著論說「六二征凶，行失類也」。〈六三爻〉說：「拂頤，貞凶，十年勿用，无攸利。」若違背頤養常理，必遭自「十年勿用」。所以，〈象辭〉也評論說「十年勿用，道大悖也」。以上三爻明白指出，自養不當，必然會有凶險。而自養之道，亦在「正」而已。所謂「正」，即是德正。誠如黃壽祺所論：「自養之道，當本於德，不可棄德求欲。」〔註83〕落實的說，自養之道，一言以蔽之，「正而已矣」。

　　第三，關於養民而言，養民就是養人。〈頤卦・六四爻〉說：「顛頤，吉；虎視眈眈，其欲逐逐，无咎。」在上者能「取之於民，用之於民」，以頤養萬民，雖碰到「虎視眈眈」，亦無咎害。是而〈象辭〉特別說「顛頤之吉，上施光也」。〈六五爻〉說：「拂經，居貞吉，不可涉大川。」在上者若本身不能頤養萬民，就必須依賴賢者（指〈上九爻〉），才能「居貞吉」。誠如〈象辭〉所告誡的「居貞之吉，順以從上也」。〈上九爻〉則說：「由頤，厲吉，利涉大川。」天下依賴「上九」頤養，可獲吉，並能「利涉大川」。主要在於〈上九爻〉陽剛充沛，以臣賢輔於君，而君亦賴之以養天下，擔當重任。〔註84〕因而，〈象辭〉說「由頤厲吉，大有慶也」。以上三爻指出養民之道，主要亦在於「正而已矣」。亦誠如黃壽祺析論的：「養人之道，當出於公，必須養德及物。」〔註85〕由此可見，養人亦在於德，而德之普及於物，亦是「正而已矣」。

　　針對〈頤卦〉六爻，吳曰愼就說：「養之爲道，以養人爲公，以養己爲私。自養之道，以養德爲大，養體爲小。〈艮〉三爻皆養人者，〈震〉三爻皆養己者。〈初九〉、〈六二〉、〈六三〉，皆自養口體，私而小者也。〈六四〉、〈六五〉、〈上九〉，皆養其德以養人，公而大者也。公而大者吉，得頤之正也。私而小者凶，失頤之貞也。可不觀頤而自求其正耶？」〔註86〕可見養人之道，重在

〔註82〕同註64，卷三，頁237～8。
〔註83〕見《周易譯註》，卷四，頁233。
〔註84〕同上，卷四，頁232。
〔註85〕同註83。
〔註86〕吳曰愼，明人。引見李光地《周易折中》，卷四，頁333。

養德，而養德以公而去私爲主，亦即是「正而已矣」。

職是之故，養育之道，是天地化育的作爲；而聖人的養人之道，亦只是本於天地之作爲，以效法而已。是故程頤明白的指出：「夫天地之中，品物之眾，非養則不生。聖人裁成天地之道，輔相天地之宜，以養天下，至於鳥獸草木，皆有養之之德。」〔註87〕就養育來說，不僅是地道的「變」，也是天道的作爲之一，更是人道取法天地，裁成輔相天地之道的作爲。當然人道的養育，必須兼顧自養及養人兩個面向，由自養起手，臻於養人爲終，亦即是自養以養天下，以至於草木鳥獸。但自養養人，一切以立德爲首要，所謂「養正則吉也」。

總而言之，地道以順從天道，展現「變」的原素，而厚德載物則是依據「順」的原素，而形成「變」的形式之一。其具有兩項意義，即是厚載之意義，承載萬物，無物不載，無物不包，即對萬物的持載，具有普遍性。一是養育之意，地道既生成厚載萬物，也必須養育，不主一方，也不專於一，是一種普遍大公的養育。而人道取法於此，必須端正己德，先從自養，再推而廣之，以養天下。

三、類族辨物

地道「變」的形式，除了剛柔相濟和厚德載物之外，尚有一獨特的「變」之形式，就是類族辨物。也就是地道順從天道，以成其化生作用；而其化生的形式，先以剛柔相濟，在相對當中，產生變化，並合一相濟，生生不息。再由於其具有普遍性的特質，是以無物不載，無物不承；即以寬廣之德，承載萬物，所謂厚德載物的「變」之形式。但是，地道對於萬物的承載，並不是混然不分的接受，而是物以類分，井然有序的歸類，也就是「類族辨物」，這也是地道「變」的另一種形式。

地道類族辨物的概念，見於〈坤卦〉：

牝馬地類，行地无疆。……西南得朋，乃與類行。（〈象辭〉）

猶未離其類也，故稱血焉。（〈文言〉）

此三個「類」字，一是指牝馬性柔順，地道也是柔順，是以牝馬屬於地類。二是指〈坤卦〉爲陰，西南爲陰，是以與同類爲朋。〔註88〕三是說〈上六爻〉

〔註87〕同註64，卷三，頁237。

〔註88〕「西南得朋」，具有兩種不同的解說，一是指同類爲朋，如三國魏人王肅說：「西南陰類，故得朋；東北陽類，故喪朋。」見孫堂《漢魏二十一家易注》，

陰雖爲極盛，猶未脫離陰類。明顯可以看出，地道具有「方以類聚，物以群分」的分類概念。

由於地道具有此種「類」的概念，致形成分類思維，使萬物各從其類，並育而不相害。這種分類性的思維模式，在《周易》之中，在多處地方表現出來。

> 同聲相應，同氣相求；水流溼，火就燥；雲從龍，風從虎；聖人作
> 而萬物睹，本乎天者親上，本乎地者親下，則各從其類也。(〈乾卦·
> 文言〉)

已明顯有同類相合，異類相分的情況。即如朱熹所說的：「本乎天者，謂動物。本乎地者，謂植物。物各從其類。」〔註89〕以動、植物來做天上地下的分類。《大戴禮》並進一類予以分類說：「有羽之蟲三百六十而鳳凰爲之長，有毛之蟲三百六十而麒麟爲之長，有甲之蟲三百六十而神龜爲之長，有鱗之蟲三百六十而蛟龍爲之長，倮之蟲三百六十而聖人爲之長。」〔註90〕如此細密的分類，在先秦典籍之中，也是少見，並也突顯古人對萬物觀察的仔細。其次，〈同人卦·象〉說：

> 天與火，同人，君子以類族辨物。

此「類」字與「辨」字同義，作動詞用，指分析之義；「族」指人類群體；物指萬物。此是說對於人類及萬物，要能分析人類群體，辨別各種事物。即如朱熹所說的：「類族辨物，所以審異而致同也。」也就是說，在差異性之中，求其同一性。朱氏接著又說：「類族，是就人上說；辨物，是就物上說。天下有不可皆同之理，故隨它頭項去分別。」〔註91〕即是將各種事物不同的特徵，予以歸納分類，異中求同，以分門別類，分別部居，而求得一整體性的概念。李光地也說：「雖大同之中，各從其類，自有區別。故上下有等，親疏有殺。人之智愚善惡有分，物之貴賤精粗有品，類而辨之，各得其分，乃所以爲大同也。」〔註92〕李氏從人倫的角度來分析同中有異，異中求同之道。基於此，

引見黃壽祺《周易譯註》，卷一，頁 25。王弼亦曰：「西南致養之地，與坤同道者也，故曰得朋。」見《周易注》，卷一，頁 5。一是指異類爲朋，尚秉和說：「消息卦自西而南陽日增，故曰西南得朋。陰以陽爲類，故曰乃與類行。」見《周易尚氏學》，卷二，頁 32。

〔註89〕見《周易本義》，卷一，頁 66。
〔註90〕見〈易本命〉，王聘珍《大戴禮記解詁》，卷十三，頁 259～60。
〔註91〕見《周易本義》，卷一，頁 117。以及《朱子語類》，引見李光地《周易折中》，卷十一，頁 791。
〔註92〕見〈周易觀象〉，引見張善文《周易辭典》，「同人大象傳」條，頁 251。

〈睽卦・象〉進一步說明異中求同，同中顯異的意義說：

> 天地睽而其事同也，男女睽而其志通也，萬物睽而其事類也，睽之
> 時用大矣哉！

這也說明在紛紜複雜的萬事萬物之中，必須明瞭其類，使萬物以類相從，各歸其類，就能在異中顯同。這其中，所求得的同一性，是以類分，即是依類求其同一，所謂「萬物睽而其事類也」。程頤解析說：「天高地下，其體睽也。然陽降陰升，相合而成化育之事則同也。男女異質，睽也，而相求之志則通也。生物萬殊，睽也，然而得天地之和，稟陰陽之氣，則相類也。物雖異而理本同，故天下之大，群生之眾，睽散萬殊，而聖人為能同之，處睽之時，合睽之用，其事至大，故云大矣哉。」〔註93〕「物相異而理本同」一語，充分說明異中有同，以類求同的道理。但是，對於「同」的追求，並不忽視「異」的探析；即是說《周易》雖重同一性，然而也注重差異性，以達到異中有同，同中顯異。以故，〈睽卦〉又說：「君子以同而異。」（〈象辭〉）重視同，並也不忽視異。

再者，〈繫辭傳〉中也有數則關於對「類」的觀點，

> 方以類聚，物以群分，吉凶生矣。（〈繫辭上傳・第一章〉）

> 引而伸之，觸類而長之，天下之能事畢矣。（〈繫辭上傳・第九章〉）

> 以通神明之德，以類萬物之情。（〈繫辭下傳・第二章〉）

皆說分類歸納的重要性和必要性。就「方以類聚」言，韓康伯注說：「方有類，物有群，則有同有異，有聚有分也。順其所同則吉，乖其所趣則凶，故吉凶生矣。」〔註94〕物各歸其類，同類相和，異類則相乖。這種「類」的分別之目的無他，只是使物各從其類，各歸其所。李鼎祚引《九家易》即明白指出：「陽道施生，萬物各聚其所也。」〔註95〕萬物能各歸其所，則將使地道有其規律，有條不紊。李光地予以簡單分類說：「在天有方焉，春秋冬夏，應乎南北東西是也。其生殺之氣，則以類聚。在地有物焉，高下燥濕，別為浮沈升降者是也。其清濁之品，則以群分。」〔註96〕將天地之物作一簡單之類分，可以看出分類的重要性。就「觸類而長之」言，以「類」作為概念，予以推理引申，則可以包盡天下之事。朱熹則以卦之類推，以範疇天下之事物。他說：「一卦可變而為六十

〔註93〕見《易程傳》，卷四，頁333。
〔註94〕見《周易注》，卷七，頁46。
〔註95〕見《周易集解》，卷十三，頁311。
〔註96〕見《周易折中》，卷十三，頁955。

四卦，以定吉凶，凡四千九十六卦也。」〔註97〕朱氏認爲《周易》可用四千零九十六卦作爲「類」，以包籠天下萬事萬物。所以，《周易》說「以通神明之德，以類萬物之情」。《九家易》則認爲以六十四卦所形成的一萬一千五百二十策，作爲一萬一千五百二十「類」，以含包天地萬物。〔註98〕其曰：「六十四卦，凡有萬一千五百二十策，策類一物，故曰類萬物之情。」〔註99〕可見將萬物歸類，是《周易》的一項重要的工作，也是地道「變」的形式之目的所在。

　　地道既然有類族辨物的「變」之形式，在人道上則有辨物居方及當名辨物的實踐過程，以使地道的變化，實施在人道上。其中，辨物居方，是指對一般事物的分類；當名辨物，則特別指卦象的分類。

　　先以辨物居方言，見於〈未濟卦・象〉：

　　　　火在水上，未濟，君子以愼辨物居方。

王弼首先指出：「辨物居方，令物各當其所也。」〔註100〕地道的類族辨物，是一種系統化和條理化的作爲；人道的辨物居方，也是一種促使思維系統化和條理化的作爲。即是使各種事物有明顯的分類，而各居其所，各當其位。孔穎達及侯果，則直接就〈未濟卦〉說明辨物居方的重要性，孔氏說：「君子見未濟之時，剛柔失正，故用愼爲德，辨別眾物，各居其方，使皆得安其所，是以濟也。」〔註101〕辨別眾物，各居其所，也是一種爲德之方。侯氏也說：「火性炎上，水性潤下，雖復同體，功不相成，所以未濟也。故君子愼物宜，居之以道，令其功用相得，則物咸濟矣。」〔註102〕物之愼辨，在於仗物的分類、功用相得，才能發揮「物咸濟矣」的作用。來知德也以「類」的觀點說明愼辨物的重要性，來氏說：「愼辨物，使物以群分；愼居方，使方以類聚。則分定不亂，陽居陽位，陰居陰位，未濟而成既濟矣。」〔註103〕類的分別，如同陽居陽位，陰居陰位，

〔註97〕同註89，卷三，頁300。
〔註98〕〈繫辭上傳・第九章〉說：「乾之策，二百一十有六，坤之策，百四十有四，凡三百有六十，當期之日。二篇之策，萬有一千五百二十，當萬物之數也。」以筮法計算，老陽爲三十六策，乘以六爻，則爲乾策二一十六；老陰爲二十四，乘以六爻，則爲坤策一百四十四。所謂「二篇之策萬有一千五百二十」者，是指六十四卦，陰陽爻各爲一百九十二，陰爻乘以二十四，加上陽爻乘以三十六，兩者相加，共爲一萬一千五百二十策。
〔註99〕同註93，卷十五，頁364。
〔註100〕同註94，卷六，頁45。
〔註101〕見《周易正義》，卷六，頁137。
〔註102〕侯果，隋唐時人。同註93，卷十二，頁307～8。
〔註103〕見《周易集註》，卷十二，2：1208。

各安居其位，自然是吉象；亦是方以類聚，物以群分的主要分類方式。

次以當名辨物言，見於〈繫辭下傳·第六章〉：

開而當名辨物，正言斷辭則備矣。〔註104〕

此是就卦爻象分類的辨正。韓康伯就說：「謂釋爻卦，使各當其名也。」〔註105〕即是分辨物類，取之爲象，使與各卦各爻名義相當。孔穎達進一步分析說：「開而當名者，謂開釋爻卦之義，使各當所象之名。若〈乾卦〉當龍，〈坤卦〉當馬也。正言辨物者，謂辨天下之物，各以類正定言之。若辨健物，正言其龍；若辨順物，正言其馬。是辨物正言也。」〔註106〕此種辨正卦爻之象的分類，是以卦爻之性質，而決定其象。如〈乾卦〉性健動，正是具有龍象；〈坤卦〉性柔順，正是具有馬象。其他各卦可以此類推。俞琰則更具體的將卦與象之間的關係作一說明，他說：「人心無不開明者也。……名如同人之宗，觀之賓蠱之考，小過之妣，所命之名，皆因其實而當也。辨物如〈乾〉之龍，〈姤〉之魚，〈噬嗑〉之肉，〈剝〉之床，所取之物，皆因其事而辨也。」〔註107〕由此可見，卦所表象之物，就是一種具體的歸納分類，也是《周易》以卦象「範圍天地之化而不過，曲成萬物而不遺」的具體落實。

什麼是「類」？就字形和字義論，甲骨文及金文，皆未見其字形。《說文》說：「種類相似，唯犬爲甚。从犬，頪聲。」段玉裁說：「類本謂犬相似，引伸假借爲凡相似之稱。」〔註108〕故「類」的本義，是指相似之義。作爲哲學，則是屬於邏輯學的基本概念，是關於定名、立辭、推理的一種概念。「類」概念（Genus）也稱集合，是指事物相似或相同的本質，作爲劃分類別的標準。客觀世界之中，有許許多多個別事物，它們具有各種不同的性質，但相互之間卻有關係，這種性質和關係統稱爲屬性。相同屬性的事物合成一類，即是「類」概念是反映事物的共同屬性。如馬、牛和羊等，其外延包括同類的各種馬、牛和羊等。易言之，一類事物的不同個體，皆有相同的屬性，稱之類同；反之，兩事物之間，無共同的屬性稱之爲不類。而個體與類之間是「屬於」關係。

〔註104〕「開而當名辨物，正言斷辭則備矣」，此爲李光地《周易折中》之斷句方式。另一種爲「開而當名，辨物正言，斷辭則備矣」，孔穎達《周易正義》，採用此種斷句方式。今則依李光地《周易折中》之斷句方式。

〔註105〕同註94，卷八，頁54。

〔註106〕同註101，卷八，頁172。

〔註107〕俞琰，宋人。見《周易集說》，卷三十四，引見張其成《易學大辭典》，「開而當名辨物」條，頁221。

〔註108〕見第十篇上，頁481。

　　故而，分類是從比較個體與個體的同異，類與類的同異著手，並進行概括。而分類是形成概念的先決條件，分類方法在認識和運用過程中，是極為廣泛的。〔註109〕

　　在商周時代，就有作為祭名出現的「類」，《尚書》說：「肆類于上帝，禋于六宗，望于山川，徧于群神。」〔註110〕其中，「類」是指祭天之名。墨家則對「類」概念，則有較為系統的理論出現。

　　分類有何重要性？有何種類？又有那些法則？

　　就重要性論，具有三點：

　　（一）藉分類確定治學範圍。

　　（二）藉分類確定思維範疇之概念。

　　（三）由分類的大小相隸屬而形成系統體系。

　　就種類論，也可分為三點：

　　（一）同類：在同一範圍、同一性質、同一特徵的事物，可歸為同類。
　　　　　　同類有相容的關係。

　　（二）異類：與同類相反，指範圍不同、性質不同、特徵不同，稱為異
　　　　　　類。異類有排斥而不相容的關係。

　　（三）大類與小類：凡在類別上有類的涵蓋性關係，在上位稱之為大類，
　　　　　　在下位稱之為小類。大類與小類之間，有涵蓋關係和反對關係。

　　由以上可知，從其中可歸納出分類法則，凡是同類的，必定有相同的性質和特徵；反過來說，凡是異類的，定無相同的性質和法則。〔註111〕

　　明瞭了分類的定義和內涵之後，再來看一下《周易》卦象的分類。卦象分為兩種，八卦和六十四卦，八卦包括不同的卦象，六十四卦包括三百八十四爻，其下繫以不同的卦爻辭，就是一種分類，而且是具體精細的分類。

　　　　夫易，彰往而察來，而微顯闡幽，開而當名辨物，正言斷辭則備矣。

　　　　其稱名也小，其取類也大，其旨遠，其辭文，其言曲而中，其事肆
　　　　而隱。因貳以濟民行，以明失得之報。（〈繫辭下傳・第六章〉）

　　其中，「其稱名也小，其取類也大」，則充分說明卦象分類的樞要所在。即是

────────────────

〔註109〕參考馮契《哲學大辭典》，「類」條，頁1253～4。張岱年《中華思想大辭典》，
　　　　　「類」條，頁858～9。《中國大百科全書》（哲學），「分類」條，1：219～20。
〔註110〕見《舜典》，孔穎達《尚書正義》，卷三，頁35～6。
〔註111〕參考杜松柏《國學治學方法》，第四章，（臺北：洙泗出版社，民國80年），
　　　　　頁219。

《周易》欲以八卦、六十四卦及三百八十四爻，涵蓋天地之間一切事物，作爲宇宙世界的整個縮影。韓康伯就說：「託象以明義，因小以喻大。」〔註112〕因象明義，以小見大，正是《周易》卦象的用義所在。以八卦爲例，可分爲形象和意象兩類，並由此兩類再概括其他各種之象。〔註113〕

（一）就形象言。是採用取象說，以八種自然界的物象，包含有天、地、水、火、山、澤、風和雷，構成世界的物質基礎。但是，形象是可變的。

（二）就意象言。是採用取義說，以八種意義，代表八卦，包含有健、順、陷、麗、止、說、入和動。然而，意象是不可變的。

茲將八卦以形象和意象歸類的情形列表如下：

八卦	形象	意象	人體器官	家庭關係	動物	植物	方位	其　　他
乾	天	健	首	父	馬、良馬、老馬、瘠馬、駁馬	木果	西北	圓、君、玉、金、寒、冰、大赤
坤	地	順	腹	母	牛、子母牛		西南	布、釜、吝嗇、均、大輿、文、眾、柄、黑
震	雷	動	足	長子	龍、善鳴、馵足、作足、的顙	蒼筤竹、萑葦	東	玄黃、專、大塗、決躁、反生、究、健、蕃鮮
巽	風	入	股	長女	雞	木	東南	繩直、工、白、長、高、進退、不果、臭、寡髮、廣顙、多白眼、近利市三倍、躁卦
坎	水	陷	耳	中男	豕、美脊、亟心、下首、薄蹄、曳	堅多心	北	溝瀆、隱伏、矯輮、弓輪、加憂、心病、耳痛、血卦、赤、多眚、通、月盜
離	火	麗	目	中女	雉、鱉、蟹、蠃、蚌、龜	科上槁	南	日、電、甲冑、戈兵、大腹、乾卦
艮	山	止	手	少男	狗、鼠、黔喙	果蓏、堅多節	東北	徑路、小石、門闕、閣寺、指
兌	澤	說	口	少女	羊		西	巫、口舌毀折、附決、剛鹵、妾

是故，《周易》意圖以八卦的形象和意象爲類，並作爲範疇，以涵蓋天下的萬事萬物，所謂「範圍天地之化而不過，曲成萬物而不遺」。當然，這種以

〔註112〕同註94，卷八，頁54。
〔註113〕參考黃壽祺《周易譯註》，卷十，頁628。

八卦作爲類概念的歸類，不夠周廷和縝密，牽強比附過甚。但是，對於類概念的建立，以及歸納法則的運用，是具有正面和積極功能的。而這種八卦歸類的方式，也必然是受到地道類族辨物的觀念啓發。

總而言之，地道的類族辨物「變」之形式，是源於地道對於萬物的持載，具有普遍性，無物不包，無物不載，並以方以類聚，物以群分的方式，以使萬物井然有序，各歸其所。即是「同聲相應，同氣相求；水流溼，火就燥；雲從龍，風從虎；聖人作而萬物睹，本乎天者親上，本乎地者親下，則各從其類也」（〈乾卦·文言〉）此外，在人道的歸類上，則有辨物居方及當名辨物的實踐過程。而辨物居方，是對一般事物的分類；當名辨物，則特別指的是卦象之分類。皆是從地道類族辨物的一種引伸和發揮。

第三節　「變」的特點

地道以順作爲「變」的原素，以剛柔相濟、厚德載物和族類辨物作爲「變」的形式，而由其中所產生「變」的特點，則爲包容性、無限性和分類性。即是對於萬物的承載和養育，是普遍全面的包含，稱之爲包容性；即是在時間和空間上的超越和突破，具有無限延伸開展，稱之爲無限性；即是在地道之上的萬物，有其特殊的個體和殊相，並作物類的類分，各有隸屬，分別部居，稱之爲分類性。

以下謹就此三項特點作進一步分析：

一、包容性

是就萬物的涵蓋面向而言。包容就是一種普遍全面的，亦即是分布面的全面和廣大之義。地道包有萬物，是無物不載，無物不包，不分親疏遠近，不別大小長短，是廣泛普及的持載。韓康伯特別在注解「闔戶謂之坤，闢戶謂之乾」（〈韓辭上傳·第十一章〉）時說：「坤包萬物，乾道施生。」〔註114〕其中「包」就具有包含、包容及包藏之義。即是指萬物承天之生機，地順承天，萬物因以成形。而這種天道施生，地道包容萬物，是普遍全面，不遺隙漏的。此外，《周易》並以「厚」、「母」、「大輿」等，以比喻地道的包容性。

所謂「厚」，就是寬廣厚實，以包容萬物。

〔註114〕見《周易注》，卷一，頁50。

> 坤厚載物，德合无疆。（〈坤卦‧象〉）

孔穎達說：「以其廣厚，故能載物。有此生長之德，合會无疆。」〔註115〕廣厚就能包容，是以具有無疆之德。而廣厚包容的特點，從另一個角度來看，也是一種謙德的表徵。

> 勞謙，君子有終，吉。子曰，勞而不伐，有功而不德，厚之至也。
> 語以其功下人者。德言盛，禮言恭；謙也者，致恭以存其位者也。（〈繫辭上傳‧第八章〉）

其中，「厚之至也」，充分說明地道廣厚，落實在人道上所表現的謙恭之美德。這種謙恭之德，必須從「勞而不伐，有功而不德」之道德，以及配合禮節的實踐，才能完成。

所謂「母」，就是生育萬物，自然能包容萬物。

> 坤，地也，故稱乎母。（〈說卦‧第十章〉）

> 坤為地，為母。（〈說卦‧第十一章〉）

「坤既為地，地受任生育，故謂之為母也。」〔註116〕以母親比擬地道的生育，是最恰當不過的。母親不僅表示生育，而其意涵更有包容性。

所謂「大輿」，就是能持載萬物，自能包容萬物。

> 為大輿。（〈說卦‧第十一章〉）

孔氏認為：「為大輿，取其能載物也。」〔註117〕地道就如同大車，持載萬物，無不包容，是而以「大輿」象徵地道的包容性。

綜言之，地道「變」的第一個特點，就是地道順從天道而生育萬物，顯現普遍全面，無物不載，具有包容性。

二、無限性

是就萬物的發展面向而言。是說地道「變」的特點，不受時間的約制，亦不受空間的束縛，可以無終無始，無限制的發展。這項可分兩點說明：（一）指形上的無限性，即是順天而化育萬有的生生不息之無限性。

> 天地交而萬物通也。（〈泰卦‧象〉）

〔註115〕見《周易正義》，卷一，頁18。
〔註116〕同上，卷九，頁185。
〔註117〕同上。

> 天地感而萬物化生。(〈咸卦・彖〉)

> 天施地生，其益无方。(〈益卦・彖〉)

> 天地之大德曰生。(〈繫辭下傳・第一章〉)

> 有天地然後萬物生焉……有天地然後有萬物。(〈序卦傳〉)

皆說明天道能生萬物，地道順從天道，並與之相交相合，就能化生萬物。而地道的「生」，也同天道一樣，不受時空的限制，具有無限的開展。反過來說，天道與地道不交，則是無法化生的。所謂：

> 天地不交而萬物不通也。(〈否卦・彖〉)

> 天地不交，而萬物不興。(〈歸妹卦・彖〉)

因而，地道之生生不息，是永恒的生、不止的生、無窮的生。亦即是永無終結的生。這就是形上的無限性。(二) 指健動的無限性，即指地道法天道的行健，其自身也健動不已。

> 坤厚載物，德合无疆。……牝馬地類，行地无疆。……安貞之吉，
> 應地无疆。(〈坤卦・彖〉)

「疆」，爲僵硬，猶言死亡。〔註118〕「無疆」即是指健動不已。蜀才則說：「天有无疆之德，而坤合之，故云德合无疆也。」〔註119〕天道的無疆之德，即是以「健」爲「變」的原素之健動之德。地道順合於天，亦有健動之德。所以說「德合无疆」。程頤特別對〈坤卦・彖〉中的三「无疆」作解釋說：「德合无疆，天之不已也。應地无疆，地之無窮也。行地无疆，馬之健行也。」〔註120〕此一則說明地道取法天道所表現的健動不已，一則也表示地道健動不已，不受時空限隔，所表現的無窮無盡。這就是健動的無限性。

綜言之，地道的無限性是從形上化生的無限，以及健動不已的無限，以展現其不受時空約制的無限開展之過程。

三、分類性

是就個別事物的區別面向而言。地道化生萬物，是普遍無限的，但也是井然有序，各有類屬的。也就是地道對於萬物的持載，既有「合」的同一性，

〔註118〕見張其成《易學大辭典》，「德合无疆」條，頁52。
〔註119〕蜀才，即范長生，西晉人。引見李鼎祚《周易集解》，卷二，頁26。
〔註120〕見《易程傳》，卷一，頁24。

也有「分」的差異性。在差異性的「分」，並有「類」的歸屬性。

地道的「類」的歸屬性，也就是分類性，在象徵地道的〈坤卦〉之中，就已見端倪。所謂「牝馬地類，行地无疆。……西南得朋，乃與類行」（〈坤卦·彖〉）、「猶未離其類也，故稱血焉」（〈坤卦·文言〉）。其中的「類」字己具有分類的特質在其中。此外，就地道的形體大地而言，本就一個多種類形的地形，有高山、平原、溪谷等，有起有伏，有險有易。

　　　　无平不陂，无往不復。（〈泰卦·九三爻〉）

　　　　地險，山川丘陵也。王公設險以守其國。（《坎卦·彖》）

關於「无平不陂」者，蔡清就針對地形的差異性作解釋說：「無平不陂，地未有一於高者行，行必有低處；亦未有於一低者行，行又必有高處。一高一低，一起一伏，便是變也。」〔註121〕有高有低，有起有伏，是大地的自然地形，即是「无平不陂」。關於「地險」者，俞琰也以地形論說：「地險，乃有形之險也，山川丘陵是也。」〔註122〕山川丘陵，不僅是有形之險，也是地形之差異性。由此可知，地形本有的差異性，致必須以類的方式，加以區別，才能使萬物在成長之中，能各有所歸，並育而不相害。

所謂「類」即是指事物相似或相同的本質，作為劃分類別的標準。分類性就是將不同的個別事物，依其相同的屬性，合為一類。如此，則能「方以類聚，物以群分」。地道就是以這種分類性為其「變」的特點之一。

而就人道上，君子以「類族辨物」及「辨物居方」作為分類性的具體實踐。誠如朱熹所說的：「類族，如分姓氏，張姓同作一類，李姓同作一類。辨物，如牛類是一類，馬類是一類，就其異處，以致其同，此其所以為同也。」〔註123〕朱氏以異中求同解說「類」的重要性。「類」分得清楚，萬物的道理也就更加之清晰，對於事物的瞭解和掌握，也就更為容易。因而在卦象的運用上，《周易》就充分發揮地道分類性的特點，將天地萬物，歸為一一三個象。〔註124〕再由一一三個象分為形象和意象，歸類於八卦之下，最終以八卦蓋括整個物質世界。可說是「類」概念的最佳表現。

因此，地道的分類性特點，就是表現在對萬物差異性中求其同，在同一

─────────────

〔註121〕蔡清，明人。見《周易蒙引·繫辭上》，引見朱伯崑《易學哲學史》，3：124。
〔註122〕俞琰，元人。見《周易集說》，引見張善文《周易辭典》，「地險山川丘陵」條，頁243。
〔註123〕見《朱子語類》，卷七十。引見同註121，3：130。
〔註124〕〈說卦〉所引比擬八卦的物象，共有113個。

性當中以見其分類的意義。

　　總而言之，地道的「變」之特點，是以其化生的普遍全面，不分彼此，無有差等，無物不載，無物不包，皆是順天道而行，所顯現的包容性。以其化生的永不止息，不受任何時空的阻限；以及健動的永恒不怠，展現前進不止的律動。此時，所顯現的特點是無限性。至於在生育萬物之後，萬物各有其顯著的分別，在分別當中求其異，在異中也能求其合，這就是地道分類性的特點，使萬物各有歸屬，各得其所。

第六章　人道的「變」

　　《周易》形上辯証「變」的思維體系，以天、地、人作爲整個「變」的範疇，特別指出「立人之道曰仁與義」（〈說卦·第二章〉），以仁義定位於人之道，不但肯定人的定位，並界定人的本質在於社會性和道德性。同時，以人與天、地並列，

　　　　有天道焉，有人道焉，有地道焉，兼三才而兩之，故六；六者，非
　　　　它也，三才之道也。（〈繫辭下傳·第十章〉）

　　　　天地設位，聖人成能；人謀鬼謀，百姓與能。（〈繫辭下傳·第十二章〉）

一則以三畫卦或六畫卦的中位表示人，以示三才之道；〔註1〕一則視人與天、地並列，以人爲宇宙間的主體之一。可見人道的「變」，在《周易》之中，具有舉足輕重的地位。

　　「人」字在《周易》出現一百六十九次，僅次於「天」字的二百○七次，以字的出現次數比重而論，《周易》的重點內容就在於天與人兩者之間，依天道明人事，以人道合天道。天與人關係的密切，由此可知。

　　先秦學說，除了重視「天」之外，亦非常重視「人」。《尚書》提到「惟天地萬物父母，惟人萬物之靈」；〔註2〕《禮記》也提到「人者，天地之德，陰陽之交，鬼神之會，五行之秀氣也」；〔註3〕至宋朝邵雍則進一步指出「惟人兼乎萬物而爲萬物之靈」，〔註4〕將人的地位提昇至最高的層次。

〔註1〕以三畫的小成卦言，初爻表示地，中爻表示人，上爻表示天。以六畫的大成
　　　　卦言，初、二爻表示地，三、四爻表示人，五、上爻表示天。
〔註2〕見〈泰誓上〉，《尚書正義》，卷十一，（臺北：藝文印書館，民國62年），頁
　　　　152。
〔註3〕見〈禮運〉，《禮記正義》，卷二十二，頁432。
〔註4〕見〈觀物外篇〉，《皇極經世釋義》，卷四，頁557。

何謂人？何謂人道？

先就人的字形來說，在甲骨文就出現，而且出現次處極多。

ㄱ《鐵雲藏龜》（劉鶚編）二三・一

ㄣ《鐵雲藏龜拾遺》（葉玉森編）十四・十六

ㄱ《殷虛書契前編》（羅振玉編）一・十八・一

ㄱ《殷虛書契後編》（羅振玉編）上・三・五

ㄥ《龜甲獸骨文字》（林泰輔編）一・二○・十四

唐蘭認爲「人」字形無論有足如「ㄡ」，或站在地上如「ㄣ」，皆表示人，並都通用。〔註5〕次就金文論，出現次處也非常多，例如「ㄱ」（〈盂鼎〉）、「ㄋ」（〈天君鼎〉）、「ㄱ」（〈師酉簋〉）、「ㄱ」（〈善鼎〉）、「ㄢ」（〈散盤〉）等。從人的字形，田師倩君有一段精闢的分析，她說：「最古的人字，則全象人形，狀多詰屈，正象其穴居生活之一般。……所謂因物象形，並不是後世之人，所附會所渲染的，所謂天地三才，陰陽五行，那等玄妙的奧義。殷金文中的人字，ㄟ象側立人形其頭臂脛無一不備（因彼半身爲此半身所掩，僅見其頭和一臂一脛），這是古人在不知而造的字。因爲需要記載有關人的事情，便做照人的側面畫下來。大家都需要用這個字來記載某一事物，於是大家便做照這個辦法畫起人來。因爲沒有劃一規定，各畫各的，所以也有左向，也有右向，正面反面等等不同的形狀。」〔註6〕田師清楚的說明「人」字造字的來龍去脈，完全依照象形，沒有任何特別的其他的弦外之音摻雜其中。《說文》說：「人，天地之性最貴者也，此籀文，象臂脛之形。」〔註7〕許愼是將造字之形和引申之義，綜合加以解說。綜言之，就字形而論，人字只是象形字，做人之形所造的字。

次就人的意義來說，古人對人固然重視，並未對人作一確切的剖析。依據黃楠森的歸納人作爲哲學概念，歷代哲學家，主要有三種看法：〔註8〕

一、人是上帝的創造物。這是歐洲中世紀神學家的觀點，是依據《聖經》上帝創造亞當和夏娃爲人類的始祖。並認爲人一方面具有與上帝相通的神性，一方面具有原罪，所以人「一半是天使，一半是野獸」。

二、人是自然的人。康德（Immanuel Kant, 1724～1804）主張，人只有不

〔註5〕見《古文字學導論》（下），頁53～5。引見《甲骨文集釋》，第八，頁2608～9。

〔註6〕見《中國文字叢釋》，頁332～5。引見《金文詁林》，頁1321～2。

〔註7〕見《說文解字注》，八篇上，頁369。

〔註8〕見《哲學概念辨析辭典》「人」條，頁1～2。

受感覺世界的支配，服從自己理性發出的「絕對命令」，才是一個自己主宰自己的真正意義上之人。即是說人是以理性作主宰，這才叫做人。費爾巴哈（Ludwig Andreas Feuerbach, 1804～1872）則認為，人是一個「感性」的類存在物，「一個自然本質」。即是說人是一種自然的人。

三、人是社會的人。這是馬克斯所強調的，他說：「人的本質不是單個人所固有的抽象物。在其現實性上，它是一切社會關係的總和。」〔註9〕即是說人具有社會的屬性，因而是社會的人。

依據《周易》的內容分析，人是太極「變」的範疇之一，有能力結合天地自然來滿足自身的需要，完成個人的目標；其次，由於人是三才之一，是宇宙的一部份，以致人身上已具有宇宙全部的要素。再者，《周易》所提及的人，也包括社會的一般人，如邑人、婦人、旅人等。依於此，其所言之人，既是自然人，也是社會人。

至於人道的意涵，清朝戴震析論認為：「人道，人倫日用身之所行者皆是也。」並規範其範圍「居處飲食言動，自身而周於身之所親，無不該焉也」。〔註10〕亦即是說人道就是指人事、為人的倫理規範；而其範圍，則是包括整個社會。〔註11〕再進一步論，「指人類行為的客觀規律，或人應遵守的社會規範」。〔註12〕更明確的指出，人道就是人類在社會之中，所應當遵守的客觀規律。

《周易》內文之中，提到人字竟然有一百六十九次，依其意義和層級，可概分為三大類：第一級為大人和聖人，第二級為君子和賢人，第三級為小人。此外，尚有言及一般人和特別褒貶的人。茲分述如下：

（一）大人和聖人。所謂「大人」，具有兩層意義，就是指具有崇高道德之人，和居尊位之人。就崇高道德論：

> 見龍在田，利見大人。（〈乾卦・九二爻〉）
>
> 利見大人，尚中正也。（〈訟卦・象〉）
>
> 包承，小人吉，大人否亨。（〈否卦・六二爻〉）
>
> 往蹇，來碩，吉，利見大人。（〈蹇卦・上六爻〉）

〔註9〕見《馬克斯恩格斯選集》，卷一，頁18。引見《哲學大辭典》「人」條，頁16。
〔註10〕見《孟子字義疏証・道》，卷下，（臺北：世界書局，民國51年），頁69～71。
〔註11〕見《中華思想大辭典》「人道」條，頁882。
〔註12〕見《中國大百科全書》（哲學），「天道與人道」條，2：871。

　　困，亨，貞，大人吉，无咎，有言不信。(〈困卦·卦辭〉)

這些大人，皆以道德受到稱頌，並非以地位受到重視。就尊位論：

　　飛龍在天，利見大人。(〈乾卦·九五爻〉)

　　夫大人者，與天地合其德，與日月合其明，與四時合其序，與鬼神

　　合其吉凶。(〈乾卦·文言〉)

　　休否，大人吉；其亡其亡，繫于苞桑。(〈否卦·九五爻〉)

　　大人虎變，未占有孚。(〈革卦·九五爻〉)

　　大人虎變，其文炳也。(〈革卦·九五象〉)

此所言大人，雖主位而言，但亦兼有德在其中。在《周易》之中，大人與小人是一對範疇，例如上所舉的「包承，小人吉，大人否亨」(〈否卦·六二爻〉)，其中之大人與小人，是就德之優劣作比較。另外，在其他文內，大人和小人之間的關係，是以位來分別，大人是指居位者，即是統治者；而小人是指庶民百姓，即是被統治者。至於大人和君子之間的關係，據呂紹綱解析認為：「大人與君子相通但不相同，大人必是君子，君子不必是大人，如〈革九五〉言『大人虎變』，〈上六〉言『君子豹變』。」〔註13〕由此說明，大人較君子高一個層級。至於聖人的意思，在儒家思想之中，特別重視聖人，孔子就主張「博施於民而能濟眾」稱之為聖；〔註14〕孟子更強調「聖人，人倫之至也」；〔註15〕荀子也說「積善成德，而神明自得，聖心備焉」。〔註16〕可見聖人是指道德境界最高的人，是絕難達到的標準，更是儒家追求的最高境界。《周易》聖人出現三十四次，同樣認為聖人是道德境界最高的人，不過在內涵上可加以細分，分為三類：

1. 指作《周易》的人。如：

　　聖人設卦觀象，繫辭焉而明吉凶，剛柔相推而生變化。(〈繫辭上傳·

　　第二章〉)

　　聖人有以見天下之賾，而擬諸其形容，象其物宜，是故謂之象。聖

　　人有以見天下之動，而觀其會通，以行其典禮，繫辭焉以斷其吉凶，

〔註13〕見《周易辭典》，「人」條，(長春市：吉林大學出版社，1992)，頁 33。

〔註14〕見〈雍也篇〉，《四書集注》之《論語集注》，卷三，(臺北：世界書局，民國
　　　60 年)，頁 26。

〔註15〕見〈離婁篇上〉，《四書集注》之《孟子集注》，卷七，(臺北：世界書局，民
　　　國 60 年)，頁 52。

〔註16〕見〈勸學篇〉，王先謙《荀子集解》，卷一，頁 4。

是故謂之爻。(〈繫辭上傳・第八章〉)

昔者聖人之作《易》也，將以順性命之理。(〈說卦・第二章〉)

這些都是指聖人作《易》的心路歷程，或由觀象而得，或由推理而明。從其中亦可以看出《周易》創作方式的不同，有以理為主，有以象為主，因而形成後世研究易學的兩大派，取義和取象兩派，彼此皆有立論的根據。

2. 指最高統治的人。如：

聖人以神道設教，而天下服矣。(〈觀卦・象〉)

聖人之大寶曰位。(〈繫辭下傳・第一章〉)

聖人南面而聽天下，嚮明而治。(〈說卦・第五章〉)

聖人有位，才能治理天下，以尊敬「道」，以教化天下。所以，此所謂聖人是具有坐北向南之位的南面之君。

3. 指道德境界最高的人。這部份是《周易》言聖人的重心所在。如：

聖人作而萬物睹。(〈乾卦・文言〉)

其唯聖人乎，知進退存亡而不失其正者，其唯聖人乎。(〈乾卦・文言〉)

聖人養賢以及萬民。(〈頤卦・象〉)

聖人感人心而天下和平。(〈咸卦・象〉)

夫易，聖人所以崇德而廣業也。(〈繫辭上傳・第七章〉)

聖人以此齋戒，以神明其德乎。(〈繫辭上傳・第十一章〉)

從其中可以看出，此所言的聖人，完全以道德作感召，風行草偃，上行下效，以作為天下萬民之榜樣。並由其中也可以看出，《周易》由人道以明天道的最主要表現在道德的實踐上。

　　然而這三種聖人，並不是截然劃分，其中有一共同點，誠如呂紹綱所指出的，三種聖人的共同特點是「古之聰明睿智，神武不殺者」(〈繫辭上傳・第十一章〉)，和「夫大人者，與天地合其德，與日月合其明，與四時合其序，與鬼神合其吉凶，先天而天弗違，後天而奉天時」(〈乾卦・文言〉)，並從其中可知，大人和聖人是同一層級的。〔註17〕由此可知，《周易》之中的大人和聖人，皆是追求一種道德的修持境界，而位的爭取，則是道德修持之後的附加價值，即如〈中庸〉所稱的「故大德，必得其位，必得其祿，必得其名，

〔註17〕同註13，「聖人」條，頁38～9。

必得其壽」。〔註18〕是可以相配合的。

（二）君子和賢人。先言君子，是《周易》之中出現最多的人，共有一百二十五次，其意義分爲二類：一是指品德高尚之人，這是最常用的意義，如：

君子終日乾乾，夕惕若厲，无咎。（〈乾卦・九三爻〉）

君子以自強不息。（〈乾卦・象〉）

君子體仁足以長人。（〈乾卦・文言〉）

君子以厚德載物。（〈坤卦・象〉）

君子以果行育德。（〈蒙卦・象〉）

君子以懿文德。（〈小畜卦・象〉）

君子以儉德辟難。（〈否卦・象〉）

君子以遏惡揚善，順天休命。（〈大有卦・象〉）

君子以自昭明德。（〈晉卦・象〉）

君子以反身修德。（〈蹇卦・象〉）

《白虎通》就以品德解釋君子，「或稱君子者何也？道德之稱也」〔註19〕以德稱君子，亦爲儒家所一再重視的。二是指具有地位言，指統治階層。孔穎達就認爲如此，他說：「言君子者，謂君臨上位，子愛下民，通天子諸侯兼公卿大夫有地者。凡言君子，義皆然也。」〔註20〕所謂「天子諸侯兼公卿大夫有地者」，就是當時的統治階層。李鏡池則直指君子爲貴族。〔註21〕如：

君子以明庶政，无敢折獄。（〈賁卦・象〉）

君子以莅眾，用晦而明。（〈明夷卦・象〉）

君子以赦過宥罪。（〈解卦・象〉）

君子以施德及下，居德則忌。（〈夬卦・象〉）

君子以除戎器，戒不虞。（〈萃卦・象〉）

君子以勞民勸相。（〈井卦・象〉）

君子豹變，小人革面，征凶，居貞吉。（〈革卦・上六爻〉）

〔註18〕見《中庸章句》，第十七章，頁7。

〔註19〕見陳立《白虎通疏証・號》，卷二，（臺北：廣文書局，民國76年），頁59。

〔註20〕見《周易正義》，卷一，頁12。

〔註21〕見《周易通義》，引見張其成《易學大辭典》「君子終日乾乾」條，頁44。

君子以折獄致刑。(〈豐卦・象〉)

君子以議獄緩死。(〈中孚卦・象〉)

乘也者，君子之器也。(〈繫辭上傳・第八章〉)

這些例証的君子，皆是以位言，皆是統治階層的君子。金景芳則依據《周易》的內涵，認為君子兼含地位及品德的雙重意義，「君子猶公子、王子，是君之子。稱君子，確有階級的含義。然而經過歷史的發展，君子變成區別道德品質優劣的一個稱號，不能一概說是表示階級差異的概念。」〔註22〕以歷史的發展來分析君子意義轉變，是極為中肯的。

至於君子和小人，在《周易》之中，具有明顯的相對關係。可以說是一對相反的範疇。這其中亦包括兩種不同的意義。皆是君子意義的延伸。

1. 政治意義的比較：此是指君子為統治階層，小人為被統治階層或庶民
   百姓。像：

   君子豹變，小人革面，征凶，居貞吉。(〈革卦・上六爻〉)

   負也者，小人之事也。乘也者，君子之器也。小人而乘君子之器，
   盜思奪之矣。上慢下暴，盜思伐之矣。慢藏誨盜，冶容誨淫。(〈繫
   辭上傳・第八章〉)

   其德行何也？陽一君而二民，君子之道也。陰二君而一民，小人之
   道也。(〈繫辭下傳・第五章下〉)

以「君子豹變，小人革面」論，據項安世析論說：「〈上六〉革之效，故曰君子、小人以臣民言之也。」〔註23〕明白說明，此所謂君子和小人，是有上下階層之分。

2. 道德意義的比較：此所謂君子是指品德高尚之人，小人則是品德低劣
   之人。像：

   內君子而外小人，君子道長，小人道消也。(〈泰卦・象〉)

   內小人而外君子，小人道長，君子道消也。(〈否卦・象〉)

   童觀，小人无咎，君子吝。(〈觀卦・初六爻〉)

   碩果不食，君子得輿，小人剝廬。(〈剝卦・上九爻〉)

〔註22〕見《周易講座》，引見呂紹綱《周易辭典》，「君子」條，頁39～40。

〔註23〕項安世，南宋人。見《周易玩辭》，卷十，(上海：上海古籍出版社，1990)，
　　　　頁148。

好遯，君子吉，小人否。（《遯卦・九四爻》）

小人用壯，君子用罔，貞厲，羝羊觸藩，羸其角。（《大壯卦・九三爻》）

君子維有解，吉，有孚于小人。（《解卦・六五爻》）

夬，決也，剛決柔也，君子道長，小人道憂也。（《雜卦傳》）

從以上可知，就道德層面說，君子是認識的主體，是取法學習的榜樣；而小人則是認識的對象，是《周易》亟思改正的人。基於此，張載特別說：「《易》爲君子謀，不爲小人謀，故撰德於卦，雖爻有小大，及繫辭其爻，必喻於君子之義。」〔註24〕充分指出《周易》重君子，輕小人。並以德定君子、小人，故曰「撰德於卦」。

次言賢人，《周易》共出現十一次，意兼含品德和才能言，與君子之意極爲相近。像：

賢人在下位而无輔（。《乾卦・文言》）

天地變化，草木蕃。天地閉，賢人隱。（《坤卦・文言》）

外比於賢，以從上也。（《比卦・六四象》）

剛上而尚賢。……不家食吉，養賢也。（《大畜卦・象》）

聖人養賢以及萬民。（《頤卦・象》）

可久則賢人之德，可大則賢人之業。（《繫辭上傳・第一章》）

賢人之德是「可久」，也就是指「就存主處言」，亦即是個人的內在修爲；賢人之業是「可大」，也就是指「就作事處言」，亦即是個人的外在實踐。〔註25〕

（三）小人。前已說明，小人在《周易》之中，共出現三十次，與大人和君子是相對的，具有社會卑微和品德低下的雙重意義。其中尤以品德低下的小人，在《周易》之中，是最被非議的，例如：

大君有命，開國承家，小人勿用。（《師卦・上六爻》）

大君有命，以正功也。小人勿用，必亂邦也。（《師卦・上六象》）

公用亨于天子，小人弗克。（《大有卦・九三爻》）

公用亨于天子，小人害也。（《大有卦・九三象》）

〔註24〕見《橫渠易說》，卷三，引見張其成《易學大辭典》「易爲君子謀」條，頁349。
〔註25〕見《朱子語類》，引見李光地《周易折中》，卷十三，頁961。

　　　君子以遠小人，不惡而嚴。（〈遯卦・象〉）

而最足以讓人不能忍受小人的原因，即如〈繫辭下傳・第五章〉所指出小人
的惡形惡狀：

　　　小人不恥不仁，不畏不義，不見利不勸，不威不懲。小懲而大戒，
　　　此小人之福也。……善不積不足以成名，惡不積不足以滅身。小人
　　　以小善爲无益而弗爲也，以小惡爲无傷而弗去也，故惡積而不可掩，
　　　罪大而不可解。

主要還是在於道德的不修，仁善的不爲，以評論小人之缺失；並以行惡多積
善少，做爲小人功過的總檢驗。

　　除此之外，《周易》尚提到一般的人、比較具體的人和有褒貶的人。就一
般的人說：

　　　君子體仁足以長人。（〈乾卦・文言〉）

　　　有不速之客三人來。（〈需卦・上六爻〉）

　　　比之匪人。（〈比卦・六三爻〉）

　　　履虎尾，不咥人，亨。（〈履卦・卦辭〉）

　　　行其庭，不見其人。（〈艮卦・象〉）

這些人沒有特定的範疇，可以指任何人，也是沒有外延限制的人。次就比較
具體的人說，是指人當中的有限一小群，包括有刑人、邑人、丈人、武人、
宮人、行人、婦人、主人、家人及旅人等十類。〔註 26〕至於有褒貶的人，如
指「幽人」：

　　　履道坦坦，幽人貞吉。（〈履卦・九二爻〉）

　　　幽人貞吉，中不自亂也。（〈履卦・九二象〉）

　　　眇能視，利幽人之貞。（〈歸妹卦・九二爻〉）

　　　利幽人之貞，未變常也。（〈歸妹卦・九二象〉）

即是「幽靜安恬人」，〔註 27〕是具有內心修爲之人。再如「惡人」：

──────────

〔註 26〕〈蒙卦・初六爻〉「利用刑人」、〈訟卦・九二爻〉「其邑人三百戶」、〈師卦・
　　　卦辭〉「丈人吉」、〈履卦・六三爻〉「武人爲于大君」、〈剝卦・六五爻〉「以宮
　　　人寵」、〈无妄卦・六三爻〉「行人之得」、〈恒卦・六五爻〉「婦人吉」、〈明夷
　　　卦・初九爻〉「主人有言」、〈家人卦・象〉「家人有嚴君焉」、〈旅卦・上九爻〉
　　　「旅人先笑後號咷」等。

〔註 27〕程頤說：「雖所履得坦易之道，亦必幽靜安恬之人處之，則能貞固而吉也。」

悔亡，喪馬，勿逐自復，見惡人，无咎。（〈歸妹卦‧初九爻〉）

見惡人，以辟咎也。（〈歸妹卦‧初九象〉）

惡人就是指不善之人，是令人可厭之人。又如「吉人、躁人及誣善之人」：

吉人之辭寡，躁人之辭多，誣善之人其辭游。（〈繫辭下傳‧第十二章〉）

吉人就是「吉善」之人，躁人就是「煩躁」之人，誣善之人就是「誣罔」之人。〔註28〕其中幽人和吉人，是屬於褒揚之人；而惡人、躁人和誣善之人，則是貶斥之人。

再要論的是，由於人道是太極的範疇，而太極的功能是化生。同樣的，人道反映太極，如同太極以及天道的功能一樣，皆有化生的作用。

乾道成男，坤道成女。乾知大始，坤作成物。（〈繫辭上傳‧第一章〉）

天地絪縕，萬物化醇。男女構精，萬物化生。（〈繫辭下傳‧第五章〉）

有天地然後有萬物；有萬物然後有男女；有男女然後有夫婦。（〈序卦傳〉）

其中「構精」是說「構，合也。言男女陰陽相感，任其自然，得一之性，故合其精則萬物化生也」。〔註29〕即在說明，男女就是人的陰陽兩性，相合則能生生不息。

此外，呂紹綱並從〈咸〉和〈恒〉兩卦，為《周易》下經之始，以說明人道的化生。他說：「〈咸〉〈恒〉居下經之首，表示在天地產生萬物之後繼而出現人類。人類與天地幾乎同樣偉大。〈序卦傳〉說：『有天地然後有萬物，有萬物然後有男女，有男女然後有夫婦，有夫婦然後有父子，有父子然後有君臣，有君臣然後有上下，有上下然後禮義有所措。』雖然這裡未用一個『人』字，但是天地萬物之後所云男女夫婦父子君臣等乃人類之情事，有一個人概念蘊含其間，是不言而喻的。」〔註30〕也明顯的指出，由〈咸〉、〈恒〉兩卦，可瞭解男女相感，以至於夫婦成家的過程，就是一個萬物化生之道。也因此

見《易程傳》，卷一，頁98。

〔註28〕孔穎達說：「吉人之辭寡者，以其吉善辭直，故辭寡也。躁人之辭多者，以其煩躁，故其辭多也。誣善之人其辭游者，游謂浮游，誣罔善人，其辭虛慢，故言其辭游也。」見《周易正義》，卷八，頁177。

〔註29〕同上，卷八，頁171。

〔註30〕見《周易闡微》，第四章，頁143。

程頤特解析此兩卦說：「〈咸〉，少男在少女之下，以男下女，是男女交感之義。〈恒〉，長男在長女之上，男尊女卑，夫婦居室之常道也。」〔註31〕更進一步的透析〈咸〉和〈恒〉兩卦居《周易》下經之首的用義。

　　至於人道之「變」，是如何變化的？

　　先就變的原素論，人道是太極「變」的範疇之一。太極是以「變」推動萬物的化生，人道則以善作為「變」的原素。一則秉承太極的化生，落實在人性之上，即是善，所謂「一陰一陽之謂道，繼之者善也，成之者性也」（〈繫辭上傳·第五章〉）。二則善也是具有化生的功能，展現人道生生不息，綿延不輟。並使人性的善德，日新又新。所謂「成性存存，道義之門」（〈繫辭上傳·第七章〉）。

　　基於此，人道的善，作為人道「變」的原素，最主要目的是在行善，要人遏惡揚善，去惡為善，並在人性之上修養善性，培養善德。所以，《周易》一再指出：「積善之家，必有餘慶」、「遏惡揚善」、「見善則遷，有過則改」、「出其言善，則千里之外應之，……出其言不善，則千里之外違之」、「善不積不足以成名，惡不積不足以滅身」等。主要就是証明，人性之善的獲得，就必須在道德行為上進修，躬親踐履，日日行善。

　　故而，善是人道「變」的原素，其透顯的意義，是化生及繼善成性的修持工夫。並本於人性自覺，遏惡揚善，積善成德，方可體証人道「變」的樞要，掌握人性之善。

　　次就變的形式論，可分為三部份，一、體仁存義；二、中正日新；三、天人合一。

　　一、體仁存義。人道的「變」，主要是建立在道德之上，仁與義則是人道「變」的形式的第一步，因此，《周易》說「立人之道曰仁與義」。仁與義是一對互補範疇，仁的涵義，外延廣泛，具有普遍性；義的涵義，其外延較狹，合宜適當，具有特殊性。所以仁義，是一對相互輔助，相互映襯的道德範疇。

　　仁與義在《周易》具有兩層意涵，一是形上化生層面：仁是根於形上化生之本的「元」，自然對物無不愛。義是「生物之遂，物各得宜，不相妨害」，並「萬物至此更遂其性，事理至此無不得宜」。〔註32〕義就是在紛然複雜的萬

〔註31〕同註27，卷四，頁282～3。
〔註32〕見朱熹《周易本義》，卷一，頁62。及《朱子語類》，引見李光地《周易折中》，卷十六，頁1104。

物之中，依據其差異性，而予以不同的規範，使萬物獲得普遍的利益。故由仁生出對物的無不愛，由義生出對物的無不利。一是道德實踐層面：仁是惠愛，義是合宜。兩者必須相輔互助，才能使理想面與現實面，普遍性和差異性，獲得均衡發展；並使道德的實踐，能夠完整周延，不致有所偏頗。

故而，仁與義必須經由惠愛之德與合宜之義，使普遍性的仁愛，配合因時制宜，因地制宜，甚而因人制宜的各種合理的準則和規範之義，以達到道德的完美。

二、中正日新。由於人道的「變」主要是建立在道德之上。也惟有從修德上入手，方能更深一層瞭解人道的內涵和價值。

道與德的意義，可從兩方面說明。就哲學分析，道是指萬物的本根或普遍規律，而德是得道所成的具體事物，亦即指具體事物所得以然者，並顯現具體事物的特性。就倫理學分析，道是指人們所共同遵守的普遍原則，德是指人對道的獲得，合於道的行為或品德。

在《周易》的道德德目之中，最特別且具啓發性的就是中正日新。中正代表真善美的道德象徵；日新則代表無止盡的追求道德完美。中正就是既中且正的道德，具有不偏不倚，正直不阿的意思。日新就是不斷創新，日新不已的意思。此兩者是相輔相成，合而為一的。中正是強調道德的完美性，日新則強調道德的追求永無止盡。兩者相合，以追求道德的盡善盡美，以完成生命自我的昇華。

故而，中正日新，是指道德追求的無限性和永恒性，中正由日新的相輔，更能促進道德生命的提昇；日新以中正為指標，就不致有所偏失。

三、天人合一。所謂天人合一，天就是天道，也就是自然；人是指人道，也就是人的精神或是人的作為。而天人合一就是人道與天道，人與自然的相通、相類及合一。

天人合一，在《周易》之中具有四種意義，就是人道和天道的相通、大人追求的理想境界、順乎天應乎人及聖人效法天道等。

為達到天人合一，必須從道德入手，由道德完成。基於此，體仁存義和中正日新完善的道德實踐過程，也是達到天人合一的必經之路。同時，《周易》也一再言及道德的重要性，如「與天地合其德」、「和順於道德而理於義」及「立人之道曰仁與義」等，皆是就道德上立說，惟有從道德的修持和涵育，才有天人合一的可能。

　　故而，天人合一就是追求道德至善的過程，也即是人道變化的動因。也惟有達到了善，完成天人合一，才能「與天地合其德，與日月合其明，與四時合其序，與鬼神合其吉凶，先天而天弗違，後天而奉天時」（〈乾卦・文言〉）的人生極境。並達到了人道與天道，人與自然的相通、相類和合一。

　　最後就變的特點分析，一是和諧性，二是完美性，三是智慧性。

　　一、和諧性。和諧性是指異中求同，同中相合，和合為一，追求人性善的境界。人道的和諧性，具有三個面向；就形上面向說，是指萬物生命的和諧化生。就人與社會的面向說，是指人我之間的和平共處，不相侵害。就個人的道德面向說，是指個人修養的和順之德。而以道德作為和諧性的最終目的，也是人道和諧性的基礎所在。即是所謂「和順於道德而理於義」。因此，和諧性不是追求衝突對抗，矛盾鬥爭，而是強調複雜的合一，以及多樣性的和諧。

　　二、完美性。完美性，是由生命的美感，以達到生命的美化，並以美利利天下，使生命的美具有普遍性，追求生命美的境界。人道的完美性也是建立在倫理的善上面，先由個人的修持積善，達到生命的美；再由個人由內到外，向外擴張，推己及人，以兼善天下。也就是美充於內，德充於內，必顯之於外，包括整個宇宙天地。「乾始能以美利利天下，不言所利，大矣哉」（〈乾卦・文言〉）。故知完成生命的善，也就是生命美的完成，亦即是人道完美性的具體表現。

　　三、智慧性。是從對客觀事物的仰觀俯察，多識前言往行，以增進知識，提昇智慧，並進而智周萬物，道濟天下，追求知識真的境界。人道的智慧，即是經由知識的探求，真積力久，形成智慧的綻放，作為服務人群之用。並且，智慧的完美，生命的完美，是追求一種普遍性的實踐，一種無限性的推廣，一種永恒性的努力。所以，人道的智慧性，不但不只是追求個人的智慧，也不是只求個人智慧的獲取為滿足，而是具有利他性，是為人群，甚而整個天地萬物服務為目的。

　　人性的善，生命的美，再結合知識的真，追求一個真善美的人生，不只是人道「變」的三項特點，並是探析人道內涵的意義所在。

　　總而言之，人道固然是太極「變」的三個範疇之一，但其表現的變化，是與人類生活具有最密切關係的範疇。其理想目標的實踐，就是善性的純美無雜，存之又存，也是人道「變」的原素。而其顯現的形式，包括體仁存義、中正日新以及天人合一，也無非是經由道德的實踐，以完成善性的純美，這也是達成天人合一的主要方法。至於人道「變」的特點，也是在追求善性的

純美的基礎之上，所表現的一種生命善追求的和諧性，生命美追求的完美性，和生命真追求的智慧性。而這種真善美的人生，是一種普遍的實行，是一種無限的延伸，更是一種永恆的精進努力。

第一節　「變」的原素──善

人道的「變」是承接太極是「變」，而形成的範疇。太極是以「變」作為中介，經由變化、變通及變動的形式，以展開一項瑰偉壯麗的生命變化之流行。人道則是秉依太極的化生功能，以綿延生命的不息。然而推動人道「變」的因素，則由形上的「生」，落實為人性的「善」。所以，人道「變」的原素就是「善」，也就是說推動人道「變」的主要動能就是「善」。

為什麼是善？《周易》在〈繫辭傳‧第五章〉說：

　　一陰一陽之謂道，繼之者善也，成之者性也。

關於此，孔穎達解釋說：「繼之者善也者，道是生物開通，善是順理養物，故繼道之功者唯善行也。成之者性也者，若能成就此道者，是人之本性。」〔註33〕萬物的化生，經由道，也就是太極而展開，而善就是順從太極的化生之理，以育養萬物；人則是太極化生萬物之一環，若能合於太極的化生之理，本於仁義，則是人之本性所在。故而，《周易》又說：

　　立人之道曰仁與義（〈說卦‧第二章〉）。

朱熹則以理學的觀點，進一步指出說：「道具於陰而行乎陽。繼，言其發也；善，謂化育之功，陽之事也。成，言其具也；性，謂物之所受，言物生則有性，而各具是道也，陰之事也。」〔註34〕道具陰陽，化生萬物，就是善；而人「各具是道」，稱之為性，亦具備道之善。至於為什麼人性是善？朱氏又予以說明：「這箇理，在天地間時，只是善。無有不善者，生物得來，方始名曰性。只是這箇理，在天則曰命，在人則曰性，性便是善。」〔註35〕人性依於天理，天理是善，人性亦即是善，所以說「性便是善」。這是從道與人的同一性所作的分析。而這種同一性，孫國中也說：「夫自天言之，謂之賦。自人物言之，謂之受。自一賦一受之間言之，謂之繼。繼也者，猶子之於父母，曰

〔註33〕見《周易正義》，卷七，頁148。
〔註34〕見《周易本義》，卷三，頁287〜8。
〔註35〕見《朱子語類》，引見李光地《周易折中》，卷十三，頁981。

繼其體也。猶子弟之於師，曰繼其志也。天道賦與之初，無擇於物，人物受命之始，無間於天，如陽光之照也，不可以岡原澗壑而殊也。如大雨之奔也，不以陂澤沼沚而異也。當此之際徒有善焉而已。故曰繼之者善也。言天人交接之間，無非善者。」〔註36〕關於人秉道之善，孫氏以父母之於子女，老師之於學生的同一關係說明；並以下大雨作比喻，是不分彼此，普遍全面的，以說明道之善也是普遍全面，「天人交父接之間，無非善者」。

基於人性之善是普遍全面的，所以《周易》又說：

> 元者，善之長也；亨者，嘉之會也；利者，義之和也；貞者，事之幹也（〈乾卦・文言〉）。

又以「元」來說善的普遍性。孔穎達則以萬物的施生作用，以說明元為眾善之長。他說：「元者善之長者，謂天之體性，生養萬物，善之大者，莫善施生，元為施生之宗，故言元者善之長也。」〔註37〕化生是天的最大功能，也就是善；而元的功能亦在化生，故稱元為善之長。程頤則以道德來解析「元者善之長」，其謂：「元亨利貞，乾之四德，在人則元者，眾善之首也。」〔註38〕人之有元，就如同人具有善，且為眾善之首。朱熹則綜合兩家的說法，「元者善之長」，既是化生的作用，也是人性的善。他說：「元者，生物之始，天地之德莫先於此，故於時為春，於人則為仁，而眾善之長也。」〔註39〕除了提出善，並以仁為眾善之長。同時，他並認為不僅元是善，亨利貞也是善，有人問「元者善之長」之義，他答說：「元亨利貞皆善也，而元乃為四者之長，是善端初發見處也。」〔註40〕元亨利貞是善，表明萬物的化生就是一個純然的善，人是萬物化生的一環，自然也就是善。根於這項觀點，項安世予以闡明說：「善也、嘉也、義也，皆善之異名也。在事之初為善，善之眾盛為嘉，眾得其宜為義，義所成立為事，此一理而四名也。故分而為四則曰元者善之長也，亨者嘉之會也，利者義之和也，貞者事之幹也。比而為二，則曰乾元者始而亨者也，利貞者性情也。混而為一，則曰乾始能以美利利天下，不言所利大矣哉。」〔註41〕項氏以理一分殊來解釋元亨利貞四者之間的關係，無

〔註36〕見《易經指南》，《通論篇》，頁351～2。
〔註37〕同註33，卷一，頁12。
〔註38〕見《易程傳》，卷一，頁9。
〔註39〕同註34，卷一，頁62。
〔註40〕見《朱子語類》，引見李光地《周易折中》，卷十六，頁1101。
〔註41〕見《周易玩辭》，卷一，頁10。

論是善、嘉、義和事，皆是善一理的四名。綜言之，天地之間就是一個純然的善。

從以上可以發現，善在人道所具有的內涵，也就是反映人道的特有意義有兩個：其一是化生的功能，展現人道生生不息，綿延不輟。其二是表現人性的善德，日新又新。以故，善是推動人道「變」的原素。

關於人性之善，《周易》在〈繫辭上傳‧第七章〉，又特別強調：

　　成性存存，道義之門。

所謂「成性」，就是本存之性；「存存」是指存之又存，不已之意。〔註 42〕即如俞琰主張的：「人之性，渾然天成，蓋無有不善者。更加以涵養功夫，存之又存，則無所往而非道，無所往而非義矣。」〔註 43〕明確指出人性之善是本有的，也是先驗的。所謂「渾然天成，無有不善」。康德（Immanuel Kant, 1724～1804）也認爲人的善性是具有先驗的，人生來就有一種「善良意志」，這種先驗的意志，就是道德的根源。〔註 44〕人性的善，固然是先驗的，本有的、天成的；但是，要維持善的持久性和恒常性，則需要「存存」。意思是後天的努力，不斷的在德性上的進德修業。並給我們一個很大的啓示，先天的善，必須配合後天的精進，才能永保善性，爲「善之長」。因而，張其成析論認爲：「用《周易》的道理修身養性，而成就仁善的德性；並且不斷地涵養蘊存這種德性，就是找到了進入天地之道和義理眞諦的門戶。」〔註 45〕基於這個原因，人性的善，雖是由太極的「變」而來，但要體証太極的善，則必須要修身養性，進德修業。

什麼是「善」？除了人道的化生和本性的善德意義之外，在《周易》尚有何種意義？

甲骨文未見善字，金文的字形有「𦎧」，見〈毛公鼎〉「善效乃友正」；「𦎧」，見〈諫鼎〉「毋敢不善」；「𦎧」，見〈善鼎〉「善敢捧頜首」。高田忠周解釋說：「《說文》，𦎧吉也，從誩從羊，與義美同意。篆文作𦎧，從言從羊，隸省作善，善吉義近。君子之言爲吉，其嘉祥者，謂之善也。善者，言之健全者也。」〔註 46〕從字義來說，善原是吉美的意思，也指說話的嘉美。後引申

〔註 42〕見朱熹《周易本義》，卷三，頁 291。
〔註 43〕俞琰，元人。引見李光地《周易折中》，卷十六，頁 994。
〔註 44〕見《哲學大辭典》，「道德」條，頁 1602。
〔註 45〕見《易學大辭典》，「成性存存，道義之門」條，頁 184。
〔註 46〕見〈古籀篇〉，五十三，頁 31。引見《金文詁林》，頁 405。

爲美也、良也、和美也及貴也等。〔註47〕

在《周易》之中，善字共出現十八處，據呂紹綱指出，共有四種含義：〔註48〕

一、稱自然界發展變化中的正常、良好的狀態。就是人道的化生和本性的善德。如：

　　元者，善之長也。(〈乾卦‧文言〉)

　　一陰一陽之謂道，繼之者善也，成之者性也。(〈繫辭上傳‧第五章〉)

　　易簡之善配至德。(〈繫辭上傳‧第六章〉)

此皆是從形上角度所表達的善。

二、作及物動詞，表示爲社會做好事，做貢獻。如：

　　善世而不伐，德博而化。(〈乾卦‧文言〉)

　　君子以居賢德善俗。(〈漸卦‧象〉)

此皆是指個人的善德，由內向外，推己及人的善行。是一種踐履的功夫。

三、作不及物動詞，與另一動詞連用，表示擅長、長於的意思。如：

　　无咎者，善補過也。(〈繫辭上傳‧第三章〉)

　　其於馬也，爲善鳴。(〈說卦‧第十一章〉)

這部份與善的意義無關，是指一種動作。

四、作名詞用，表示善德、善行和善人。如：

　　積善之家，必有餘慶；積不善之家，必有餘殃。(〈坤卦‧文言〉)

　　君子以遏惡揚善。(〈大有卦‧象〉)

　　君子以見善則遷，有過則改。(〈益卦‧象〉)

　　君子居其室，出其言善，則千里之外應之，況其邇者乎？居其室，
　　出其言不善，則千里之外違之，況其邇者乎。(〈繫辭上傳‧第八章〉)

　　善不積不足以成名，惡不積不足以滅身，小人以小善爲无益而弗爲
　　也，以小惡爲无傷而弗去也，故惡積而不可掩，罪大而不可解。(〈繫
　　辭下傳‧第五章〉)

〔註47〕《呂氏春秋‧古樂》「以見其善」，注「善，美也」。《廣韻》「善，良也」。《禮
　　　　記‧學記》「善歌者」，疏「善歌，謂音聲和美」。《論語‧子罕》「求善賈而沽
　　　　諸」，皇疏「善賈，貴賈也」。

〔註48〕見《周易辭典》，「善」條，頁41。

誣善之人其辭游。(〈繫辭下傳・第十二章〉)

此皆指道德實踐的善,是就人的修養來說,表現在言語及行為之上。

關於人性的善,在倫理道德的實踐之上,《周易》是主張善與惡,或善與不善對舉的因果聯繫。在此所指的善與惡或善與不善,是就人類的行為而論,凡是符合一般道德標準的,稱為善;反之,不符合一般道標準的,則視之為惡或不善。〔註49〕至於因果聯繫,是指事物之間引起和被引起之間的關係;引起的是原因,由於受原因的影響所產生之作用,則是結果。然而原因和結果是相互對應的,一定的原因,對應著一定的結果。而且,因與果是相互蘊含和聯繫的。並存在著客觀的普遍性和必然性。〔註50〕《周易》就以「積善」、「揚善」為因,才能產生「餘慶」、「成名」的果。以「積不善」、「惡不積」為因,以致造成「餘殃」、「滅身」的果。所以說:

積善之家,必有餘慶;積不善之家,必有餘殃。(〈坤卦・文言〉)

君子以遏惡揚善。(〈大有卦・象〉)

善不積不足以成名,惡不積不足以滅身,小人以小善為无益而弗為也,以小惡為无傷而弗去也,故惡積而不可掩,罪大而不可解。(〈繫辭下傳・第五章〉)

由此而言,只要積善,是必然可以獲得善報;而不行善的小人,由於道德行為的低劣,不但不行小善,反而一再為小惡,以為無傷於身,累積到一定程度,自然就「多行不義必自斃」了。亦如賈誼所說的「愛出者愛反,福往者福來」,〔註51〕也是一種必然的因果聯繫,付出愛和福,才有愛和福的回報。綜言之,《周易》的善惡觀是一個普遍和必然的因果關係,主要的用意希望讀《易》者,能夠積善成德,才會有美好的福報;如果不行善,則不僅只是「殃」的問題了。

也因為如此,人道的善,作為人道「變」的原素,最主要目的是在行善,要人遏惡揚善,去惡為善,以在人性之上修養善性,培養善德,才能恢復人的善性,臻於「成性存存,道義之門」的目標。所以,《周易》一再指出:「積善之家,必有餘慶」、「遏惡揚善」、「見善則遷,有過則改」、「出其言善,則千里之外應之,……出其言不善,則千里之外違之」、「善不積不足以成名,

〔註49〕見《中國大百科全書》(哲學),「善與惡」條,2:749。
〔註50〕見黃楠森《哲學概念辨析辭典》,「因果關係,因果鍵」條,頁99。
〔註51〕見賈誼《新書・春秋》。

惡不積不足以滅身」等，主要是証明，要求得人性之善，就必須實際在道德行爲上進修，躬親踐履，勿以善小而不爲，勿以惡小而爲之，如此真積力久，積善成德，自然就能達到完美的善性。依於此，人道「變」的原素——善，除了人性之上的意義外，其潛在的意涵，則在於善的實踐上之意義，期望人們在明瞭自身的善性，更能自覺善行的實踐，才是作《易》者之目的所在。

總而言之，善是人道「變」的原素，其透顯兩層意義，一是根源於太極之本的化生之義，亦即是太極化生作用的理一分殊的表現。二是人的善性，是根於道的繼善成性，並認爲人性是純然至善的。而要把握人道的善，進而瞭解太極化生之意義，就需要「成性存存」，在人性的自覺上下功夫，遏惡揚善，積善成德，如此方可體証人道「變」的樞要。

第二節　「變」的形式

人道的「變」，是經由「變」的原素善所推動，也就是追求人性的善。爲了達到善的純美，存之又存，其表現的形式有三，一是體仁存義，一是中正日新，一是天人合一。此三者皆是建立在道德的實踐之上。即是說能完成仁義以及中正日新的道德，就是善性的完成，也就是天人合一的境界。

體仁存義，仁與義，具有兩層意涵，一是形上化生層面，仁作爲個人生命之體，仁是愛，自然對物無不愛。義就是指在紛然複雜的萬物之中，依據其物類的差異性，而予以不同的規範，以使萬物獲得普遍的利益。一是道德實踐層面。以惠愛爲仁，義則是一種合宜而變的規範。但是，仁與義，兩者必須相輔互助，才能使理想面與現實面，普遍性和差異性，獲得均衡發展；並使道德的實踐，能夠完整周延，不致有所偏失，而在實行上有所不足。所以說「立人之道曰仁與義」，仁與義並舉，是有其深義的。

中正日新，中正代表真善美的道德象徵，表示既中且正的道德，具有不偏不倚，正直不阿的意思。日新則代表無止盡的追求道德完美，除舊佈新，去故取新，以使道德的追求不致停滯不前，自我設限。並且不達完美，絕不終止。中正和日新之德，此兩者是相輔相成，合而爲一的。中正是強調道德的完美性，日新則強調道德的追求永無止盡。兩者互補互助，以追求道德的盡善盡美。兩者的相因相生，以完成生命自我的昇華。而其最主要的作用，是追求人道的至善，人性的至美，人格的至真。

天人合一，天就是天道，也即是自然；人是指人道，也就是人的精神或人的作用。而天人合一就是人道與天道，人與自然的相通、相類及合一。再深入分析，就是探求人與自然之間的同一性。人與自然，在形方面，各有不同的形體，既不相同，表現明顯的差異性，本來就無法合一。但是，人與自然，在神方面，即是從本體的本根性論，有其相同性質，是可以相合的。天人合一，在《周易》之中具有四種意義，就是人道和天道的相通、大人追求的理想境界、順乎天應乎人及聖人效法天道等。天人合一也是道德的合一。也就是人道與天道相合，與自然相合爲一，就必須在道德方面的進修和涵養，才能達到天人一體、天人不二的境界。而體仁存義，中正日新的道德修養，也是爲了達到天人合一。

一、體仁存義

人道的「變」，主要是建立在道德之上，善是整個人道「變」的發動因素，爲達到人道的善，必須經由體仁存義，中正日新的實踐工夫，才能達到人性的至善，而與本根的至善印合，即是所謂天人合一。亦即是達到人與自然的合一。這其中，仁和義，則是實踐工夫的第一步，也是人道「變」的形式的第一步，因此，《周易》說「立人之道曰仁與義」。

在《周易》之中，就道德層面言，仁與義，並不是高懸的一種標誌，讓人瞻仰的德目，而是一項實踐的道德。同時，在實踐當中，才能真正明瞭其價值和涵義。所以《周易》說：

　　君子學以聚之，問以辨之，寬以居之，仁以行之。(〈乾卦·文言〉)

　　知終終之，可與存義也。(〈乾卦·文言〉)

其中的「行」與「存」皆就實踐工夫而言。而且，仁與義是一對互補範疇，仁的涵義，外延廣泛，具有普遍性；義的涵義，其外延較仁爲小，調節適宜，具有特殊性。所以仁義，是一對相互輔助，相互映襯的道德範疇。

以下謹就仁與義以及《周易》之中仁與義的意義，作一剖析。

先就仁言。仁的字形，最早見於甲骨文，「ㄏ二」《殷虛書契前編》(羅振玉編)二·十·十九·一，金文則作「仁」形。〔註52〕最早之經書則見於《尚書·周書·金縢》「予仁若考，能多材多藝，能事鬼神」。〔註53〕最早的

〔註52〕見《金文續編》，引見《字形彙典》，50：3～26。

〔註53〕見孔穎達《尚書正義》，卷十三，頁186。

字義，則見於〈中庸〉及《說文》。〈中庸〉說：「仁者，人也，親親爲大。」〔註54〕《說文》也依此義說：「仁，親也，从人二。」段玉裁解釋說：「獨則無耦，耦則相親，故其字从人二。」〔註55〕由其原始意思可知，仁的初義，只是人與人之間的一種親善關係，尤以具有血緣親屬者爲優先。康有爲就析論說「仁从二人，人相偶，有吸引之意，即愛力也，實電力也。人具此愛力，故仁即人也。苟無此愛力，即不得爲人矣。」〔註56〕此即是從親親的本義，以及孔子所特別強調的「仁者愛人」的意義之發揮。〔註57〕到了後來，仁的意義就作了非常大幅度的修正，而且經過孔子、孟子以及後代儒者的發揚和推廣，仁的意義就往兩個方向衍生，一是道德意義方面，另一是形上意義方面。

仁在道德意義上，孔子則認爲是貫穿道德的根本，以道作爲最高思想和行爲的準則，德則是道的具體落實在日用之中。所以，孔子說：「志於道，據於德，依於仁，游於藝。」〔註58〕並由於仁是道德的根本，以致於仁的內涵包括各種德目，如恭、寬、信、敏、惠、智、勇、忠、恕、孝、悌等。即是「仁者，愛之理，心之德」、「仁者，本心之全德」。〔註59〕可以看出仁是一個「全德」，也是一個最高的、最完善的道德。更是生命追求的最高理想和最高境界。孔子說：「志士仁人，無求生以害仁，有殺身以成仁。」〔註60〕對於仁的追求，是以個人的生命全力以赴，不達到絕不終止。職此之故，仁是以愛人爲始，由親近之人開始行仁，以道德的完成爲終。

同時，仁不僅是個人的道德的完成，並是一種外推的工作，所謂「己欲立而立人，己欲達而達人」、「博施濟眾」〔註61〕等。即是由推己及人，以致於兼善天下。換言之，仁具有普遍性，和無限性。

仁在形上意義上，指世界萬事萬物的本根，與道的意義相同。程顥說：「若

〔註54〕見《中庸章句》，第二十章，頁8。
〔註55〕見八篇上，頁369。
〔註56〕見《中庸注》，（臺北：臺灣商務印書館股份有限公司，民國57年），頁21。
〔註57〕〈顏淵篇〉說：「樊遲問仁，子曰愛人。」《論語集注》，卷六，頁53。
〔註58〕見〈述而篇〉，《論語集注》，卷四，頁27。
〔註59〕朱熹〈學而篇〉及〈顏淵篇〉注，《論語集注》，卷一及六，頁1及49。
〔註60〕見〈衛靈公篇〉，《論語集注》，卷八，頁66。
〔註61〕〈雍也篇〉說：「子貢曰：如有博施於民，而能濟眾，何如？可謂仁乎？子曰：何事於仁，必也聖乎！堯舜其猶病諸！夫仁者，己欲立而立人，己欲達而達人，能近取譬，可謂仁之方也已。」《論語集注》，卷三，頁26。

夫至仁，天地爲一身。而天地之間，品物萬形，爲四肢百體。」以仁比擬天地，天地化生萬物，品物流形；仁的功能如同天地，亦能化生萬物，品物萬形。又說：「仁者以天地萬物爲一體。」更明白的說仁具有化生的功能。以致於「學者須先識仁。仁者，渾然與物同體」。〔註62〕仁不僅是本根，而與萬物具有同一性，皆具有仁，所以，「仁者，渾然與物同體」。

次就義言。義的字形，在甲骨文已見，「羊」《殷虛書契後編》（羅振玉編）下・十三・五及「義」《新獲卜辭寫本》（董作賓編）五二八二等。金文作「義」（〈義伯簋〉）、「羊」（〈義仲鼎〉）、「義」（〈齊鎛〉）、「羊」（〈虢弔鐘〉）、「義」（〈王孫鐘〉）等。《說文解字》說：「義，己之威義也，从我从羊。」〔註63〕林潔明認爲「義古威儀字，後用爲仁義字，遂另造儀字。」〔註64〕以上僅就字形上作解釋，對於義的意義上，並未作解說。關係義的意義，〈中庸〉說的極爲清楚：「義者，宜也，尊賢爲大。」〔註65〕《說文》對「宜」解釋說：「宜，所安也，从宀之下，一之上。」〔註66〕朱熹則解釋「義」說：「義者，事之宜也。」〔註67〕此皆就道德層面解說義。義就是合宜，較偏向政治關係方面，所以主張尊賢爲主。進一步說，義就是通過內心的自我調節，以使個人的思想行爲符合一定的標準。〔註68〕基於這個原因，孔子認爲義是個人立身行道，處事接物的原則。他指出：「君子喻於義，小人喻於利。」再說：「君子義以爲質，禮以行之，孫以出之，信以成之，君子哉！」、「君子之仕也，行其義也。道之不行，已知之矣。」〔註69〕都可以看出，義是「知進退存亡」的重要原則。孟子也有相同的主張，亦視義爲個人行爲的基本準則。他提出：「義，人之正路也。」、「生，亦我所欲也；義，亦我所欲也。二者不可得兼，舍生而取義者也。」、「義，人路也。舍其路而弗由。」〔註70〕皆表明義是人必須

〔註62〕 見《二程遺書》，卷二上。引見繆天綬《宋元學案・明道學案》，（臺北：臺灣商務印書館股份有限公司，民國 59 年），頁 89〜90。
〔註63〕 見十二篇下，頁 639。
〔註64〕 引見《金文詁林》，頁 1849。
〔註65〕 同註 54，第二十章，頁 8。
〔註66〕 見七篇下，頁 344。
〔註67〕 見〈學而篇〉注，《論語集注》，卷一，頁 3。
〔註68〕 見《哲學大辭典》，「義」條，頁 82。
〔註69〕 見〈里仁篇〉、〈衛靈公篇〉、〈微子篇〉。《論語集注》，卷二、七及九，頁 15、65 及 78。
〔註70〕 見〈離婁上篇〉及〈告子上篇〉。《孟子集注》，卷七及十一，頁 55 及 89〜90。

行走的一條正路，更是個人行爲不可或缺的重要南針，是超過生命價值的。故而，「義者，制事之本」。〔註71〕即是明白指出，義是立身行道，處事接物的根本。以上是就道德層面說明義的意思。

就形上意義論，朱熹認爲義是「天理之所宜」。〔註72〕仁，是體；義，則是用。義是體由用顯，而直接落實在天地萬物之間的合宜規範。是以《禮記‧禮運》說：「仁者義之本也，順之體也，得之者尊。」〔註73〕可見仁與義之體用關係。呂紹綱說：「『義者，宜也』，天地萬物及人類社會都有高下大小尊卑遠近的不同，它們的關係條理正當就是義。」〔註74〕推而廣之，義就是使天地之間萬物群品，因其差異性，而有不同的條理規律，以促進相互之間的和諧關係。質言之，義就是溝通聯繫萬物群品的一切條理和規律。

仁與義，孔子並未合用，主要以仁爲主。至孟子，不僅強調義，並將仁與義合用，他說：「王何必曰利，亦有仁義而已矣」、「仁，人之安宅也；義，人之正路也。」、「仁，人心也；義，人路也。」及「既飽以德，言飽乎仁義也」〔註75〕等。充分說明，孟子把仁作人心，即是惻隱之心；義作人必須行走的正路，不能不由。根於此，仁義二者，是道德行爲的最高規範，並是一切行爲所必須遵循的法則；否則，「曠安宅而弗居，舍正路而不由，哀哉！」、「舍其路而弗由，放其心而不知求，哀哉」！〔註76〕

綜言之，仁與義，就形上論，仁是體，義是用，仁義互輔，能使天地萬物之間的條理規律，因應萬物之間的彼此差異性，能夠普遍適用。就道德論，仁具有普遍性的涵義，是一種無我無私的大愛，無有差別，不分彼此，是探求「同」的。義則具有特殊和個別性的意義，有差別性，「親親之殺，尊賢之等」，是探求「異」的。同中有異，異中有同，使仁義的義涵，更顯完備且完美。所以，仁義成爲儒家追求的最高道德境界。

就《周易》仁與義論，仁出現九處，義出現三九處，亦具有兩層意涵，一是形上化生層面，一是道德實踐層面。先就形上化生層面來說：

〔註71〕見朱熹〈衛靈公篇〉注，《論語集注》，卷八，頁67。
〔註72〕見〈里仁篇〉注，《論語集注》，卷二，頁15。
〔註73〕見孔穎達《禮記正義》，卷二十二，頁439。
〔註74〕見《周易辭典》，「和順於道德而理於義」條，頁319。
〔註75〕見〈梁惠王上篇〉、〈離婁上篇〉及〈告子上篇〉。《孟子集注》，卷一、七及十一，頁1、55、89及91。
〔註76〕〈離婁上篇〉及〈告子上篇〉。《孟子集注》，卷七及十一，頁55及90。

> 元者，善之長也。……君子體仁足以長人。(〈乾卦‧文言〉)

> 利者，義之和也。……利物足以和義。(〈乾卦‧文言〉)

關於仁，程頤認為「體仁，體元也。比而效之謂之體」。〔註77〕朱熹根據程註進一步分析說：「以仁為體，則无一物不在所愛之中，故足以長人。」〔註78〕「元」是萬物化生的本根，若能體証「元」，並效法「元」，自能對物無不愛。朱氏再解析說：「體者，以仁為體，仁為我之骨，我以之為體，仁皆從我發出，故無物不在所愛。」〔註79〕仁作為個人生命之體，仁是愛，自然對物無不愛。以故，此所謂「仁」，是根於形上化生之本，是就形上意義立論。關於義，朱氏解析說：「利者，生物之遂，物各得宜，不相妨害，故於時為秋，於人則為義，而得其分之和。」義也是根於化生之「利」而來，利者，是生物之完成，並使物各得其宜。而義即是使每一物各得其利，且使萬物群品之間皆有不同的條理規律，促進相互之間的和諧，這就是「利」。所以說「利物足以和義」。朱氏再說「使物各得其所利，則義无不和」。〔註80〕「利者義之和，萬物至此各遂其性，事理至此無不得宜，故於時為秋，於人為義」。〔註81〕準此，義就是在紛然複雜的萬物之中，依據其差異性，而予以不同的規範，致使萬物獲得普遍的利益，這才是義的本義所在。故而，仁與義，就形上化生層面論，是根於化生之本的元，也就是太極而來的。〔註82〕由仁以生出對物的無不愛，由義以生出對物的無不利。

復次，就道德實踐層面分析，這也是人道「變」的形式，最主要呈現的意義之一。人道經由太極的化生，成為一個具體的範疇，除了根自於化生的元德之外，其最重要的目的，是要由道德的落實和實踐，以彰顯元德之善，進而認知和體証太極的化生之道。因為，《周易》認為太極的化生在我們身上的性命，是和太極的本體具有同一性。也由於具有同一性，所以，經由道德的實踐和落實，下學而上達，可以印証和認知太極本體。

> 夫大人者，與天地合其德，與日月合其明，與四時合其序，與鬼神
> 合其吉凶，先天而天弗違，後天而奉天時。(〈乾卦‧文言〉)

〔註77〕見《易程傳》，卷一，頁10。

〔註78〕見《周易本義》，卷一，頁63。

〔註79〕見《朱子語類》，引見李光地《周易折中》，卷十六，頁1104。

〔註80〕同註78，卷一，頁62～3。

〔註81〕同註79，引見李光地《周易折中》，卷十六，頁1104。

〔註82〕元與太極，是理一分殊的關係，可參看第二章第二節「變」的總法則——太極。

和順於道德而理於義，窮理盡性以至於命。(〈説卦・第一章〉)

其中，大人就是指品德高超的人，由於其德品的昇華，道德的完美，才能稱得上大人；也由於是大人，才能達到天人合一的境界，「與天地合其德，與日月合其明，與四時合其序」。至於「和順於道德而理於義，窮理盡性以至於命」，在於能夠順從契合於道德和義，就能窮盡事物之理，窮盡人物之性，在我之命，並進而體証生命的本根。郭雍説：「《易》於道德無違也，和順之而已。於義無作也，明辯之而已。」〔註83〕以道德作爲契合易道的最主要方法，而道德的完美性，則能從「天使我有是之謂命，命之在我之謂性，性之在物之謂理」，〔註84〕命、性和理，是理一分殊之分別，能夠達到道德的眞善美，自然就能「窮理盡性以致於命」。朱熹則明白説：「窮天下之理，盡人物之性，而合於天道，此聖人作《易》之極功也。」〔註85〕合於天道，在於窮理盡性，而窮理盡性，則在於「和順於道德而理於義」。項安世也説：「道即天之命，德即人之性，義即地之理。和順於道德而理於義，窮理盡性以至於命，此兩句反覆互言也。《易》之奇耦在天之命，則爲陰陽之道；在人之性，則爲仁義之德；在地之宜，則爲剛柔之理。」〔註86〕陰陽、仁義和剛柔，是並列平行的，是理一分殊的，是以由任何一種方式，皆可以上達最後之本根的。

析言之，仁與義，在道德實踐上，是一項實踐的德目。亦即是必須經過躬親實踐，才能掌握仁與義的精神和價值。因而，《周易》説：

君子學以聚之，問以辨之，寬以居之，仁以行之。(〈乾卦・文言〉)

休復之吉，以下仁也。(〈復卦・六二象〉)

樂天知命故不憂，安土敦乎仁故能愛。(〈繫辭上傳・第四章〉)

顯諸仁，藏諸用，鼓萬物而不與聖人同憂。(〈繫辭上傳・第五章〉)

聖人之大寶曰位，何以守位曰仁。(〈繫辭下傳・第一章〉)

孔穎達説「惠愛爲仁」，〔註87〕以惠愛做爲實踐仁的主要方法。以「安土敦乎仁故能愛」來説，俞琰就明白指出：「安土不懷居也，土即地也，不擇地而居，

〔註83〕郭雍，宋人。見《家傳易説》，引見呂紹綱《周易辭典》，「和順於道德而理於義」條，頁319。

〔註84〕邵雍言，引見李光地《周易折中》，卷十七，頁1146。

〔註85〕同註78，卷四，頁336。

〔註86〕項安世，宋人。見《周易玩辭》，卷十五，頁211。

〔註87〕見《周易正義》，卷九，頁183。

則隨所寓而安也，敦篤厚也。安土敦乎仁，則己私盡去，純乎天理，無所往而非仁故能愛。」〔註88〕以仁存心，以惠愛爲念，自然無物不愛，隨處而安，無所往而非仁。即是直接從惠愛實踐，力行不己，自能無所不愛，無所不仁。並由惠愛這個個別德目的實踐，予以深化和廣化，自然就能提昇到仁的境界，而契合萬化之本根。即如孔氏所云：「萬物之性皆欲安靜於土，敦厚於仁，聖人能行此安土敦仁之化，故能愛養萬物也。」〔註89〕此即是從道德實踐的惠愛，上體本根化生之仁，予以最佳的詮釋。

　　直其正也，方其義也。君子敬以直內，義以方外，敬義立而德不孤。

　　直方大，不習无不利，則不疑其所行也。（〈坤卦‧文言〉）

　　理財正辭，禁民爲非曰義。（〈繫辭下傳‧第一章〉）

孔氏認爲義字具有兩義，一是「宜也，言以此行之而得其宜也」。一指「斷割之義」。〔註90〕皆就道德實踐上立說，義是一種合宜而變的規範，是聯繫及和諧不同物類的條理及準則。然而，這種合宜而變的「義」，並非腳踏兩端，毫無主見，而是依照正當的規範，即以剛正堅毅之德，力行不怠，故謂「斷割之義」。所以朱熹對義的定義，特別一再強調說：「看來義之爲義，只是一箇宜。」〔註91〕以「直其正也，方其義也。君子敬以直內，義以方外，敬義立而德不孤」爲例，蔡清就論述說：「此正、義二字，皆以見成之德言。然直不自直，必由於敬；方不自方，必由於義。直，即主忠信；方，即徙義。直，即心無私；方，即事當理。」〔註92〕義就是以成德而言，也就是行爲的準繩，是以義爲規則。

　　故而，在道德實踐層面上，仁是惠愛，義是合宜，兩者必須相輔互助，才能使理想面與現實面，普遍性和差異性，獲得均衡發展；並使道德的實踐，

〔註88〕俞琰，元人。見《周易集說》，卷二十八。引見張其成《易學大辭典》，「安土敦仁條」，頁178。

〔註89〕同註87，卷七，頁147。

〔註90〕「斷割」阮刻作「斷刮」，今據《周易注疏校勘記》，卷九，予以更正。見《周易正義》，卷八及九，頁166及336。此外，在《周易》中，義字尚有以下之義，（一）意義。如「復自道，其義吉也（〈復卦‧初九象〉）」、「隨時之義大矣哉（〈隨卦‧象〉）」、「旅之時義大矣哉（〈旅卦‧象〉）」等。（二）道理。如「乘其墉，義弗克也（〈同人卦‧九四象〉）」、「剛柔之際，義无咎也（〈解卦‧初六象〉）」、「曳其輪，義无咎也（〈既濟卦‧初九象〉）」等。

〔註91〕見《朱子語類》，引見李光地《周易折中》，卷十六，頁1103。

〔註92〕蔡清，宋人。見《周易蒙引》，引見黃壽祺《周易譯註》，卷一，頁34。

能夠完整周延，不致有所偏頗，而在實行上有所不足。所以說「立人之道曰仁與義」，仁與義並舉，有其深義的。

　　總而言之，仁與義，是人道的道德範疇形式之一，即是藉由仁與義的道德規範，以追求道德極至的完成，就是人道「變」的原素——善之實現。換言之，善的實現，仁與義的德性修持，就《周易》的架構而言，是一項不可或缺的因素之一。也必須經由仁與義的惠愛之德與合宜之義，使普遍性的仁愛，配合因時制宜，因地制宜，甚而因人制宜的各種合理的準則和規範之義，以達到全面的效果，這就是仁與義必須相互搭配的原因所在，也就是人道「變」的形式，必須以仁與義作為一對道德範疇之因素。

二、中正日新

　　人道的「變」，主要是建立在道德之上。其中「變」的原素——善，就人性來說，就是一種道德；「變」的形式之中，體仁行義，仁義就人的行為上來說，也是一種道德；天人合一，亦是從人性的修德，才能達到天人的合一。所以，道德是人道「變」的最重要的因素，也惟有從修德上入手，方能更深一層瞭解人道的內涵和價值。

　　這種重視道德的現象，在《周易》之中，隨處可見。例如：

　　　德博而化。(〈乾卦・文言〉)

　　　君子進德脩業，……君子進德脩業，欲及時也。(〈乾卦・文言〉)

　　　君子以成德為行，日可見之行也。(〈乾卦・文言〉)

　　　君子以自昭明德。(〈晉卦・象〉)

　　　夫《易》，聖人所以崇德而廣業也。(〈繫辭上傳・第七章〉)

　　　窮神知化，德之盛也。(〈繫辭下傳・第五章〉)

　　　和順於道德而理於義，窮理盡性以至於命。(〈說卦・第一章〉)

由以上可知，道德的進修在人道所佔的份量之重。無怪乎孔穎達要以道德作為整個《周易》的思想重心所在。他特別強調說：「六十四卦悉為脩德防患之事。」〔註93〕當然，孔氏的說法，是他個人的主張，未必是《周易》內涵的重心所在，然而從此亦可以看出，道德的進修確是《周易》內容之中，非常

〔註93〕見《周易正義》，卷八，頁 173。

重要的一個項目。

　　既然六十四卦，主要探討的是修德之事，基於此，我們可以從卦象之中，直接瞭解卦象所代表之德：

　　一、〈乾卦〉象徵之德。此指元亨利貞四德，〈乾卦・文言〉說：

> 元者，善之長也。亨者，嘉之會也。利者，義之和也。貞者，事之幹也。君子體仁足以長人，嘉會足以合禮，利物足以和義，貞固足以幹事。君子行此四德者，故曰乾元亨利貞。

朱熹則認為，元亨利貞四德，就萬物的化生而言，元是指生物之始，亨是指生物之通，利是指生物之遂，貞是指生物之成。就人而言，元就是仁，亨就是禮，利就是義，貞就是智。〔註 94〕即是說〈乾卦〉所顯現之德就是仁禮義智之德。

　　二、憂患九卦象徵之德。是指〈履〉、〈謙〉、〈復〉、〈恒〉、〈損〉、〈益〉、〈困〉、〈井〉、〈巽〉等九卦，表示作《易》者的憂患之心。而此九卦，也代表一套完整的修德之方。〈繫辭下傳・第七章〉說：

> 《易》之興也，其於中古乎？作《易》者，其有憂患乎？是故〈履〉，德之基也；〈謙〉，德之柄也；〈復〉，德之本也；〈損〉，德之脩也；〈益〉，德之裕也；〈困〉，德之辨也；〈井〉，德之地也；〈巽〉，德之制也。

關於此九卦，孔穎達也格外強調說：「此九卦最是脩德之甚，故特舉以言焉。」〔註 95〕即是指出此九卦，具有完整的修德之象徵意義。因此，馬其昶進一步予以分析說：「〈履〉、〈謙〉、〈復〉三者進德之大端也，〈恒〉、〈損〉、〈益〉三卦，申言持身之道，〈困〉、〈井〉、〈巽〉三卦申言涉世之方。」〔註 96〕將九卦視作一套由內至外的修德之方法，從進德到修身，推而廣之，到應世之用，具體將九卦的內涵作一完備之引申。

　　三、八卦象徵之德。八卦的卦象，一般以八種自然物象表徵，即是以天、地、山、澤、雷、風、水、火等。〔註 97〕但八卦也可以八種德性表徵。

〔註94〕 朱熹說：「元者，物之始生；亨者，物之暢茂；利，則向於實也；貞，實之成也。」又說：「元者，生物之始，於人則為仁。亨者，生物之通，於人則為禮。利者，生物之遂，於人則為義。貞者，生物之成，於人則為智。」見《周易本義》，卷一，頁 60 及 62～3。

〔註95〕 同註 93，卷八，頁 173。

〔註96〕 見《重定周易費氏學》，引見黃壽祺《周易譯註》，卷九，頁 594～5。

〔註97〕 見〈說卦〉第三、六及十一章。

〈乾〉，健也；〈坤〉，順也；〈震〉，動也；〈巽〉，入也；〈坎〉，陷也；

〈離〉，麗也；〈艮〉，止也；〈兌〉說也（《說卦・第七章》）。

故而孫國中說：「何以謂之德也，有根於卦者焉，健順動止，明說之類是也。有生於爻者焉，剛柔中正之類是也。」〔註98〕充分說明八卦也是一種德性的表徵。

　　道德的意義是什麼？道字的意涵，解說見於第二章第二節「『變』的總法則──太極」。關於德字，甲骨文作「（字形）」《龜甲獸骨文》（林泰輔編）二三〇四、「（字形）」《殷虛文字乙編》（董作賓編）三七・五、「（字形）」《鐵雲藏龜拾遺》（葉玉森編）五・一、「（字形）」《殷虛書契後編》（羅振玉編）二・二二・一六、「（字形）」《戩壽堂所藏殷虛文字》（姬佛陀編）三九七等。據羅振玉表示：「卜辭皆借為得失字。」〔註99〕即是甲骨文將「德」借作得失之意。金文則有「（字形）」（〈辛鼎〉）、「（字形）」（〈盂鼎〉）、「（字形）」（〈毛公鼎〉）、「（字形）」（〈秦公簋〉）、「（字形）」（〈德克鼎〉）等。郭沫若解釋說：「《說文》道德之德作惪，云，外得於人，內得於己也，从直心。德訓升也，从彳惪聲。金文惪字罕見，凡道德字均作德。今就金文編所收十五字，……通觀諸字，蓋惪以省若道，从心。省者巡省之本字也。」又說：「是則古人造文，寔以省心為德，省者視也。」〔註100〕可見德字本義應為己心的一種反省，即是《說文》所云「外得於人，內得於己」。根於此，各種典籍解釋德字，皆從其本義而加以引申，如《禮記》說：「禮樂皆得謂之有德。德者，得也。」〔註101〕《管子》也說：「德者，道之舍，物得之以生。……故德者，得也。得也者，其謂所得以然也。」〔註102〕朱熹則從省心的意思深一層析論說：「德者，得也。得其道於心而不失之謂也。」〔註103〕皆以德作得來解說。綜上所述，德字的理解，從兩個角度發展，一是就哲學，從道的本根上立說；另一則是就倫理學，從人的德性上立說。

　　因此，道與德的結合，其意義也從兩方面發展。就哲學分析，道是指萬物的本根或普遍規律，而德是得道所成的具體事物，亦即指具體事物所得以

〔註98〕見《易經指南》，〈通論篇〉，頁319。

〔註99〕見〈釋德〉，引見陳新雄《字形彙典》，五十冊，（臺北：聯貫出版社，民國72年），13：307。

〔註100〕見《金文叢考・反傳統思想考》，頁22。引見《金文詁林》，頁323。

〔註101〕見〈樂記〉，《禮記正義》，卷三十七，頁665。

〔註102〕見〈心術上〉，安井衡《管子纂詁》，（臺北：河洛圖書出版社，民國65年），卷十三，頁5。

〔註103〕見《論語集注・述而篇》，頁27。

然者，並顯現具體事物的特性。次就倫理學分析，道是指人們所共同遵守的普遍原則，德是指人對道的獲得，合於道的行爲或品德；亦可以說是，對於道的認識或修養有得於己，也稱爲德。〔註104〕合論之，道德以現在意義來說，其是指依據社會輿論、傳統習慣和內心力量，來調整人們之間的相互關係之行爲規範和準則，這包括善惡評價、品質修養及理想境界。〔註105〕進一步分析，若以道德和法律相並論，道德是無形規範人的行爲之準則，而法律則是有形的規範人的行爲之準則。

在《周易》之中，道字出現一○五處，除具有萬物的本根之意義外，像

> 一陰一陽之謂道，繼之者善也，成之者性也。(〈繫辭上傳・第五章〉)

> 形而上者謂之道，形而下者謂之器。(〈繫辭上傳・第十二章〉)

其中「一陰一陽之謂道」之「道」，並具有萬物運動變化的規律之意思。此外，道字在《周易》之中尙具有下列的意思：

（一）指道路。《說文》說：「道，所行道也，從辵首。一達謂之道。」〔註106〕指的就是道路，是道的本義。像：

> 履道坦坦，幽人貞吉。(〈履卦・九二爻〉)

（二）指事物的規律。這是《周易》之中，所提及最多的部份。像：

> 乾道變化，各正性命。(〈乾卦・彖〉)

> 君子攸行，先迷失道，後順得常。(〈坤卦・彖〉)

> 財成天地之道，輔相天地之宜。(〈泰卦・彖〉)

> 易有聖人之道四焉。(〈繫辭上傳・第十章〉)

> 日月之道，貞明者也。(〈繫辭下傳・第一章〉)

至於德字，出現次數，沒有道字多，共有七十七次，其中只有「和順於道德而理於義」(〈說卦・第一章〉)，是道德二字一起連用。而德字在《周易》中具有四種意義：〔註107〕

〔註104〕見《中國大百科全書》(哲學)，「道與德」及「德」條，1：136～7。《哲學大辭典》，「德」條，頁 1732。《中華思想大辭典》，「道德」條，頁 898。《哲學概念辨析辭典》，「道、德、理」條，頁 310～1。

〔註105〕見《哲學大辭典》，「道德」條，頁 1601。《中華思想大辭典》，「道德」條，頁 898。

〔註106〕見《說文解字注》，二篇下，頁 76。

〔註107〕見張其成的分析，見《易學大辭典》，「德」條，頁 183～4。

（一）指道的德性。即道是萬物的本根，具有造化萬物之功能，此種功能即具有無上之德行，故稱之。如：

> 易簡之善配至德。（〈繫辭上傳・第六章〉）

> 顯道神德行，是故可與酬酢，可與祐神矣。（〈繫辭上傳・第九章〉）

（二）指事物從道所得的特殊規律或特性。此道是指易道。如：

> 夫《易》，聖人所以崇德而廣業也。（〈繫辭上傳・第七章〉）

> 聖人以此齋戒，以神明其德夫。（〈繫辭上傳・第十一章〉）

> 和順於道德而理於義。（〈說卦・第一章〉）

（三）指作人的道德或品德。這部份所言之德佔的比率最高。如：

> 君子進德脩業，……君子進德脩業，欲及時也。（〈乾卦・文言〉）

> 君子以果行育德。（〈蒙卦・象〉）

> 君子以懿文德。（〈小畜卦・象〉）

> 君子以振民育德。（〈蠱卦・象〉）

（四）指天地陰陽化育萬物的功能。姚配中說：「化育萬物謂之德，照臨四方謂之明。」〔註108〕如

> 夫大人者，與天地合其德，與日月合其明。（〈乾卦・文言〉）

> 窮神知化，德之盛也。（〈繫辭下傳・第五章〉）

綜言之，《周易》所言的道德，主要是表現在體用，亦即形上形下兩個層次，就體、形上說，是指萬物化生所展現的道德；就用、形下來說，是指人的道德修養。此兩者雖一分為二，其實在作用上，是合而為一的。也就是說，體必須由用顯，用必須依體明，萬物化生的這種大德，表現在人的道德修為之上，是最具體，也是最實在的。並由人的道德實踐，下學上達，才能更進一步體認化生的意義和內涵。所以，〈繫辭下傳・第五章〉說：

> 精義入神，以致用也；利用安身，以崇德也。……窮神知化，德之
> 盛也。

其中「精義入神，以致用也；利用安身，以崇德也」，是指下學的功夫，就是精研道義，得其神髓，以進獻才智；並能利於實用，安處其身，其目的就是增加美德。即是以增進德性，作為下學的最主要目標。下學才能上達，所謂

〔註108〕姚配中，清人。見《周易姚氏學》，卷一。引見同上。

「窮神知化，德之盛也」。由自身德性之完美，方能明瞭萬物化生之本源，這才是《周易》所追尋的最高境界，也即是「夫大人者，與天地合其德，與日月合其明，與四時合其序，與鬼神合其吉凶」（〈乾卦・文言〉）的大人。基於此，孔穎達就說：「精義入神以致用，利用安身以崇德，此二者皆人理之極。過此二者以往，則微妙不可知。窮極微妙之神，曉知變化之道，乃是聖人德之盛極也。」〔註109〕張載亦說：「精義入神，事豫吾內，求利吾外也。利用安身，索利吾外，致養吾內也。窮神知化，乃養成自然，非思勉之能強，故崇德而外，君子未或致知也。」〔註110〕其中「曉知變化之道」、「養盛自致」，皆是指修德臻於極至，而能明曉萬物化生之本。朱熹也特別說：「窮神知化，乃德盛仁熟而自致耳。」又說：「窮神知化德之盛，這德字只是上面崇德之德。德盛後便能窮神知化，便如聰明睿知皆由此出，自誠而明相似。」〔註111〕可見要印証萬物化生之本，必須「德盛仁熟」，才有「窮神知化」之可能。換言之，崇德是因，德盛是果，窮神知化是本。

在此尙須強調的是，《周易》對道德的追求，雖然以達到最完美爲目的；但其並不忽視實踐的過程，甚而有時過程較目的更爲重要。例如其言「進德」、「修德」、「成德」、「厚德」、「育德」、「崇德」等，在「德」字前面的動詞，皆是指一種實踐的過程。這種實踐過程，就是實踐再實踐，努力再努力，往復不已，以至無窮。而每一次的實踐，較前一次更新、更進步，並且完美性更高、更全。根於此，《周易》對道德的追求是永無止盡的。「富有之謂大業，日新之謂盛德」（〈繫辭上傳・第五章〉），就是最好的証明。

《周易》對道德的追求，除了個人的生命昇華之外，其尙主張外推的發展。也就是推己及人，兼善天下。例如其言：

> 見龍在田，德施普也。（〈乾卦・九二象〉）

> 善世而不伐，德博而化。（〈乾卦・文言〉）

孔穎達就析論說：「德能廣博，而變化於世俗。」〔註112〕就明白指出，德不僅是個人的修持，也是向外推廣的，即是「變化於世俗」。而這項推廣的作爲，是一項永恒的志業，不受時空的限制，是無止盡的，並具有無限性和永恒性。

〔註109〕同註93，卷八，頁169。
〔註110〕見《橫渠易說・繫辭下》，卷三，頁89。
〔註111〕前者見《周易本義》，卷三，頁319。後者見李光地《周易折中》，卷十五，頁1063。
〔註112〕同註93，卷一，頁14。

《周易》又說：

　　夫易，聖人所以崇德而廣業也。(〈繫辭上傳・第七章〉)

　　坤厚載物，德合无疆。(《坤卦・象》)

其中，「聖人所以崇德而廣業」，就是認爲道德的推廣，是聖人之責，更是聖人的志業，也因此，孔氏又說：「易道至極，聖人用之，增崇其德，廣大其業。」〔註113〕至於「德合无疆」，是指「兼含地域無涯和時間無限之義。」〔註114〕亦即如孔氏所說：「一是廣博无疆，二是長久无疆。」〔註115〕析言之，就是指時間和空間的永恒性和無限性，即是生命我，從小我擴大到大我的心路歷程。

　　在《周易》的道德德目之中，最特別且具啓發性的就是中正日新。中正代表眞善美的道德象徵；日新則代表無止盡的追求道德完美。兩者互補互助，互爲表裡。

　　首先，就中正分析。中的本義，根據甲骨文及金文所見的字形有：

　　　《鐵雲藏龜》(劉鶚編) 五・二

　　　《殷虛書契前編》(羅振玉編) 一・六・二

　　　《殷虛書契續編》(羅振玉編) 四・四・五

　　　〈師旂鼎〉

　　　〈癸鼎〉

　　　〈休盤〉

　　在「中」的字形上下，皆有一至四條斿 (指旗旁的影帶)，據羅振玉、王國維及唐蘭等人解釋，認爲中的本義爲旌旗，最初爲氏族社會的徽幟。〔註116〕即《周禮・春官》所謂「皆畫其象焉，官府各象其事，州里各象其名，家各象其號」。〔註117〕也就是在先民時代，各氏族都有代表氏族的圖騰，如龍、虎、熊、鳥、龜、蛇等，畫於旌旗之上，以表示族名。遇有大事，則插「中」於曠地的中央，聚集民眾，民眾望見「中」而趨附。由於民眾來自四方，則以插「中」之地做爲中央。至此，「中」以後就引申爲中央或中心點的代稱。故而，王國維

〔註113〕同註93，卷七，頁150。

〔註114〕見黃壽祺《周易譯註》，卷一，頁26。

〔註115〕同註93，卷一，頁18。

〔註116〕見羅振玉〈增訂殷虛書契考釋〉，中卷，頁14；王國維〈史籀篇疏証〉，以及唐蘭〈殷虛文字記〉，頁37～41。引見《甲骨文集釋》，第一，頁163～170。

〔註117〕見〈司常〉，賈公彥《周禮注疏》，卷二十七，(臺北：藝文印書館，民國62年)，頁421。

就說：「按中之本意為中心中點，从 ⊵ 象旗竿及其斿偃之形，而以□或○為符號，以指明其部位，指中點為中，故為指事字，亦用為狀詞。」〔註118〕到了後來，中的意義又作多方面的引申，包括內也、平也、中等也及均也等。〔註119〕歸納以上諸義，中已引申為中正不偏、適當、合宜之義。

《周易》的中字共出現一百四十四處，所代表的意義除了中正之義外，尚有以下諸義：

（一）中位。指二、五爻居中者稱之。如：

初筮告，以剛中也。（〈蒙卦・彖〉）

剛中正，履帝位而不疚，光明也。（〈履卦・彖〉）

柔得位得中而應乎乾。（〈同人卦・彖〉）

維心亨，乃以剛中也。（〈坎卦・彖〉）

柔得中乎外而順乎剛。（〈坎卦・彖〉）

初吉，柔得中也。（〈既濟卦・彖〉）

（二）中間。此是依據中的原始引申義而來。如：

君子黃中通理，正位居體，美在其中。（〈坤卦・文言〉）

動乎險中，大亨貞。（〈屯卦・彖〉）

需于沙，衍在中也。（〈需卦・九二象〉）

澤中有雷，隨。（〈隨卦・象〉）

八卦成列，象在其中矣。（〈繫辭下傳・第一章〉）

日中為市，致天下之民，聚天下之貨，交易而退。（〈繫辭下傳・第二章〉）

（三）內或裡。這是根據《說文》「中，內也，从口一，下上通也」〔註120〕的意思。如：

即鹿无虞，惟入于林中。（〈屯卦・六三〉）

頤中有物曰噬嗑。（〈噬嗑卦・象〉）

〔註118〕見〈字例三篇〉，頁56～7。引見《金文詁林》，頁158。

〔註119〕《說文》「中，內也，从口一，下上通也」，中即指內也。《國語・晉語》「夫以回鬻國之中」，注「中，平也」。《尚書・禹貢》「厥田惟中上」，中即指中等也。《周禮・考工記・弓人》「斲摯必中」，注「中，猶均也」。

〔註120〕見《說文解字注》，一篇上，頁20。

无攸遂，在中饋，貞吉。(〈家人卦・六二爻〉)

（四）本心。俞琰解釋〈泰卦〉「中心願」說：「願者，上下交而其志同也。泰之時，上下不相疑忌，蓋出自本心，故曰中心願也。」〔註121〕以本心表示中心。如：

不戒以孚，中心願也。(〈泰卦・六四象〉)

鳴謙貞吉，中心得也。(〈謙卦・六二象〉)

其子和之，中心願也。(〈中孚卦・九二象〉)

中心疑者其辭枝。(〈繫辭下傳・第十二章〉)

（五）適時。即指適合時宜之義。甚而惠棟認為：「易道深矣，一言以蔽之曰時中。」〔註122〕以時中表示整個《周易》的思想，未免誇大其辭，但也可以看出時中在《周易》之中的重要性。如：

蒙亨，以亨行時中也。(〈蒙卦・象〉)

程頤解析說：「蒙之能亨，以亨道行也。所謂亨道，時中也。時謂得君之應，中謂處得其中，得中則得時也。」〔註123〕中與時的和諧性，就能適時應變，通暢無礙。所以「得中則得時，才能以亨得時中」。

至於正字，已見於甲骨文及金文。先就甲骨文來說：

品 《鐵雲藏龜》（劉鶚編）三・一・三

《殷虛書契前編》（羅振玉編）一・十九・五

《殷虛書契後編》（羅振玉編）上・十六・四

《鐵雲藏龜拾遺》（葉玉森編）五・七

《殷虛文字甲編》（董作賓編）一・一・十

王國維說：「正以征行為本義，許訓是，蓋引申之義。」〔註124〕束世澂也認為：「乙編三二六四片辭云『☑卜殷貞今春王東正』，正應讀為征，但不是征伐（下面沒有被征的地名），這裡的東正西正，就是到東方西方去征收貢品。」〔註125〕可見在甲骨文的「正」字，是作征伐或征收的意義。至於金文，「𣌬」

〔註121〕引見李光地《周易折中》，卷十一，頁786～7。
〔註122〕見《易漢學》，卷七，（臺北：廣文書局，民國60年），頁3。
〔註123〕見《易程傳》，卷一，頁45。
〔註124〕引見《甲骨文集釋》，第二，頁498。
〔註125〕見〈夏代和殷代的奴隸制〉，《歷史研究》，1956年一期，頁48。引見《甲骨文集釋》，第二，頁500。

（〈大保爵〉）、「𤳊」（〈乙亥鼎〉）、「𤳊」（〈衛簋〉）、「正」（〈毛公鼎〉）、「𤳊」（〈盂鼎〉）等。吳大澂認為正的字形有從止，為足跡，表示「象其履行必以正」之義。〔註126〕林義夫認為依據正的字形，本義當為「正鵠」，意思為「矢所止」。〔註127〕《說文解字》則主張：「正，是也。從一，一以止。」段玉裁注說：「以一止之。」又《說文》在「是」字解釋說：「是，直也。從日正。」〔註128〕從以上可知，正字從征伐，經過正鵠、履行以正、是、以及正直等義，已有多方面的推衍。

　　至於《周易》的正字，共出現七十七處，其所具有的意思是，一是卦象上，指爻的當位與否，如果爻當位，初、三、五爻居陽位，二、四、上爻居陰位，則稱為得正；反之，爻不當位，初、三、五居陰位，二、四、六爻居陽位，則稱為失正；而得正的爻較吉，失正的爻較不吉。另一是指道德意義上，是說道德的正直，例如：

　　　　乾道變化，各正性命。（〈乾卦・象〉）

　　　　直其正也，方其義也。（〈坤卦・文言〉）

　　　　蒙以養正，聖功也。（〈蒙卦・象〉）

　　　　以言乎邇則靜而正。（〈繫辭上傳・第六章〉）

　　　　理財正辭，禁民為非曰義。（〈繫辭下傳・第一章〉）

以上皆可以看出，正就是正直，且具有不偏的意義在其中。

　　至於中正的意義，在《周易》之中，亦同樣含有兩種意義在其中，一是卦象之義，一是道德之義。先就卦象之義言，是陰爻居二位，陽爻居五位，則是既中且正，是以稱此爻為「中正」。〔註129〕例如：

　　　　酒食貞吉，以中正也。（〈需卦・九五象〉）

　　　　不終日貞吉，以中正也。（〈豫卦・六二象〉）

　　　　受茲介福，以中正也。（〈晉卦・六二象〉）

〔註126〕見〈說文古籀補〉，頁7。引見《金文詁林》，頁288。
〔註127〕見〈文源〉，引見同上。
〔註128〕見《說文解字注》，二篇下，頁70。
〔註129〕在《周易》之中，也有陽爻居二，陰爻居五，而稱中正者，如「柔麗乎中正，故亨（〈離卦・象〉）」、「艮其輔，以中正也（〈艮卦・六五象〉）」、「九二貞吉，中以行正也（〈既濟卦・九二象〉）」等。又有陽爻居五而稱正中者，如「顯比之吉，位正中也（〈比卦・九五象〉）」、「孚于嘉吉，位正中也（〈隨卦・九五象〉）」、「九五之吉，位正中也（〈巽卦・九五象〉）」。

　　九五含章，中正也；有隕自天，志不舍命也。（〈姤卦・九五象〉）

　　寒泉之食，中正也。（〈井卦・九五象〉）

以上皆是陰爻六居二，陽爻九居五，所以稱爲中正。是一種卦象的基本規則。

　　其次，就道德之義，表示既中且正的道德，具有不偏不倚，正直不阿的意思。例如：

　　大哉乾乎！剛健中正，純粹精也。（〈乾卦・文言〉）

朱熹說：「中者，其行无過不及；正者，其立不偏。」〔註130〕表明「中正」就是個人在道德行爲上的正當性、規範性和普遍性。亦即是孔子所說的「從心所欲不踰矩」，其中的「矩」，就是「法度之器，所以爲方者也」。〔註131〕即是指一切行爲皆在規範之中，合於中正不偏，無過不及，追求一個眞善美的道德境界。至於，以爻居中正，而表現中正之德，則更是該卦所以吉美的原因所在。例如：

　　利見大人，尚中正也。（〈訟卦・象〉）

　　剛中正，履帝位而不疚，光明也。（〈履卦・象〉）

　　文明以健，中正而應，君子正也。（〈同人卦・象〉）

　　順而巽，中正以觀天下。（〈觀卦・象〉）

　　柔麗乎中正，故亨。（〈離卦・象〉）

　　中正有慶，利涉大川。（〈益卦・象〉）

　　剛遇中正，天下大行也。（〈姤卦・象〉）

　　剛巽乎中正而志行，柔皆順乎剛，是以小亨。（〈巽卦・象〉）

　　當位以節，中正以通。（〈節卦・象〉）

這些卦皆是陰爻居二，陽爻居五，位居中正之位，並有中正之德。就以〈訟卦・象〉深入分析說，「於訟之時，利見此大人者，以時方鬪爭，貴尙居中得正之主而聽斷之」。〔註132〕其中「居中得正」，除了以位言，而更重要的是以德論。

　　此外，尙值得一提的是，中與正之間的比較，依程頤的說法，「中」較「正」爲重要，他說：「志存乎中，則自正矣。大率中重於正，中則正矣，正不必中

〔註130〕見《周易本義》，卷一，頁68。

〔註131〕見《論語集注》，卷一，頁5。

〔註132〕同註93，卷二，頁33。

也。能守中，則有益於上矣。」〔註133〕能中則自能正，有正則不一定能中，中高過正，正不及中。

復次，就日新分析，亦具有兩項意義，一指形上層面，是說萬物的變化，生生不息。日新又新。一指道德層面，是說道德的追求，永無止盡。

以形上層面論，〈繫辭上傳・第五章〉說：

富有之謂大業，日新之謂盛德，生生之謂易。

吳澄對「日新」解釋說：「生物之仁，及夏而日長日盛，故曰日新。」〔註134〕萬物的生長過程，日新一日，故稱之為日新。劉綱紀進一步說：「『日新』與『生生』不可分，要『生生』才可能『日新』，可見『生生』即是不斷產生新東西的過程，意味著不斷的創新、創造。」〔註135〕生生就是日新，更透顯萬物化生的周密性及無窮性。

此外，張載及王夫之對於日新的解析，也是就形上層次論，張載說：「富有者，大无外也；日新者，久无窮也。」〔註136〕久無窮表示化生的無限和永恒性。因此，王夫之為之注解說：「陰陽一太極之實體，唯其富有充滿於虛空，故變化日新。」〔註137〕變化日新是指在空間的普遍性，在時間的永久性。而王夫之本身對於變化日新更有一套完整的理論架構，來解析萬物日新不已的情形。其主要論點表現在《思問錄・外篇》以及《周易外・內傳》之中。以《思問錄・外篇》言，其主要論點是「質日代而形如一」，就是指萬物的內容一直在新陳代謝。他說：「天地之德不易，而天地之化日新。」天地變化是無一刻不變，無一日不新。王氏更明確以實物作比喻，他說：「張子曰：日月之形，萬古不變。形者言其規模儀象也，非謂質也。質日代而形如一，無恒器而有恒道也。江河之水，今猶有太古也，而非今水之即古水。燈燭之光，昨猶今也，而非昨火即今火。……人見形之不變而不知其質已遷，則疑今茲之日月為邃古之日月，今茲之肌肉為初生之肌肉，惡足以語日新之化哉！陽而聚明者恒如斯以為日；陰而聚魄者恒如斯以為月，日新而不爽其故，斯以為無妄也與！必用其故物而後有恒，則當其變而必昧其初矣。」〔註138〕據朱伯

〔註133〕同註123，卷五，頁366～7。
〔註134〕吳澄，元人。引見李光地《周易折中》，卷十三，頁985。
〔註135〕見《周易美學》，第二章，頁58。
〔註136〕見《正蒙・大易》，引見《哲學大辭典》「日新」條，頁189～190。
〔註137〕見《張子正蒙注・太和篇》，引見同上。
〔註138〕引見朱伯崑《易學哲學史》，4：205～6。

崑解釋認爲「『質』，此處與形對稱，非指本質，相當於一物之內容；形，相當於一物的外在的形式。」〔註139〕也就是以外形而論，無論日月、江水、燈燭，甚而人類，其雖看似不變，其實其質則是隨時在變，即是「質日代而形如一」，亦即是「年年歲歲花相似，歲歲年年人不同」的意思。

再就《周易外傳》言，其主要論點是「推故而別致其新」，也就是推陳出新，去故取新。王氏以萬物的生滅爲例說：「凡生而有者，有爲胚胎，有爲流盪，有爲灌注，有爲衰減，有爲散滅，固因緣和合自然之妙合，萬物之所出入，仁義之所張弛也。胚胎者，陰陽充積，聚定其基也。流盪者，靜躁往來，陰在而陽感也。灌注者，有形有情，本所自生，同類牖納，陰陽之施予而不倦者也。其既則衰減矣。基量有窮，予之而不能多受也。又其既則散滅矣。衰減之窮，予而不茹，則推故而別致其新也。」〔註140〕生命由胚胎而生，至散滅而亡；舊生命雖散滅，但「推故而別致其新」，新生命就產生。如此往復不已，以至無窮。並顯現萬物化生，是一項日新永恒的生命壯偉歷程。

三就《周易內傳》言，其主要論點在「道之日新」，也就是萬化本根的變化日新，才能使萬化生生不息。王氏在解說「日新之謂盛德」時指出：「惟道之日新，一陰一陽，變合之妙，无有典要，而隨時以致其美善也。在道爲富有，見於業則大。在道爲日新，居爲德則盛。」道之日新，即陰陽變化的結果；陰陽變化，自然化生萬物，就是道的日新。又說：「《易》之爲道本如是，以體天化，以盡物理，以日新而富有。故占者學者，不可執一凝滯之法。」日新變化，萬物化生，更是易道的一項規律。他並以萬物的生長，直接道明「道之日新」的道理，「凡天地之閒，流峙動植，靈蠢華實，利用於萬物者，皆此氣機自然之感爲之，盈於兩閒，備其蓄變，益无方矣。而其无方者，惟以時行而與偕行。自晝徂夜，自春徂冬，自來今以泝往古，无時不施，則无時不生。故一芽之發，漸爲千章之木。一卵之化，積爲呑舟之魚。其日長而充周洋溢者，自不能知，人不能見其增長之形，而與寒暑晦明，默爲運動。」〔註141〕由於道之陰陽二氣交感，無時不施，無時不生，則萬物日新不已，如一芽之草，經過日新變化，則成「千章之木」。同理，魚由卵的孵化，經過日

〔註139〕同上，4：206。
〔註140〕見《无妄》，卷二，頁54。
〔註141〕「惟道日新」句，卷五，頁479；「易之爲道」句，卷六，頁560；「凡天地之閒」句，卷三，頁297。

新不已，則成吞舟之魚。綜言之，王氏強調以化生的生生不息，以說明日新之道。

在西方，柏克森（Henri Bergson, 1859～1941）和懷德海（Alfred North Whitehead, 1861～1947）皆提出與萬物生生日新相關的學說，以闡明日新變化之道。

柏克森著有《創造進化論》，以「綿延」的觀點說明生命，他認為生命的存在和發展就像「一道奔流不息，變化無窮的長流」，又說「萬物的新生，都是內部生生不已的衝動力帶來的，并隨著向前奔涌的綿延之流進化發展」，並強調「生命不斷變化創新」。充分指出萬化的新生，是一種創新的發展過程。而這種創造，就如一條奔流的長河，具有無限性和永恒性。所以，柏氏明確表示：「實體就是持續不斷的發展，永無止境的創造。」〔註142〕生命是生生不息的，並是日新不止的；生生和日新，是一體的兩面。

懷海德著有《過程與實在》、《觀念的歷險》等。以創新為其形上學的主要理論，懷氏認為「創新實為存有者的存在活動，亦即存有者的存有。究極範疇可以說是一個三合一之範疇。分而言之，它是由『一』、『多』、『創新』三者構成；合而言之，此三者皆由創新力來統攝。蓋創新乃由多而一、由一而多之歷程，致使一中有多，多中有一」。〔註143〕可見，他認為創新在最高的存有之上，是存有者的存有；並且整個本體的變化，由一到多，由多到一，一中有多，多中有一，皆是創新在主導。懷氏的創新形上學，據沈清松分析，具有四項特點：〔註144〕

（一）創新既為共相之共相，又為究極之事實；創新既是最為普遍之範疇，又是至為具體之事實。也就是創新具有普遍性，存在每一個現實物中，並是該現實之主導力量，推動著現實物向前發展。

（二）創新是集結原理，亦即由多出發走向一的活動。也就是現實物在潛能狀態時，是處於分散的多元，在實現狀態時則由多集結為一，創新是由多到一的歷程。亦即是就體用關係論，體是一，用是多。創新既是存有者的存有，則就用而言，創新就是現實物由用以証

〔註142〕見王麗珍、余習廣譯，（湖南：湖南人民出版社，1989），頁 10、27、188、265 及 287。引見劉綱紀《周易美學》，第二章，頁 53。
〔註143〕引見沈清松《物理之後：形上學的發展》，第十章，頁 308。
〔註144〕同上，第十章，頁 309～312。

體的過程，所謂由多集結爲一。

（三）創新亦是新穎之原理，創造的歷程是雙重的，由多而一，再由一而多。懷氏指出：「新穎之現實物，同時是它所發現之多的集結，同時是它所超越之分散狀態之多中之一。」也就是創新就是一股生生化生的歷程，無窮無盡，永不止息，從多到一，再由一到多，終則有始，始則有終，所以說創造歷程具有雙重性。

（四）創新是共同成長的原理，共同成長就是產生「新穎」的「集結」，因而綜合了由多到一（集結）和由一到多（新穎）之雙重歷程。也就是創新就是萬物日日新，日日長的變化過程，不斷的成長，也不斷的變化，表現出具有集結和新穎的雙重性。

以道德層面論，日新就是一種道德完美的追求，並且不達完美，絕不終止。

　　富有之謂大業，日新之謂盛德，生生之謂易。（〈繫辭上傳·第五章〉）

孔穎達說：「聖人以能變通，體化合變，其德日日增新，是德之盛極，故謂之盛德也。」〔註145〕也即是聖人能明其德，使其德日日增新，就是體証化生之理，日新變化。反求諸己，則在於日新其德。是以《周易》又說：

　　剛健篤實輝光，日新其德。（〈大畜卦·象〉）

　　君子以自昭明德。（〈晉卦·象〉）

皆充分說明，日新就道德的追求上，是一種實踐再實踐，更新再更新，不斷增進德性的過程。而這種增進不是循環不已，原地踏步式的日新，而是呈螺旋式或波浪式前進的更新，後一次的更新比上一次更高、更好、更完美。〔註146〕同時，此種道德的增進，是永無盡頭，永無停止的；更是不斷向前，不斷奮發的。王夫之就明白的指出：「夫一陰一陽之始，方繼乎善，初成乎性，天人授受往來之際，止此生理爲之初始。故推善之所自生，而贊其德曰元。成性以還，凝命在躬，元德紹而元之名乃立。天理日流，初終無間，亦且日生於人之心。惟嗜欲薄而心牖開，則資始之元亦日新而與心遇，非但在始生之俄頃。」〔註147〕王氏將萬物化生之元，作爲本心之天理，元德日新，我們的本心亦應日新，特別強調道德追求的完美性和永恒性。

〔註145〕同註93，卷七，頁143。

〔註146〕見周金榜《哲學基本知識手冊》，第七章，頁131。

〔註147〕見《周易外傳》，卷一，頁4。

此外，在《周易》〈革〉和〈鼎〉兩卦，特別強調去故取新，除舊佈新之道。首先，〈革卦‧彖〉就明白的說：

> 革，水火相息；二女同居，其志不相得，曰革。已日乃孚，革而信
> 之；文明以說，大亨以正，革而當，其悔乃亡。天地革而四時成；
> 湯武革命，順乎天而應乎人，革之時大矣哉。

在道德上，有缺失、不好的，必須革之，以日新其德；同樣的，皇帝的不好，政權的不好，也必須革之，由新的、好的，合於人民利益的政權取代。所以，「湯武革命，順乎天而應乎人」。也因此，〈革卦〉是說明革除舊有的、不好的意思。反之，〈鼎卦〉則是建立新的、好的之意思。〈鼎卦‧彖〉說：

> 鼎，象也；以木巽火，亨飪也。聖人亨以享上帝，而大亨以養聖賢。
> 巽而耳目聰明，柔進而上行，得中而應乎剛，是以元亨。

「鼎」是古代的烹飪之器，象徵烹物成新之用；並表達在道德上的日新，就象烹物般，日日有新的食物。基於此，〈雜卦傳〉說：

> 革去故也，鼎取新也。

李鼎祚予以解說：「革更，故去；鼎亨飪，故取新也。」〔註148〕同樣表達去故取新之道。故而，〈革〉和〈鼎〉兩卦，依其卦義，作為解說道德上的日新，意涵格外貼切。

中正和日新之德，雖分開敘述。事實上，此兩者是相輔相成，合而為一的。中正是強調道德的完美性，日新則強調道德的追求永無止盡。兩者互補互助，以追求道德的盡善盡美。兩者的相因相生，以完成生命自我的昇華。

總而言之，人道的「變」，是建立在道德的追求之上。而中正日新就是道德的實踐方向之一。中正是為達到道德品格上的中正不偏，正直不阿，臻於盡善盡美的道德完成。而日新則是在道德上的除舊佈新，去故取新，以使道德的追求不致停滯不前，自找設限。中正由日新的相輔，更能促進道德生命的提昇；日新以中正為指標，就不致有偏差失誤。兩者在互助相輔之下，對於人道「變」的元素——善的掌握，有莫大的助益。

三、天人合一

善，是人道追求的最高目標。而體仁存義，就是藉由惠愛之仁及合宜之

〔註148〕見《周易集解》，卷十七，頁444。

義，以自昭本性之善。中正日新，就是經由中正不阿，正直不偏的德性眞善美，以及日新不已，創進不止的德性無止境之實踐，以煥發本性之善。至於天人合一，則是經由道德修持的完美，生命品質的昇華，達到人道與天道、人與自然的合一，以追求人性的至善。這其中，體仁存義、中正日新和天人合一，皆是追求人性至善的方式，也是人道「變」的形式。

在這當中，體仁存義和中正日新，是修德明道的主要方法。同時，也是達到天人合一的最主要方法。因爲天人合一的達成，主要是經由道德的實踐，道德的完成，才能下學上達，由人及天，臻於「與天地合其德，與日月合其明，與四時合其序，與鬼神合其吉凶，先天而天弗違，後天而奉天時」（〈乾卦·文言〉）的理想境界。基於此，體仁存義和中正日新是探求天人合一的必經之路。

何謂天人合一？天就是天道，也就是自然；人是指人道，也就是人的精神或是人的作爲。而天人合一就是人道與天道，人與自然的相通、相類及合一。進一步分析，就是探求人與自然之間的同一性。人與自然，在形方面，各有不同的形體，既不相同，具有明顯的差異性，根本無法合一。但是，人與自然，在神方面，即是從本體的本根性論，有其同一性，是可以相合的。孔子說：「大哉堯之爲君也。巍巍乎！唯天爲大，唯堯則之。蕩蕩乎！民無能名焉。」〔註149〕堯能法天，是以堯能與天合一。孟子亦說：「盡其心者，知其性也，知其性，則知天矣。」又說：「夫君子所過者化，所存者神，上下與天地同流。」〔註150〕由於人性是本善的，只要盡人之心，就能盡物之性，上下與天地同流，達到天與人合一。〈中庸〉則更明示天人合一的重要性，其曰：「唯天下至誠，爲能盡其性，能盡其性，則能盡人之性，能盡人之性，則能盡物之性，能盡物之性，則可以贊天地之化育，可以贊天地之化育，則可以與天地參矣。」〔註151〕認爲誠是萬化的本根，萬物的化生皆本於誠。以故，能盡個人之至誠，就能盡己之性，能盡己之性，向外推而廣之，就能盡人之性、盡物之性，並因而可以贊天地的化育，而與天地相合爲一。

關於以上所言的天人合一，朱熹爲之解析說：「心者，人之神明，所以具眾理而應萬事者也。性則心之所具之理，而天又理之所從以出者也。人有是

〔註149〕見〈泰伯篇〉，《論語集注》，卷四，頁34。
〔註150〕見〈盡心篇上〉，《孟子集注》，卷十三，頁101及103。
〔註151〕見第二十二章，《中庸章句》，頁11～2。

心，莫非全體，然不窮理，則有所蔽而無以盡乎此心之量。故能極其心之全體而無不盡者，必其能窮夫理而無不知者也。既知其理，則其所從出，亦不外是矣。」〔註152〕人之心具眾理，性又是心所具之理，天又是理之所出，可以看出心、性和天都具眾理，三者具有同一性，所以三者可以環環相扣，並合而爲一。即如程頤所論証的說：「孟子曰，盡其心，知其性。心即性也。在天爲命，在人爲性，論其所主爲心，其實只是一箇道。」其又析論說：「在天爲命，在義爲理，在人爲性，主於身爲心，其實一也。心本善，發於思慮，則有善有不善。若既發則可謂之情，不可謂之心。」〔註153〕此是就同一性來說明天人合一的關係。命、理、性和心，就本根的同一性而言，是相同的。亦即是說，命、理、性和心，皆是從本根化生的，只是由於對象的不同，而有不同的名稱，所以「在天爲命，在義爲理，在人爲性，論其所主爲心」。這也是理一分殊的道理。

天人合一，在《周易》之中具有四種意義，就是人道和天道的相通、大人追求的理想境界、順乎天應乎人及聖人效法天道等。

一、人道和天道的相通。就是人與天之間有相同之處，即是指天人的同一性，根於同一本根，遵循共同的法則，以致情感交融，彼此相通。如：

> 天道下濟而光明，地道卑而上行。天道虧盈而益謙，地道變盈而流謙，人道惡盈而好謙。謙尊而光，卑而不可踰，君子之終也。（〈謙卦‧彖〉）

> 《易》之爲書也，廣大悉備，有天道焉，有地道焉，有人道焉，兼三才而兩之。（〈繫辭下傳‧第十章〉）

> 是以立天之道曰陰與陽，立地之道曰柔與剛，立人之道曰仁與義，兼三才而兩之。（〈說卦‧第二章〉）

> 有天地然後有萬物，有萬物然後有男女，有男女然後有夫婦，有夫婦然後有父子，有父子然後有君臣，有君臣然後有上下，有上下然後禮義有所措。（〈雜卦傳〉）

由於天道具有虧盈尚謙的特性，而人道與天道相通，所以，人道亦具有惡盈好謙的德性。其次，易道的範疇包括天道、地道及人道，以故，陰陽、剛柔

〔註152〕同註150，卷十三，頁101。
〔註153〕見《河南程氏遺書》，第十八。引見勞思光《新編中國哲學史》，四冊，（臺北：三民書局，民國78年），3上：235～6。

及仁義，就理一分殊論，是彼此相通的。同樣的，人是天地自然的產物，人與天地自然必然有相同性，所以，可以進而達成相通。再以〈乾卦〉的六爻來論，也是一種人由下往上的天人相通過程。像〈初九爻〉的「潛龍勿用」，就是在最下層，經由〈九二〉、〈九三〉、〈九四〉、到〈九五爻〉，「見龍在田」、「夕惕若厲」、「或躍在淵」到「飛龍在天」，可說是天人相通最具體的說明。由潛而見，由躍而飛，天人就在個人的德性不斷昇華之下，彼此相通爲一體。

　　二、大人追求的理想境界。大人除了德性的完美無缺之外，尙對生命的本根，萬化的來源，作一探索體証，相通相合，這就是大人的理想境界。如：

> 夫大人者與天地合其德，與日月合其明，與四時合其序，與鬼神合其吉凶，先天而天弗違，後天而奉天時。（〈乾卦・文言〉）

> 與天地相似，故不違；知周乎萬物而道濟天下，故不過；旁行而不流，樂天知命，故不憂；安土敦乎仁，故能愛。範圍天地之化而不過，曲成萬物而不遺，通乎晝夜之道而知。（〈繫辭上傳・第四章〉）

> 精義入神，以致用也；利用安身，以崇德也。過此以往，未之或知也；窮神知化，德之盛也。（〈繫辭下傳・第五章〉）

大人追求的理想境界，是由德性上的相合，進而達到瞭解整個宇宙的變化，並進而掌握宇宙的變化，使大人不僅具有品德上的眞善美，更能在智慧獲得聰明睿智。所以說「先天而天弗違，後天而奉天時」、「知周乎萬物而道濟天下」、「範圍天地之化而不過，曲成萬物而不遺」及「窮神知化，德之盛也」。其中「窮神知化」，最能顯現大人的理想境界。所謂「窮神知化」，就是窮究微妙之理，探知萬物變化之道。這也就是從萬物變化之道當中，掌握天人相合之理。張載解說「窮神知化」說：「神化者，天之良能，非人能，故大而位天德，然後能窮神知化。」〔註154〕就是窮神知化，必須具最完美的德性，就是天德，才能達成。達成了窮神知化，也就是天人合一的境界。所以，張氏又說：「窮神知化，與天爲一，有我所能勉哉？乃能炤物，須放心寬快公平以求之，乃可見道。況德行自廣大，《易》曰窮神知化，德之盛也，豈淺心可得。」〔註155〕德盛自能窮神知化，而窮神知化，自能與天爲一。以此可知，窮神知化，雖注重在智慧上的探究事物之理，但其歸結還是在道德上的修持，並求得道德上的盛極完美。是以，朱熹也以道德的修養來解讀窮神知化之道，他

〔註154〕見《正蒙・神化》，引見朱伯崑《易學哲學史》，2：359。
〔註155〕見《橫渠易說・繫辭下》，卷三，頁90。

說：「至於窮神知化，乃德盛仁熟而自致耳。然不知者，往而屈也。自致者，來而信也，是亦感應自然之理而已。」〔註156〕「德盛仁熟」，就是道德的理想境界，亦是主張從德性的昭明上，來探求窮神知化之道。王夫之也是以道德的盛極，說明窮神知化的境界。他說：「神者，化之理，同歸一致之大原也。化者，神之跡，殊塗百慮之變動也。致用崇德，而殫思慮以得貞一之理，行乎不可知之塗而應以則窮神。過此以往，未或知者付之不知，而達於屈必信，信必屈，屈以善信之道，豁然大明，不以私智爲之私慮，則知化。此聖人之德之所以聖也。」〔註157〕其中「信」就是「伸」。即是明瞭變化之理，就能應付未來之事，這就是窮神。能因應事物屈伸變化之道，不以私智，不以私慮，一切本於至公，這就是知化。但無論窮神或知化，均應秉持道德的自修，達於極盛，才能如此。所以，這即是「聖人之德之所以聖」。綜言之，「窮神知化」，是大人追求理想境界的最佳詮釋。

三、順天應人。就是本於天道以順應人道，由人道的作爲以彰顯天道。而天道的發現則由人道顯示。即是「天聰明自我民聰明，天明畏自我民明威」、「天視自我民視，天聽自我民聽」〔註158〕的意思。如：

剛健而文明，應乎天而時行。（〈大有・彖〉）

湯武革命，順乎天而應乎人。（〈革卦・彖〉）

說以利貞，是以順乎天而應乎人。（〈兌卦・彖〉）

中孚以利貞，乃應乎天地。（〈中孚卦・彖〉）

這其中的「順天應人」，是指以人道的表現以彰明天道。而此人道的表現皆是指德而言，如「剛健而文明」、「說以利貞」、「中孚以利貞」等，都是在德行上有優良的表現，才能「應乎天」或「順乎天」。而湯武革命，也是由於桀紂的德行不修，招致天怒人怨。所以，湯武起來革命，也是以道德作爲衡量君王好壞的標準。

四、人法天地之象，而與天道相通。即是藉由人的效法天地之象，或取法天生的「神物」，作爲立身的根本，並進而與天相通。如：

仰以觀於天文，俯以察於地理，是故知幽明之故。原始反終，故知

〔註156〕見《周易本義》，卷三，頁 319。

〔註157〕見《周易內傳》，卷六，頁 545。

〔註158〕「天聰明自我民聰明，天明畏自我民明威」，見於〈皋陶謨〉。「天視自我民視，天聽自我民聽」，見於〈泰誓中〉。《尚書正義》，卷四及十一，頁 63 及 155。

死生之説。(〈繫辭上傳・第四章〉)

是以明於天之道，而察於民之故，是興神物以前民用。聖人以此齋戒，以神明其德乎。(〈繫辭上傳・第十一章〉)

天生神物，聖人則之；天地變化，聖人效之；天垂象，見吉凶，聖人象之；河出圖，洛出書，聖人則之。(〈繫辭上傳・第十一章〉)

古者包犧氏之王天下也，仰則觀象於天，俯則觀法於地，觀鳥獸之文，與地之宜，近取諸身，遠取諸物，於是始作八卦，以通神明之德，以類萬物之情。(〈繫辭下傳・第二章〉)

這其中，所取法的天地之象，包括天地之間一切的自然現象。而所謂「神物」，則包括菁草、靈龜、八卦、〈河圖〉及〈洛書〉等之類。〔註159〕才能達到「以體天地之撰，以通神明之德」(〈繫辭下傳・第六章〉)。董眞卿析論説：「陰陽造化之跡也，有形可擬，故曰體。體天地之撰，言聖人作《易》，皆以體法造化一事，而效其至著者也。」〔註160〕由此可見，取法自然造化的現象，自能通神明之德。也因爲如此，才能：

天地設位，聖人成能；人謀鬼謀，百姓與能。(〈繫辭下傳・第十二章〉)

由於效法天地自然現象，能創作《周易》，所以「聖人成能」。不僅聖人能夠成能，就連尋常百姓，也能參與其能。是以朱熹要説：「天地設位，聖人作《易》以成其功。於是人謀鬼謀，雖百姓之愚，皆得以與其能。」〔註161〕也充分指出，聖人的作《易》成功，就在於效法天地之道，並從其中體悟造化之理，化生之道，所以能夠「成能」，以廣泛的發揮其功能。

前面一再言及，天人合一是道德的合一。也就是人道要與天道相合，與自然相合一，就必須在道德方面的進修和涵養，才能達到天人一體，天人不二的境界。據此，《周易》説：

夫大人者與天地合其德，與日月合其明，與四時合其序，與鬼神合其吉凶，先天而天弗違，後天而奉天時。(〈乾卦・文言〉)

〔註159〕孔穎達説：「天生神物，聖人則之者，謂天生蓍龜，聖人法則之，以爲卜筮也。」《周易正義》，卷七，頁157。此所指的神物，是指廣義的神物，凡是作爲探究天地之道的一切事物，皆可稱之爲神物。

〔註160〕董眞卿，元人。見《周易會通》，卷十三引徐氏説。引見張其成《易學大辭典》，「以體天地之撰」條，頁220。

〔註161〕同註156，卷三，頁332。

和順於道德而理於義，窮理盡性以至於命。(〈說卦‧第一章〉)

是以立天之道曰陰與陽，立地之道曰柔與剛，立人之道曰仁與義，

兼三才而兩之。(〈說卦‧第二章〉)

此所言「與天地合其德」、「和順於道德而理於義」及「立人之道曰仁與義」等，皆是就道德立說，並認為惟有從道德的修持和涵育，才有天人合一的可能，可說是倫理學和哲學的合一。也正如〈中庸〉所謂的「故大德，必得其位，必得其祿，必得其名，必得其壽」，〔註162〕是有異曲同功的意義。而道德的實踐和取法，也是從取法天地自然而來，亦即是經由觀察天地自然現象，心生嚮往之情，然後自省觀照自身，以涵養其德，臻於上與天地、日月、四時和鬼神相合一。故而，孔穎達說：「與天地合其德者，莊氏云，謂覆載也。與日月合其明者，謂照臨也。與四時合其序者，若賞以春夏，刑以秋冬之類也。與鬼神合其吉凶者，福善禍淫也。」〔註163〕其所言之德，皆是從取法自然現象上立論。周桂鈿則進一步論証說：「所謂『與天地合其德』、跟『則天』的意思都一樣，都是指效法天的品德。所謂天的品德不過是客觀天體的性質，一是大，二是運行快速，並沒有什麼神秘的意味。說『合德』、『則天』，只不過是比喻性質的說法。」〔註164〕透析的說明天的品德，只是客觀天體的自然現象，並沒有特別的地方。綜言之，天人合一就是從道德入手，也從道德完成。

歷代易學家，對天人合一的思想，皆有精闢獨到的見解，茲以孔穎達、程頤、張載及王夫之等人的說法作一論証。

先就孔穎達論，其在解釋〈復卦‧象〉「復其見天地之心乎」說：「天地養萬物，以靜為心，不為而物自為，不生而物自生，寂然不動，此天地之心也。……天地非有主宰，何得有心？以人事托天地以示法爾。」〔註165〕他認為「天地非有主宰，何得有心」？既然天地無心，人心就是天心，而人心也就能和天地之道相通。而天人合一之道也必須經由人心的掌控，才能上通天地之心。因此，孔氏是以「人心」來印証天人合一之道。

次就程頤論，前面已就其天人合一之說，作一簡單說明，現再加進一步

〔註162〕見《中庸章句》，第十七章，頁7。

〔註163〕同註159，卷一，頁17。

〔註164〕見《天地奧秘的探索歷程》，第八章，(中國社會科學出版社，1988)，頁328～9。

〔註165〕同註159，卷三，頁65。

敘述。程氏天人合一說，主要建立在「性即理」的基礎之上。由於天理是最高的本根，經由理一分殊的理論，命、理、性和心，皆是一箇道，據此，命、理、性和心，自然合一，天人也自然合而爲一。因此，程氏說：「性即理也，所謂理性是也。天下之理，原其所自，未有不善。喜怒哀樂未發，何嘗不善，發而中節，則無往而不善。」〔註166〕性是理，理是善，同理可証，性也是善。也由於性是理，雖然，「天人所爲，各自有分」，但「只是一理」、「天地人只一道也」。〔註167〕程氏再解說：「自理言之，謂之天；自稟受言之，謂之性；自存諸人言之，謂之心。」屬性不同，名稱也不同。然皆是理之分殊，所以，就同一性來說，是合而爲一的。此外，程氏在解析〈說卦·第一章〉「窮理盡性以至於命」，就天人關係和理一分殊，再予以合論說：「理也，性也，命也，三者未嘗有異。窮理則盡性，盡性則知天命矣。天命猶天道也，以其用言之，則謂之命，命者造化之謂也。」〔註168〕窮理、盡性和知命，是一而三，三而一的關係；窮理自然就盡性，盡性自然就知命，知命則知天。這主要的關鍵點，就是性即是理。明理則命、性和心，就自然明了。綜言之，程氏的天人合一說，其理論架構建立在「性即理」和「理一分殊」的觀點上。

張載則以天人的同一性，來說明天人合一的關係。在最有名的〈西銘〉，他開宗明義就說：「乾稱父，坤稱母，予茲藐焉，乃渾然中處。故天地之塞吾其體，天地之帥吾其性，民吾同胞，物吾與也。」〔註169〕乾上坤下，人處其中，與天地並列，是以天地陰陽之氣，形成人類的體和性。由於天地也是氣化而生，人也是依氣而生，所以，天地和人具有同一性，自能相合爲一。張氏又在《正蒙》又說：「儒者則因明致誠，因誠致明，故天人合一，致學而可以成聖，得天而未始遺人。」〔註170〕此又以誠作爲天人合一的合一點，也就是誠也是天和人之間的同一性。由明則誠，由誠則明，如此天人自能合而爲一。以此之故，張氏又說：「性與天道合一，存乎誠。」〔註171〕更加指出誠的重要性，以及其在天人合一之中，所具有的價值。其並一再認爲天人具有同一性，以故，天人本一體。

〔註166〕見《河南程氏遺書》，第二十二上。引見朱伯崑《易學哲學史》3：285。

〔註167〕見《河南程氏遺書》，第十五及十八。引見周桂鈿《天地奧秘的探索歷程》，第八章，頁335。

〔註168〕見《河南程氏遺書》，第二十二下。引見朱伯崑《易學哲學史》，3：283～4。

〔註169〕引見繆天綬《宋元學案》，頁149。

〔註170〕見〈乾稱篇〉，引見《中國大百科全書》（哲學），「天人合一」條，2：876。

〔註171〕引見張其成《易學大辭典》，「天合人」條，頁280。

張氏在解釋〈繫辭上傳·第五章〉「鼓萬物而不與聖人同憂」時說:「系之為言,或說易書,或說天,或說人,卒歸一道,蓋不異術,故其參錯而理則同也。鼓萬物而不與聖人同憂,則於是分出人之道。不可混天,鼓萬物而與聖人同憂,此言天德之至也。與天同憂樂,垂法於後世,雖是聖人之事,亦猶聖人之末流爾。」天人雖同一,但天較人有項優越條件,就是天沒有憂樂問題,聖人雖垂法於後世,對天之自然而然,無為而化,也屬末流。可見天人雖同一,天仍較人為高。其又在〈繫辭下傳·第十二章〉說明「天地設位,聖人成能」:「天能為性,人謀為能,大人盡性,不以天能為能,而以人謀為能,故曰天地設位,聖人成能。天人不須強分。《易》言天道,則與人事一衰論之,若分別則是薄乎云爾。自然人謀合,蓋一體也。人謀之所經畫,亦莫非天理耳。」天人之所以不須強分,主要在於人所盡之思慮謀畫,都是取法於天,則莫非天理,故而,天與人「蓋一體也」。又對〈說卦·第一章〉「窮理盡性以至於命」析論說:「天道即性也,故思知人不可不知天,能知天斯知人矣。知人與窮理盡性以至於命同意。」〔註172〕再度強調人與天的同一性,即人能知天,知天斯能知人,其將知天列為第一。同時,知天不僅能知人,並能窮理盡性以至於命。

最後要提的是王夫之,其也是強調天人合一的。他說:「天人之道,一氣而已。」又說:「天與人異形離質,而所繼惟道也。」〔註173〕由於王氏是主張氣化論的,認為道之顯現即陰陽二氣,陰陽二氣為天地萬物之本體。〔註174〕是以天人之間,以氣相通,並以氣相合,所以說「一氣而已」。王氏再說:「惟其理本一原,故人心即天;而盡心知性,則存順沒寧,死而全歸於太虛之本體,不以客感雜滯遺化造以疵類。聖學所以天人合一,而非異端之所可溷也。」〔註175〕太虛就是氣,〔註176〕天和人,皆是氣之化生,所以,其死全歸於太虛。此就形

〔註172〕見《橫渠易說》,〈繫辭上〉、〈繫辭下〉及〈說卦〉。卷三,頁75～6、及96。
〔註173〕引見同註170,「天人合一」條,2:876。
〔註174〕王夫之在《周易內傳·卷五》,解釋「一陰一陽之謂道」說:「陰陽者,太極所有之實也。凡兩間之所有,為形為象,為精為氣,為清為濁,自雷風水火山澤,以至蜎孑萌芽之小,自成形而上以至未有成形,相與絪縕以待用之,初皆此二氣之充塞无間。而判然各為一物,其性情才質功效,皆不可強之而同。」明白指出,天地之間的所有物,皆是陰陽二氣所化生而成。頁473～4。
〔註175〕見《張子正蒙注·太和篇》,引見馮契《哲學大辭典》,「天人合一」條,頁132。
〔註176〕王夫之說:「太虛即氣,絪縕之本體。」《張子正蒙注·太和篇》,引見同上,「太虛」條,頁171。

上論天人之相合。就形下而論，天人相合，王氏主張在以道德作爲天人相合的基礎。王氏指出：「木火水金，川融山結，靈蠢動植，皆天至健之氣以爲資而肇始。乃至人所成能，信義智勇，禮樂刑政，以成典物者，皆純乾之德，命人爲性，自然不睹不聞之中，發爲惻悱不容已之幾，以造群動而見德，亦莫非此元爲之資。在天謂之元，在人謂之仁。天無心不可謂之仁，人繼天不可謂之元，其實一也。故曰元即仁也，天人之謂也。乾之爲用，其大如此，豈徒萬物之所資哉！」乾元化生，在天稱之爲元，在人稱之爲仁，所以天人合一。而仁即是由道德層面立論，人惟有在實踐仁上下工夫，並推而廣之，完成人所成能，包括信義智勇，禮樂刑政等，方能合於天之元，天人至此相合。因而王氏接著說：「元亨利貞者，乾之德，天道也。君子則爲仁義禮信，人道也。理通而功用自殊，通其理則人道合天矣。」〔註177〕天人雖理通，但功用分殊，而其相合，則在於以德合，即是仁義禮智。

王氏再就天人之分殊面及天人相合所產生的作用，進一步分析說：「夫易，天人之合用也。天成乎天，地成乎地，人成乎人，不相易者也。天之所以爲天，地之所以爲地，人之所以爲人，不相離者也。易之則无體，離之則无用。用此以爲體，體此以爲用。所以然者，徹乎天地與人，惟此而已矣。故易顯其用焉。」易是天人之體，天人是易之用，體以致用，用以備體。因此，天人之合用，是易道所以昌明之原因。析論之，天人合用，仍須以德。他又說：「聖人賴天地以大，天地賴聖人以貞。擇而肖之，合之而无間，聖人所以貞天地也。是故於天得德，於地得業。」〔註178〕天人是互爲依賴的，聖人賴天地成就己身之大業，天地也賴聖人成就其功能。這其中，相互依賴的基礎，就是聖人成其天德。天之德即是大公無私，普施萬有。

「天地之大也，人猶有所憾」，何以故？「春霖之灌注，池沼溢而不爲之止也。秋潦之消落，江河涸而不爲之增也」。也就是自然變化莫測，人無法完全掌控。是以王氏提出「延天祐人」的思想，以解決此項困擾。亦即是聖人體仁行義，修身俟命，以延長天的功能，爲人類服務。他說：「聖人與人爲徒，與天通理。與人爲徒，仁不遺遐；與天通理，知不昧初。將延天祐人於既生之餘，而《易》由此其興焉。」聖人意欲「仁不遺遐」及「知不昧初」，就必須延天祐人。其主要原因在於「陰陽生人而能任人之生，陰陽治人而不能代

〔註177〕見《周易內傳》，卷一，頁 11 及 20。
〔註178〕見《周易外傳》，卷五，頁 132 及 156。

人之治。既生以後，人以所受之性情爲其性情，道既與之，不能復代治之。象日生而爲載道之器，數成務而因行道之時。器有小大，時有往來；載者有量，行者有程，亦恒齟齬而不相値。春霖之灌注，池沼溢而不爲之止也。秋潦之消落，江河涸而不爲之增也。若是者，天將无以祐人而成之務矣。」落實的說，由於人所居處的天地，是由陰陽變化而成，但並不圓滿，並時有災難，令人無法安居，所以，必須延天以祐人。王氏並特別說明，延天祐人不是改變自然生態，破壞自然現象，而是順應自然環境，輔以德性的修持，以達到天人關係的和諧，使人生活在完美的天地。他說：「夫時固不可以徼也，器固不可以擴也。徼時而時違，擴器而器敗，則抑何以祐之？器有小大，斟酌之以爲載。時有往來，消息之以爲受。載者行，不載者止；受者趨，不受者避。前使知之，安遇而知其无妄也；中使憂之，盡道而抵於无憂也；終使善之，凝道而消其不測也。此聖人之延天以祐人也。」所謂「時固不可以徼也，器固不可以擴也」，就是說明對時機的希求，不能心存徼倖；對器物之利用，並不是擴張其範圍。而是要「器有小大，斟酌之以爲載。時有往來，消息之以爲受」，即是說要衡量器物之大小而載道，依據時機的消息盈虛而趨吉避凶。以此可見，其主張的延天祐人，仍以順乎自然爲範圍。因此，王氏對延天祐人下一結論說：「聖人承天以祐民者至矣。……智之深，仁之壹，代陰陽以率人於治，至矣，蔑以尙矣。而非君子之器，則失序不能承。故天之待聖人，聖人之待君子，望之深，祈之夙。」〔註179〕特別指明聖人能夠承天祐人，主要在於有深湛之智慧和完美的仁德。君子想要取法聖人，也必須以德智相輔，尤以在道德上的實踐，才能延天以祐人，造福人群，沐育群品。

　　天人合一固然是道德追求的一個完美的境界，求的是人與大自然的合一，也就是探求人與天，人與自然的同一性。這種以天下爲一家，中國爲一人，視天地萬物爲一體的宏觀博大胸襟，是我國文化之中，最寶貴的精神資產。然而在求同當中，亦應注意求異，也就是差異性。太極化生萬物，本著同一性，使物物皆有一太極，皆具有太極之全。但是，物物之間，卻千姿百態，各有不同的特徵，不同的特長，所謂「一梱樹上沒有兩片相同的葉子」。並在相互聯繫之時，又產生不同的狀況，不同的變化。這些多元化、多層次的差異性、特殊性和個別性，也是我們在探究形上化生的意義時，所不能忽略的，更是不能抹煞的。據此，〈睽卦‧象〉則說：

〔註179〕同上，卷五，頁 140～2。

上火下澤，睽，君子以同而異。

謀求大同，固然是君子所應爲；而明白差異之別，也是君子所必須爲。荀爽說：
「大歸雖同，小事當異。百官殊職，四民異業，文武並用，威德相反，共歸於
治。故曰君子以同而異也。」〔註180〕文武百官，職務各有不同；士農工商，職
業各有不同，充分說明事物的差異性。因而，程頤也說：「上火下澤，二物之性
違異，所以爲睽離之象。君子觀睽異之象，於大同之中，而知所當異也。」〔註
181〕同樣也強調「異」的重要性，羅欽順認爲：「天地人物止是一理。然而語天
道則曰陰陽，語地道則曰剛柔，語人道則曰仁義，何也？蓋其分既殊，其爲道
也自不容於無別。然則鳥獸草木之爲物，亦云庶矣，欲名其道，夫豈可以一言
盡乎？大抵性與命同，道以形異，必明乎異同之際，斯可以盡天地人物之理。」
〔註182〕羅氏雖言天地人是一理，是相合的；可是，並不以合一爲滿足，且注重
其差異性。他特別以鳥獸草木所呈現的現象界爲例，各有不同，「欲名其道，夫
豈可以一言盡乎」？強調差異性的重要性。基於此，朱伯崑予以剖析說：「天地
和人類，既有同一性，又有差異性，此即『理一而分殊』。理一，指天地萬物和
人類皆出於太極，皆受陰陽氣化的規律支配，此即『性與命同』；分殊，指天地
人物成形後，因其形之不同，又各有自己遵循的法則，此即『道以形異』。」〔註
183〕可以看出，天人的同一性，是由用顯體，固然重要。然而，就體用合一論
來說，天人的差異性，體以致用，也是同樣的重要，不能偏頗。因此，我們在
探討「理一」的時候，同時也應注意「分殊」。呂紹綱則以主客體來說明天人的
分別，他說：「天與人是有區別的。區別就在一個是客體，一個是主體，二者不
能混同。」〔註184〕其中主體是人，客體是天，人藉由對易道的認識，使主體的
人，因而認識客體的天，以達到天人的合一。換言之，也由於主、客體的不同，
也造成天人的區別性。不可不加以注意。綜言之，天人的差異性，能從整體明
瞭部份，從簡單深入複雜，對於太極化生萬物的意義和作用，也能作進一步的
解剖，有助於透析《周易》「變」的哲學。

總而言之，天人合一這個命題，是爲達到人道與天道，人道與自然，甚
而，人道與太極本體的相合。而體仁存義，中正日新的道德修養，也是爲了

〔註180〕荀爽，東漢人。引見李鼎祚《周易集解》，卷八，頁188。
〔註181〕見《易程傳》，卷四，頁333。
〔註182〕羅欽順，明人。見《困知記續》，卷上。引見朱伯崑《易學哲學史》，3：178。
〔註183〕同上，《易學哲學史》，3：178。
〔註184〕見《周易闡微》，第四章，頁146。

達到天人合一。因此，也使天人合一掩上一層神秘色彩。事實上，就人道而論，天人合一是經由道德的昇華，德品的至極，達到人道與天道的同一性之相合。此同一性，就是善，也即是人道變化的動因。依此而論，爲追求天人合一，就必須從道德的實踐入手，取法天地之德，人一己百，人十己千的努力，自能掌握天人合一的意涵。

第三節　「變」的特點

人道以人性的善爲追求之極至，並作爲「變」的主要原素。以體仁存義、中正日新及天人合一作爲道德的修持和涵育，以作爲繼善成性，成性存存的方法，也是人道「變」的形式。在這其中，可歸納出以下的特點，就是和諧性、完美性，和智慧性。和諧性是爲達到異中求同，同中相合，和合爲一，追求人性善的境界；完美性，是由生命的美感，以達到生命的美化，並以美利利天卜，使生命的美具有普遍性，追求生命美的境界；智慧性，是從對客觀事物的仰觀俯察，多識前言往行，以增進知識，提昇智慧，並進而智周萬物，道濟天下，追求知識眞的境界。以下謹將此三項特點，分述如下：

一、和諧性

所謂和諧性就是將複雜多變的現象界，包括不同的因素、不同的事物及不同的範疇，甚而對立矛盾，相互衝突的現象，予以調和、摻和以及合一起來。也即是就異中求同，從差異性當中找出同一性。與同中求異，是正好相反的。在這裡並要特別強調的是，此所謂和，是指多樣性、差別性的合一，與同是不相同的。所謂同是指無差別的，絕對的合一。和與同之間，是指有差別和無差別之間的分別。儒家是非常重視和諧性的，孔子說：「君子和而不同，小人同而不和。」有子說：「禮之用，和爲貴，先王之道，斯爲美，小大由之。」〈中庸〉也說：「喜怒哀樂之未發謂之中，發而皆中節謂之和。中也者，天下之大本也；和也者，天下之達道也。致中和，天地位焉，萬物育焉。」〔註185〕而中就是和，「那恰好處，無過不及，便是中。此中即所謂和也」。〔註186〕可見和諧性是項

〔註185〕孔子和有子說，見〈子路篇〉及〈學而篇〉，《論語集注》，卷七及一，頁 5及 3。〈中庸〉說，見《中庸章句》，第一章，頁1。
〔註186〕見黃楠森《哲學概念辨析辭典》，「和、合、混、同、兼」條，頁185。

重要的倫理學範疇，也是一項形上範疇。而對於音樂的和諧性，儒家更是重視。《禮記·樂記》則說：「大樂與天地同和」、「樂者，天地之和也。……和，故百物皆化」、「流而不息，合同而化，而樂興焉」、「地氣上齊，天氣下降，陰陽相摩，天地相盪，鼓之以雷霆，奮之以風雨，動之以四時，煖之以日月，而化工興焉，如此者樂者天地之和也。」〔註187〕將音樂和諧性的功能，作了最極盡的詮釋，不僅能化民成俗，並能化生萬物。然而音樂的和諧性，特別重視的是，差異性的和諧，也就是多樣性的和諧，並不是同一性的和諧。相同的樂器和音符，並不能和奏出美麗的樂章；惟有不同的樂器和變化音符才有優美的樂章在跳躍。即是所謂「八音克諧，無相奪倫，神人以和。」〔註188〕八音就是指金、石、絲、竹、匏、土、革、木等八類不同的樂器。在不同的樂器和奏之下，方能發揮出最完美的和諧美。誠如田盛頤所論：「水和水相加不能做出美味的羹來，將相同的音響湊在一起，演不成一支曲子，美的音樂必須是由不同的樂器發出的，長短、高低、強弱有別的多種音樂按照一定法則交織而成的和諧統一體。」〔註189〕充分說明，和諧性是差異性和多樣性的合一，也惟有在差異多端的和諧之下，才能表現出和諧的真正價值和意義。音樂的和諧是如此，社會的和諧，以及人與物之間的和諧更是如此。

綜上所述，和諧性可指三方面的意義：一是社會、人際關係的和諧，即和睦相親；二是指與同相對的和，指雜多的合一；三是指樂器創造所形成的音樂上的和諧性。〔註190〕故知，和諧性是關係到人與人、人與物、物與物之間的聯繫和協調。

人道的和諧特性，則是具有三個面向：一是形上面向，一是人與社會的面向，一是個人的道德面向。

就形上面向說，是指萬物生命的和諧化生。

> 乾道變化，各正性命，保合太和，乃利貞。（〈乾卦·象〉）

朱熹解釋「太和」說：「陰陽會合沖和之氣也。」〔註191〕陰陽會合，化生萬物，而太和即指化生的和諧和合。即如劉綱紀所說的：「生命即美，而這種美的最

〔註187〕見孔穎達《禮記正義》，卷三十七，頁668～72。

〔註188〕見《尚書·舜典》，孔穎達《尚書正義》，卷三，頁46。

〔註189〕見李澤厚《美學百科全書》，「和」條，（北京：社會科學文獻出版社，1990），頁186。

〔註190〕見劉綱紀《周易美學》，第二章，頁78。

〔註191〕見《周易本義》，卷一，頁60。

高表現即是『太和』。因爲只有在『太和』的狀態下，生命才能獲得最順暢、最理想的發展。」他特別以「乾道變化，各正性命，保合太和，乃利貞」爲例說明：「而『太和』正是『乾道變化』必須達到和保持的理想狀態，並且只有『太和』方能『利貞』。」〔註192〕故知，就形上面向論，和就是指生命化生的和諧狀態，以及生命各自發展的相互和諧性。

就人與社會的面向說，是指人我之間的和平共處，不相侵害。

　　利者，義之和也。……利物足以和義（〈乾卦・文言〉）。

　　聖人感人心而天下和平（〈咸卦・彖〉）。

　　健而說，決而和（〈夬卦・彖〉）。

此所說的「和」，是指和諧、和平之意。以「聖人感人心而天下和平」來說，程頤就說：「聖人至誠，以感億兆之心，而天下和平。天下之心，所以和平，由聖人感之也。」〔註193〕此是聖人以教化之道，消除相互之間的差異性，建立人我之間的和平共處，以及長治久安之道。

就個人的道德面向說，是指個人修養的和順之德。

　　履和而至，……履以和行。（〈繫辭下傳・第七章〉）

　　和順於道德而理於義，窮理盡性以至於命。（〈說卦・第一章〉）

以道德作爲和諧性的最終目的，是人道和諧性的基礎所在。如果達到和諧性的道德，自能推及人與我之間的和諧相處；人我之間的共處融和，自能推廣人與物之間的和平共生；如此，也就是「保合太和」的境界，臻於萬物生命的和諧化生。以故，「和順於道德而理於義」，是人道和諧性的最主要的基礎，也是人性善的另一種表現方式。

基於人道的和諧性，王振復就析論說：「《周易》所謂『和』，其最重要的文化及其美學意義，是指人的生態，生命之『和』，陰陽交合之『和』，『和』是人之生命的大美。」〔註194〕王氏將「和」的內涵，一體包括了形上、社會及道德面向。而「和是人生命的大美」，並一語說盡了人道和諧性的重要性與價值性。

總之，人道的和諧性，是從道德的和順作爲修持，推而廣之，以達到人與人，人與物之間的差異性之去除，以達到和平共處。最後完成於整體生命

〔註192〕同註190，第二章，頁77。
〔註193〕見《易程傳》，卷四，頁275。
〔註194〕見《周易的美學智慧》，第八章，頁331。

的和諧發展。依此，和諧性是反對衝突對抗，矛盾鬥爭，而是追求複雜的合一，以及多樣性的和諧。因此，和諧性是人道的「變」的特點之一。

二、完美性

　　美者，「美在主體與客體雙方的統一之中，顯現爲主體和自然、社會相統一的一種理想的生活境界，並且是個體在道德上的善的完滿實現」。〔註 195〕可見美具有兩項意義，一是指一種和諧性，使個人與自然、社會之間的理想生活境界，也是指善性的表現。一是指至善性，使個人在道德上的善之完滿實現。由此可知，美與善是一體兩面，不可分割的。蘇格拉底也說：「美在善，善的就是美的。」〔註196〕美是結合道德的善，具有倫理學上的意涵。

　　儒家就是特別強調美與善的結合，美必須由善來表現，善的表現就是美。劉綱紀就明白指明說：「儒家美學，向來有一種很普遍的看法，即認爲儒所說的『美』，其實就是倫理道德上的『善』。」〔註197〕所以，儒家所言的美，是在善的基礎之下，所呈現的完美性。孔子曾說「韶，盡美矣，又盡善也。武，盡美矣，未盡善也」。又說：「里仁爲美，擇不處仁，焉得知？」〔註198〕皆說明，先具備善的條件之下，才能有美。如果未盡善，美也不存。所以武王之樂，是「盡美矣，未盡善也」。孟子遵循孔子的思想，也主張：「充實之謂美，充實而有光輝之謂大，大而化之之謂聖，聖而不可知之謂神。」〔註199〕關於「充實」，朱熹就明白的解釋說：「力行其善，至於充滿而積實，則美在其中而無待於外矣。」〔註200〕以力行善作爲美的注解，惟有行善才能有美。荀子也是格外強調美善並行，他說：「樂行而志清，禮脩而行成，耳目聰明，血氣和平，移風易俗，天下皆寧，美善相樂。」〔註201〕所謂「美善相樂」，即是在美和善相俱備的情況之下，才是眞知樂深邃的意義和內涵，並由其前後文對照可以看出，荀子所說的美，也是建立在善的基礎上。沒有「移風易俗，天下皆寧」的善，自然就生不出美來。

〔註195〕見《中國大百科全書》（哲學），「美」條，1：603。
〔註196〕引見同註189，「眞、善、美」條，頁667。
〔註197〕同註190，第二章，頁54。
〔註198〕見《論語・八佾篇》及〈里仁篇〉，《論語集注》，卷二，頁13。
〔註199〕見《孟子・盡心篇下》，《孟子章句》，卷十四，頁113。
〔註200〕同上。卷十四，頁113。
〔註201〕見〈樂論篇〉，王先謙《荀子集解》，卷十四，頁254。

　　人道的完美性也是建立在倫理的善上面，先由個人的修持積善，達到生命的美；再由個人由內到外，向外擴張，推己及人，以兼善天下，完成生命的善，也就是生命美的完成，亦即是人道完美性的具體表現。〈坤卦・文言〉說：

　　　　君子黃中通理，正位居體，美在其中，而暢於四支，發於事業，美
　　　　之至也。

蔡淵就解釋說：「黃中，正德在內；通理，文無不通，言柔順之德蘊於內也。正位，居在中之位；居體，居下體而不僭，言柔順之德形於外。美在其中，黃中通理也；暢於四支，發於事業，正位居體也。」〔註202〕此「美」即是個人道德的美善，這裡的道德包括中正、柔順之德等。同時，個人的道德美善，是由內之蘊涵，再顯發於外，所謂先「黃中通理，正位居體，美在其中，而暢於四支」，再「發於事業」，達到「美之至」。故而，〈坤卦〉一再強調內充其美，也就是內充其德的重要。

　　　　陰雖有美，含之（〈坤卦・文言〉）。

其中的「含」字，雖是自謙其德的表現，也是內充其德的意義。

　　個人的內充其美，內充其德，王振復認為，可劃分為兩類人格，一是圓型，一是方型。所謂圓型，是指「循時而變，就是說根據時勢的發展，人不斷調整自己與客觀時勢包括與政統之間的關係，因時調整自己的人生態度、處世方式、意志規範與情感流向。這種人格形式所追的，是圓轉無礙的人生境界」《周易》各卦一再強調的「時」與「位」之觀念，在時間和空間當中，隨時變化，不拘故常，調整自身的人生態度和應世之方，就是圓型人格者的最好詮釋。至於方型，是指「循時而不變。就是說儘管時勢向前遷行了，人卻不認為調整自己的行為與客觀時勢包括與政統之間的關係是必要的、合時宜的。這並不是等於說持有這種人格的人無視時間的運行，而是堅信能夠『以不變應萬變』，面對萬變的時勢，最佳的人生選擇是『不變』，從而覺得不必隨時調整自己的情感方式、意志取向、人生態度與處世哲學。這種人格樣式尤其注重人生與人格的原則，原則是不可改變的，認為人生的總目標和策略之間是重合的」。〔註203〕方型的人格並不表示固執不化，只是堅守自身遵守的原則，「造次必於是，顛沛必於是」。〈坤卦〉注重「直方大」的德性。〔註204〕就是方型人格的最好寫照。

〔註202〕蔡淵，宋人。引見李光地《周易折中》，卷十六，頁 1138。
〔註203〕同註 194，第九章，頁 405～7。
〔註204〕〈坤卦・六二爻〉說：「直方大，不習无不利。」

美充於內，德充於內，必顯之於外，且推之於人，包括整個宇宙天地。

乾始能以美利利天下，不言所利，大矣哉。(〈乾卦‧文言〉)

知周萬物而道濟天下，故不過。……範圍天地之化而不過，曲成萬物而不遺。(〈繫辭上傳‧第四章〉)

夫易，聖人所以崇德而廣業也。(〈繫辭上傳‧第七章〉)

夫易，聖人之所以極深而研幾也。唯深也，故能通天下之志；唯幾也，故能成天下之務。(〈繫辭上傳‧第十章〉)

其中「美利利天下」、「道濟天下」、「崇德而廣業」、「通天下之志」、「成天下之務」等，皆是大美顯於外，大德擴於外，追求「美」的普遍性。準此，人道的完美性，並不僅限於個人的完美，而是超越個人，追求群體的完美，而達到宇宙天地的整體完美。

總之，人道的完美性是建立在道德的基礎之上，道德的善，就是生命的美；善的純淨，就是美的呈現。而生命的美，並不僅指個人而言，只追求一己的美，一己的善；而是要追求群體的美，群體的善，甚而天地的美，天地的善，即是《周易》所說的「以美利利天下」，達到美的普遍性，才是人道完美性的最終意義。

三、智慧性

《周易》中的「知」字，具有兩種的意涵，一是作為其本字「知」，表示知識、知道和預知的意思。一是作為「智」用，表示智慧的意思。[註205]而人道的智慧，即是經由知識的探求，真積力久，形成智慧的綻放，作為服務人群之用。也就是「智周萬物而道濟天下」。人性的善，生命的美，再結合知識的真，追求一個真善美的人生，不只是人道「變」的三項特點，並是探析人道內涵的意義所在。

知識是對客觀實際的反映，並經由實踐和檢驗的証明，正確無誤，才能

[註205] 張其成認為「知」字，在《周易》之中具有三種意義，一是知道，如「精氣為物，游魂為變，是故知鬼神之情狀」、「通乎晝夜之道而知」等，皆見〈繫辭上傳‧第四章〉，其中的「知」，都指知道的意思。二是知識、智慧，如「知崇禮卑，崇效天，卑法地(〈繫辭上傳‧第七章〉)」。其中的「知」，既指知識也指智慧的意思。三是預知，如「神以知來，知以藏往(〈繫辭上傳‧第十一章〉)」，其中的第一個「知」字，就是預知的意思，第二個「知」字，同「智」，是指智慧的意思。見《易學大辭典》，「知」條，頁179。

承認爲正確的認識。也就是說，知識是人類認識的成果和結晶。可分爲初級形態的經驗知識，和高級形態的科學理論知識。而科學理論知識也是從經驗實踐得來，所以，一切知識都發源於實踐經驗。然而知識的表現形式，通常以概念、判斷、推理、假設和預見等思維形式及範疇體系出現，也就是知識表現大都是抽象概念的形式。〔註206〕

人道的智慧性，是從經驗知識的認知，作爲初步下手的。而且這些經驗認知的知識，皆是經過「聖賢」實証過的，不僅可以看出「聖賢」重視實証知識，而這些經過「聖賢」實証的知識，可稱得上正確的知識。

> 君子以類族辨物。（〈同人卦‧象〉）
> 君子以多識前言往行，以畜其德。（〈大畜卦‧象〉）
> 君子以愼辨物居方。（〈未濟卦‧象〉）
> 仰以觀於天文，俯以察於地理，是故知幽明之故。（〈繫辭上傳‧第四章〉）
> 古者包犧氏之王天下也，仰則觀象於天，俯則觀法於地，觀鳥獸之文，與地之宜，近取諸身，遠取諸物，於是始作八卦，以通神明之德，以類萬物之情。（〈繫辭下傳‧第二章〉）

其中「類族辨物」、「愼辨物居方」，是屬於知識的邏輯推理過程；「多識前言往行」，屬於知識的記憶過程；「仰以觀於天文，俯以察於地理」、「仰則觀象於天，俯則觀法於地，觀鳥獸之文，與地之宜，近取諸身，遠取諸物」，是屬於直觀經驗過程。皆屬於實証的經驗知識。

但是，知識的追求，並不以學習實証的經驗知識爲滿足，而是探求更深更高等的知識，朱熹說：「知識貴乎高明，踐履貴乎著實。」〔註207〕越高明的知識，對於道理的瞭解越透闢；越經過不斷實証的知識，知識的可信度越高。因此，《周易》特別強調說：

> 夫《易》，聖人之所以極深而研幾也。唯深也，故能通天下之志；唯幾也，故能成天下之務。（〈繫辭上傳‧第十章〉）
> 精義入神，以致用也。（〈繫辭下傳‧第五章〉）

關於「極深而研幾」，韓康伯注說：「極未形之理則曰深，適動微之會則曰幾。」

〔註206〕見馮契《哲學大辭典》，「知識」條，頁1010。黃楠森《哲學概念辨析辭典》，「知識、科學、眞理」及「智慧、智力、智能、知識」條，頁184及305。
〔註207〕見《朱子語錄》，引見呂紹綱《周易辭典》「知崇禮卑」條，頁292～3。

〔註208〕孔穎達進一步說明：「言易道弘大，故聖人用之所以窮極幽深而研覈幾微也。」〔註209〕可見知識的探求，是以更高深的理論知識為目標；不僅是以有形的知識為主，更以無形的知識為探究。關於「精義入神」，朱熹析論說：「精研其義，至於入神。……然乃所以為出而致用之本。」〔註210〕李光地也說：「精義入神，則所知者精深，窮理之事也。」〔註211〕都特別注重知識的探求，並窮盡其理，以達到「精義入神」的地步。亦即是將直觀經驗的實踐知識，提昇為具有深度邏輯，系統思維的理論知識。

經由認識能力和知識，以及由主體和客體結合所獲得的知識，就是智慧。〔註212〕而人道的智慧性，就是從知識的追求和探究，達到智慧的獲取的過程。人道的智慧性並具有神奇的預知能力。

聖人以此洗心，退藏於密，吉凶與民同患，神以知來，知以藏往。

其孰能與此哉？古之聰明睿知，神武而不殺者夫。（〈繫辭上傳·第十一章〉）

「聰明睿知」的「知」，是指智慧言。要能「聰明睿知」，就必須「神以知來，知以藏往」，即是能夠鑒往知來，明瞭事物的變化發展。

此外，人道的智慧性，並不是只求個人智慧的獲取為滿足，而是具有利他性，是為人群，甚而整個天地萬物服務為目的。

知周萬物而道濟天下，故不過。……範圍天地之化而不過，曲成萬

物而不遺。（〈繫辭上傳·第四章〉）

「知周萬物」之「知」，就是智慧。「知周萬物」的最主要目的，就是「道濟天下」、「範圍天地之化而不過，曲成萬物而不遺」。進一步說明，就是人類追求智慧，除了個人知識的層次提昇之外，尚具有崇高的理想性和前瞻性，就是為天下黎民，以及整個天地萬物奉獻。即如〈中庸〉所稱的「唯天下至聖，為能聰明睿知，足以有臨也。……是以聲名洋溢乎中國，施及蠻貊，舟車所至，人力所通，天之所覆，地之所載，日月所照，霜露所隊，凡有血氣者，莫不尊親，故曰配天」。〔註213〕智慧的完美，生命的完美，是追求一種普遍性的實踐，一

〔註208〕見《周易注》，卷七，頁49。
〔註209〕見《周易正義》，卷七，頁155。
〔註210〕同註191，卷三，頁319。
〔註211〕見《周易折中》，卷十五，頁1064。
〔註212〕見張岱年《中華思想大辭典》，「知」條，頁847。
〔註213〕見第三十一章，《中庸章句》，頁15。

種無限性的推廣，一種永恒性的努力。

　　總之，人道的智慧性，是從知識的追求入手，由直觀經驗實証知識，再予以深度的邏輯整合系統思維，形成理論知識。這種認識的過程和知識，就是智慧獲得的方式。然而人道的智慧性，不僅只是追求個人的智慧，而是一種智慧的普遍實踐，所謂「知周萬物，道濟天下」。這樣人道的智慧性，才算完滿達成。

　　人道的三項特點，和諧性、完美性和智慧性，雖各自獨立，但彼此之間相互聯繫。和諧性，是為達成異中求同，和合相處；完美性則是為求得生命的完美，道德的完美；而智慧性，則是對於客觀事物的認知，及主觀思維的整合，以求得智慧的昇華。而這三者，皆是為追求人性善的圓滿無缺，以結合生命的本根。綜論之，人道「變」的特點，就是追求一個真善美的「華枝春滿，天心月圓」之生命完成。

第七章　結　論

　　黑格爾（Georg Wilhelm Friedrich Hegel, 1770～1831A.C.）對於古希臘著名哲學家赫拉克立特斯（Heraclitus, 535～475?B.C.）提出世界一切都是變的主張，給予非常高的評價說：「赫氏的第一個真理只是變，這是認識方面所得到的一個偉大洞見。」〔註1〕同樣的，《周易》「變」的形上辯証思維體系的建立，以「變」作為萬物變化的中介，強調萬物的運動與變化，也可說是我國形上哲學的「一個偉大洞見」。

　　《周易》形上辯証「變」的思維體系，其主要突顯四項意義：

　　一、辯証思維的建立。《周易》的知識主要是建立在直觀思維，就是直接觀察自然現象和社會現象，以探究事物的性質和狀態，即如《周易》所一再強調的「仰則觀象於天，俯則觀法於地，觀鳥獸之文，與地之宜，近取諸身，遠取諸物」（〈繫辭下傳・第二章〉）。以形象思維表達，就是通過卦象進行思考，或表達概念的方式，亦如《周易》所說的「聖人有以見天下之賾，而擬諸其形容，象其物宜，是故謂之象」（〈繫辭上傳・第八章〉）。這當中，也逐漸形成辯証思維，就是從事物的動態和變化之方式，以建立思維模式。誠如《周易》說的「聖人有以見天下之動，而觀其會通，以行其典禮」（〈繫辭上傳・第八章〉）。而「變」的形上辯証思維體系之建立，說明萬物化生的變化過程，即是辯証思維的最佳說明。

　　二、建立主、客體的相互聯繫。在太極的「變」之下，形成三個範疇，即是天道、地道和人道。其中，人道是主體，天道和地道則是客體。主、客

〔註 1〕見《哲學史講演錄》，第一篇第一章。引見湯鶴逸〈易經中的辯証法及唯物主義因素〉，《周易研究論文集》，3：66。

體之間，雖然在外形方面，各不相同，具有明顯的差異性；但是，在本根的同一性之下，人道和天道，以及地道，是可以相互聯繫，並且相合爲一的。這就是所謂的天人合一。這種精神的合一，消除了人我的隔閡，以及外在形骸的限制，使小我昇華至大我的領域，達到了與天地萬化渾然一體的境界。亦如同《周易》最美的稱讚「大人者與天地合其德，與日月合其明，與四時合其序，與鬼神合其吉凶，先天而天弗違，後天而奉天時」（〈乾卦‧文言〉），可說是主、客體相互聯繫，甚而結合的具體詮釋。

　　三、兼顧同一性和差異性。在《周易》的形上辯証思想之中，固然強調「同」的一面，重視萬物的同一性，一則是指本根性的「同」，如前所言之「大人者與天地合其德」章，以及「和順於道德而理於義，窮理盡性以至於命」（〈說卦‧第一章〉）外；另一則也強調社會的同一性，即是「同人，謂和同於人」。〔註2〕然而，其也格外重視差異性。如地道的突出「類」的觀念，主張「方以類聚，物以群分」（〈繫辭上傳‧第一章〉）。以及在實際作爲上「的君子以同而異」（〈睽卦‧象〉）。皆充分顯示在《周易》的形上辯証架構之中，同一性和差異性，皆是萬物變化的狀態，是一體呈現的，不能厚彼薄此，有輕重的分別。所以，同一性和差異性並重，應是《周易》形上辯証思想的立意所在。

　　四、注重道德的實踐性。太極的「變」，化生萬物，並由天道、地道和人道的範疇，而建構了整個世界模式。這是《周易》形上辯証思維所要表達的意義所在。但是，太極的「變」的落實面，則是人道的善，也就是追求一個繼善成性，成性存存的人性。再進一步說，就是以道德的實踐，來完成人性的至善。因此，《周易》一再說：「君子以成德爲行，日可見之行也。」（〈乾卦‧文言〉）、「君子進德脩業，欲及時也」（〈乾卦‧文言〉）。注重道德的實踐性，以道德的實踐，完成人性的善，生命的美，智慧的眞，追尋一個眞善美的亮麗生命。同時，這種以道德的主體性作爲本根性的探討，不僅是《周易》形上辯証思想所特有的，也是儒家所一再強調和重視的。

　　但是，《周易》由於受限於時代的拘限，仍有些美中不足的地方。朱伯崑曾經認爲《周易》一書有三大問題：就是卦爻辭的字義如何訓詁，即解字問題；如何理解卦象的邏輯結構及其排列的順序，即《易》序問題；卦爻辭和卦爻象之間的關係，即象辭相應問題。〔註3〕同樣的，在解析《周易》形上辯

〔註2〕孔穎達說：「同人，謂和同於人。」見《周易正義》，卷二，頁44。

〔註3〕見〈易學研究中的若干問題〉，《中國文哲研究通訊》，第三卷，第三期，頁79。

証思想時，也必須面臨三個問題：

一是概念詮釋的問題。《周易》中的某些概念，究竟表示何種意義，經常沒有標準的解釋，站在那一家，就主張那一家的說法。以「太極」章為例，取象派主張是占筮之方法；而取義派則認為是萬物化生的發生過程。不同的詮釋，就產生不同的說法。

二是邏輯推論的問題。《周易》是一部跨越十七個世紀的作品，更非一人之作，全書的邏輯結構受限於時代性，無法有全面縝密的架構安排，前後矛盾，首尾不相聯貫的情況，隨處可見。因此，按照其時代性、或思想性，甚或章節性，予以重新編排，則是見仁見智的不同作法。不過，可以確定的是，必須重新予以編排，較能彰明其義，則是歷代易學家的共同看法。〔註4〕

三是理象先後的問題。這關係到太極落實在現象界的理序問題。如果是理先象後，則太極是在建立天、地和人道範疇之後，再由聖人依理畫成卦象，則卦變要在天、地和人道的「變」之後。反之，如果是象先理後，則卦變在天、地道的「變」之後，在人道的「變」之先；也就是先有卦變，然後聖人依照卦變，判定吉凶，再產生人道的變。這也是取義和取象派的分野所在。〔註5〕

總而言之，《周易》形上辯証「變」的思維體系，是經由太極的化生過程，以建構的世界模式。其最主要的意義，除了探究形上的本根之意蘊外，並藉由道德的實踐，以上合天心；也就是達到天人合德，與萬化冥合之境。亦即是經由天人的合一，以完成道德的修持，生命的昇華，並煥發生命的光輝，己立立人，己達達人，臻於「智周萬物而道濟天下」的圓滿世界。亦即如《周易》一再說的「盛德大業至矣哉！富有之謂大業，日新之謂盛德」（〈繫辭上傳·第五章〉）。日新和盛德，是道德的行為，是智慧的認知，更是生命的証道。

〔註4〕如程頤解《易》，以序卦分置每卦的前面，是仿照李鼎祚《周易集解》，就有將《周易》重新編排之意思，以符合邏輯推理。

〔註5〕取義派認為有理而後有象，有象而後有數，程頤說：「有理而後有象，有象而後有數。《易》因象以明理，由象而知數，得其義則象數在其中矣。」《答張閎中書》，引見朱伯崑《易學哲學史》，3：240～1。取象派則認為有象或有數才有理，邵雍則主張先有數後有象，有象才有理，他說：「太極一也，不動生二，二則神也。神生數，數生象，象生器。」見《皇極經世釋義》，卷三，頁405。朱震則主張先有象而後有數，他說：「聖人觀陰陽之變而立卦，效天下之動而生爻，變動之別，其傳有五：曰動爻、曰卦變、曰互體、曰五行、曰納甲，而卦變之中，又有變焉。」見《漢上易傳·序》，頁3。

參考書目

一、主要資料

1. 《子夏易傳》，子夏，龍泉出版社。
2. 《周易鄭康成注》，王應麟，臺灣商務印書館股份有限公司。
3. 《周易注》，王弼、韓康伯，新興書局。
4. 《周易略例》，王弼，龍泉出版社。
5. 《易緯關氏易傳春秋占筮書》，老古文化事業公司。
6. 《易緯詩緯禮緯樂緯》，黃奭，上海古籍出版社。
7. 《尚書緯河圖洛書》，黃奭，上海古籍出版社。
8. 《周易正義》，孔穎達，藝文印書館。
9. 《周易集解》，李鼎祚，世界書局。
10. 《周易口義》，胡瑗，臺灣商務印書館股份有限公司。
11. 《易童子問》，歐陽修，成文出版社。
12. 《易程傳》，程頤，河洛圖書出版社。
13. 《皇極經世釋義》，余本，集文書局。
14. 《溫公易說》，司馬光，上海古籍出版社。
15. 《東坡易傳》，蘇軾，上海古籍出版社。
16. 《橫渠易說》，張載，上海古籍出版社。
17. 《郭氏傳家易說》，郭雍，臺灣商務印書館股份有限公司。
18. 《童溪易傳》，王宗傳，漢京文化事業有限公司。
19. 《周易玩辭》，項安世，上海古籍出版社。
20. 《周易本義》，朱熹，老古文化事業公司。

21. 《易學啓蒙》，朱熹，武陵出版社。

22. 《南軒易說》，張栻，臺灣商務印書館股份有限公司。

23. 《紫巖易傳》，張浚，漢京文化事業有限公司。

24. 《周易卦爻經傳訓解》，蔡淵，臺灣商務印書館股份有限公司。

25. 《西谿易說》，李過，臺灣商務印書館股份有限公司。

26. 《楊氏易傳》，楊簡，上海古籍出版社。

27. 《漢上易傳》，朱震，上海古籍出版社。

28. 《誠齋易傳》，楊萬里，成文出版社。

29. 《周易集說》，俞琰，漢京文化事業有限公司。

30. 《周易本義通釋》，胡炳文，成文出版社。

31. 《周易集註》，來知德，夏學社出版事業有限公司。

32. 《易經蒙引》，蔡清，臺灣商務印書館股份有限公司。

33. 《易經存疑》，林希元，臺灣商務印書館股份有限公司。

34. 《易象正》，黃道周，臺灣商務印書館股份有限公司。

35. 《古《周易》訂詁》，何楷，臺灣商務印書館股份有限公司。

36. 《船山易學》，王夫之，河洛圖書出版社。

37. 《周易外傳》王夫之，河洛圖書出版社。

38. 《周易象數論》，黃宗羲，廣文書局。

39. 《惠氏易學》，惠棟，廣文書局。

40. 《周易虞氏義》，張惠言，臺灣商務印書館股份有限公司。

41. 《周易淺述》，陳夢雷，臺灣商務印書館股份有限公司。

42. 《周易姚氏學》，姚配中，漢京文化事業有限公司。

43. 《周易集解纂疏》，李道平，文史哲出版社。

44. 《周易折中》，李光地，武陵出版社。

45. 《周易通論》，李光地，廣文書局。

46. 《易學三書》，焦循，廣文書局。

47. 《易圖明辨》，胡渭，廣文書局。

48. 《仲氏易》，毛奇齡，廣文書局。

49. 《河洛精蘊》，江永，大千世界出版社。

50. 《六十四卦經解》，朱駿聲，中華書局。

51. 《周易校勘記》，阮元，藝文印書館。

52. 《周易述聞》，王引之，漢京文化事業有限公司。

53. 《周易變通解》，萬澍辰，中華叢書編審委員會。

54. 《辛齋易學》，杭辛齋，夏學社出版事業有限公司。

二、次要資料

1. 《乾坤衍》，熊十力，臺灣學生書局。

2. 《易學論叢》，章太炎，廣文書局。

3. 《周易大綱》，吳康，臺灣商務印書館股份有限公司。

4. 《易學討論集》，李証剛，成文出版社。

5. 《周易探源》，李鏡池，中華書局。

6. 《周易尚氏學》，尚秉和，老古文化事業公司。

7. 《焦氏易詁》，尚秉和，中華書局。

8. 《易學新論》，嚴靈峰，正中書局。

9. 《易經譯註》，黃壽祺，上海古籍出版社。

10. 《周易研究論文集》，黃壽祺，北京師範大學出版社。

11. 《易學群書平議》，黃壽祺，北京師範大學出版社。

12. 《易學哲學史》，朱伯崑，藍燈文化事業股份有限公司。

13. 《先秦易學史》，高懷民，臺灣商務印館股份有限公司。

14. 《兩漢易學史》，高懷民，文津出版社。

15. 《大易哲學論》，高懷民，成文出版社。

16. 《周易大傳今注》，高亨，齊魯出版社。

17. 《周易古經今注》，高亨，樂天出版社。

18. 《周易古經通說》，高亨，樂天出版社。

19. 《周易古義》，楊樹達，河洛圖書出版社。

20. 《易經與中國文化》，周止禮，學苑出版社。

21. 《周易與中國文化》，郭樹森，湖南師範大學出版社。

22. 《周易經傳溯源》，李學勤，長春出版社。

23. 《易與人類思維》，張祥平，重慶出版社。

24. 《易經十六講》，鍾啓錄，中國華僑出版公司。

25. 《太極太玄體系》，鄭軍，中國社會科學出版社。

26. 《周易老子新証》，劉坤生，江蘇文藝出版社。

27. 《易學精要》，鄒學熹，四川科學技術出版社。

28. 《周易闡微》，呂紹綱，吉林大學出版社。

29. 《周易大辭典》，蕭元，中國工人出版社。

30. 《周易辭典》，張善文，上海古籍出版社。

31. 《周易辭典》，呂紹綱，吉林大學出版社。

32. 《易學大辭典》，張其成，華夏出版社。

33. 《周易參同契考辨》，吳乃昌，上海古籍出版社。

34. 《談易》，戴師君仁，臺灣開明書局。

35. 《先秦漢魏易例述評》，屈萬里，臺灣學生書局。

36. 《讀易三種》，屈萬里，聯經出版社。

37. 《易經講義》，陳洋藻，師範大學講義。

38. 《周易的自然哲學與道德函義》，牟宗三，文津出版社。

39. 《易學新探》，程石泉，文行出版社。

40. 《周易闡微》，徐世大，臺灣開明書局。

41. 《說易解頤》，徐世大，臺灣開明書局。

42. 《周易的美學智慧》，王振復，湖南出版社。

43. 《周易美學》，劉綱紀，湖南教育出版社。

44. 《周易帛書今注今譯》，張立文，臺灣學生書局。

45. 《周易與儒道墨》，張立文，東大圖書股份有限公司。

46. 《易學論著選集》，黃沛榮，長安出版社。

47. 《朱熹易學析論》，曾春海，輔仁大學出版社。

48. 《周易表解》，潘羽延，上海社會科學院出版社。

49. 《周易導讀》，黎子耀，巴蜀書社。

50. 《十家論易》，蔡尚思，岳麓書社。

51. 《河圖洛書解析》，孫國中，學苑出版社。

52. 《易經指南》，孫國中，團結出版社。

53. 《周易研究史》，廖名春，湖南出版社。

54. 《易經論文集》，林尹，黎明文化事業股份有限公司。

55. 《周易今註今譯》，南懷瑾，臺灣商務印書館股份有限公司。

56. 《先秦諸子易說通考》，胡自逢，文史哲出版社。

57. 《周易讀本》，黃慶萱，三民書局。

58. 《魏晉南北朝易學書考佚》，黃慶萱，幼獅文化事業公司。

59. 《易傳之形成及其思想》，戴璉璋，文津出版社。

60. 《易傳道德的形上學》，范良光，臺灣商務印書館股份有限公司。

61. 《易學拾遺》，李周龍，文津出版社。

62. 《周易兩讀》，黃家聘，皇極出版社。

63. 《易經研究》，徐芹庭，五洲出版社。

64. 《易學蠡測》，徐芹庭，龍泉出版社。

65. 《易經講話》，周鼎珩，中華書局。

66. 《周易經傳象義闡釋》，朱維煥，臺灣學生書局。

67. 《周易與適應原理》，陳瑞龍，臺灣商務印書館股份有限公司。

68. 《伊川易傳的處世哲學》，林益勝，臺灣商務印書館股份有限公司。

三、相關資料

1. 《毛詩正義》，孔穎達，藝文印書館。

2. 《尚書正義》，孔穎達，藝文印書館。

3. 《周禮注疏》，賈公彥，藝文印書館。

4. 《禮記正義》，孔穎達，藝文印書館。

5. 《四書集注》，朱熹，世界書局。

6. 《讀四書大全說》，王夫之，河洛圖書出版社。

7. 《孟子字義疏証》，戴震，世界書局。

8. 《中庸注》，康有為，臺灣商務印書館股份有限公司。

9. 《大戴禮記解詁》，王聘珍，文史哲出版社。

10. 《經學研究論著目錄》，林慶彰，漢學研究中心。

11. 《論六經》，熊十力，明文書局。

12. 《國語》，韋昭，廣文書局。

13. 《戰國策》，劉向，里仁書局。

14. 《史記》，司馬遷，樂天出版社。

15. 《漢書》，班固，弘道書局。

16. 《白虎通疏証》，陳立，廣文書局。

17. 《中國哲學範疇發展史（天道篇）》，張立文，中國人民大學出版社。

18. 《中國哲學範疇導論》，葛榮晉，萬卷樓圖書有限公司。

19. 《中國哲學發展史（先秦）》，任繼愈，人民出版社。

20. 《中國哲學原論》，唐君毅，臺灣學生書局。

21. 《新編中國哲學史》，勞思光，三民書局。

22. 《中國哲學問題史》，宇同，彙文堂出版社。

23. 《中國哲學通史》，楊憲邦，中國人民大學出版社。

24. 《中國哲學史》，任繼愈，人民出版社。

25. 《中國思想通史》，侯外廬，中國史學社。

26. 《中國古代哲學精華》，劉培育，甘肅人民出版社。

27. 《中華的智慧：中國古代哲學思想精粹》，張岱年，上海人民出版社。

28. 《中國哲學史方法論發凡》，張岱年，中華書局。

29. 《理》，張立文，中國人民大學出版社。

30. 《道》，張立文，中國人民大學出版社。

31. 《氣》，張立文，中國人民大學出版社。

32. 《形上學》，葛慕藺，先知出版社。

33. 《中外形上學比較研究》，李震，中央文物供應社。

34. 《形上學》，曾仰如，臺灣商務印書館股份有限公司。

35. 《物理之後：形上學的發展》，沈清松，牛頓出版社。

36. 《儒家形上學》，羅光，臺灣學生書局。

37. 《理論哲學》，羅光，先知出版社。

38. 《才性與玄理》，牟宗三，臺灣學生書局。

39. 《儒道天論發微》，傅佩榮，臺灣學生書局。

40. 《中西哲學思想中的天道與上帝》，李杜，聯經出版事業公司。

41. 《中國古人論天》，周桂鈿，新華出版社。

42. 《天地奧秘的探索歷程》，周桂鈿，中國社會科學出版社。

43. 《中國哲學大百科（哲學）》，中國哲學大百科全書出版社。

44. 《中國哲學辭典》，韋政通，水牛圖書出版事業公司。

45. 《中國思想寶庫》，中國廣播電視出版社。

46. 《中國哲人大思路》，馬中，陝西人民出版社。

47. 《哲學大辭典》，馮契，上海辭書出版社。

48. 《哲學基本知識手冊》，周金榜，語文出版社。

49. 《中國思想大辭典》，張岱年，吉林人民出版社。

50. 《哲學概念辨析辭典》，黃楠森，中共中央黨校。

51. 《美學百科全書》，李澤厚，社會科學文獻出版社。

52. 《世界哲學寶庫》，ＦＮ麥吉爾，中國廣播電視出版社。

53. 《西洋哲學史》，傅偉勳，三民書局。

54. 《西方哲學史》，全增嘏，上海人民出版社。

55. 《老子道德經》，王弼，世界書局。

56. 《老子》，張起鈞，協志工業叢書出版股份有限公司。

57. 《老子研究》，許抗生，水牛圖書出版事業公司。

58. 《新譯老子讀本》，余培林，三民書局。

59. 《莊子集釋》，郭慶藩，河洛圖書出版社。

60. 《荀子集解》，王先謙，世界書局。

61. 《韓非子集解》，王先慎，世界書局。

62. 《管子纂詁》，安井衡，河洛圖書出版社。

63. 《呂氏春秋》，高誘，世界書局。

64. 《淮南子》，高誘，世界書局。

65. 《淮南子思想之研究論文集》，李師增，華世出版社。

66. 《論衡》，王充，世界書局。

67. 《朱子語類》，朱熹，漢京文化事業有限公司。

68. 《宋元學案》，繆天綬，臺灣商務印書館股份有限公司。

69. 《甲骨文集釋》，李孝定，中央研究院歷史語言研究所。

70. 《金文詁林》，周法高，中文出版社。

71. 《爾雅注疏》，邢昺，藝文印書館。

72. 《說文解字注》，段玉裁，藝文印書館。

73. 《廣韻》，陳彭年，弘道書局。

74. 《字形匯典》，陳新雄，聯貫出版社。

75. 《四庫全書簡明目錄》，紀昀，臺灣商務印書館股份有限公司。

76. 《中國系統思維》，劉長林，中國社會科學出版社。

77. 《古籍導讀》，屈萬里，臺灣開明書局。

78. 《古文觀止》，王文濡，臺灣中華書局。

四、論文期刊資料

1. 〈周易哲學思想：孔門學說之三〉，吳康，《易經論文集》（黎明文化事業股份有限公司）

2. 〈河圖洛書的本質及其原來的功用〉，戴師君仁，《臺灣大學文史哲學報》第十五期。

3. 〈略談易經的動與變〉，史師次耘，《易學研究講義》（八十年元月）。

4. 〈易經卦變之義〉，史師次耘，《易學研究講義》（八十年八月）。

5. 〈變易微指〉，史師次耘，《易學研究講義》（八十年八月）。

6. 〈周易六十四卦之涵義〉，史師次耘，《易學研究講義》（八十年八月）。

7. 〈由易卦以至孔子的天道觀念〉，黃師湘陽，《輔仁學誌》第十二期。

8. 〈宋明理學中的「太極」觀念〉,陳榮捷,《思與言》雙月刊第二十卷第三期。

9. 〈易經中的「理」與「氣」〉,成中英,《幼獅學誌》第十六卷第四期。

10. 〈易中邏輯思維與辯証思維傳統〉,朱伯崑,《中國文哲研究通訊》第三卷第三期。

11. 〈易學研究中的若干問題〉,朱伯崑,《中國文哲研究通訊》第三卷第三期。

12. 〈周易名義考：六庵讀易叢考之一〉,黃壽祺,《周易研究論文集》(一)(北京師大出版社)。

13. 〈論易之命名〉,胡韞玉,《周易研究論文集》(一)(北京師大出版社)。

14. 〈周易命名考〉,黃優仕,《周易研究論文集》(一)(北京師大出版社)。

15. 〈論日出爲易〉,黃振華,《周易研究論文集》(一)(北京師大出版社)。

16. 〈易經中的辯証法及唯物主義因素〉,湯鶴逸,《周易研究論文集》(三)(北京師大出版社)。

17. 〈「易傳」的哲學思想〉,馮友蘭,《周易研究論文集》(三)(北京師大出版社)。

18. 〈「易經」的哲學思想〉,馮友蘭,《周易研究論文集》(三)(北京師大出版社)。

19. 〈周易對立變化創新思想中的美學意義〉,黃壽祺,《周易研究論文集》(四)(北京師大出版社)。

20. 〈論易數與古天文歷法學〉,趙莊愚,《周易研究論文集》(四)(北京師大出版社)。

21. 〈易經的生生思想〉,羅光,《哲學與文化》第二卷第十期。

22. 〈朱子易例及易傳比較研究〉,程元敏,《中山學術文化集刊》第四集。

23. 《易來氏學》,徐芹庭,師範大學五七年碩士論文。

24. 《王船山易學闡微》,曾春海,輔仁大學六六年哲研所博士論文。

25. 〈易經的天人觀：從宋明易學的觀點〉,曾春海,《輔仁學誌》第十三期

26. 〈李光地的易學初探〉,曾春海,1992年清代經學國際研討會。

27. 〈易事理學的第一原理〉,劉百閔,《新亞學報》四卷二期。

28. 〈易經的若干形上學反省〉,項退結,《哲學與文化》三卷第七期。

29. 〈易經中的倫理思想〉,趙雅博,《中華易學》一卷四期。

30. 〈大易哲學之圓道周流義〉,高懷民,《哲學與文化》三卷第十期。

31. 〈大易哲學之對立與統一義〉,高懷民,《哲學與文化》四卷第七期。

32. 〈周易縱橫談〉,黃慶萱,《幼獅月刊》四七卷第二期。

33. 〈易繫辭三陳九卦的制度理論〉，王金凌，《中山人文學報》第一期。

34. 〈周易乾坤卦義証〉，黃沛榮，《台灣大學文史哲學報》第二九期。

35. 〈易經哲學與現代社會〉，黃沛榮，第二屆先秦學術研討會。

36. 〈易「大象」政治思想簡述〉，汪志勇，第二屆先秦學術研討會。

37. 《王弼易學之研究》，侯秋東，政治大學六○年碩士論文。

38. 《王弼及其易學》，林麗真，臺灣大學六二年碩士論文。

39. 《易傳附經的起源問題》，林麗真，《孔孟月刊》十七卷第七期。

40. 〈朱子論易「象」與易「理」〉，林麗貞，1992 年 5 月國際朱子學會議。

41. 《孔穎達周易正義研究》，龔鵬程，師範大六八年碩士論文。

42. 《易經乾卦研究》，趙中偉，輔仁大學六三年碩士論文。

43. 〈周易乾元思想研究〉，趙中偉，輔仁大學《中研所學刊》第二期。

44. 〈周易「中」的思想研究〉，趙中偉，《輔仁國文學報》第九期。

45. 《易經倫理思想研究》，黃成權，文化哲研所七一年博士論文。

46. 《伊川易學研究》，江超平，師範大學七五年碩士論文。

47. 《惠棟易例研究》，江弘遠，師範大學七七年碩士論文。

48. 《易傳之變易思想研究》，林文欽，高師師範大學七四年碩士論文。

49. 《周易元亨利貞四德說研究》，方中士，高雄師範大學七六年碩士論文。

50. 《周易的政治思想》，郭冠廷，政治大學七七年碩士論文。